现代大学生演讲与口才实用教程
(微课版)

康莉霞　胡云凤　主　编

牛淑娟　张力弓　马丽景　燕惠倩　副主编

清华大学出版社
北　京

内 容 简 介

本书在编写时分析了现有相关教材的情况及新时代的特点，调研了职场人员的现状，充分考虑了高等院校教育教学改革发展的新形势、社会岗位对职业人才口语表达交流能力的需求以及学生的实际需要，是职场人的良师益友。本书内容适合市场需求，突出体现个性特点、实用特色以及文化导向。理论部分体现语言类课程的公共基础性特点，同时突出行业针对性；实践部分特色鲜明，适用于具体岗位，操作性强；内容彰显中国文化特色，以文化自信为内核，提升个体自信和社会自信。

本书突出演讲与口才的思想性、实用性、技能性和审美性，坚持"三全育人"理念，将习近平新时代中国特色社会主义思想、中华优秀传统文化和革命文化融入教材，并注重创新。以岗位需求为导向，以技能训练为本位，以立德树人为核心，旨在提高学习者的语言表达能力，解决日常生活和工作中的实际问题，提高学生的综合素养。

本书结合学生认知规律和课程特点，由基础到专项，将内容划分为口才基础素养、演讲实训和口才实训三个模块，涵盖了"声音、仪表、朗诵、演讲、辩论、职场口才"等 20 余种专项能力训练。创新体例内容，单元导入时，用中国相关案例故事或文学典籍故事开篇，引领学生自觉感悟中华优秀传统文化、革命文化和社会主义先进文化；理论知识部分辅以范例赏析、"文化直通车"、练习实训等相关专栏内容，植根于民族沃土，讲好中国故事，传播中国声音。

本书既可作为大学本科、高职高专院校学生的公共课教材，也可作为职业培训教材。

图书在版编目(CIP)数据

现代大学生演讲与口才实用教程：微课版 / 康莉霞，胡云凤主编. -- 北京：清华大学出版社，2025.6.
ISBN 978-7-302-69243-0

Ⅰ . H019

中国国家版本馆 CIP 数据核字第 2025RF5836 号

责任编辑：石　伟
装帧设计：刘孝琼
责任校对：周剑云
责任印制：宋　林
出版发行：清华大学出版社
　　　　　网　　　址：https://www.tup.com.cn, https://www.wqxuetang.com
　　　　　地　　　址：北京清华大学学研大厦 A 座　　　　　邮　　编：100084
　　　　　社 总 机：010-83470000　　　　　　　　　　　邮　　购：010-62786544
　　　　　投稿与读者服务：010-62776969, c-service@tup.tsinghua.edu.cn
　　　　　质量反馈：010-62772015, zhiliang@tup.tsinghua.edu.cn
　　　　　课件下载：https://www.tup.com.cn, 010-62791865
印 装 者：三河市铭诚印务有限公司
经　　销：全国新华书店
开　　本：185mm×260mm　　　印　　张：17　　　字　　数：410 千字
版　　次：2025 年 7 月第 1 版　　　印　　次：2025 年 7 月第 1 次印刷
定　　价：49.00 元

产品编号：101632-01

前　　言

　　荀子曰："口能言之，身能行之，国之宝也。"演讲能力与良好的口才是重要的人文素养，还是现代人在日常生活、应聘求职、职场发展等方面必备的重要职业能力。当前，社会对职业人才口语交流能力的要求越来越高。近年来，随着"朗读者""诗词大会""脱口秀""网络直播"等语言类节目的火热，高校通识教育类课程中的演讲与口才课程、沟通与口才等语言表达类课程，具有了更广阔的市场和专业需求。本书遵循"适应时代需求和学生发展、突出职业应用和人文视角、落实课程思政和立德树人"的原则，组织课程体系和内容，对于促进学习者演讲、辩论等口语表达能力和职业素养的提高，具有很强的指导及引领作用。

　　本书编写成员在广泛的社会调研基础上，根据行业和社会需求，并结合多年教育教学经验，对《现代大学演讲与口才实用教程》内容进行系统编排，突出了针对性、实用性、思想性和审美性。结合学生认知规律和课程特点，由浅入深，由基础到专项，将本书内容划分为口才基础素养、演讲实训和口才实训三个模块，包括"认知口才、基础训练、命题演讲、即兴演讲、辩论演讲、社交口才、职场口才"等七个部分，涵盖了朗诵、演讲、辩论、欢迎词、赞美、劝说、求职、竞聘、上下级沟通、导游解说、会议主持等 20 余种实用口语表达技能，并辅以案例导入、案例赏析、练习与实训等相关内容，形成了从语言基础入手，进而开展演讲与口才一体化的教材内容体系。本书体现新体系、新内容，练技能、升素养、铸匠魂、担使命；育新人、兴文化，体现党的二十大精神。

　　本书具有以下特色。一是依据主题训练，强化价值引领。注重社会主义核心价值观的引领，加强理想信念教育，落实课程思政。通过专题诵读训练，激发学生从优秀的经典诗文中"提炼展示中华文明的精神标识和文化精髓"；通过"爱的体味""青春中国"等主题演讲实训，培养家国情怀；通过口才系列专题训练，培养学生职业道德和社会美德。"全面贯彻党的教育方针，落实立德树人根本任务，培养德智体美劳全面发展的社会主义建设者和接班人。"

　　二是创新体例内容，增强文化浸润。本书体例在现有教材中具有独特性。单元导入时，用相关中国案例故事或文学典籍故事开篇，引领学生感悟中华优秀传统文化、革命文化和社会主义文化，滋养心灵，涵育品行；在单元末，设置"文化直通车"，链接优秀民族文化素材，引导学生"植根本国、本民族历史文化沃土"，选取案例组织内容。讲好中国故事，传播中国声音。

　　充分发挥教材的"育才引才"作用，引导学习者爱党报国、敬业奉献、服务人民，胸怀天下、守正创新，有志气、骨气和底气，知难而进、迎难而上，"深化爱国主义、集体主义、社会主义教育，着力培养担当民族复兴大任的时代新人"。

　　三是贴近工作生活，突出实践功用。教材涵盖了专题演讲、竞聘竞选、上下级沟通、商务活动等多种口才专项能力训练，由易到难，循序渐进，兼顾口才能力与社会岗位的有效对接。

　　四是适应教学特点，注重技能提升。本书突出诵读、演讲和口才能力训练等内容，选

取多种类型的例文,通过范文赏析、文稿写作、实训练习等,穿插故事讲述、诗词诵读等内容,充分调动学生的积极主动性,增强学习兴趣,提高学习效果。

五是利用信息技术,拓宽学习途径。本书以二维码形式提供了丰富的学习资源,读者扫描二维码即可观看微课等视频,阅读相关文字资料,突破了图书篇幅的限制,容量大,便于读者有针对性、自主地进行拓展学习。

本书实用性强,涉及方面多,涵盖范围广,既可作为大学本科、高职高专院校学生的公共课教材,也可作为职业培训教材。

本书编者均具有丰富的一线教学经验,团队成员曾先后在全国语言文学类期刊杂志上发表多篇演讲、沟通、写作、文学等方面的学术论文。主编康莉霞为"演讲与口才"精品课程主持人、河北省演讲与口才学研究会理事;主编康莉霞、胡云凤均为一线主讲教师,曾获河北省教学技能大赛二等奖,参加行业协会,积累了丰富的演讲与口才实践和企事业培训经验;其他编写人员也均担任演讲与口才、管理与沟通等教学工作,注重调查研究,有深厚的实践基础。河北省修辞学会副会长、河北省大学王强军副教授,在应用语言学方面极有研究,有深厚的语言理论及实践经验;"我乐"家居石家庄销售冠军户玲为本书提供了沟通、谈判、管理等方面的实践建议;河北金监局高新利处长,为本书职场应用等实操环节提供了有力的专业指导;盖海红教授具有丰富的教育教学研究经验,坚持演讲与口才和传统文化等课程一线教学工作,其主持的《中华优秀传统文化与创意设计教学团队》项目入选国家文旅部提质培优行动计划,在中华优秀传统文化和演讲内容方面提出了专业性建议;河北省委党校副校长孟庆云教授高屋建瓴,在中国特色社会主义理论体系进教材及课程思政方面给予了建设性意见;中国体育科学学会新闻传播分会副会长、上海体育学院新闻与传播学院博士生导师杜友君教授为本书理论及实操环节提供了专业的指导。

本书具体编写分工为:康莉霞编写单元三,胡云凤编写文化直通车、单元七的实训任务三,牛淑娟编写单元一、单元二、单元七的实训任务一,张力弓编写单元五、单元七的实训任务四、五、六、七(含习题),马丽景、刘承思编写单元六、单元七的实训任务二,燕惠倩编写单元四,附录由康莉霞、张力弓整理。全书由康莉霞、盖海红统稿,康莉霞、王强军主审,杜友君、孟庆云担任本书顾问。

本书在编写过程中,参考和引用了国内外许多专家和学者的专著、论文,以及相关教材、研究成果、网络文章与综艺栏目等资料,在此,谨对相关作者表达诚挚的谢意!感谢河北点点传媒有限公司等各调研单位的专家和领导的帮助与指导!同时,对清华大学出版社的编辑们表示衷心的感谢!

由于编者水平有限,书中难免存在不足之处,恳请各位专家、读者批评指正,以便及时修正,不断完善!

编　者

目　　录

模块一　口才基础素养

模块二　演讲实训

模块三 口才实训

模块一　口才基础素养

本模块内容主要包括"认知口才"和"基础训练"两个单元，旨在帮助学习者全面了解口才训练的技巧和口才课程的发展。通过有声语言和无声语言的专项训练，使学习者掌握良好的语言表达方法；同时，结合专题的经典诵读训练和"文化直通车"专栏，引导学习者从优秀的经典诗文中获得审美体验，以期全面提升口才基础素养。

单元一　认知口才

"口能言之，身能行之，国之宝也。"

　　口才可治家国，口才有益人生。本单元主要介绍"口才的重要性""口才的特殊性""口才训练方法的技巧性"等方面内容，旨在帮助学习者充分了解口才对人生、对社会发展的重要意义，掌握锻炼口才的方法，提升口才技能。
　　文末的"案例赏析"和"文化直通车"专栏可以丰富积累，提升素养。

单 元 目 标

知识目标：

1. 了解口才的基本要素和常见的口才训练方法；了解口才对社会与人生的重要意义。
2. 掌握演讲的含义，了解演讲与口才的关系。
3. 了解演讲与口才的课程内容。

能力目标：

1. 能认识到口才表达的重要性。
2. 能有意识地思考如何提高自己的表达效果。
3. 能发现传统文化对语言表达的辅助作用，并自觉积累。
4. 能自觉律己修身，提高道德修养。

素质目标：

激发学生的学习兴趣，提高学生的传统文化素养和综合素质。

【案例导入】

入职练口才

　　"我认为交际能力是职场中最关键的能力。所以，在工作之前这段时间，我得好好锻炼一下交际能力。"某校的大四学生张新，每天阅读演讲、口才类的杂志，就要花费 3～4 小时。除此之外，他还经常对着镜子练习各种讲话的神态和姿势。张新说，自己求职还算幸运，被一家上市公司录取了："再过半个多月就正式上班了，虽然公司对沟通能力没有什么硬性要求，但我还是想早点做准备。"由于平时比较内向，不爱说话，张新经常被同学戏称为"闷葫芦"。"口才不好，与同学和客户交流就会受到影响，工作也难有进展。"所以，张新决定趁着还没上班，好好练练口才。

　　对着镜子练习说话、在网上和商场里熟悉各种名牌，毕业生们开始苦练职场交际本领。刚刚告别了象牙塔的大学生们，一边恋恋不舍地准备毕业聚会，一边开始为职场生涯进行开场排练。而职场交际和沟通技巧，成了职场人需要准备的重要内容。

对于毕业生们苦练"职场交际术",一些职场人士也提出了自己的建议。"初入职场时,掌握一些沟通技巧,确实是有必要的。"不过他们也提醒毕业生,沟通技巧固然重要,德行、智慧、真诚也不可或缺。

现代社会充满了竞争和合作,好的语言能力不仅能够帮助我们把竞争转化为合作,取得成功,还能帮助我们拓展生活和工作中的人际关系,赢得更多的发展机遇,解决众多棘手难题。沟通与事业、前途和人生有很大关系,是推动这些向着积极方向发展的强大力量。

(资料来源: https://news.cjn.cn/dsrd/200607-20/07359514751s.html,有改动.)

想一想

小张为什么要苦练口才?

自古以来,我国就对口语表达有很高的要求,认为口才有非常重要的作用。"君子一言以为知,一言以为不知,言不可不慎也。"这句古文的意思是说:"一个人说一句话可以表现出他的聪明,但也可以表现出他的愚蠢,说话不得不谨慎。"孔门的弟子、儒商始祖子贡(端木赐)告诉我们,君子对于自己说的话,从来都是谨慎对待的。经常说有益有用的话,会产生积极的影响,使人的周围环境充满正能量,这正是人类区别于动物的特征,因而人被誉为万物之灵;相反,经常说无用有害的话,会带来消极的影响,对周围的事物和社会进步没有任何价值。所以,我们要练习多说智言,提高我们的语言表达能力,只有这样我们才是真正的万物之灵,从而走向更高层次的文明。作为现代文明社会的一分子,我们必须要重视和训练口才。

一、口才的重要性

(一)口才可治家国

口才是沟通的法宝,影响着个人成败,关系着社会发展。翻开人类发展史册,古今中外,腹藏锦绣、口吐华章、旁征博引、激扬文字的演说家、雄辩家犹如灿烂的星辰,将光亮照进文明的进程。如孔子、孟子、荀子、周恩来、苏格拉底、西塞罗、德摩斯梯尼等众多大师巨擘,他们杰出的口才往往伴随着卓越的思想、非凡的影响而永留史册,绽放光芒。荀子曰:"口能言之,身能行之,国之宝也。"这些能言善辩的大师巨擘,在人类历史的进步和发展中客观上起到了推波助澜的作用。

先秦时期,盘庚用朴实生动的语言,打动了难舍故土的民众,最终迁都于殷,商朝日渐强盛。春秋战国时期,百家争鸣推动了社会巨变:为了富国强兵,各诸侯国竞相招贤纳士,采用各种思想学说、政治主张治理国家;大批学者、辩士游说列国,如孔子周游讲学,子贡救鲁,孟子说梁惠王,墨翟止楚攻宋,晏子使楚,范雎说秦王,蔺相如"完璧归赵",烛之武退秦师,苏秦、张仪、公孙衍纵横捭阖……历史长河中这样的人物,数不胜数。三国时期,诸葛亮联吴抗曹舌战群儒,缔结孙刘联盟,使曹操在赤壁之战中仓皇败退。唐朝宰相岑文本少年时替父申冤;宋朝孙抃十次进谏,罢免两个宰相;孙中山以出色演说兴同盟、倡革命,推翻清王朝,掘封建帝制之坟墓;周恩来智慧外交,万隆会议挽狂

澜，中西建交破封锁，展现新中国外交格局与胸怀，壮我中华威仪；习近平欧洲之行，走访四国，联通两大文明。王文斌、华春莹、赵立坚气魄非凡，言辞犀利，柔中有刚，令人折服。真是"一言之辩重于九鼎之宝，三寸之舌强于百万之师"。我国自古有"一言可以兴邦，一言可以误国"的说法，足见口才的重要性。

"二战"时期，西方就把原子弹、美元和口才视为人们赖以生存和竞争的三大战略武器；20世纪60年代始，西方国家又把口才、金钱和电脑作为新的三大法宝，"口才"超越"美元"和"电脑"位居第一。科学技术不断发展，口才却一直长盛不衰，足见其举足轻重的地位。西方国家的总统候选人都要"闭关练口才"，以便在总统竞选中脱颖而出，与强劲对手通过口才一决胜负，则非常典型地反映了口语表达能力的重要性。

现代信息时代，信息经济就是"沟通和交际的结晶"。口语交际无疑仍是最生动、最便捷的信息交流形式之一，是人们表情达意和沟通思想的主要手段，而"口才"这种传递信息的重要工具，越来越被人们所重视。

(二)口才有益人生

当代市场经济、信息社会，任何时候都需要沟通交流。出色的语言表达是时代的需要，也是人们日常生活和工作中应具备的一种能力。良好的语言表达可以加深感情，产生友谊；可以消解矛盾，化干戈为玉帛。一语定浮沉，点睛之笔，破题之语，死生荣辱只在一言之间。可见，在现代交际中，是否能说、会说，是否具备丰厚的文化底蕴，以及与言谈交际相关的知识能力，影响着一个人的成败。

口才是一门语言的艺术，体现了一个人的思维逻辑和文化修养以及共情能力。语言的力量无形无相，却能征服世界上最复杂的东西——人的心灵。掌握语言艺术的人，不强迫别人与自己有相同的观点，而是能够巧妙地引导他人将思想与自己统一，办事也往往会游刃有余。反之，则较难产生有效沟通，容易使自己陷入困境。古话说："听君一席话，胜读十年书。"的确，跟那些有知识、善言谈的人聊天，比喝美酒更令人陶醉，比听交响乐更能愉悦身心。在日常交往中，有口才的人走到哪里都能受到欢迎和认可。从公司公关到国家外交，从教师学者到农民商人，腹藏锦绣、口吐华章的人越来越显示出一种超凡的优势。优秀的口才可以把激烈的冲突化解在唇枪舌剑的谈判桌上，可以把人与人之间纠纷的"战火"熄灭在有效的劝解里。在职场，同样的建议，有的人一讲就通过了，有的人则得不到认可。所以，好口才是成功的一个重要条件，可以带来预期的效果，可以助你拥有幸福成功的人生！"是人才的未必有口才，但有口才的一定是人才。"

有这样一位青年，因为他的真诚、才学和出色的表达能力，使得他的公司成功转型。我们来欣赏他在直播间说过的几段话，感受一下他的语言魅力。他说："当你背单词时，阿拉斯加的虎鲸正跃出水面；当你算数学时，南太平洋的海鸥正掠过海岸；当你晚自习时，地球极圈的夜空正呈现五彩斑斓的壮美画面。但少年，梦想你要亲自实现，世界你要亲自去看，未来可期，拼尽全力，当你为未来付出踏踏实实的努力的时候，那些你从未见过的景色和从未遇到的人，都终将在你生命里出现。"他还说："我想把天空大海都给你，我想把大江大河都给你，没办法，好的东西我就是想分享于你。譬如朝露，譬如晚霞，譬如三月的风六月的雨，譬如九月的天和十二月的雪，世间美好都想赠予你。""我没有带你去看过长白山皑皑的白雪，我没有带你去感受过十月田间吹过的微风，我也没有

带你去看过沉甸甸的弯下腰犹如智者一般的稻穗，我没有带你去见证过一切。但是亲爱的，我可以让你去品尝这样的大米。"这些话就像是动人的诗句，直击灵魂，让网友不能自已，纷纷下单。这哪里是为大米付费，而是在为这些诗意的语言和广博的知识付费。据说一位网友接连买了 4 袋大米，因为他的话让人不由自主地产生了购买欲。这些语言之所以产生这样的效果，是因为它滋养了心灵，触动了人内心中最柔软的部分。这就是语言的力量。这样一个经历过困顿的青年，在前途未卜的情况下取得如此成就，不能不归功于他说话时有一种摄人心魄的魅力。

而一位学富五车的学者，某次去参加一个研讨活动，在会上被主持人邀请"随便讲几句话"时，却窘迫至极，不知所措。有学问的人如果缺乏随机应变的口才，说明他在知识和能力结构上还存在缺陷，同时也缺乏系统的语言表达训练。世界上任何人都需要说话，需要与人交流，同时绝大多数工作都需要与人打交道。与人交往，就不得不提高自己的口才和交际能力，因此提高口才和交际能力是我们提升素质、开发潜能、拓宽渠道、管理生活、改善人生、追求事业成功的有效途径。

有一项调查，把刚毕业参加工作的学生和毕业后工作 10 年以上的学生请回学校进行测验，测题是：你在学校里除了自身专业学到的，哪两门功课对你走上社会最有用？新老毕业生一致回答：演讲学和交际学是走上工作岗位、适应社会最有用的课程，它教会我们怎样说话，怎样与人交往。

教师要在课堂上讲好课，更离不开出色的表达能力。可以说，口才的好坏是衡量一位教师优秀与否的重要标志之一。有些人说自己将来并不想当教师，更不想当企业家、外交官，对自己的口才要求不高。殊不知，科学技术突飞猛进，社会对人们表达能力的要求也在日益提高。比如，通过人机对话，我们可以操控车站、码头、飞机场中的设备，甚至汽车、飞机。虽然人机对话不要求有非凡的口才，但掌握语言表达的一些基本原则是必要的，起码说话要标准、合乎逻辑。否则，机器可能无法理解并完成你的指令。还有一些人认为别人口才好是"耍嘴皮子"，其实，真正的好口才绝不是只靠"耍嘴皮子"，而是一种综合能力的体现。一个口才好的人，首先必须具有敏锐的观察力，能深刻认识事物本质，并且有丰富的知识，这样说话才能一针见血、有文化、有深度，准确地反映事物的本质；其次，还必须有严密的思维能力，懂得怎样分析、判断和推理，这样说话才能滴水不漏、条理清晰；最后，还必须有较高的表达能力，词汇丰富，知识渊博，语言才能说得生动流畅。正因为口才是综合能力的集中体现，所以说，口才既是学识的标志，也是事业成功的阶梯。

二、口才的特殊性

口才是人们为了实现某种社会目的而发挥出来的一种语言表达能力。优秀的口才是一个人素质和能力、知识和技巧等的全方位综合体现。这里的素质，主要包括思想境界、道德情操、天赋秉性等。能力则主要包括观察、思维、记忆、决断、表达、交际和应变等方面。知识主要指历史、地理、人文、民俗、科技等方面的积累。技巧主要指为了实现交际目的而采取的语言表达方式、手段等。人的素质和能力、知识和技巧综合形成一种潜在的全方面的文化储备，这些储备在特定的语境中，通过讲话者充分的想象和联想、发挥和创造，最终表现为有效的口语表达。所以，从根本上讲，好的口才，是表达者在知识、能力、素养、技巧等方面的综合表现。

(一)独特的技巧性

同样是语言表达，有的人有很好的表达能力，能轻松实现口语交际的目标，有的人却达不到预期的效果。其实口语交际是有技巧的，如选取哪些词汇、什么时间进行沟通、沟通哪些内容、抱着什么态度，这些都体现了表达者对主观意志和沟通效果的把握，是一种独特的技巧。如逻辑技巧，语言的表达和整个沟通过程的设置必须符合逻辑才更有说服力；如语言技巧，语音、语义、语气、语调、语速、节奏等是否标准、清晰、恰当、变化有致、快慢适当、和谐，这些都直接影响着表达效果；如修辞技巧，恰当的修辞可以增强表达效果；如体态技巧，口语交际中，体态语言对表情达意有很好的辅助作用，有时候甚至能达到有声语言所不能实现的表达效果；如语调技巧，语调的高低缓急可以使听者轻易地捕捉到重点词汇和表达者的情感，理解表达者的用意；如倾听技巧，在口语交际中，有的人急于让对方了解自己的意图，总想掌控沟通中的主动权，成为主要的语言输出方，而忽略了对方的需求，如此一来便成了自说自话，达不到沟通的目的，如果我们注意倾听，就会了解对方，搜集有效信息，适时调整自己的沟通策略，同时还能赢得对方的尊重，有助于沟通目的的实现；如幽默技巧，可以使沟通气氛轻松愉快，拉近双方的距离，有助于实现沟通目标等。

(二)知识储备的丰富性

口才是说话的能力，体现了表达者全方面的储备，主要包括学识储备、语言能力、思维能力、情感表达、体态语言、表达技巧等。

1. 学识储备

学识储备主要是指一个人通过学习、读书、培训、实践和与他人交流等途径来获取和积累的学术知识、专业知识、技能知识、实践经验等各方面的总和。它是一个人口才素材的主要来源，决定着一个人的思维能力、表达技巧等。

明朝万历五年，宰相张居正的堂弟张居直不学无术，却要卖弄才学，对汤显祖说："汤才子仙乡乃产笔名地，故王勃在《滕王阁序》里写有'光照临川之笔'的佳句。汤才子如带了几支来京，可否让老夫一饱眼福？"汤显祖听了，不禁哑然失笑："据我所知，王勃所题'光照临川之笔'，乃指王羲之的书法，并非指临川产的毛笔。"张居直闹了笑话，颇为狼狈，但仍厚着脸皮说："吾兄张居正提倡以文会友，希望儿子能与才子交友。"

汤显祖讥讽道："宰相为子侄辈在科场中通关节者，我只知南宋秦桧干过这种丑事。他要主考官陈子茂取其孙秦埙为第一名，但陈子茂在卷议时毫不犹豫取了陆游为第一名。这件事成了千古笑柄。那秦桧是个奸臣，营私舞弊不足为奇。张宰相乃当代名臣，断断乎不会出此下策吧？"一席吐锋露锐之言，说得张居直满脸羞红，瞠目结舌。结果，汤显祖会试之后，连殿试的资格也被取消了。他回到临川时，抚州知府亲赴文章桥迎接并赞扬道："你虽未中，但比考中头名状元更光彩。"

(资料来源：https://www.1000xuexi.com/html/2022/mrgs_0823/354563.html.)

虽然汤显祖的这次口语交际是"宁为玉碎不为瓦全"的一次交锋，看似是张居直兄弟让汤显祖名落孙山，但对清高的文人来说，这也是一种胜利。而张居直因学识储备欠缺让自己成了千古笑柄。虽然汤显祖所遭不公待遇不一定是张居正直接弄权所致，但却使一代名相因堂弟张居直名声被玷污，造成不良影响。

2. 语言能力

语言能力主要指使用语言和分析语言的能力，出色的语言驾驭能力可以增强表达效果，让听众听得懂、愿意听并且欣然接受。

范雎是战国时期秦国的名臣，有一次，平原君因犯错被囚禁在牢狱中，当时有人问范雎："平原君曾经说过要与天下英才共事，如今却身陷囹圄，怎么解释？"范雎答道："吾闻骥之为马也，足以汗血流地；鱼之为龙也，绝域而生。今平原君虽在狱中，其志未曾有小人之心，故以此知之。"意思是：我听说过，骥变作马，足以汗血浸透大地；鱼化为龙，超越界限而生。如今平原君虽然身处监狱，但他的志向从未有过卑劣之心，因此我能理解他的境况。

这个案例展示了范雎运用比喻的修辞手法，通过对骥、鱼的比喻来表达平原君虽身陷囹圄，但仍拥有伟大的志向和高尚的品质。这种辩护巧妙地转移了焦点，维护了平原君的形象，展现了范雎出色的口才和智慧。

3. 思维能力

思维能力是能够清晰准确地表情达意的基础，主要包括创造性思维、逻辑思维、分析思维、推理思维、判断思维等，可以让表达更有深度、条理和新意。

战国时期，晋国的中军尉祁奚，因年老体衰，力不从心，就向晋悼公提出告老的要求，让德才兼备的人接替自己的职务。

晋悼公同意了，问他："中军尉是个举足轻重的职位，你看由谁接替你最合适呢？"

祁奚从容不迫地回答道："我考虑解狐接替最合适。"晋悼公听了大吃一惊，说："解狐？他不是你的私敌吗？"祁奚说："您问的是谁最合适，并没有问谁是我的私敌。"晋悼公赞许地点点头，便任命解狐担任中军尉。谁知解狐还没有上任，就突然得急病死了。晋悼公非常惋惜，又宣祁奚上殿，问："你看还有谁能胜任呢？"

"能胜任这个工作的，现在要数祁午了。"晋悼公听了，不禁睁大了眼睛，惊奇地说："祁午不就是你的儿子吗？"祁奚说："不错。您问的是谁最能胜任，并不曾问谁是我的儿子。"晋悼公打心眼里赞赏祁奚不避亲仇，唯才是举的高尚风格，下令任祁午为中军尉。

(资料来源：https://www.1000xuexi.com/html/2022/mrgs_0823/354563.html.)

祁奚巧妙地运用逻辑思维，另辟蹊径，任人唯贤，不避亲仇，表现了出色的语言表达能力。

4. 情感表达

情感表达是指凡是交流沟通、语言表达，都带着某种情感，真实、形象、生动、自然的情感表达才更有感染力。

晋文公遭难之际，路过郑国，郑文公不仅没有款待他，还出言奚落。这个时候，大臣叔詹劝说郑文公杀掉晋文公，以绝后患，可是郑文公不听。

晋文公发达之后，就出兵报复郑国。郑文公只能低三下四地求和，并提出献出叔詹的首级，晋文公知道自己在郑国的遭遇都是源于叔詹的主意，认为只有除掉他，才能解心头之恨。

晋文公训斥叔詹："你身为正卿，不能让你的国君礼遇宾客，真是罪不可恕。我已经为你准备了一口大鼎，你自己看着办吧。"

然而叔詹也不是一般的人物，直接请求让他把心里话说出来："当大王路过郑国之时，我劝说国君，晋公子聪慧贤明，随从也都是当世之才，回到晋国之后，一定会称霸诸侯。现在郑国遭遇战乱，正是因为国君没有采纳我的建议，一切都是我的罪过。主忧臣辱、主辱臣死，我愿一死，解决郑国的危难。我预料之事成为现实，说明我是有智慧的；我愿一死拯救郑国，说明我是忠诚的；明知必死，还敢前来，说明我是勇敢的；我尽心竭力为郑国，说明我是仁义的。像我这样仁、智、忠、勇俱全的臣子，按照晋国的法律，却要被处死。"随即他用手抓住大鼎的双耳，悲声大哭："从今以后，臣子应该怎么侍奉国君，应以叔詹为戒。"

叔詹说明了怠慢晋文公的原因，消除了误解，还间接夸赞晋文公是贤明之主，手下都是当世之才，也暗赞晋文公有眼光。他理直气壮地掌握了思路的走向，博取了同情和好感，最后保住了性命，还被人尊重。

(资料来源：https://baijiahao.baidu.com/s?id=1664831979595194464&wfr=spider&for=pc.)

从这里可以看出，叔詹通过一系列情真意切的情感表达，说明自己是一个有情有义之人，既夸赞了晋文公，还褒扬了自己，扭转了必死无疑的局面。

5. 体态语言

体态语言是指说话时的面部表情、手势、眼神、姿势等。恰到好处的体态语言能使表达更具感染力、更生动。

6. 表达技巧

表达技巧指的是在说话者进行语言表达时，无论是内容的选取、逻辑的运用、语音语调语速的选择，还是修辞的运用、体态的辅助等都能帮助表达者更完美地完成口语交际。

(三)训练方法的有效性

口才并非一种与生俱来的天赋才能，口才优秀的人，大多是经过后天刻苦训练得来的。古今中外很多滔滔不绝、能言善辩的演讲家、雄辩家可能最初是不善言辞、笨嘴拙舌的人，之所以在口才方面闻名于世，离不开刻苦的训练。华罗庚，大家对他了解更多的是数学上的才华，其实他不仅有超群的数学才华，而且还是一位不可多得的辩才。他从小就注意培养自己的口才，学习普通话，背诵四五百首唐诗，以此来锻炼自己的口舌，增加知识储备，提高个人素养。像这样苦练口才的人还有很多，例如美国平民总统林肯、我国早期革命家萧楚女、社会主义演讲家曲啸等，他们之所以成功，都是付出了常人难以想象的

努力。他们是我们训练口才的榜样,要想口才功夫过硬,就必须学习他们较真碰硬、一丝不苟、刻苦训练的精神,正如华罗庚先生所说,"勤能补拙是良训,一分辛苦一分才。"练习口才要有科学的训练方法,不同年龄、环境、学识背景的人,可以根据自身需要选择最适合自己的练习方法。

口才的练习方法

三、口才与演讲的相联性

口才与演讲的相联性

案例赏析 1.1.1

子贡出使

田常欲作乱于齐,惮高、国、鲍、晏,故移其兵欲以伐鲁。孔子闻之,谓门弟子曰:"夫鲁,坟墓所处,父母之国,国危如此,二三子何为莫出?"子路请出,孔子止之。子张、子石请行,孔子弗许。子贡请行,孔子许之。

遂行,至齐,说田常曰:"君之伐鲁过矣。夫鲁,难伐之国,其城薄以卑,其地狭以泄,其君愚而不仁,大臣伪而无用,其士民又恶甲兵之事,此不可与战。君不如伐吴。夫吴,城高以

图1-1 子贡出使

厚,地广以深,甲坚以新,士选以饱,重器精兵尽在其中,又使明大夫守之,此易伐也。"田常忿然作色曰:"子之所难,人之所易;子之所易,人之所难。而以教常,何也?"子贡曰:"臣闻之,忧在内者攻强,忧在外者攻弱。今君忧在内。吾闻君三封而三不成者,大臣有不听者也。今君破鲁以广齐,战胜以骄主,破国以尊臣,而君之功不与焉,则交日疏于主。是君上骄主心,下恣群臣,求以成大事,难矣。夫上骄则恣,臣骄则争,是君上与主有卻,下与大臣交争也。如此,则君之立于齐危矣。故曰不如伐吴。伐吴不胜,民人外死,大臣内空,是君上无强臣之敌,下无民人之过,孤主制齐者唯君也。"

田常曰:"善。虽然,吾兵业已加鲁矣,去而之吴,大臣疑我,奈何?"

子贡曰:"君按兵无伐,臣请往使吴王,令之救鲁而伐齐,君因以兵迎之。"田常许之,使子贡南见吴王。

说曰:"臣闻之,王者不绝世,霸者无强敌,千钧之重加铢两而移。今以万乘之齐而私千乘之鲁,与吴争强,窃为王危之。且夫救鲁,显名也;伐齐,大利也。以抚泗上诸侯,诛暴齐以服强晋,利莫大焉。名存亡鲁,实困强齐。智者不疑也。"

吴王曰:"善。虽然,吾尝与越战,栖之会稽。越王苦身养士,有报我心。子待我伐越而听子。"子贡曰:"越之劲不过鲁,吴之强不过齐,王置齐而伐越,则齐已平鲁矣。

且王方以存亡继绝为名，夫伐小越而畏疆齐，非勇也。夫勇者不避难，仁者不穷约，智者不失时，王者不绝世，以立其义。今存越示诸侯以仁，救鲁伐齐，威加晋国，诸侯必相率而朝吴，霸业成矣。且王必恶越，臣请东见越王，令出兵以从，此实空越，名从诸侯以伐也。"吴王大说，乃使子贡之越。

越王除道郊迎，身御至舍而问曰："此蛮夷之国，大夫何以俨然辱而临之？"

子贡曰："今者吾说吴王以救鲁伐齐，其志欲之而畏越，曰'待我伐越乃可'。如此，破越必矣。且夫无报人之志而令人疑之，拙也；有报人之志，使人知之，殆也；事未发而先闻，危也。三者举事之大患。"

勾践顿首再拜曰："孤尝不料力，乃与吴战，困于会稽，痛入于骨髓，日夜焦唇干舌，徒欲与吴王接踵而死，孤之愿也。"遂问子贡。子贡曰："吴王为人猛暴，群臣不堪；国家敝以数战，士卒不忍；百姓怨上，大臣内变；子胥以谏死，太宰嚭用事，顺君之过以安其私：是残国之治也。今王诚发士卒佐之徼其志，重宝以悦其心，卑辞以尊其礼，其伐齐必也。彼战不胜，王之福矣。战胜，必以兵临晋，臣请北见晋君，令共攻之弱吴必矣。其锐兵尽于齐，重甲困于晋，而王制其敝，此灭吴必矣。"越王大悦，许诺。送子贡金百镒，剑一，良矛二。

子贡不受，遂行。报吴王曰："臣敬以大王之言告越王，越王大恐，曰：'孤不幸，少失先人，内不自量，抵罪于吴，军败身辱，栖于会稽，国为虚莽，赖大王之赐，使得奉俎豆而修祭祀，死不敢忘，何谋之敢虑！'"后五日，越使大夫种顿首言于吴王曰："东海役臣孤勾践使者臣文种，敢修下吏问于左右。今窃闻大王将兴大义，诛强救弱，困暴齐而抚周室，请悉起境内士卒三千人，孤请自被坚执锐，以先受矢石。因越贱臣文种奉先人藏器，甲二十领，鈇屈卢之矛，步光之剑，以贺军吏。"

吴王大悦，以告子贡曰："越王欲身从寡人伐齐，可乎？"

子贡曰："不可。夫空人之国，悉人之众，又从其君，不义。君受其币，许其师，而辞其君。"吴王许诺，乃谢越王。于是吴王乃遂发九郡兵伐齐。子贡因去之晋，谓晋君曰："臣闻之，虑不先定不可以应卒，兵不先辨不可以胜敌。今夫齐与吴将战，彼战而不胜，越乱之必矣；与齐战而胜，必以其兵临晋。"

晋君大恐，曰："为之奈何？"

子贡曰："修兵休卒以待之。"晋君许诺。

子贡去而之鲁。吴王果与齐人战于艾陵，大破齐师，获七将军之兵而不归，果以兵临晋，与晋人相遇黄池之上。吴晋争强。晋人击之，大败吴师。越王闻之，涉江袭吴，去城七里而军。吴王闻之，去晋而归，与越战于五湖。三战不胜，城门不守，越遂围王宫，杀夫差而戮其相。破吴三年，东向而霸。

子贡出使译文

故子贡一出，存鲁，乱齐，破吴，强晋而霸越。子贡一使，使势相破，十年之中，五国各有变。

（资料来源：http://www.uaut.cn/shiji/1655694262.html.）

【案例 1.1.1 简析】

该篇节选自《史记·仲尼弟子列传》，文章详细讲述了子贡出色的外交辞令和极强的

说服力。子贡并非局势的制造者，而是善于洞察并巧妙利用局势的高手。他能精准地分析各国的核心利益与潜在冲突，以高超的技巧周旋于各国之间。他能根据不同国家的立场，巧妙地劝说各国在维持稳定的同时实现自身利益最大化。

文化直通车

诗词之旅　哲韵中国

第一期　抒怀达意
——抒情诗

中华文明源远流长，中华诗词灿若繁星。先秦《诗经》，汉代乐府，唐诗宋词，无时无刻不在滋养着中华儿女的精神，浸润着中华儿女的心灵。诗词歌赋早已融入中华民族的血液，成为每个中国人的文化印记。欢迎同学们乘坐"文化直通车"，开启诗词之旅，感受诗意人生。

"问世间，情是何物，直教生死相许？"无论是"同心而离居"的夫妻之情，"报得三春晖"的父母之情，还是"天涯若比邻"的朋友之情，"岂曰无衣，与子同袍"的战友之情，抑或是"松间照"的"明月"，"石上流"的"清泉"，"真国色"的"牡丹"，"第一流"的"桂花"……无不情真意切，深厚长远。本期"文化直通车"之"诗词里的中国"，就让我们走进诗人们的情感世界，去体会他们的情深意长。

抒情诗以集中抒发诗人在生活中激发的思想感情为特征，主要以抒发感情来反映生活，因此不详细叙述生活事件的过程，一般没有完整的故事情节，不具体描写人物和景物。抒情诗的特点是侧重直抒胸臆，借景抒情。优秀的抒情诗则往往激荡着时代的旋律。抒情诗根据内容的不同又可以分为颂歌、情歌、哀歌、挽歌、牧歌等。

抒情诗以表现主观感情、抒怀咏志为主，它通过抒发诗人的主观思想感情来反

图1-2　《雨霖铃》

映社会生活，对客观事物的再现服从于主观内心世界的表现。它不具体刻画人物，不展开故事情节。抒情诗在中国诗歌中占据重要地位，从《诗经》《楚辞》，到李白、杜甫、李商隐，无不是抒情诗的精妙传达者。

在古典诗词中，抒情诗占据了大半壁江山。即使同为写景抒情诗，其表现手法与艺术

形式也是各有千秋。有的以景载情，比如北朝民歌《敕勒歌》，为我们展现了北方草原的壮阔之景。诗的前六句描绘了平川、大山、天空和四野，涵盖了上下四方，意境极其广阔恢宏。末句"风吹草低见牛羊"，境界更是豁然开朗。草原是牧民的家乡，牛羊的世界，但由于牧草过于丰茂，牛群羊群统统隐没在那绿色的海洋里。只有当一阵清风吹过，草浪起伏，在牧草低伏下去的地方，才有牛羊闪现出来。那黄的牛，白的羊，东一群，西一群，忽隐忽现，到处都是，整个草原因此充满勃勃生机，连那穹庐似的天空也为之增色。这一片北方的大草原，广阔无垠，天空高远，牛羊肥壮，牧草丰盛。在这样的一片天地之中，立马草原，展望家乡风光，豪情满怀、放声高歌的草原牧民似乎一挥马鞭，就会从《敕勒歌》里向我们跃马奔来。整首诗句句写景，但句句见情。全篇不见一字写情，但字字皆情。这种写景抒情诗，其特点就是以景载情，正所谓一切景语皆情语。

有的触景生情，如辛弃疾的词作《菩萨蛮·书江西造口壁》，写到了"郁孤台""清江水""无数山""青山""江晚""鹧鸪声"这样一些景物。在写景的同时也写出了词人自己的主观感受，"行人泪""可怜""望长安""愁""闻"，这些词语让人真切地感受到词人内心的伤痛。在这首词里，作者由眼前的"清江水"想到行人泪，由"东流"水奔腾而去不受群山遮挡，想到南渡之人无法北归，无法回到中原，只有愁绪满怀。这首词以眼前景道心上事，眼前景不过是清江水、无数山，心上事则包含家国之悲今昔之感等种种意念，一并托诸眼前景写出。

《菩萨蛮·书江西造口壁》这首词中所描写的景，是词人借以抒情的触发点，情因景而生而又缘于景。它的特点就是因景生情。而且这种写景抒情诗中的景，往往是有历史背景的。看起来是因眼前之景才有感而发，实际是对那景所具有的历史背景有感而发，从而借题发挥，一抒胸臆。这种写景抒情诗，其特点是有景有情，情由景生，可谓触景生情。

还有的以景蕴情，如柳永表现离别情的词《雨霖铃·寒蝉凄切》，在这首词中，词人写了"寒蝉""长亭""骤雨""烟波""暮霭""楚天""岸""风""月"这样一些景物。这些景物点出别时的季节是萧瑟凄冷的秋天，别时的地点是汴京城外的长亭，别时的具体时间是雨后阴冷的黄昏。此时此地的景物各具特色："凄切""晚""初歇""千里""沉沉""阔""杨柳""晓""残"。这样的景物组合在一起，为全词定下了凄凉伤感的调子，也营造出了一种"悲凉、冷落"的气氛。在这样的气氛中，即将离开自己心上人的词人"帐饮无绪""留恋处""执手相看泪眼""竟无语凝噎""念"。词人的一腔离愁，满腹依恋，尽在字字句句和一物一事之中。在这里，词人把离情别绪的感受，通过具有画面性的环境表现出来，意与境相融，构成一种诗意美的境界，给读者以强烈的艺术感染力。这首词通过对离别时身边景物的描写，渲染出一种气氛，营造出一种意境。这种气氛又很好地把诗人的情感烘托了出来。这种写景抒情诗，情由境生，以景蕴情。

(资料来源: https://mbd.baidu.com/ma/s/ozsCDTWv，有改动.)

一首令人回味的抒情诗，不会只是纯粹地直白抒情，更多的是借助景物来传情达意。了解这些常用的艺术表现手法，有助于我们更好地欣赏古典诗词，从中获得艺术的熏陶，提升自己的艺术品位。只要有抒发情感的需要，都可以翻开这些抒情诗，根据要表达的情感类型和倾诉对象，来选择适合自己内心的诗词篇目。

厚重典籍　智慧中国

第一期　奇书三经
——《周易》《山海经》《黄帝内经》

中华典籍浩如烟海，蕴含着中华民族的历史记忆、思想智慧和知识体系，滋养着一代代中华儿女。从经史子集到诗词曲赋，再到文理百工，一部部凝结着哲人先贤智慧与心血的经典论著，不仅是中华文化复兴的立足点，也是增强我们文化自信、民族自信的本源力量，值得我们一读再读，受用终身。欢迎同学们乘坐"文化直通车"，品读经典，汲取智慧，润泽心灵。

"穷则变，变则通，通则久"是事物不断变化发展的自然规律，"君子以言有物而行有恒"是君子说话做事的标准，"天行健，君子以自强不息；地势坤，君子以厚德载物"则告诫我们要坚强勇敢，自强不息，仁爱助人，立德树人。可以说，《周易》中的这些名句，值得我们反复品读，用心体会。

"日月所照，风雨所至""百川朝海，所以为大""天有九层，地有九泉"，《山海经》中记载的丰富神秘的山川地理、飞禽走兽、人物传说、神话故事，更是把我们带进一个个奇妙梦幻的世界。

"百病生于气也，怒则气上，喜则气缓……""智者察同，愚者察异""至道在微，变化无穷""夫四时阴阳者，万物之根本也"，而医学经典《黄帝内经》则不但关注人体本身，还扩展至四时阴阳、天地万物、宇宙自然，从医学、生物学、心理学的角度，从哲学、宇宙观的层面，去解释人间大道。本期"文化直通车"之"典籍里的中国"，就让我们走进奇书三经《周易》《山海经》和《黄帝内经》，去探寻那些浩瀚天地的奇妙与精彩。

中国三大奇书是指《周易》《山海经》与《黄帝内经》。其中《山海经》为述图之书；《周易》又称《易经》，是秦汉后至今无人可以真正通晓的上古典籍；《黄帝内经》是早期中国医学典籍。

1. 《周易》

《周易》即《易经》，是《三易》之一(另有观点认为《易经》即三易，而非仅指《周易》)，是传统经典之一，相传系周文王姬昌所作，包括《经》和《传》两个部分。《经》主要是 64 卦和 384 爻，卦和爻各有说明(卦辞、爻辞)，作为占卜之用。《周易》没有提出阴阳与太极等概念，介绍阴阳与太极的是被道家与阴阳家所影响的《易传》。《传》包含解释卦辞和爻辞的七种文辞共十篇，统称《十翼》，相传为孔子所撰。

《周易》分为经部和传部。经部的原名就是《周易》，是对 64 卦卦象的揭示和相应吉凶的判断；而传部包含《文言》、《象传》上下、《象传》上下、《系辞传》上下、《说卦传》、《序卦传》、《杂卦传》，共七种十篇，称之为"十翼"，是孔门弟子对《周易》经文的注解和对筮占原理、功用等方面的论述。

《周易》是一部古老而又灿烂的文化瑰宝,古人用它来预测未来、决策国家大事、反映当前现象,上测天,下测地,中测人事。它认为世界万物是发展变化的,其变化的基本要素是阴(--)和阳(—),《周易·系辞》中说:"一阴一阳之谓道。"世界上千姿百态的万物和万物的千变万化都是阴阳相互作用的结果。《周易》研究的对象是天、地、人三才,而以人为根本,三才又各具阴阳,所以《周易》六爻而成 64 卦。正如《说卦》所说:"立天之道曰阴与阳,立地之道曰柔与刚,立人之道曰仁与义。兼三才而两之,故《易》六画而成卦。分阴分阳,迭用刚柔,故《易》六位而成章。"乾为纯阳之卦,坤为纯阴之卦,乾坤是阴阳的总代表,也是阴阳的根本,孔子在《系辞》中说"乾坤其易之门邪""乾坤其易之蕴邪"。《易纬·乾凿度》中说:"乾坤者,阴阳之根本,万物之祖宗也。"通行本《周易》本经排序以《序卦》的次序为基础,而以乾、坤两卦为首。《系辞》开篇即云:"天尊地卑,乾坤定矣。卑高以陈,贵贱位矣。动静有常,刚柔断矣。"《文言》是专门论述乾坤之卦德的传文,将乾坤之德性引申发挥至人文道德范畴,说明乾、坤是《周易》中最重要的两卦,也是《周易》阴阳哲学的基础。

易道讲究阴阳互应、刚柔相济,提倡自强不息、厚德载物。在 5000 年文明史上,汉民族之所以能够久历众劫而不覆,多逢危难而不倾,独能遇衰而复振,不断地发展壮大,根源一脉相传至今,与对易道精神的时代把握息息相关。《周易》历经数千年之沧桑,已成为汉族文化之根,是中国本源传统文化的精髓,是中华民族智慧与文化的结晶,被誉为群经之首、大道之源,是中华文明的源头活水,是中国古代杰出的哲学巨著,历经 7000 多年的历史,至今仍经久不衰。它奠定了中华文化的重要价值取向,开创了东方文化的特色,对中国的文化产生着不可取代的重要价值和巨大影响。

2. 《山海经》

《山海经》是中华民族最古老的奇书之一,属于述图之书,保留了大量远古时期的史料。从全书的结构来看,《山海经》分为"山经"和"海经"两个部分,这本书中的"山"和"海"并不是我们所理解的陆地和海洋。《山经》中记载的是中原大地上的山川走向、矿产宝藏等信息;《海经》可细化为《海内》和《海外》两部分,《海经》总的来说讲述了海内外的神话和怪兽。《山海经》全书记载了约 40 个邦国,550

图1-3 《山海经》

座山,300 条水道,100 多位历史人物,400 多个神怪异兽。该书总体是按照地区而不是按时间进行记录的。所记事物大部分由南开始(《大荒经》由东开始,有学者认为南、西、北、东的方位顺序与远古时的上南下北相同,故《大荒经》由东开始,则可能是后人的改动调整),然后向西,再向北,最后到达大陆(九州)中部。九州四周被东海、西海、南海、北海所包围。

《山海经》保留了大量远古时期的史料。例如《海外东经》记载"工虫在其北,各有两首。一曰在君子国北"。根据《山海经》先有图后有书的成书过程推测,《山海经图》

中在君子国的北方画有一个彩虹的"虹"字，表示该地经常见到彩虹。当时的图像文字应该类似甲骨文的虹字，是彩虹的图像，两端有首(见熊国英著《图示古汉字》)。而后来古人根据《山海经图》著《山海经》时，时间已经过了几百年，而著者并不一定是文字学家，这时彩虹的虹字已经成为"工虫"的样子。因此将彩虹描述为工虫，并望文生义地将其描述为"各有两首"，使后人无法知道到底叙述的是天边的彩虹，还是一只有两个头的怪物。所以就连司马迁也说"徐不敢言之也"。正因为《山海经》的所谓荒诞不经，几千年来该书既不为正史所载，也不为诸子所传，因而也很少被后人改动，在很大程度上保留了原书的风貌和许多珍贵的远古资料。

《山海经》全书现存18篇，其余篇章已佚失。原共22篇，约32 650字，包括山经5篇、海外经4篇、海内经5篇、大荒经4篇。《山海经》主要包含民间传说中的地理知识，涉及山川、地理、民族、物产、药物、祭祀等。书中保存了包括夸父逐日、女娲补天、精卫填海、大禹治水等不少脍炙人口的远古神话传说和寓言故事。

《山海经》记载了中国古代神话、地理、植物、动物、矿物、巫术、宗教、医药、民俗、民族等内容，反映的文化现象地负海涵、包罗万象。它不仅保存了丰富的神话资料，还涵盖了哲学、美学、宗教、历史、地理、天文、气象、医药、动物、植物、矿物、民俗学、民族学、地质学、海洋学、心理学、人类学等学术领域，可谓汪洋恣肆，有如海日。在古代文化、科技和交通不发达的情况下，《山海经》是中国记载神话最多的一部奇书，也是一部地理知识方面的百科全书。

3. 《黄帝内经》

《黄帝内经》是中国医学的经典之作，是第一部冠以中华民族先祖"黄帝"之名的传世巨著，是我国医学宝库中现存成书最早的一部医学典籍。它系统地研究了人的生理学、病理学、诊断学、治疗原则和药物学，被誉为医学百科全书，有"医之始祖"之称。《黄帝内经》在理论上构建了中医学的"阴阳五行学说""脉象学说""藏象学说""经络学说""病因学说""病机学说""病症""诊法""论治"以及"养生学""运气学"等学说，反映了我国古代天人合一的思想。(许多古代医书都曾引用该书中的医学知识，可以说这本书直接影响了后代养生学的发展。)

《黄帝内经》是第一部中医理论经典。人类出现以后，就有疾病，有了疾病必然要寻求各种医治的方法，所以医疗技术的形成确实远远早于《黄帝内经》。但中医学作为一个完整的学术体系，其形成是从《黄帝内经》开始的，所以《黄帝内经》被公认为中医学的奠基之作。这部著作第一次系统地讲述了人的生理、病理、疾病、治疗的原则和方法，为人类健康做出了巨大的贡献。《黄帝内经》还是第一部养生宝典，书中不仅讲述了怎样治病，更重要的是讲述了如何预防疾病，如何使我们在不吃药的情况下就能够健康、能够长寿。《黄帝内经》中非常重要的思想是"治未病"。《黄帝内经》中说："不治已病治未病，不治已乱治未乱。"比如说，一个人的肝脏出了问题，不应只盲目地治疗肝脏，还要从其他未生病的脏器着手。肝属木，肾属水，水生木；心属火，木生火，因此也应从肾脏和心脏上着手治疗。简单地说，就是解决了问题的两端，中间的问题也就迎刃而解了。这个道理，对现代社会的公司管理同样适用。一个公司的管理出了问题，造成了混乱，不要只盲目地解决当前的混乱，而要从造成混乱的原因和混乱将会导致的后果着手。另外，

《黄帝内经》还是第一部关于生命的百科全书。它以生命为中心，涵盖了医学、天文学、地理学、心理学、社会学以及哲学、历史学等，从宏观角度论述了天、地、人之间的相互联系，讨论和分析了医学科学最基本的命题——生命规律，并创建了相应的理论体系和防治疾病的原则和技术，融合了哲学、政治、天文等多个学科的丰富知识，是一部围绕生命问题展开的百科全书。

（资料来源：https://mr.baidu.com/r/1dfs3tQOLHa?f=cp&u=835d42c8328e0cfd，https://www.360doc.cn/article/13924396_1058040180.html，https://mbd.baidu.com/ma/s/7L1Sq66u，有改动.)

《周易》蕴含成功之得、为人处世之道；《山海经》对地理学、地质学、民俗学、神话学都具有重要意义，并产生了深远影响；《黄帝内经》不仅是中医学理论体系的基石，也是其主导思想和精髓所在，同时探讨了天地自然之间的联系，涉及哲学、心理学、天文学等诸多领域。总之，奇书三经关注天、地、人，写尽事、理、心，是故事性、趣味性与哲理性并存的智慧宝库。

家国情怀　薪火相传

第一期　五笔映辉
——"当代毕昇"王永民

欢迎同学们乘坐"文化直通车"，走进大爱中国，开启故事之旅。本期的主题是"五笔映辉——'当代毕昇'王永民"。汉字是中华文明的符号，是中华文化的载体，是中华民族的财富，也是世界文化的瑰宝。书写汉字之形，欣赏汉字之美，传承汉字之魂，是我们的光荣使命。让我们走进辉煌灿烂、意蕴悠长的汉字文化，去了解和学习那些为汉字传承奉献智慧和心血的大师，自觉维护我们的文化长城，紧握中华文化传承的接力棒，让我们优秀的、先进的中华文化更加发扬光大，焕发无穷魅力。

以汉字为载体传承至今、浩如烟海的文化典籍，积淀着中华民族最深层的精神追求，代表着中华民族独特的精神标识，是中华文化的基础与根本。可以说，没有汉字，就没有中华文明。中华文明在世界历史上曾长期处于领先地位，汉字也被周边许多国家所接受，形成了"汉字文化圈"。然而，近代以来，在西方列强的侵略和欺凌下，中华民族曾陷入亡国灭种的危险境地，汉字及以汉字为载体的中华文化亦面临前所未有的传承危机。新中国成立以后，"中国人民站起来了"，汉字也走上了改革和拼音化的道路。然而，随着信息化时代的到来，汉字及其文化传承面临的困境并未完全消除。

1946年，世界上第一台通用电子计算机(ENIAC)在美国宾夕法尼亚大学诞生，这是人类历史上具有划时代意义的一项伟大发明，标志着人类从此将进入信息化时代。20世纪70年代，集成电路技术的应用，极大地提高了计算机的运算速度；1980年以后，微电脑

兴起并迅速普及学校与家庭，影响波及世界各国和各行各业。当新一轮世界科技革命浪潮席卷全球时，计算机几乎成为"文明"的同义词。然而，对于国人而言，成千上万的汉字能否进入计算机，却成为中华文化面临的一个最关键、最核心的技术难题。以至于有人说："要实现科学技术现代化，必须首先实行汉语拼音化，不能让汉字拖四个现代化的后腿。"甚至还有人断言："历史将证明，电子计算机是方块汉字的掘墓人。"

世界各国计算机专家公认，对于数据处理和计算机系统来说，主要的输入装置是键盘，要靠手指操作。而文字输入主要靠键盘来完成。然而，怎样才能造出适合汉字输入的计算机键盘呢？正在人们对这一世界性难题束手无策、对汉字命运感到担忧之时，1983年8月28日，王永民发明的"五笔字型"汉字输入法在郑州宣告诞生。这一发明，被国内外专家评价为"其意义不亚于活字印刷术"。在河南省科委组织的成果鉴定会上，《英华大字典》主编郑易里看了现场演示后，激动地说："从今天开始，汉字输入不能与西文相比的时代一去不复返了……这个发明的巨大意义，一时还难以估计。"

20世纪70年代，汉字能否输入计算机，已成为有关领导和科学家普遍关心的重大课题。据说，世界上为此倾尽全力从事研究与奋斗的学者、专家多达上万人，发表的研究报告、试验成果或者专利1000余种。那么，为什么最后摘得这一桂冠的，会是中国人王永民呢？

王永民，1943年12月生于河南南召，五笔字型(王码)输入法发明人，首创"汉字字根周期表"，发明了25键4码高效汉字输入法和字词兼容技术，曾荣获"五一劳动奖章""全国优秀科技工作者""全国劳动模范"等称号，2018年荣获"改革先锋"称号。自1978年起，王永民带领他的助手，把《现代汉语词典》中12 000个汉字逐一分解，做成12万张卡片，从数以百万计的统计记录中，归纳出600多个组成汉字的字根。在对海量数据进行分析的基础上，王永民研制出世界上第一个定量的《字根频度表》，创立了汉字键盘设计"三原理"及其数学模型。综合考虑字根(部件)的组字频度和实用频度，首先筛选出200多个"组字字根"(或称"码元")，然后运用键盘设计的"三原理"，实现最佳的键位组合。在三年多的时间里，王永民可以说摸透了每一个字根的"脾气"，从180键、90键、62键、36键，最后设计出了适合汉字输入的26键布局，可以直接使用英文26个字母键盘，达到了这一领域世界最高水平！

图1-4 五笔字根

在王永民发明"五笔字型"的过程中，他提出的汉字键盘设计相容性、规律性、协调性"三原理"及其数学模型尤为重要。这个"三原理"需要既相互矛盾又相互统一，同时达到最佳值，这是一个充满挑战的实验过程，达到目标谈何容易！为了实现"多目标的统一"，王永民在积累大量统计数据的基础上，经过无数次试验，建立了数学模型，最终完成了汉字输入键盘的最佳设计，成功地与英文输入键盘"无缝对接"！王永民说，不运用这样复杂的数学方法，是根本无法设计出五笔字型键盘的。而"五笔字型"之所以能从数以千计的汉字输入法中脱颖而出，正是因为有科学理论与试验方法作支撑。有人曾提出两

个重要的假设：其一，如果没有"五笔字型"，中国人的办公桌上，每台电脑都配备一个专用的汉字键盘，会是一种怎样的壮观情景？其二，如果"五笔字型"是外国人的专利，我国的计算机产业将面临怎样的局面？

王永民发明的"五笔字型"输入法，使汉字摆脱了被信息时代抛弃的严重危机，可以说彻底改变了汉字的命运。1985年12月，国家将成立30余年的旨在实现"汉字拼音化"的中国文字改革委员会，正式更名为国家语言文字工作委员会。1999年，中国科学院院长路甬祥院士在其主编的《科学改变人类生活的100个瞬间》一书中写道："1983年8月，南阳有一位叫王永民的奇人发明了五笔字型，汉字输入的难题得到了根本性的解决。"在该书中，王永民被誉为"把中国带入信息时代的人"。2003年，国家邮政总局发行"当代毕昇——王永民"纪念邮票。2018年12月18日，中央庆祝改革开放40周年大会在人民大会堂隆重举行，表彰了100位"改革先锋"，王永民位列其中。

"当代毕昇"，"不亚于活字印刷术的发明"，用曾经的辉煌来评价今天新的成就，是最高的奖赏，也是最优美的赞誉。毕昇是谁？活字印刷术又是什么？让我们沿着历史的轨迹，寻找汉字的发展脉络。

时间回溯到北宋，一个从事雕版印刷的工匠——毕昇，在长期的工作中，发现雕版印刷费时费力费成本，于是经过无数次实践，最终发明了一套完整的活字版工艺技术。这套活字技术，是印刷术由费工费时的雕版印刷进入高效率的活字版印刷时代的标志，具有重大意义。活字印刷术的发明，是中国印刷术史上的一次根本性革新，也是中国古代四大发明之一。活字印刷术广为传播，13世纪传至朝鲜、日本、越南、菲律宾、伊朗等国，15世纪传入欧洲。1456年，德国的戈登堡用活字印刷技术印刷了《戈登堡圣经》，这是欧洲第一部活字印刷品，比中国的活字印刷晚了约400年。之后，活字印刷术迅速从德国传到其他十多个国家，对文艺复兴运动的到来提供了条件。16世纪，活字印刷术传到非洲、美洲、俄国的莫斯科，19世纪传入澳洲。毕昇是举世公认的用活字印刷的第一人，对中国和世界文化事业做出了重大贡献，在世界科学技术史上留下了不朽的丰碑，被西方学者誉为"文明之母"。

历史再继续往前推，大约一万多年前，黄帝成为华夏部落的首领，仓颉是黄帝手下的官员，负责管理牲畜和仓里的粮食。仓颉聪明能干，他用绳结和增减贝壳的方法来记录数量。但是随着事情越来越多，之前的方法不够用了。于是，仓颉开始观察每个事物的特征，然后记录下来。天上星宿分布的情况、地上山川脉络的样子，鸟兽虫鱼的足迹、草木器具的形状，他都一一描摹，创造出了各种不同的符号。渐渐地，仓颉将万物的特征转化为不同的符号，并赋予它们特定的意义，形成了最初的汉字。有了汉字的帮助，他管理起所有的事情都井井有条。仓颉仰观星宿运行，俯察鸟兽足迹，创造了象形文字，为了纪念他对中国文化的伟大贡献，人们尊称他为"字圣"。

无论是伏羲发明的原始部落的龙图腾、仓颉留下的"鸟迹"符号，还是商朝的甲骨文、西周时期的金文和秦朝统一的篆文，都是人类从自然中汲取灵感而创造出满足人类生存需要的表意符号，是对自然的记忆、认知和反映。这种表意符号是一脉相承，并朝着人类希望的方向而不断发展的。因此，仓颉造字充满智慧，这个智慧就是道法自然，就是字法自然，就是遵循宇宙和自然的规律，遵循人类社会存在的规律。而这些存在必然有其存在的道理、价值，这个道理、价值和规律就是事物的规律性，也是事物的本质。做任何事

情，都需要遵循事物之道，进行深化提升、开拓创新。只有具备这种创新精神、创造精神、科学精神、探索精神、实践精神，才能继续发扬中华文化，不断推进人类文明。

中华优秀传统文化是中华民族的精神命脉，是涵养社会主义核心价值观的重要源泉，也是我们在世界文化激荡中站稳脚跟的坚实根基。汉字是中华文化的血脉之根、文化自信的伟大基石。在当今复杂的国际环境下，坚定文化自信，强调汉字对于中华文化传承的重要性，对于实现中华民族的伟大复兴具有重大的现实意义和深远的历史意义。

(资料来源：https://m.hswh.org.cn/wzzx/llyd/wh/2022-08-15/77017.html，
https://mbd.baidu.com/ma/s/DEHDHZ3c，
https://ms.mbd.baidu.com/r/1fnWpeH6JKE?f=cp&rs=575610396&ruk=
vgSXAZL5q55O7XksyHqKgQ&u=ff0c7166d54e29b1&urlext=%7B%22cuid%22%3A%22la-
W8g8Lv8gsuHaeg8vet_uaHijniSaSY82valuovuKu0qqSB%22%7D，
https://mr.mbd.baidu.com/r/1etBnk5bMPK?f=cp&rs=470296225&ruk=vgSXAZL5q55O7XksyHqKgQ&u=9a3b4
7af3fd33e86&urlext=%7B%22cuid%22%3A%22la-
W8g8Lv8gsuHaeg8vet_uaHijniSaSY82valuovuKu0qqSB%22%7D，有改动.)

习近平总书记指出："不忘历史才能开辟未来，善于继承才能善于创新。优秀传统文化是一个国家、一个民族传承和发展的根本，如果丢掉了，就割断了精神命脉。"汉字承载了博大精深的中华文化，是中华民族砥砺奋进、开创未来征程中取之不尽、用之不竭的精神源泉。我们一定要以史为鉴，以汉字文化传承为出发点，增强文化自信，为中华民族的伟大复兴而努力奋斗！

练习与实训

一、选择题

(一)单选题

1. 口才的作用主要表现在哪两个方面？（　　　）
   A. 个人成功与社会发展 　　　　　　B. 信息交流与沟通协调
   C. 信息交流与情感交流 　　　　　　D. 情感交流与沟通协调
2. 口才与演讲的关系中，下列哪一项不属于口才的特点？（　　　）
   A. 说话的才能　　B. 说话的技巧　　C. 说话的场合　　D. 说话的场合限制
3. 口才训练方法中，哪种方法通过反复重复表达内容来提高口才？（　　　）
   A. 复述法　　B. 模仿法　　C. 描述法　　D. 扮演法
4. 口才训练方法中，哪种方法通过反复模仿来提高口才？（　　　）
   A. 模仿法　　B. 复述法　　C. 描述法　　D. 扮演法
5. 口才与演讲的关系中，下列哪一项不属于演讲的特点？（　　　）
   A. 公众场合　　B. 以语言表达为主　　C. 辅以体态语言　　D. 语言场合限制
6. 口才训练方法中，哪种方法通过反复描述来提高口才？（　　　）
   A. 描述法　　B. 模仿法　　C. 复述法　　D. 扮演法

(二)多选题

1. 下列哪些是口才的重要性？(　　)
   A. 治家国　　　　　B. 益人生　　　　C. 促进经济发展　D. 促进社会和谐
2. 下列哪些是口才的特殊性？(　　)
   A. 独特的技巧性　B. 储备的丰富性　C. 方法的有效性　D. 天生的才能
3. 下列哪些是练习口才的科学方法？(　　)
   A. 速读法　　　　　B. 复述法　　　　C. 模仿法　　　　D. 扮演法
4. 下列哪些是口才与演讲的相似之处？(　　)
   A. 都属于语言范畴　　　　　　B. 都运用有声语言
   C. 都辅以体态语言　　　　　　D. 都需要知识积累
5. 下列哪些是口才与演讲的区别？(　　)
   A. 口才不受时空限制，演讲受限制　B. 口才是一种综合素质，演讲是一种语言活动
   C. 口才外延大，演讲外延小　　　　D. 口才是先天的能力，演讲需要后天的培养

二、简答题

1. 为什么口才和交际能力在现代社会中变得越来越重要？简要说明口才和交际能力对个人和社会的意义。
2. 简要说明口才的独特技巧性和储备的丰富性。
3. 为什么口才是一种特殊的社会现象？简要说明口才的综合素质和语言表达能力的关系。
4. 阐述口才的应用领域，至少列举三个领域，并简要说明口才在该领域中的作用。
5. 简要说明口才与演讲的区别，以及口才和演讲在语言表达中的异同点。
6. 选择一种口才训练方法，简要介绍该方法的实施步骤和训练效果。

三、拓展积累

1. 搜集成语、谚语、名言警句和流行语。
2. 搜集优秀诗词，并练习诵读、识记。
3. 关注社会各领域和生活各方面，实践积累。
4. 广泛阅读，厚积薄发。

单元二 基础训练

> **"宝剑锋从磨砺出，梅花香自苦寒来"**
>
> 本单元主要围绕"有声语言训练、无声语言训练和诵读经典"三项实训任务展开，实训任务一介绍了科学发声和语调传情的训练方法和技巧，实训任务二介绍了身姿、手势、眼神与表情等无声语言的方法与技巧，实训任务三介绍了朗诵、吟诵和背诵的方法与技巧。旨在引导学习者通过持续不断的练习和日积月累的努力，掌握各种发声技巧和形体语言的运用，积累丰富的经典素材，使自己无论在日常交流还是演讲辩论中，都能更具感染力和说服力。
>
> 文中的"案例赏析"让你了解更多相关知识，"文化直通车"专栏，带你更深入地走进我们的国家，让你越深入了解越产生热爱。

单 元 目 标

知识目标：

1. 掌握常见口才训练的基本方法。
2. 掌握重音、停顿、语气与语调等有声语言表达技巧。
3. 掌握态势语等无声语言表达技巧。
4. 掌握诵读、吟诵经典的方法。
5. 理解并积累经典。

能力目标：

1. 能正确运用练声法练习发声和说话。
2. 能运用各种口才训练的方法锻炼口才。
3. 能把诵读技巧灵活运用到演讲中。

素质目标：

1. 培养学生热爱祖国语言的思想情感。
2. 提高学生锻炼口语的兴趣。
3. 提高学生的思维能力与记忆力。
4. 培养学生诵读经典的兴趣，养成良好的诵读习惯，并积累更多素材。

实训任务一 有声语言训练

【案例导入】

延安王皮湾村窑洞里的广播

1940 年 12 月 30 日，延安王皮湾村的窑洞里发出一个振奋人心的声音："延安新华广

播电台 XNCR 现在开始播音"，这是中国人民广播事业迈出的第一步。战火硝烟中，人们无论多苦多累，每次听到字正腔圆、振奋人心的声音便充满了力量。国民党飞机上尉驾驶员刘善本，正是因为延安新华广播电台的口语广播，走上了革命的道路，驾机起义，飞向延安。

广播语言字正腔圆，是一种有声语言艺术。在日常生活中，吐字清晰、表达准确不仅是交际主体的一种基本素养，也反映了其个人修养。朗读是一种语言艺术，是口语交际的一种非常重要的形式，即把语言艺术从无声的视觉语言转化为听觉的有声语言，通过这一转化对书面语言中的艺术形象进行再创造。在转化为有声语言的同时，加入朗读者对作品的理解和诠释，鲜明、生动地反映作品的思想内涵，使听众享受到与书面艺术不同的体验，获得更加清晰的作品信息。朗读不仅有助于提高学生的阅读能力，发展学生的智力，增强艺术鉴赏力，还可以陶冶情操、文明言行、开阔视野，并且有助于细致入微地体味语言，提升口语表达的自我鉴赏能力。因此，要想拥有出色的口才，朗读是不可或缺的一环。

想一想

上文说"每次听到字正腔圆、振奋人心的声音便充满了力量"，请问有声语言为什么会给人以力量？朗读有哪些好处？

有声语言是指能发出声音的口头语言，是人类社会最早形成的自然语言。在交际语言中，它是人类最常用、最基本的传递信息的媒介。有声语言具有直接、生动活泼、使用便捷等特点。

有声语言包括三要素：一是"说什么"，也就是说话的内容；二是"为什么说"，也就是说话的目的；三是"怎么说"，也就是说话的方法。

有声语言主要分为以下几类：一是日常有声语言，即日常交流、交际所运用的朴素、自然的有声语言；二是艺术有声语言，即以艺术为表现形式的有声语言，比如朗诵、戏曲、歌唱、相声、小品、快板等；三是介于现实性和艺术性之间的演讲有声语言。

使用有声语言应注意以下几点：一是保持语言的简洁性。口语交际的特点决定了有声语言要简洁明了，这有助于听者快速理解说话者的意图。二是要大众化、通俗化。口语交际的对象决定了有声语言要遵循大众化、通俗化的特点，如果是学术报告，可以使用专业性的语言；如果是艺术有声语言，则应遵循各类别有声语言的特点。三是语言的使用要富有灵活性。

要拥有出色的语言表达能力，离不开有声语言训练。有声语言训练包括科学发声(呼吸技巧、气息控制、吐字归音、共鸣训练)、语调传情等，以下是进行有声语言训练的方法。

一、科学发声

练声就是练习发声，也就是锻炼嗓子。在生活中，当我们听到那些饱满圆润、悦耳动听、饱含情感的声音时，就会心情愉悦；而听到干瘪无力、沙哑干涩、缺乏生气的声音就会心情郁闷。因此，练就一副悦耳动听的好嗓子，是成为口语表达和交际高手的重要前提。练声的方法主要包括以下几方面。

(一)呼吸训练

俗话说"气在声前",练声先练气。声音是气流的振动产生的,气息是人体发声的动力和源泉,它就像机械的发动机一样,是声音发出的基础。有的人说话声音洪亮,有的人说话有气无力,除了先天因素外,声音跟后天的气息调节锻炼有很大关系。如果控制不好气息,或气息不足,声音便没有力量;而如果用力过猛,又会损害声带。因此,要想科学发声,首先要学会用气。

第一是吸气:吸气时要慢、要深,让气充满整个胸腔,把胸腔撑开,尽量把更多的气吸进去。我们可以体会一下把气吸进胸腔时充盈的感觉。需要注意的是,吸气时不要提肩。第二是呼气:要让气慢慢地呼出,感受胸腔缓缓排出气体,一点点放空的感觉。呼气时可以微微张开上下齿,让气息慢慢地通过。因为我们在演讲、朗诵、辩论时,说长句子或者做强烈的情感表达时需要较长、较有力的气息,只有气息充足且呼气时间足够长,才能达到理想的效果。

(二)气息控制

1. 气息强控制练习

吸气要深,还要保持一定量,类似于京剧老生大笑时候的唱腔,吸气后发:"啊——哈,哈,哈,哈哈哈……"这时要体会膈肌和腹肌送气的感觉,发声的时候气息下沉。可以参考练习的诗词有:苏轼《念奴娇·赤壁怀古》、李白《忆秦娥·箫声咽》等。

2. 气息弱控制练习

(1) 深吸一口气,一点一点地往外送,语速平和。练习时缓慢并持续地发出"ai""uai""uang""iang"等音。

(2) 控制气息,延长发音。例如,山高水长 sh—an g—ao sh—ui ch—ang ,发音时,声母要拉长,气息要均匀,中间不要断气。韵母发音要饱满,但不要过于用力,以免影响气息的均匀和持续输出。整个发音过程中,要保持气息的稳定和均匀,中间不要断气。

(3) 强调连续,控制气息,扩展音域。气息控制训练要做到"深、通、匀、活"。深,指吸气要深,这样气的容量就大。通,也就是气息畅通无阻,运行自如。匀,即气息均匀,气息稳定,声音才能流畅。活,也就是气息能随感情的变化而灵活流动。可以练习朗读古诗词,练习的时候气息和内容要有机结合。有的人说话气息不够、尾音无力、换气不流畅,这通常是气息控制不好造成的。要想改变这种情况,首先要对阅读的材料非常熟悉,还要考虑在段落中适当换气,处理好气息。调整好气息,有助于增强说话时的感染力、说服力。

有的人说话很用力,可是声音却传不远,究其原因,大致有二:一是没有充分利用鼻腔、胸腔等共鸣器官,气流通过发声器官,没有在共鸣器官中加工;二是气息不稳定。我们的声音都是气流振动两片声带产生的,本质上差别不大,但经过咽、喉、口腔、鼻腔、胸腔等器官的修饰、放大后,形成了每个人独特的风格,最终传达给听众。在不振动声带的情况下,仅仅靠气流摩擦发出声音的时候,声音传不远,所以想要声音饱满、圆润、动

听，就要利用好发声器官，控制好气息。

气流振动声带发出声音，但声带振动也只能是发出声音。如果想要嗓音富有层次、有轻重缓急、可悠长可短促，就需要不断地向声带输送气流，并且输送多少、快慢、轻重、缓急均可控，这样声音才能富于变化，才能更好地表情达意。下面给大家介绍一些气息控制的训练方法，通过训练更好地控制气流，演绎出更动听、更饱满、情感更丰富的声音。

需要注意的是，不能在饱腹的时候训练气息。

气息控制训练一：

(1) 狗喘气训练：模仿小狗喘气的感觉，感受肚子的力量，每天练习 3 分钟。

(2) 吹纸条训练：将纸条贴在墙上，观察吹气能使纸条停留多久，每天练习 10 次，一个月后纸条停留时间会增加。

(3) 气息绕口令训练：尽量一口气说完复杂的绕口令，比如"四是四，十是十，十四是十四，四十是四十"，以此来锻炼气息的持续性和强度。

(4) 软口盖练习法：包括"闭口打哈欠"和"气声数数法"，前者通过鼻子吸气呼气，后者通过均匀的、低微的声音数数，增强腹肌和横膈膜的控气力度。

(5) 气声数数法：先深吸一口气，屏住呼吸几秒钟，然后用均匀、轻柔的声音数数，避免漏气。

(6) 边跑边背诗：在跑步时背诵短诗，尽量避免喘气，以增强气息控制的意识。

(7) 偷气换气法：选择长句子，以较快的速度阅读，气息不足时采用"偷气"技巧，确保换气自然且充分。

(8) 慢呼慢吸：通过缓慢吸气和呼气，感受气息的稳定和连贯，有助于控制声音的稳定性。像在花园里闻花香一样，慢慢吸气。要感觉到腹部充气膨胀，气入丹田，但是要收紧小腹。保持几秒，轻轻地、缓慢地呼出。呼气的时候可多次练习发声"xiao lan(拼音小兰)"，声音渐渐远去；或者用嘴数数 1、2、3、4、……，不要跑气换气，并尽可能多数。

(9) 慢吸快呼：慢吸后迅速将气息释放出来，这样可以体会到气息与声音的有机结合。

(10) 快吸慢呼：快速吸气后，利用膈肌控制气息流动，发出声音，锻炼处理较长句子时的呼吸控制能力。快速地吸气，并保持气息；缓缓呼出，配合声音，平稳均匀。讲课过程中经常用到这个方法。呼气时，做发声练习"巴拔把爸低答底大"，上声练习"好美满想仰场"，换气练习：《数枣儿》绕口令、《数红旗》绕口令。

(11) 快吸快呼：快速吸气和呼气，锻炼处理较短句子时的呼吸感。

(12) 深度呼吸法：深吸一口气，小腹收缩慢慢呼出。

图 2-1　吸气示意图

图 2-2　呼气示意图

(资料来源：https://localsite.baidu.com/okam/pages/article/index?categoryLv1=%E6%95%99%E8%82%B2%E5%9F%B9%E8%AE%AD&ch=54&srcid=10004&strategyId=120870795265709.)

气息控制训练二:

(1) 《数枣儿》绕口令。

出东门,过大桥,大桥底下一树枣。拿着杆子去打枣,青的多,红的少。

一个枣儿,两个枣儿,三个枣儿,四个枣儿,五个枣儿,六个枣儿,七个枣儿,八个枣儿,九个枣儿,十个枣儿。

十个枣儿,九个枣儿,八个枣儿,七个枣儿,六个枣儿,五个枣儿,四个枣儿,三个枣儿,两个枣儿,一个枣儿。

(2) 《数红旗》绕口令。

广场上,飘着红旗,看你能数几面旗。一面旗,两面旗,三面旗,四面旗,五面旗,六面旗,七面旗,八面旗,九面旗,十面旗……

(资料来源:https://www.douban.com/note/796717995.)

(三)练习发声

我们说话时,气流振动声带发出了声音。除了声带,还有一些器官参与了发声活动,包括由肺、膈肌和胸廓构成的呼吸器官,为发音提供所需的空气动力;由喉头和声带构成的发声器官,在气流推动下发出声音;由唇、齿、舌、软腭、硬腭等构成的吐字器官,主要对发声器官产生的声音进行加工,形成具有意义的语音;由口腔、咽腔、鼻腔和胸腔构成的共鸣器官,可以帮助形成语音、扩大音量和丰富音色。这些器官本身具有特定的生理功能,当它们参与发声活动时,就成了发声器官,它们共同构成一个具有社会功能的独特系统。发声器官参与发声活动前需要先"热身",这些器官平时也需要加强锻炼,就好比我们在运动前先做准备活动和日常要加强体育锻炼一样。

练习发声前先做放松声带练习,先用一些气流振动声带,力量要轻,节奏要缓,让声带做好发声前的准备。活动声带后,紧接着做下面的练习。

1. 深吸慢呼发长音

以练气为主,发声为辅,发音位置在中低音区,呈波浪式发音,男生发"啊"音,女生发"咿"音。尽可能拉长,反复练习。

2. 声气各半发断音

双手放在腰间或腹部,吸气到腭咽处冲出同时发声,声音以中低音为主,依次做如下练习。

(1) 吸气后,嘴里发出快速的"噼里啪啦,噼里啪啦……"在气息即将用尽时发出"噼一啪"的断音。反复5次。

(2) 吸气后,发出"哈,哈……"的声音,先慢后快,练习有爆发力的断音。

(3) 吸气后,发出"嘿一厚、嘿一厚"的声音,先慢后快,直至加快到气息用尽,反复练习。

经过上述反复练习,气息已基本控制稳定,即可开始准备声音练习了。

3．活动口腔做准备

口腔是发声的一个共鸣器，声音是否洪亮、圆润与口腔有着直接的关系，所以要特别重视口腔的作用，做好发声前口腔的准备活动。

第一，张闭口练习。嘴巴开合，活动嚼肌，使嚼肌在练声时运动自如。

第二，挺软腭。发出"咔、咔"的声音，反复练习。

鼻腔作为人体的另外一个共鸣器经常被忽视。有些人发音时把力量都集中在喉咙上，没有利用胸腔、鼻腔这两个共鸣器，使得声音单薄，音色欠佳。一般通过模仿牛叫来练习鼻腔共鸣。需要注意的是，在平时说话时，不能只用鼻腔共鸣，否则就会导致说话时鼻音过重，影响声音的美感。

还有一点需要注意，早晨刚睡醒时不要立刻到室外练声，尤其是室内外温差较大时，冷空气容易刺激声带，使声带受到损伤。

第三，吐字归音练习。发音准确无误，吐字清晰、圆润饱满，才能达到"字正腔圆"。

一般来说，每个字都是一个音节，音节又可以分成字头、字腹、字尾三部分，其中字头是声母，字腹是韵母，字尾就是韵尾。吐字时，嘴唇要积极，咬住字头，正如俗语所说"咬字千斤重，听者自动容"，把发音的力量放在字头也就是声母上，用字头带响字腹和字尾。发音时，字腹口形正确，发音才能饱满、充实。声母和韵母发音到位了，发出的声音才会是立着的而不是横着的，才会是圆的而不是扁的。最后是归音，也就是字尾。归音一定要完整，不要念"半截"字，既要把音发完整又要能收住，不能拖长音。

一般通过以下练习锻炼发声用气和吐字归音。

① 跑步练习。慢跑 20 米左右，调整呼吸后朗读一段课文，尽量不发出喘气声。

② 成语练习。读下列成语，要字正腔圆。

● 锦绣河山，高耸入云，水天一色，波光粼粼，湖光山色，重峦叠嶂，山明水秀，高山流水。

● 白练腾空，烟波浩渺，硕果累累，五彩缤纷，心明眼亮，海市蜃楼，优柔寡断，源远流长。

③ 绕口令练习。读以下绕口令，要清晰快速有力。

● 八百标兵奔北坡，炮兵并排北坡炮；炮兵怕把标兵碰，标兵怕碰炮兵炮。

● 哥挎瓜筐过宽沟，赶快过沟看怪狗；光看怪狗瓜筐扣，瓜滚筐空怪看狗。

● 洪小波和白小果，拿着箩筐收萝卜。洪小波收了一筐白萝卜，白小果收了一筐红萝卜。不知是洪小波收的白萝卜多，还是白小果收的红萝卜多。

(四)共鸣练习

有声语言发声离不开共鸣调节。通过共鸣，可以使声音在人体的共鸣腔中得到增强，提高发声效率，改善声音质量，提高声音的表现力。人类的发声器官是天生的，不能任意改造，而辅助人体发音的几个共鸣腔也是与生俱来的，无法改变，但是我们也可以通过后天的训练实现有效的共鸣调节。

1．口腔共鸣

有声语言共鸣的几种方式中，以口腔共鸣方式为主，它能使声音听起来更清晰、更响

亮。通过调整口腔的形状和大小，以及气息通过口腔的速度，可以改变声音的共鸣效果。

1) 唇齿贴紧

唇齿贴紧，声音快速通过口腔，可以提高声音的亮度，而舌尖的位置和动作也会影响声音的共鸣效果。可以模仿火车鸣笛的声音或进行"wu"音等单元音练习。唇部控制力提高后，可以适当练习一些小的句段。这些练习有助于感受口腔共鸣的效果。

2) 嘴角稍上扬

嘴角稍稍上扬，这样发出的声音可以表达快乐和积极的情绪。通过练习"提颧肌"的动作，可以使嘴角略上扬，体会嘴角下垂和上扬时声音色彩的变化。这个练习也是先用单元音做练习，然后再练习小的句段。

发声的时候鼻咽要关闭，避免鼻腔漏气。在元音训练时，多练习阴平声调，这样有助于体会声音和气息的控制；在读撮口音韵母时，容易噘嘴，如果读的时候双唇适当收紧靠近上下齿，会有很好的改善，通过下列练习，大家可以体会一下。

元音练习：bā dā gā pā tā kā

撮口音练习：yū bō mō hū qū nǔ

词组练习：琵琶 偏僻 澎湃 爬坡 抨击 批评

嘀嗒嗒 哗啦啦 噼啪啪 咣啷啷 扑通通 轰隆隆

段落练习：但是太阳，他每时每刻都是夕阳也都是旭日。当他熄灭着走下山去，收尽苍凉残照之际，正是他在另一面燃烧着爬上山巅布散烈烈朝晖之时。那一天，我也将沉静着走下山去，扶着我的拐杖。有一天，在某一处山洼里，势必会跑上来一个欢蹦的孩子，抱着他的玩具。

(资料来源：史铁生《我与地坛》)

2. 鼻腔共鸣

感受鼻腔共鸣：如果适当运用鼻腔共鸣，会使声音显得有厚度；如果鼻腔共鸣过多，就会影响表达效果。鼻腔共鸣的调节是通过软腭的抬起或降下来实现的。减少鼻腔共鸣需要软腭抬起，可以通过发"i"和"a"音来练习。打哈欠时，软腭会自然抬起。通过模仿打哈欠，可以让软腭处于抬起的状态，同时发出"a"音，这样可以感受到软腭的抬起。利用软腭下降将元音部分鼻化来体会鼻腔共鸣。练习如"ma—mi—mu""na—ni—nu"的发音，可以感受到鼻腔共鸣。

练习鼻腔共鸣：平时鼻腔共鸣少的人可以适当练习。元音"a"的舌位低，鼻腔共鸣弱，练习时可稍微增大软腭的下降幅度；"i""u"舌位高，口腔剩余空间小，通道窄，气流容易流入鼻腔，产生鼻腔共鸣，因此，软腭不能下降太多，以免使元音完全鼻化。进行"m""n""ng"的发音练习，体会软腭的前、中、后部振动和鼻咽腔的变化。读下面这组词组和段落，感受软腭和鼻腔的变化。

词组练习：妈妈 猫咪 命名 中央 泥泞 安宁 接纳 狰狞。

段落练习：我站在高山之巅，俯瞰绿草如茵的草原，草原广袤无垠，春天的草原上牛羊三三两两，微风拂面，气息清新。转眼，面前又是层峦叠嶂，怪石嶙峋，树木葱茏，流水潺潺，鸟语花香，大自然的美尽收眼底。我向前迈动脚步，突然掉进现实，就这样一步跨出梦境。

3．胸腔共鸣

体会胸腔共鸣：发"a"音，声音要低，不要过于响亮，这时能感觉到声音是从胸腔发出的，如果把手轻轻放在胸部，可以感受到震动。从高到低，从实到虚发长"a"音，体会什么时候胸腔振动强烈，记住这个发音位置，并练习在这一音段的胸腔共鸣。一般而言，较低且柔和的声音易于产生胸腔共鸣。

练习胸腔共鸣：在练习前，先进行几次深呼吸，将气息充满胸腔，做好共鸣练习的准备。在发音时，要感受胸腔的振动和共鸣。这种共鸣会让声音更加浑厚、有力。

音节练习，用夸张的方法读下列上声字：买(mǎi)，吼(hǒu)，跑(pǎo)，彩(cǎi)。

词组练习：暗淡 àn-dàn　散漫 sǎn-màn　百炼成钢 bǎi-liàn-chéng-gāng
翻江倒海 fān-jiāng-dǎo-hǎi　追悔莫及 zhu-huǐ-mò-jí

段落练习：世界如此广阔，我如此渺小，但我坚信自己的力量。我深深地感受到我与世界的共鸣，真切地体会到我强大的力量。人生如梦，岁月如歌。我站在广袤的大地上，感受着它的脉动和呼吸。我的声音穿透岁月的尘埃，回荡在浩瀚的太空，回响在每一个角落。

4．头腔共鸣、腹腔共鸣

一般情况下，说话、播音用不到这两种共鸣方式。可先发"i"的音然后过渡到"a"音，体会声音从眉心发出的感觉。朗诵岳飞《满江红》，体会恰当的头腔共鸣、腹腔共鸣产生的强烈感情色彩。

怒发冲冠，凭栏处、潇潇雨歇。抬望眼、仰天长啸，壮怀激烈。三十功名尘与土，八千里路云和月。莫等闲、白了少年头，空悲切。

靖康耻，犹未雪；臣子恨，何时灭。驾长车、踏破贺兰山缺。壮志饥餐胡虏肉，笑谈渴饮匈奴血。待从头、收拾旧山河。朝天阙。

二、语调传情

说话、朗读时语音高低、轻重、急缓等方面的调控和变化，就是语调。语调既包括语义的传递，还涉及情感的交流，语调不同，传达出的情感和意义也会有所差别。

语调的变化主要包括轻重、快慢、高低和停顿四种方式。

在日常的口语交流或是正式的演讲中，语调不能总是慷慨激昂，也不能总是低沉压抑，相反，语调应该富于变化，即随着表达者的喜悦、哀痛、愤怒、平静等情感的变化而产生变化。通过语调轻重缓急的转换、抑扬顿挫的起伏，使表达者的情感得以更加生动地展现。尽管高音在演讲中起着重要的作用，但一味地追求高音便没有了高音，高是在低音的映衬下才显得高，所以，要找到正确的发声方法，找准恰当的发音位置才是关键，单纯的高声喊叫，不仅无法练出好的声音，反而会使之前的努力付诸东流。只有能高能低，运用自如，才能具备演绎声音的高超技能。在练习高音时，避免使用挤、卡、捏、压、硬等不正确的发声方式。高音的练习需要技巧和方法，这需要结合自身的嗓音条件，通过不断摸索和实践来掌握。

出色的演讲家之所以出色，能够打动人心，其主要原因在于他们懂得巧妙地通过语调

的变化来表达内心的情感。如果闭上眼睛听，轻松明快的声音，如同感觉到上扬的嘴角、淡淡的笑意，让人感受到快乐；一旦语调改变，疾如风雨，又能让人清晰地捕捉到愤怒与激动；如果声音哽咽而低沉，悲伤的情感便悄然流泻。演讲家的演讲不仅极富感染力，还充满鼓动性和号召力。相比之下，有些人的演讲显得平淡无奇，觉察不到语调的变化，听不出悲喜；或者过于夸张，反而让人感觉不到真情。所以，只有掌握了恰当的语调控制方法，才能有效地传达自己的情感和意图。

1. 语调轻重有深意

在交际或演讲时，我们常常借助语调的轻重变化来表达语义，突出情感，烘托气氛。语调的轻重变化能使听众对那些色彩鲜明、形象生动的语言留下深刻印象。而演讲者往往会运用重音来演绎那些需要着重表现的内容，以此来突出所要表达的思想和情感。

1）重音的分类

重音分两种，即语法重音和强调重音。

语法重音，是基于句子的语法结构而设定的重读音节，一般而言，谓语相对于主语会稍微重读一些，而宾语又比谓语读得稍重一些，此外，定语、状语、补语这些句子中的修饰成分，也要读得稍微响亮一些。而强调重音，则是为了凸显某种特定的情感而特意加重的音节。有时候是为了揭示某种深刻的含义，有时则是为了实现强调、对比和反衬，表示肯定或否定，以及表达某种强烈的情感等，使用强调重音，语言表达的感情色彩会更丰富、更生动，感染力也会更强。需要注意的是，句子中的语法重音需要服从于强调重音。如果一个句子出现多处重音，会让句子中的重音失去其本应具有的表达效果，使句子失去重点，无法分辨主次，这就失去了重音的意义。因此，重音只能在必须强调的地方使用，不可滥用。

2）重音的读法

重音的读法主要有以下四种。

(1) 音高强调法。

音高强调法就是通过提高声音的音调和强度，来强调和突出某个词语。这种方法常用于揭示语言的深层含义，将需要强调的句子成分读得重一些、响一些。如：

好个"友邦人士"！日本帝国主义的兵队强占了辽吉，炮轰机关，他们不惊诧。阻断铁路，追炸客车，捕禁官吏，枪毙人质，他们不惊诧。中国国民党治下的连年内战，空前水灾，卖儿救穷，砍头示众，秘密杀害，电刑逼供，他们也不惊诧。在学生的请愿中有纷扰，他们就惊诧了！——鲁迅《友邦惊诧论》

(2) 缓速凸显法。

为了突出某些重要内容，我们可以放慢语速。适当延长音节的发音，有助于表达深沉的情感，或是描述动作的艰难与缓慢。有时候，为了让听者更清楚地听到所强调内容，或者在读到容易混淆的字词时也会适当放慢语速，拉长音节。如：

可是我实在无话可说。我只觉得所住的并非人间。四十多个青年的血，洋溢在我的周围，使我艰于呼吸视听，那里还能有什么言语？长歌当哭，是必须在痛定之后的。而此后几个所谓学者文人的阴险的论调，尤使我觉得悲哀。我已经出离愤怒了。我将深味这非人

间的浓黑的悲凉；以我的最大哀痛显示于非人间，使它们快意于我的苦痛，就将这作为后死者的菲薄的祭品，奉献于逝者的灵前。——鲁迅《记念刘和珍君》

(3) 停顿强化法。

停顿强化法就是在需要强调的句子成分前后稍作停顿，酝酿情绪，让读者和听众都做好情感上的准备，就在这短暂的安静中营造出山雨欲来的氛围，表现强烈的悲痛和浓浓的深情，感染听者。比如：

鲁侍萍：放开我，你们这一群强盗！

周萍：(向仆人)把他拉下去。

鲁侍萍：(大哭起来)哦，这真是一群强盗！(走至萍前，抽咽)你是萍，——凭，——凭什么打我的儿子？

周萍：你是谁？

鲁侍萍：我是你的——你打的这个人的妈。——曹禺《雷雨》第二幕

(4) 轻读突出法。

轻读与重读一样，都能有效地突出表达情感。虽然轻读从音量上来说是较轻较弱的，但其语气却是凝重的、深沉的，在某种情况下，轻读甚至能够取得比重读更好的效果。通过减弱音势，以低沉而有力、柔和而深情的方式轻读某些字、词或短语，可以传达爱、幸福、欣慰、陶醉和体贴，也可以表达深沉凝重的情感，描述敏捷轻盈的动作，或是描写美好静谧的画面。比如：

> 轻轻的我走了，
> 正如我轻轻的来；
> 我轻轻的招手，
> 作别西天的云彩。
> 那河畔的金柳，
> 是夕阳中的新娘；
> 波光里的艳影，
> 在我的心头荡漾。
> 软泥上的青荇，
> 油油的在水底招摇；
> 在康河的柔波里，
> 我甘心做一条水草！
>
> ——徐志摩《再别康桥》

2. 语调抑扬知喜怒

同样一件事或一句话，由于说话者的观点和态度的差异，抑扬顿挫间流露出的情感便大不相同。

语调的变化与句式和情绪的转换紧密相连。一般而言，语调可分为平直调、高升调、降抑调、曲折调四种。

(1) 平直调。平直调常用于叙述事实、表达庄重严肃之情、展现冷淡漠然之态、回忆

思索之情或表达踌躇不决之意。例如：

一九七五年二三月间，一个平平常常的日子，细蒙蒙的雨丝夹着一星半点的雪花，正纷纷淋淋地向大地飘洒着。时令已快到惊蛰，雪当然再不会存留，往往还没等落地，就已经消失得无影无踪。——路遥《平凡的世界》

(2) 高升调。高升调则常用于表达激动之情、提出疑问、发布命令、发出号召、表示惊讶、大声呼唤，或在中途停顿表示强调。例如：

那两位同志谁也没有回答。从那冷冷的眼神中，我分明看到他们心里的反诘：'为什么没有照片，你还不知道？！——袁鹰《故乡夜话》

(3) 降抑调。降抑调常用于陈述事实的陈述句、表达强烈愿望的祈使句、感情强烈的感叹句，以及表达肯定语气的句子。例如：

人生最苦痛的是梦醒了无路可以走。做梦的人是幸福的；倘没有看出可走的路，最要紧的是不要去惊醒他。——鲁迅《娜拉走后怎样》

这句话以降抑调表达了对人生困境的深刻思考，同时也透露出对个体命运的关切和忧虑。

(4) 曲折调。当想要表达言外之意、展现幽默含蓄或讽刺嘲笑、表达意外惊奇或有意夸张时，曲折调便派上了用场。例如：

忽然，小鸟张开翅膀，在人们头顶盘旋了几圈，"噗啦"一声落到了船上。或许是累了，还是发现了"新大陆"，水手撵它它不走，抓它，它乖乖地落在掌心。可爱的小鸟和善良的水手结成了朋友。——王文杰《可爱的小鸟》

3. 节奏急缓见真情

演讲如同音乐般，需要鲜明的节奏为其增添魅力，提升感染力。语速的快慢和声音的高低就像情感的调色板，用以描绘和塑造不同人物的情绪和形象。在演讲中，节奏并非凭空而生，它源自整篇演讲稿，由演讲稿的内容引导演讲者的思想情感起伏，从而产生的抑扬顿挫、轻重缓急之声。演讲的节奏可以概括为五种主要类型：高亢激昂型、轻快活泼型、惬意舒缓型、凝重深沉型。这些节奏并非一成不变，而是随着演讲者情感的涌动，相互交织，不断变化。成功的演讲往往如同音乐中的旋律，时而高亢，时而低沉，时而快速，时而缓慢。正是这种欲扬先抑、欲抑先扬，欲快先慢、欲慢先快的节奏变化，使得演讲能够慷慨激昂、收放自如。

(1) 高亢激昂型：常用于描述紧张激烈、急剧变化的场景，或表达欢畅激动之情，或发泄愤怒着急惊惧之意，或抨击质问雄辩之时，语速加快，声音高昂，营造出一种激昂热烈的氛围。如苏轼的《江城子·密州出猎》：

老夫聊发少年狂，左牵黄，右擎苍，锦帽貂裘，千骑卷平冈。为报倾城随太守，亲射虎，看孙郎。酒酣胸胆尚开张。鬓微霜，又何妨！持节云中，何日遣冯唐？会挽雕弓如满月，西北望，射天狼。

通篇短句，气势磅礴，将苏轼慷慨激愤之情、满腔悲愤杀敌报国之志很好地表现了出来，"狂"态毕露，气势恢宏。

(2) 轻快活泼型：适用于表达轻松愉快的心情，描写优美舒适的环境，或是表达赞赏

肯定的态度。此时，语速轻快，声音略显高昂，给人一种轻松愉悦的感受。如朱自清《春》中的段落：

盼望着，盼望着，东风来了，春天的脚步近了。一切都像刚睡醒的样子，欣欣然张开了眼。山朗润起来了，水涨起来了，太阳的脸红起来了。小草偷偷地从土里钻出来，嫩嫩的，绿绿的。园子里，田野里，瞧去一大片一大片满是的。坐着，躺着，打两个滚，踢几脚球，赛几趟跑，捉几回迷藏。风轻悄悄的，草软绵绵的。桃树、杏树、梨树，你不让我，我不让你，都开满了花赶趟儿。红的像火，粉的像霞，白的像雪。花里带着甜味儿；闭了眼，树上仿佛已经满是桃儿、杏儿、梨儿。花下成千成百的蜜蜂嗡嗡地闹着，大小的蝴蝶飞来飞去。野花遍地是：杂样儿，有名字的，没名字的，散在草丛里，像眼睛，像星星，还眨呀眨的。——朱自清《春》

(3) 惬意舒缓型：在叙述深厚情感、描述幽美情景、进行循循善诱的劝说或在气氛平和的交谈中，使用舒缓型的节奏尤为合适。此时，语速适中略缓，让人感受到一种宁静与和谐。比如朱自清《荷塘月色》中的段落：

月光如流水一般，静静地泻在这一片叶子和花上。薄薄的青雾浮起在荷塘里。叶子和花仿佛在牛乳中洗过一样；又像笼着轻纱的梦。虽然是满月，天上却有一层淡淡的云，所以不能朗照；但我以为这恰是到了好处——酣眠固不可少，小睡也别有风味的。月光是隔了树照过来的，高处丛生的灌木，落下参差的斑驳的黑影，峭楞楞如鬼一般；弯弯的杨柳的稀疏的倩影，却又像是画在荷叶上。塘中的月色并不均匀；但光与影有着和谐的旋律，如梵婀玲上奏着的名曲。——朱自清《荷塘月色》

(4) 凝重深沉型：用于描绘庄重的场景，渲染悲痛的气氛，进行语重心长的教导，解释概念或描述艰难行动的场面。此时，语速缓慢，声音低沉，给人以凝重、低沉的感觉。

> 不是我活着，为你写下墓志铭，
> 就是你活着，而我在地下长眠；
> 从此死神带不走世人对你的怀念；
> 虽然人们会把我完全遗忘，
> 你的名字从此将得到永生。
> ——莎士比亚《赠友人》

当然，在演讲中，语速快慢并非绝对的，而是相对而言，只有根据演讲内容灵活调节节奏，有快有慢，才能充分发挥语言表达的魅力，使演讲更加生动且富有感染力。

实训任务二　无声语言训练

【案例导入】

此时无声胜有声

我们交流沟通往往使用有声语言，但有的时候仅仅是一个眼神、一个动作就能表达心声，丰富有声语言所表达的思想感情，甚至意境更深远。比如柳永的《雨霖铃》：

寒蝉凄切，对长亭晚，骤雨初歇。都门帐饮无绪，方留恋处，兰舟催发。执手相看泪

眼，竟无语凝噎。念去去千里烟波，暮霭沉沉楚天阔。

多情自古伤离别，更那堪冷落清秋节!今宵酒醒何处?杨柳岸，晓风残月。此去经年，应是良辰好(一作：美)景虚设。便纵有千种风情，更与何人说!

所以说，语言是交流沟通、表情达意的重要工具，以有声语言为主，无声语言为辅。无声语言具有特殊性，与有声语言有机配合，可以起到画龙点睛、突出表达效果的作用。

想一想

"执手相看泪眼，竟无语凝噎"这句话表达了作者怎样的情感?如果这里是作者临行前的句句嘱托和切切叮咛，表达效果又会怎样?

演讲包含两部分内容，除了"讲"之外，还要注重"演"。演讲者的"讲"刺激受众的听觉器官，使听众受到感染，产生认同。同时，演讲者的目光、表情、手的动作、身体的姿势等会刺激受众的视觉器官，在视觉上给听众以感染力，增强演讲的效果。只有充分调动了体态语言，才能使演讲真正达到"演"与"讲"的完美结合。

有的人演讲，上台后并不立即开讲，而是先通过一些简单的体态语言引起听众的注意。等听众安静下来，好奇心完全被调动起来，聚精会神之际，再开始精彩的演讲，这样，听众的听觉、视觉器官便会跟随演讲者。一些名人的演讲"动作"更是充满新意、令人拍案叫绝。如《冯玉祥"搭鸟窝"》：1938年秋，冯玉祥将军到湖南益阳县城(今为益阳市)，向数万民众发表演讲，鼓励他们抗日。冯玉祥将军出场时，只见他左手握着一株小树，将一个草编的鸟窝放在树枝的枝丫间，鸟窝里有几个鸟蛋。下边人都愣了，不知他这是要干什么。这时，冯玉祥将军开口说话了，他说："大家知道，先有国家，然后才有小家，才有个人的生命的保障。""我们的祖国遭到了日本帝国主义的侵略，我们都要用自己的双手保卫她，那就是起来抗日。如果不抗日——"说到这里，他手一松，树倒了，窝摔了，蛋破了……冯玉祥将军用小树比作国家，用鸟窝比作家庭，用鸟蛋比作个人，用握着小树的那只手比作捍卫国家的人，这种比喻生动形象。

(资料来源：https://www.guaiaihai.com/gushidaquan/mingrengushi/48429.html.)

体态语言辅助情感表达在演讲中尤其重要。体态语言，也被称为身体语言、肢体语言或无声语言，可以帮助我们更好地传达情感和强化思想表达。因此，有人将其称为语言交际的"第二种表现方式"。

心理学研究发现，人类的感觉印象77%来自视觉，14%来自听觉，而视觉印象在大脑中保持的时间比其他感官的印象更长。心理学家认为，无声语言所传达的意义比有声语言更为丰富和深刻。

在像演讲这样短暂而集中的情感表达中，体态、姿势、表情等体态语言的参与必不可少。演讲不仅是讲话，还要演绎。在台上讲话和在台下讲话是截然不同的，站着讲和坐着讲感觉也不相同。在台上，听众对你的一个眼神、一个手势和各种体态都会格外关注，并受其影响。或许，你认为只要尽力克制自己的情绪，在台上不流泪、不微笑、不走动就不会有问题了。但事实上，这样的你与会说话的木偶无异，这样的演讲枯燥乏味，只会让听众觉得你呆板、滑稽可笑。听众来到现场，是来听你的演讲，看你的表演的，仅仅听你的声音怎么能深深地感染听众，给听众留下深刻的印象呢?如果只是单纯地讲，没有"表

演"，那么听众为什么要到现场听你的演讲，听广播似乎更简单些。

　　演讲不同于演戏，如果你的演讲让人感觉像在演戏，那么即使不被听众嘲笑，也不会获得大家的信任、欢迎和支持。然而，演讲确实需要掌握一定的表演技巧，否则你无法自然从容地站上讲台。即使站上演讲台，也不知道怎样才能站得挺拔、自信，让自己站得舒服，也让别人看着舒服。也许你在台上手足无措，不知道该把手放在哪儿，该把目光看向哪儿，以及如何配合自己的声音和演讲内容做相应的表情，打合适的手势。甚至你脸上不知道该有怎样的表情，以至于不自觉地做出一些莫名其妙的面部表情；有时你想露出表示友好的微笑，结果脸上的表情却是似笑非笑。这些在平常几乎不会出现的问题，在缺乏上台经验的演讲者中却很常见。不仅如此，你的四肢乃至每个器官都有可能与你作对，你的整个身体很容易出现一些令人尴尬的、习惯性的滑稽动作。

　　因此，挺拔的站姿、恰当的眼神、自如的动作、丰富的表情等都是演讲者应该重视的问题。熟练运用体态语言，掌握一些表演技巧，是演讲者在台上轻松自然地进行演讲的必要前提。

　　体态语言包括动态和静态两种。动态语言包括面部表情、头部姿势、手部动作等，而站姿、坐姿、服饰等则属于静态语言。体态语言在演讲中的使用极其广泛，频率颇高。演讲者一上台，还没开口，就已经通过体态语言给听众留下了初步印象。演讲中恰当、灵活地运用体态语言，可以辅助有声语言更好地表达情感，起到强调、解释、补充的作用，有助于听众加深印象、产生共鸣，获得更清晰、更准确的信息，还能帮助演讲者展示形象，使演讲更具感染力和鼓动性。既然体态语言在演讲中有如此重要的作用，我们就有必要认真学习和训练，避免演讲时出现体态语言匮乏、生硬、不合时宜等问题。

一、身体姿态

身体姿态

二、演讲手势

演讲手势

三、眼神与表情

　　演讲者的表情是听众视觉的焦点。因此，演讲者脸上的每一寸肌肤、每一道皱纹，每一条神经都在传递着某种信息、某种情感和某种倾向。为了保持与听众的良好互动，通常，演讲者的面部应该洋溢着微笑。首先，演讲者必须擅长与听众进行眼神交流。遗憾的是，很多演讲者一站到演讲台上就低垂着头，未能有效地运用眼神与听众建立联系。然

而，一场成功的演讲，在演讲者登台做好充分准备之后，甚至在开口之前，就应该开始与听众进行眼神交流。通过环视全场，演讲者可以调整自己的情绪，同时在演讲过程中也需要持续与全场听众保持目光交流，特别是要照顾到那些坐得比较远、比较偏的听众。通过眼神交流，演讲者不仅能够吸引听众的注意力，还能够建立起相互之间的信任。此外，眼神交流也是解读听众表情、适时调整演讲内容和表达方式、进一步回应听众需求的重要途径。

(一)眼神

1. 目光交流的方法

目光交流的方法主要有以下几种。

(1) 前视法：演讲者的视线平直地向前延伸，从听众席的中心线开始，以弧形扫过两侧，一直延伸到最后一排听众的头顶。

(2) 环视法：演讲者有意地扫视全场，确保所有听众都感受到你的关注，而不仅仅是与个别人进行交流。这样做不仅可以更全面地了解听众的反应，还可以根据你的观察随时调整演讲的节奏、内容、语调和策略。

(3) 虚视法：这是一种似看非看的眼神交流方式。在演讲中，实看与虚看两种目光需要交替进行。实看时，你专注于某一部分听众；而虚看时，视线则落在所有人身上，似视非视。这种技巧使得演讲者能够在保持专注的同时，又不失与听众的整体联系。演讲要做到"目中无人，心中有人"。

对于演讲者来说，眼神的重要性不仅仅在于其直接性，更在于它如何塑造个人形象，给听众留下深刻的印象。一双炯炯有神的眼睛，能够展现出演讲者的健康、旺盛的精力和自信。相反，目光迟钝可能会让听众觉得演讲者虚弱、麻木、不灵活。清澈的目光让听众感受到演讲者的坦诚，而闪烁的眼神则可能让人感到神秘、狡黠、机灵。如果目光如炬，那么就会让人感受到威严和正义。

演讲者的目光还具有一种神奇的力量。当你目光注视着听众的时候，他们会感受到你的关注，让他们感到不好意思不听讲，而且还可以制止不良反应和骚动情绪。这种目光注视法对前排听众尤其有效，听众能清晰地感受到演讲者灼热的目光。在听众有骚动情绪时，可以尝试用目光注视法来制止。

在演讲中，最忌讳的是目光空洞无神，这种目光无法吸引听众。此外，不能目光胆怯或慌乱，不能毫无目的地四处张望。还有的人习惯性地闭眼或频繁眨眼，这会让人感到困惑和不适，这样的习惯同样需要改正。

总而言之，眼睛是心灵的窗户，演讲者应该善于运用自己的眼神来辅助有声语言，表达自己的情感，维持听众的注意力，让他们透过你的心灵窗户，了解你的内心世界。要让人感觉到你的目光友善、真诚、热情、自然，在演讲实践中，演讲者应该善于运用眼神来表达自己的情感，这样才能更好地与听众沟通。

2. 眼神的运用

那么，在实际的演讲过程中，我们应该如何巧妙地运用眼神呢？

1)　聚焦视线

不论是脱稿还是不脱稿的演讲都应如此。这样能确保听众看到演讲者的目光，感受到演讲者内心的真挚情感。有的演讲者可能会选择避开听众的目光，比如仰视天花板、俯视地板，或四处张望，这种行为显得很不庄重，也不礼貌。演讲者应避免长时间直视或眼神飘忽不定，应该偶尔略向下平视，目光自然、亲切、专注，这样更能吸引听众的注意力。

在演讲时，务必把目光投向听众，勇敢地正视他们的眼睛，让观众在目光中感受到友善与真诚，与他们建立情感联系。如果初次登台，可能会感到一种"视线压力"，不敢直视听众，那么可以尝试虚视法，目光扫过台下听众，但不具体停留在某个人身上，做到"眼中无听众，心中有听众"。不能因为紧张就不看听众，这样会暴露紧张情绪。

想象一下，如果不用眼神与听众交流，可能听众会觉得这是你的无视，他们又怎能对演讲者产生好感呢？还有一种有效的方法，就是多与向你频频点头的听众进行目光交流，进而增强演讲的信心。一旦克服了紧张情绪，再开始平视、扫视全场听众。

2)　接触目光

与听众进行眼神交流，可以虚看(扫视)也可以实看(凝视)。演讲中，不妨有几次全场扫视，其余时间都应该采用凝视。这样既能增强与听众的感情联系，还能通过察言观色建立灵敏的信息交流和反馈机制，迅速捕捉听众的反应，看到听众的表情，进而了解其心理变化，以随时调整演讲的内容和方式。

演讲时，目光正视，适时配以扫视和环视，这样既显得庄重严肃，又能全面照顾到听众。避免长时间盯着某几个人或某部分人，这容易让人感到不自在，也让其他人觉得演讲者的演讲只针对一小部分人，是厚此薄彼，这样极易失去听众。

3)　活用眼神

眼神的运用无疑是与听众进行情感交流和信息传播的重要手段。其运用方式取决于多种因素，包括演讲的具体内容、对听众的态度，以及演讲者身份的特殊情感体验等。同时，还需要考虑到局部听众和全场听众的关系。这些复杂的情境使得眼神的运用变得丰富多彩。如果演讲者的眼神总是毫无波澜，那么就会给听众留下麻木、呆滞的印象，无法引起听众的兴趣。

你的视线应该随着你的头部动作和身体姿态的变化而变化。当表达希望、请求、祝愿和思索时，你的头部可微微向上扬，你的视线也应随之上升；当表达谦虚、沉痛等情绪时，头部可稍稍下垂，视线也相应下移。眼神与整个表情的协调至关重要。

描述"看"这一动作的词语有很多，如"盯""窥""瞅""瞄""瞪""瞟""白""翻""斜""睨""侧目""俯视""鸟瞰"，还有"使眼色""左顾右盼""眉开眼笑""目不转睛""暗送秋波""怒目圆睁""横眉怒目""愁眉不展"等，总共 50 多个。这些词生动形象地传递着不同眼神表达的信息和情感。因此，演讲内容的起伏，情感的抑扬，都可以通过不同的眼神配合有声语言和手势、表情、姿态等无声语言，和谐地展现出来。

(二)表情

言语传递的信息，55%是由表情来完成的。演讲者喜、怒、哀、乐等表情要根据内容需要而适度呈现，同时注意表情与演讲内容的相辅相成。

演讲者上场时，首先映入观众眼帘的是其整体形象，但随着演讲的进行，观众的目光会聚焦到演讲者的脸部，演讲者的表情能直观地表达其情感和情绪，恰当的表情能有效表达演讲内容，赢得听众的好感。

雨果说过："微笑是阳光，能消融脸上的冬色。"微笑能温暖听众的心，能缩短台上台下的距离，观众定会自然而然地回报同样温暖灿烂的微笑给演讲者。如果演讲者板着脸，一副拒人千里之外的表情，那双方的距离就更是遥远了，即使演讲的内容再精彩，也很难赢得听众的喜爱。因此，在上台之前，先酝酿好感情，自迈出上台的第一步起，就面带微笑。事实证明，这样做既简单又有效。恰到好处的微笑不仅可以展现自信和亲和力，还传递了真诚和尊重。这使得演讲更加有说服力和感染力，使听众更容易接受演讲者的观点和建议。当然，应该注意的是，如果是表达特别悲伤或情感基调悲壮的、激愤的、忧国忧民的内容，则不宜微笑。

(三)情感

与其说演讲的说服力在于讲得有道理，不如说它的魅力来自情感的共鸣。演讲者的表情是与情感紧密相连的，情感和表情无疑是演讲的灵魂和纽带。即便一篇演讲稿文采斐然，如果演讲者表现得冷漠而平淡，演讲效果也会大打折扣，这样的演讲无疑是失败的。很多时候，听众不仅仅是被内容所征服，更是被热情所打动。因此，演讲者必须深谙如何激发听众的热情和共鸣。此外，演讲者感情是否真挚、表情是否丰富，也是评委评判的重要依据。在演讲比赛中，这一点显得尤为重要。那么，如何才能使感情充沛真挚，恰到好处且贯穿始终呢？

1. 感人必先感己

早在 2000 年前，一位拉丁诗人就说过："如果你想引出别人的眼泪，必须自己先悲戚起来。"此言极是，感情是从内心产生并表现在外的，没有真情实感是感染不了全场听众的。要想感染他人，最有效的方法便是自己首先进入状态，自己沉入其中，深受感动，用真心去讲述，才能把真情实感讲出来。充满着情感的语言有一种发自内心的魅力，即使不刻意做出各种表情，你的表情也会自然而然地变得丰富而生动。你付出的是一份真挚的情感，收获的将是无数倍的真心回应。如果你吝啬自己的感情，那么你面对的将是一张张冷漠的面孔。因此，要想让听众感动，最重要的是先感染自己。

如果一个人刻意假装善良和敏感，那么他必然会失败。但若他的言行发自内心，即使犯了一些小错误，听众仍然能感受到他的真诚。无论是谈论重大的政治经济问题，还是讲述个人生活见闻，只要他内心确实有话要说，那么他的演讲就能如火焰般炙热，深深打动听众的心。

"口才流利，源于内心热诚。真诚演讲者，无须惧怕知识的不足。能够说服听众的演讲，能将演讲者与听众的心融为一体，而非简单地从演讲者传输到听众。欺骗听众，对演讲者来说比欺骗自己更难。"

2. 情绪最忌夸张

在聆听演讲时，我们有时会感觉演讲者的情绪过于夸张，表演痕迹太重，让人觉得很别扭，甚至觉得有点唱高调。这种情况往往是因为演讲者所表达的情感与内容脱节或不合

拍。因此，演讲者应确保自己的情感表达与演讲内容一致，使之相辅相成，避免令人感到不适。

很多演讲者真实体验不足，感受不够深刻，却试图通过夸大其词、过分渲染自己的感受以贴近重大题材。他们言过其实，将原本微不足道的事物夸大，如同把"芝麻"夸大成"西瓜"一样。在台上还刻意表现出深沉的情感，往往让听众感到尴尬和不自在。虽然充满了炽热的情感，但过了头，演讲的真实性也会受到影响。听众除了可能感到有些肉麻之外，还可能产生"言过其实"的印象。而有时候过于丰富的表情也会适得其反。

3. 情感逐步升华

演讲时的情感需要逐步积累。有的演讲者过于急躁，一上台就情绪激动，声音高亢，手舞足蹈，让人感到突兀。还有一些演讲者则从头至尾都平平淡淡，没有起伏。这两种演讲都难以成功。

在演讲中，我们应该学会控制情绪，使感情像海浪一样逐步提升，最终达到情感的巅峰。如果情感爆发得过于突然，听众会感到无法接受。因此，我们需要先确定好感情的基调，待气氛渲染到一定程度后再释放内心激情，这样才能恰到好处地表达情感。

演讲内容的选择和语言的组织同样至关重要。在撰写过程中应逐步深化主题，确保内容连贯且引人入胜。这有助于在演讲时调动自己的情绪，即便因刚上台时紧张而无法立即进入最佳状态，只要按照演讲稿的节奏和安排稳扎稳打，也能渐入佳境。因此，撰写演讲稿时，演讲者需要逐步提升自己的表现，确保讲稿的吸引力和说服力，这一点不容忽视。

4. 真情融贯始终

为了让情感在演讲中始终保持连贯，演讲者需要确保情感基调贯穿演讲始终。有些人在演讲刚开始时元气满满，但随着时间的推移，可能是因为已经声嘶力竭，或者是热情逐渐消退，导致越讲越无力，声音也越来越低，这会让之前做的一切努力都付诸东流。而有些演讲者开始时总进入不了状态，表现不够出色，往后逐渐改善，情感的表达、表情和手势的烘托都渐入佳境。这两种情况都应尽力避免。演讲者在演讲前要调整好情绪，及时进入状态，并在演讲结束后放松下来。从上台到演讲结束的这几分钟应该保持最好的精神状态，一气呵成，这样才能确保自己的演讲能够充分发挥出应有的效果。

总的来说，体态语在演讲中扮演着至关重要的角色，它不仅能够帮助演讲者更有效地传达情感和意图，使体态自然大方，而且还能塑造良好的个人形象，给听众留下难忘的印象。

要注意的是，使用体态语言时，必须确保自然流畅、有条不紊，每一个动作都应有其过程和过渡，不能太生硬，要与演讲内容紧密结合，就像是内心情感的自然流露。

四、注意要点

使用身体语言时要注意以下几个问题。

(一)姿态语言

演讲时，自然挺胸，确保身体重心稳定，双脚略分开。演讲者上下台时，步伐应该轻

盈从容。面对观众时，应展现出大方自然的态度。站定亮相要落落大方，既不拘谨也不松弛，优雅得体。亮相后，先环视全场，同时准备开场白。

演讲台有桌子时，演讲者的双手可以自然交叉置于身体前方，或者自然下垂于身体两侧，不可双手扶在桌面支撑身体进行演讲。不能在胸前抱臂，也不能将一只手放在另一只手臂上，更不能将手背在背后。目光应保持平视，避免长时间盯着一点或抬头仰视。

演讲过程中，演讲者必须保持冷静和自信，任何紧张不安、矫揉造作或依赖演讲桌支撑手臂的动作，都可能对听众的情绪产生负面影响。此外，演讲者应当避免那些可能不自觉做出的细微动作，比如摇头、抖腿，摆弄领带、衣角、演讲稿等，这些无意识的动作很可能会分散听众的注意力，从而降低演讲的整体效果。

(二)表情语言

演讲者需要巧妙地运用面部表情，真诚地展现内心的情感，从而与听众建立起感情的桥梁。真实的表情源自自然，而非刻意做作，因为自然的表情才能流露出真挚的情感。在演讲过程中，演讲者的面部表情应当随着演讲内容和自身情绪的变化而自然调整，与演讲内容保持协调。

需要注意的是，演讲者的表情如果过于拘谨或木讷，可能会削弱演讲的感染力和鼓动性，而神情慌张则难以有效地传达演讲内容和情感，还会影响听众的情绪。同样，过分夸张或故作姿态的表情会让听众感到虚假和滑稽，降低对演讲者和演讲内容的信任，从而影响演讲效果。因此，演讲者在整个演讲过程中都应保持轻松、自然的面部表情。

眼神在面部表情中尤为重要，因为它们能够直接反映演讲者的内心世界。演讲时，视线要根据演讲内容灵活调整，不能长时间盯着演讲桌、看着天花板或者演讲稿，也不能只盯着观众席中的某个人或某些人，不能把面向大众的演讲办成小范围谈话。因为这些动作都可能干扰演讲内容的传达，阻碍演讲者与听众间的情感交流，使演讲效果大打折扣。

(三)手势语言

每个人的手势语言都是独一无二的，演讲者应该根据演讲内容的需要做出适宜的手势。使用什么样的手势因人而异，也没有必要让两个性格迥异的演讲者模仿彼此的手势。手势的选择应当基于演讲者的个人气质、演讲的主题以及演讲的内容，确保手势与演讲内容相协调。注意，演讲者在运用手势语言时，应该避免使用过于夸张的动作和重复使用同一种手势，同时也要注意不宜使用过多的手势，以免让听众感到眼花缭乱。

案例赏析 2.2.1

某企业内部领导力培训演讲无声语言运用

演讲者：李经理，一位经验丰富的企业培训师。

场景：在一个容纳 50 人的会议室里，李经理正在为公司的中层管理人员进行一场关于领导力的培训演讲。

眼神交流：李经理在整个演讲过程中，始终保持与听众的眼神交流。当他讲解某个重要观点时，他会环顾四周，确保每个人都与他建立了眼神联系。这种眼神交流不仅增强了演讲的互动性，还传达了李经理的自信和专注。

肢体语言：在演讲中，李经理经常使用肢体语言来强调他的观点。例如，当谈到领导者的决策能力时，他会举起拳头表示果断；当谈到团队合作的重要性时，他会张开双臂表示包容和团结。这些肢体语言使得他的演讲更加生动有力。

面部表情：李经理的面部表情非常丰富，能够随着演讲内容的变化而变化。当谈到领导力的挑战时，他的眉头会微皱表示严肃；当分享成功的领导案例时，他的嘴角会上扬表示欣慰。这些面部表情可以帮助听众更好地理解他的情感和态度。

【案例 2.2.1 简析】

在这个案例中，李经理成功地运用了无声语言来增强他的演讲效果。首先，通过眼神交流，他与听众建立了紧密的联系，使得演讲更具互动性和吸引力。其次，他利用肢体语言和面部表情来强调和传达他的观点，使得演讲更加生动有力。这些无声语言的运用不仅增强了演讲的视觉效果，还帮助听众更好地理解和记忆演讲内容。

此外，这个案例还展示了无声语言在建立演讲者形象和塑造演讲氛围方面的作用。李经理通过自信的眼神、有力的肢体语言和丰富的面部表情，展现出了他作为一位经验丰富的企业培训师的专业形象。同时，他也通过无声语言营造了一个积极、互动和富有启发性的演讲氛围，激发了听众的学习兴趣和参与度。

总之，这个案例展示了无声语言在演讲中的重要性和作用。演讲者应该注重眼神交流、肢体语言和面部表情的运用，以增强演讲的互动性、生动性和有效性。同时，演讲者还应该根据演讲内容和听众的特点来选择合适的无声语言表达方式，以更好地传达自己的思想和情感。

案例赏析 2.2.2
某公司部门
经理演讲无声
语言运用

实训任务三　诵读经典

【案例导入】

我们为什么要朗读？

小时候，我们经常大声朗读，但长大后，我们却因为害羞而不再大声朗读了。事实上，朗读有许多好处。

宋代著名学者朱熹主张大声地朗读。他说："凡读书，需要读得字字响亮，不可误一字，不可牵强暗记。这样，才能领会语言的意义、节奏、功能和内涵，即我们所说的语感。"

教育界的老前辈叶圣陶先生曾经说过："吟咏的时候，对于探究所得的不仅理智地理解，而且亲切地体会，不知不觉之间，内容与理法化而为读者自己的东西了，这是最可贵的一种境界。"

古话说："舌根生智慧。""每日必读，读则必进，进则必思，思则必悟。"古往今来，多少大家都是从朗读开始的。

我们需要朗读的八大理由：

1. 朗读是培养语感的最有效方式，而语感是语言学习的最高境界。
2. 朗读能提高思维能力。
3. 最有效的记忆是肌肉记忆，朗读一次，肌肉锻造一次，记忆加深一次。
4. 朗读是最积极有效的休息方式之一。

5. 朗读有助于状态的调整、压力的缓解、情绪的提振和身体的修复。
6. 朗读可以锻炼口才、改善发音、增强自信。
7. 坚持朗读可以培养一个人的品格，提升一个人的气质。
8. 书读百遍，其义自见。只有熟读成诵，才能出口成章。

(资料来源: https://www.sohu.com/a/236842259_727096.)

想一想

1. "舌根生智慧"怎么理解？中国古代还有哪些人因为善读而取得成功？
2. 怎么理解《诗经·大雅·生民之什》中的"诵而雅言，饬尔正辞"这句话？

诵读既是读，也要"诵"，是中国传统诵读和现代朗读、朗诵的结合体，是用有声语言有技巧地表现作品的现代诵读艺术，即读者通过语音的高低、快慢、轻重等变化，以及适当的停顿和语调转换，传达文字所蕴含的情感和意义。诵读不仅仅是为了传递文字的信息，更是为了表达文字背后的情感、意境和韵味。

在诵读过程中，把文字变成了声音，并且伴之以节奏、韵律、形象、情感，使人进入了一种美的艺术体验，这就很好地开发和训练了右脑。

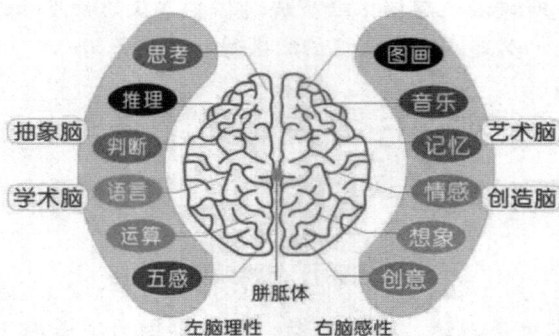

图 2-3 诵读与大脑开发示意图

诵读是一种特别有益的学习方式，通过诵读可以深切地理解和感受文字的美妙，同时也有助于提高语言表达和沟通能力。在古代教育中，诵读被广泛应用于诗词、文章等文学作品的学习和传承中，被视为一种重要的修养和学问。

在现代教育中，诵读仍然是一种重要的教学和学习方法，被广泛应用于语文、文学、历史等学科的教学和学习。通过诵读，学生可以更深入地理解和感受文学作品的思想和情感，提高语言表达和文学鉴赏能力。同时，诵读也被广泛应用于演讲、朗诵、表演等艺术领域，成为一种独特的艺术表演形式。

"诵读经典"指的是深入、反复、仔细地品味、阅读并朗诵具有深远影响和重要价值的经典著作，比如古典文学、哲学、历史等领域的书籍，以及近现代的重要文献和作品。诵读经典是为了深入挖掘和理解经典中所蕴含的深邃思想、价值观和智慧，从而提升自己的文化素养、思考深度和人生境界。

在中国古代社会，诵读经典是一种非常有效并被广泛采用的学习方法。通过不断地反复诵读，人们可以更精准地把握和理解经典的内在意义，领略其语言独特的韵味，培养语言感知和表达能力。同时，诵读经典也可以帮助提高修养，提升道德品质。

虽然现代社会诵读经典的方式和形式与过去相比或许有所改变，但其内在的核心价值和意义并未改变。诵读经典不仅能帮助我们更深入地理解历史与文化，提升思维能力和创造力，还能为我们的精神生活带来丰富的滋养。

综上所述，"诵读经典"是一种深入阅读和解读经典著作的学习方式，它对于提升个人的文化素养、思考深度和人生境界具有重要意义，是提升演讲与口才能力的重要途径。

一、朗诵

练习演讲，提高演讲能力，朗诵是必不可少的环节。朗诵是一种将文字转化为有声语言的艺术形式，它要求朗诵者具备一定的技巧和情感表达能力。诗歌和散文饱含着丰富的情感，具有独特的语言魅力，能够帮助朗诵者提升语言感知和运用能力。诗歌通常具有鲜明的节奏和韵律，这使得朗诵者在练习时能够更好地掌握语言的节奏感。通过反复朗读诗歌，朗诵者可以逐渐培养出对语音、语调和语速的敏锐感知，从而提高自己在朗诵时的表现力。散文通常注重情感表达和意境营造，这使得朗诵者在练习时能够更好地锻炼自己的情感传达能力。通过朗读散文，朗诵者可以学会运用声音、语调和情感来传达文本的内涵和意义，从而提高自己在朗诵时的感染力。为了朗诵好一首诗或一篇散文，掌握朗诵技巧至关重要。在朗诵时，根据内容不断变换音调的高低、音量的大小、声音的强弱、速度的快慢。在诵读过程中，有对比、有起伏、有变化，才能使整个朗诵像一首优美的乐曲，也像一幅留白恰到好处的山水画，只有在不断的诵读中方能体现其艺术性和神韵。下面以朗诵现代诗歌为例，谈一谈朗诵的技巧。

(一)理解作品

首先要深刻理解作品的思想内容，并准确把握作品的情感基调。不同的作品有不同的情感色彩和风格特点，比如激昂、深情、幽默、悲伤、愤怒等。通过理解作品，我们可以确定合适的朗诵基调，从而更好地传达作品的核心情感。

如海子的诗歌《面朝大海，春暖花开》，主要表达了一种对简单、宁静生活的向往，情感基调温暖而积极。这种向往之中，还蕴含着诗人对生活的热爱和对未来的期待。

(二)调整语速

语速的快慢对情感的表达至关重要，如果诗歌是欢快的、紧张的或激动的，速度要稍快一些；如果是抒情的或低沉的，就要把速度放慢些；如果是平和的，速度就要力求平稳、不疾不徐。

例如在朗诵《面朝大海，春暖花开》时，由于整首诗洋溢着温馨与希望，语速应稍慢，以传达出诗人内心的宁静与满足。

(三)控制强弱

确定朗诵时是轻读还是重读,声音是悠长还是短促,是体现诗歌意境的关键。把握好诵读的"轻、重、缓、急",才能把诗歌的情感体现出来,韵味表达出来。

仍以《面朝大海,春暖花开》为例:我们可以将"从明天起,做一个幸福的人"等句作为重点,稍加重读,以突出诗人对生活的热爱。而诗中的"喂马,劈柴,周游世界"等句,则可以通过放缓语速、拉长声音来处理,营造出一种宁静、惬意的氛围。

(四)把握节奏

根据语境正确处理诗句的停顿,对于展现诗歌的节奏和韵律至关重要。一般而言,可以根据标点符号确定停顿时间的长短,其中顿号停顿最短,其次是逗号、分号和冒号,而句号、问号、感叹号和省略号后的停顿要长一些。有时则需根据诗歌的内容和语意关系来断定停顿时间的长短。

在朗诵《面朝大海,春暖花开》时,我们可以根据诗歌的标点来确定停顿时间的长短,因为标点反映着诗歌的韵律和节奏,能使整首诗更加和谐、流畅。同时,我们也要注意根据诗歌内容和语意关系来灵活调整停顿,确保朗诵效果达到最佳。

总的来说,朗诵现代诗歌时,我们要深入理解诗歌的思想内容,准确把握其情感基调,并根据诗歌的韵律和节奏来调整语速、重读、轻读和停顿等技巧,以传达出诗歌的意境和情感。

以《面朝大海,春暖花开》为例,我们分析一下这首诗的朗诵技巧。《面朝大海,春暖花开》是现代诗人海子的一首脍炙人口的诗篇。这是一首现代诗,其节奏并不像传统古诗那样严格遵循平仄和字数规律,但我们可以通过诗句的内在韵律和停顿来分析其节奏。

> 从/明天起,做一个/幸福的人,
> 喂马,劈柴,周游世界。
> 从/明天起,关心粮食/和蔬菜,
> 我有一所房子,面朝大海,春暖花开。
> 从/明天起,和每一个亲人通信,
> 告诉他们/我的幸福。
> 那幸福的闪电告诉我的,
> 我将告诉/每一个人。
> 给每一条河/每一座山/取一个/温暖的名字,
> 陌生人,我也为你祝福,
> 愿你有一个灿烂的前程,
> 愿你有情人/终成眷属,
> 愿你/在尘世/获得幸福。
> 我只愿/面朝大海,春暖花开。

现在,我们逐句分析这首诗的朗诵技巧。

"从/明天起,做一个/幸福的人"

首句"从明天起"带有一种决心和期待，音节稍长，"做一个幸福的人"则显得轻快而坚定，整体节奏明快有力。

"喂马，劈柴，周游世界"

这三个动作性词语简洁明快，形成了一种节奏感，表现了诗人对简单生活的向往和期待。

"从/明天起，关心粮食/和蔬菜"

与第一句类似，这里的"从明天起"也带有一种决心和期待，读的时候可以根据自己对诗句的理解与第一句的强弱和缓急稍有不同，就像乐曲中的重复乐句，要体现出强弱变化，使层次更丰富；"关心粮食和蔬菜"则显得更加平和、日常，节奏较为舒缓。

"我有一所房子，面朝大海，春暖花开"

这句诗通过"我有一所房子"引入了一个美好的场景，"面朝大海，春暖花开"则通过描述美好的环境来传达诗人的情感，整体节奏舒缓而愉悦。

"从/明天起，和每一个亲人通信，告诉他们/我的幸福"

这句诗通过"从明天起"再次强调了诗人的决心，而"和每一个亲人通信"则表达了一种亲情的温暖和幸福，"告诉他们我的幸福"则显得更加轻松和愉悦，整体节奏轻快而流畅。

"那幸福的闪电告诉我的，我将告诉/每一个人"

这里的"那幸福的闪电告诉我的"带有一种神秘和突然的感觉，"我"可以读得稍重一些，而"我将告诉每一个人"则表达了一种分享和传递幸福的愿望，整体节奏起伏有致。

"给每一条河/每一座山/取一个/温暖的名字，陌生人，我也为你祝福"

这句诗通过"给每一条河每一座山取一个温暖的名字"表达了一种对自然的热爱和温柔，"温暖"两字要读得饱满悠长，"陌生人，我也为你祝福"则表达了一种对陌生人的善意和祝福，整体节奏表达出温暖而感人的情绪，可以把"你"读得稍重一些。

"愿你有一个灿烂的前程，愿你有情人/终成眷属，愿你在尘世/获得幸福"

这里的三个"愿你"表达了诗人对他人幸福的真诚祝愿，整体节奏表达出柔和而坚定的情绪。

"我只愿/面朝大海，春暖花开"

这句诗作为结尾，与开头相呼应，表达了诗人对简单、宁静生活的向往和追求，整体节奏表达出舒缓而温馨的情绪。

综上所述，《面朝大海，春暖花开》这首诗的节奏明快和舒缓相间，通过简洁明快的词语和富有韵律感的句子结构，传达了诗人对简单、宁静生活的向往和追求，以及对亲情、友情和爱情的真挚祝愿。整首诗的节奏与诗人的情感表达相得益彰，形成了一种独特的艺术魅力。

二、吟诵

吟诵是用声音来表达文学作品，特别是诗歌、散文和典籍的一种形式，它要求吟诵者

有较好的声音、语调和节奏感，能够准确地理解并传达文学作品的情感和内涵。在古代，吟诵是汉语诗文的主要学习和传承方式，也是人们进行文化娱乐的重要方式之一。在现代社会中，吟诵仍被广泛地应用于诗歌朗诵、文学演讲、戏曲表演等文艺活动中。

与朗诵不同，古人读书的主要方式之一就是吟诵。吟诵不仅是汉文化圈中一种传统的诵读方式，还是一种高效的教育和学习方法，有着 2000 多年的历史，在历史上起到了极其重要的作用，具有重大的文化价值。这种传统本应代代相传，人人皆会。汉语的诗词文赋，大部分是以吟诵的方式创作的，因此，也只有通过吟诵，我们才能深刻体会其精神内涵和审美韵味。可以说，吟诵是中国汉语古诗文的语音活态遗存。同时，吟诵还是我国优秀的非物质文化遗产之一，展现着中国文化的独特魅力，在国际上享有很高的声誉。不仅华人喜欢吟诵古诗文，就连日本、韩国等很多国家也非常喜欢吟诵，据说日本的吟诗社社员人数超过百万，还经常到中国进行交流访问。

(一)吟诵规则

1. 吟诵的基本调

吟诵的基本调多种多样，且存在一定的联系，它们有的来源于师承传统，有的取材于他人的调式，还有的是自己的创新。这些基本调通常包括古体诗的几种调，近体诗的平起、仄起等调。

2. 基本调可以吟诵任何诗词文赋

吟诵时可根据诗句和情绪做出微调，但是这并非高水准的吟诵。真正高水准的吟诵，是吟诵自己喜欢的作品。由于吟诵是一种自娱行为，如果不喜欢某个作品，是无法主动用心体会并反复吟诵的。只有对喜爱的诗文，才会主动反复吟诵，在反复吟诵中入文入情，在基本调的基础上形成独特的曲调。

3. 吟诵的要求

(1) 平长仄短。这是格律诗吟诵的基础规则。在汉语中，平声通常指的是声调的一声和二声，而仄声是三声和四声。在吟诵时，平声字要读得长一些，而仄声字要读得短一些，这样就形成了一种变化丰富而又错落有致的长短规律。其中，五言诗歌四行一组，若为平起诗(第一行第二个字为平声)，则第 1 行和第 4 行的第二个字拖长，第 2 行和第 3 行的第四个字拖长；若为仄起诗(第一行第二个字为仄声)，则相反。七言诗歌四行一组，若为平起诗，则第 1 行和第 4 行的第 2 个字和第 6 个字拖长，第 2 行和第 3 行的第四个字拖长；若为仄起诗，则相反。

① 字尾拖长。除入声字外，所有行的平声字尾韵拖长，但在非节奏点上的字，即使是平声也不拖长。

以王之涣的《送别》为例：

杨柳东风树，青青夹御河。

近来攀折苦，应为别离多。

在这首诗中，韵脚是"河"和"多"，它们都是平声字，属于《平水韵》中的"下平

五歌"韵部。《平水韵》是古代诗词创作时所依据的韵书，它将汉字按照韵部进行划分，每个韵部内的字在发音上都有相似的韵尾，从而方便诗人在创作时进行押韵。在古代诗词中，韵脚的选择对于形成诗歌的韵律和节奏非常重要。在这首诗中，"河"和"多"作为韵脚，不仅使诗歌在尾音上形成了和谐的呼应，还通过拖长平声字的尾韵，增强了诗歌的韵律感和音乐性。

总之，韵脚的选择和运用对于诗歌的艺术效果具有重要影响。在王之涣的《送别》中，"河"和"多"作为韵脚，不仅符合《平水韵》的规范，还在声音的和谐、韵律的流畅以及情感的传达等方面发挥了重要作用。

接下来，我们分析这首诗的节奏。大致按节奏划分如下。

杨柳/东风/树，首字"杨"为平声，稍长；接着"柳"字平转仄，音节短促；然后"东风"两字都是平声，音节相对延长，形成一个小高潮；最后"树"字仄声收尾，音节稍短。整体节奏明快，有起有伏。

青青/夹/御河。两个"青"字连用，音节相同，形成回环效果；接着"夹"字平声，音节稍长；最后"御河"两字平声，音节延长，与首句的"东风"相呼应。整体节奏流畅，有韵律感。

近来/攀折/苦，首字"近"为仄声，音节稍短；接着"来"字平声，音节短促；然后"攀"字平声，音节延长；最后"折苦"两字仄声，音节短促，形成一个小转折。整体节奏先扬后抑，有层次感。

应为/别离/多。首字"应"为平声，音节稍长；接着"为"字平转仄，音节短促；然后"别离"两字平声，音节延长，与前面的"攀折"相呼应；最后"多"字平声收尾，音节稍长。整体节奏和谐，有节奏感。

这是一首仄起诗，第 1 行和第 4 行的第 2 个字应该短促，第 2 行和第 3 行的第 4 个字也应该发音稍短。

在朗读这首诗时，我们可以注意到，"杨""青"和"应"这些字并没有拖长尾韵，而是保持了平声的短促发音。而韵脚"河"和"多"因为是平声且是韵脚，所以尾韵被拖长，形成了诗歌的韵律感。

因此，通过《送别》这首诗，我们可以再次印证之前的观点，即在诗歌中，除入声字外，所有行的平声字尾韵拖长，但在非节奏点上的字，即使是平声也不拖长。

② 入声字的特殊现象。古代有许多入声字，入声字读音在现代汉语普通话中已经基本消失。例如"觉"等，这种古入声字必须读得短而快。

(2) 多调回环。多调回环指的是在诗文中常采用多种曲调相互交织、循环往复的手法。对于非格律诗文，这种手法尤为常见，通常包含上、中、下等几个不同的曲调。在这些曲调之间，模进是比较常用的手法，即在不同的高度上重复或基本重复原来的旋律线。此外，还有变奏，即通过对某一曲调的微小调整或变形，产生新的曲调，从而丰富诗文的音乐性和表现力。同时，这些曲调也会通过微调来配合字声，即根据汉字的发音特点，对曲调进行细微的调整，以更好地配合诗文的内容，从而营造出一种流畅而富有韵律感的文气。这种组合使用多种曲调的手法，不仅能够增加诗文的层次感和音乐性，还能够更好地传达诗人的情感和意境。

(3) 依字行腔。依字行腔是吟诵规则中的一个重要原则，它要求吟诵者在吟诵时根据每个字的发音特点来调整腔调，使发音更加自然流畅。这个原则可以帮助吟诵者更好地传达诗词的韵律和意境。

举个例子，我们吟诵"白日依山尽"时，需要根据每个字的发音特点来调整腔调。比如，在吟诵"白"字时，我们的声音可以稍微提高一些，让它更加明亮、清晰；而"日"字则可以适当降低声音，让它显得更加稳重、有力；在吟诵"依"字时，我们的声音可以稍微柔和一些，让它传达出依偎、依靠的感觉；而"山"字则可以加重语气，让它显得更加高大、雄伟；最后，"尽"字则可以稍微拉长声音，让它传达出无尽、深远的感觉。通过这样的调整，我们可以更好地传达出这句诗的意境和情感。同时，"依字行腔"也要求我们在吟诵时注意语音的准确性和自然性，避免出现生硬、别扭的发音。"依字行腔"可以帮助吟诵者更好地理解和表达诗词的内容和情感，使吟诵更加自然、流畅。

(4) 文读语音。文读语音也称文言音，专指在阅读和认字时所使用的一种语音。它严格遵循古代汉语的音韵体系，因此在发音上与现代汉语普通话有着明显区别。这种语音系统不仅反映了古代汉语的发音特点，还呈现了声母、韵母和声调等方面的变迁。文读常常被用于读书、诗文朗诵、正式场合的演讲等，而与之相对的白话音则更常用于日常口语的沟通与交流。吟诵必须采用文读，这样才能更接近诗文的原始风貌。值得注意的是，无论南方还是北方，方言中均存在各自的文言音体系，尤其在北方方言中，对于入声字的处理显得尤为突出。综合以往的情况，可知当代的新吟诵同样需要采用文言音。特别在读入声字时要吟短，尤其是当入声字位于音步或具有关键意义时，要吟短音。对于押韵的字，要尽量按平水韵发音，确保韵脚的和谐统一。此外，平仄之分不容忽视，比如"看""叹"等字，要吟平声。其他与吟诵调关系不大的字，如"车"在某些方言中发音类似于"驹"等，则不必过于拘泥。

(二)吟诵经典

一个民族的立身之本在于其语言、哲学与宗教。当前中国的传统文化教育在哲学和宗教的传授方面并不系统，而更多侧重于艺术、技术等技能性内容。同样，西方文化的教育也存在这样的问题，即重视技能培养，缺乏对思想精神的深入探讨。这导致了许多国人缺乏信仰、理想和幸福感，生活显得无聊乏味。尽管如此，汉语作为中华民族文化的主要载体，依然在代代相传，无论是古代的诗词歌赋，还是现代的文学作品，都通过汉语得以流传。这种传承不仅让后人能够了解历史、理解文化，更让中国人在语言中找到了共同的身份认同。此外，汉语作为中华文化的核心，凝聚了中华民族的智慧和精神。从孔子的儒家思想到庄子的道家哲学，从唐诗宋词到现代散文，汉语的词汇、语法和语调都蕴含着深厚的文化内涵。这种文化内涵让中国人在交流中能够产生共鸣，形成共同的文化认同。

然而，破坏汉语的现象也不少见。例如，古典诗词歌赋用西方的朗诵法来读，无疑是对其美感的亵渎。古诗文的音韵之美，平仄、长短、高下、清浊、轻重、疾徐等变化，以及平水106韵各韵之别，唇、齿、舌、喉、鼻各声母风格之异，平上去入各分阴阳八调神态之分，这些美妙的神韵，如今除了专业学习者已经很少有人问津。很多人只把文学当文字来看待，只解释语词的内容，分析社会的背景，却忽视了形式之美和文字背后的文化解

读。这样的文学已经不能称之为文学。试想，为什么很少有人像背原来那些大家的文章一样把现代白话文背得滚瓜烂熟？原因在于我们对汉语的音韵之美、文学的形式之妙已经失去了追求。

吟诵是一把打开经典学习之门的钥匙，而且中国文化的精髓都蕴含在这些经典之中。实际上，国学所涵盖的所有知识，也都在我们先人留下的这些经典里面了。只要深入吟诵研读这些经典，就能把握住中国文化的主要思想和精华所在。拿着吟诵这把钥匙，就可以打开国学经典宝库的这扇大门。走进去，近距离接触、揣摩、研究国学经典，成为直接受益者，而不是站在宝库外边，隔着厚厚的窗纱匆匆望一望。

国学教育应重视"目学"，让学生广泛浏览并大量背诵经典，而不是仅仅停留于道听途说的"耳学"。2018 年，六部委联合印发文件，要求在全国开展"中华经典诵读"活动，这是国学教育从"耳学"回到"目学"的一个很好尝试。学习经典的最佳途径是吟诵，这种方法被公认为有助于记忆。同时，吟诵也能深化对经典内容的理解。对于传统文化或经典诗文的学习，若仅停留在字义解释层面，并附加对主题、结构、写法、背景、意象、意境等的深入分析，可能会因内容繁杂而导致学生难以记忆和理解。反观古代教育方式，老师在解释字义之余，更多地通过吟诵将个人理解传达给学生，学生因此能记住吟诵的韵律、语气、声调以及所蕴含的情感。随着年岁的增长，这些记忆和理解会自然而然地融会贯通。这也解释了古人为何能记住更多内容并有更深的领悟。相比之下，现代教育过于注重讲解而忽视了背诵，导致学生难以记住教授的内容，即便背诵也缺乏神韵。

吟诵本身注重神态的平和与中正，它有助于培养学生的内敛气质，消除乖戾之气，进而塑造出君子之风。在学习传统文化时，内在精神的领悟至关重要。若形式与内容不统一，真正的文化精神将难以领悟。因此，吟诵作为一种有效的学习方法，能够帮助我们更好地学习和领悟传统文化的精髓。

三、背诵

案例赏析 2.3.1

致命的声音
——记北宋一位超级朗读者

一看文章题目，似乎有些标题党的味道，声音怎么可能致命？这里郑重声明一下，笔者不是标题党，之所以用这个题目，是为了隆重介绍一位古代杰出的朗读者。也许用朗读家更合适，但好像没这个说法，笔者认为非这样说不足以表现其读功了得、牛气冲天的程度。

如今是听书而非读书的年代，看看喜马拉雅等平台有多火就知道了。之前董卿主持的朗读者节目非常火爆，超过了央视的其他综艺类节目，一时引发朗读的热潮。

董卿节目的嘉宾大多是有故事的，因故事而带出一段朗读。这些声情并茂且带有人生传奇色彩的故事有时会引得观众感动落泪，也有一些为了节目效果而应时反应的特殊

观众。

在我国历史上，曾经有这样一位朗读者，他的朗读不是为了做节目，不是为了欣赏，不是为了表演，而是为了完成本职工作，但这种工作不夸张地说是能决定人前途命运的。因为他的朗读只给皇帝一个人听。毫无疑问，这是一种致命的声音。

此人名叫王洙，请喜欢朗读的朋友务必记住这个名字，可以将其当祖师爷供奉起来。

先看原文——

昔有以诗投东坡者，朗诵之而请曰："此诗有分数否？"坡曰："十分。"其人大喜。坡徐曰："三分诗，七分读耳。"此虽一时戏语，然涪翁所谓"南窗读书吾伊声"，盖善读书者，其声正自可听耳。

王洙字楚望，端拱初，参大政。上每试举人，多令洙读试卷。洙素善读，纵文格下者，能抑扬高下，迎其辞而读之，听者忘厌。凡经读者，每在高选。举子凡纳卷者，必祝之曰："得王楚望读之，幸也。"若然，则善于读者，不为无助焉。

这段文字出自周密的《齐东野语》，《皇宋类苑》《玉壶清话》《归田录》等书也有类似的记载。

读书可以默读，悄悄领会，也可以是发出声音的诵读，用声音在脑皮层上刻印记忆。后者似乎更便于记忆，不信可以去小学领略一下孩子们震耳欲聋的读书声。

古人常用"琅琅"一词来形容读书的声音，可见他们是主张读书要发出声音的。诵读不仅有助于记忆，其本身也是一门艺术。更为重要的是，诵读可以增加作品自身的感染力，甚至给作品增加一些自身不具有的附加值。上述这段文字讲的就是这件事。

文章写得很风趣，那位向苏轼投诗请教的老人可能做梦都想不到，这位大文豪竟然给了自己十分的评价。他自然是十分欣喜。

谁知道苏轼说话大喘气，后面还有解释："三分诗，七分读。"先扬后抑，产生了令人发笑的戏剧效果。那人听后想必是相当失望，从十分到三分，落差实在太大，人们也多将此事作为一件笑谈。

不过作者从中领会到朗读的重要性："善读书者，其声正自可听耳。"这的确值得注意。那位老人不必沮丧，可以考虑改行，诗写不好，做个播音员或主持人也许不错，可惜那个年代还没这种职业。

向苏轼投诗不过是想得到这位文豪的肯定，或得到一种精神上的安慰，或成为炫耀的资本。如果是现在，肯定可以发个朋友圈炫耀一番。但文章能否被王洙读一遍，则关乎个人的命运，那可就是一件大事了。

王洙可谓一位朗诵奇才，不仅好文章读得不同凡响，就连那些"文格下者"都"能抑扬高下，迎其辞而读之"，达到"听者忘厌"的神奇效果。说得通俗点，就是文笔普通的文章都能读出花来，都能读出阵阵幽香，难怪那些士子们都盼望自己的文章被王洙读到。

朗读读到这种境界，可谓震撼人心，古今少有。可见，领会原书的内容旨意固然重要，朗读本身也是一门艺术，同样需要天赋和努力。

很多人都知道报菜名，这是传统相声里的经典贯口。但有些人可能不知道，善于朗读者还有一个绝技，那就是读菜名。据说有的人在餐馆吃饭时，随手拿起菜单，可以读得抑扬顿挫，饱含感情，这就是朗读的魅力。

(资料来源：https://baijiahao.baidu.com/s?id=1631291000219370448&wfr=spider&for=pc.)

【案例 2.3.1 简析】

王沨不仅擅长朗读好文章，还能将质量较差的文章读得引人入胜，使听者陶醉其中。这种能力不仅体现了王沨的天赋，也展现了他对朗读艺术的深入理解和精湛技巧。苏轼"三分诗，七分读"的评价突出了朗读在诗歌欣赏中的重要性。王沨的朗读才华反映了朗诵在古代社会中的重要地位。这提醒我们要重视朗诵艺术的培养和传承，让更多的人能够欣赏到朗诵艺术的魅力并从中受益。

案例赏析 2.3.2　　　　附录：经典诗词赏读
我国古代的"朗读者"

文化直通车

诗词之旅　哲韵中国

第二期　咫尺天涯
——送别诗

欢迎同学们乘坐"文化直通车"，开启诗词之旅，感受诗意人生。

"黯然销魂者，唯别而已矣"，送别，几乎是诗人笔下一个永恒的话题。当送别亲友，有"执手相看泪眼"的不舍，有"岸上踏歌"的唱和，有望尽"孤帆远影"的惆怅，有"莫愁前路无知己"的洒脱，有"天涯若比邻"的慰藉……本期"文化直通车"之"诗词里的中国"，让我们跟随诗人的笔触，来到灞桥，抵达长亭，折柳踏歌，送别亲友。

本期详细内容请扫描二维码阅读。

送别诗导读

厚重典籍　智慧中国

第二期　独领风骚
——《诗经》《楚辞》

欢迎同学们乘坐"文化直通车"，品读经典，汲取智慧，润泽心灵。

"关关雎鸠，在河之洲""死生契阔，与子成说""硕鼠硕鼠，无食我黍"……《诗经》中的人本思想、人性光辉、"真善美"的清新诗句和质朴清丽的和谐乐章，为我们提供了描写情感、生活、劳动、战争等的韵文典范。楚辞如梦，流光溢彩，千载悠悠，吟咏不衰。当你疲惫时，《楚辞》里能找到同伴，"路漫漫其修远兮，吾将上下而求索"，心灰意冷时，《楚辞》教会你坚强；"亦余心之所善兮，虽九死其犹未悔"，学业荒废时，《楚辞》提醒你时不我待；"惟草木之零落兮，恐美人之迟暮"……本期"文化直通车"之"典籍里的中国"，带我们走进《诗经》《楚辞》，去领略独领风骚的绝美画卷。

《诗经》《楚辞》导读

家国情怀　薪火相传

第二期　精武英雄扬国威
——清末爱国武术家霍元甲

欢迎同学们乘坐"文化直通车"，走进大爱中国，开启故事之旅。本期的主题是"精武英雄扬国威——'清末爱国武术家'霍元甲和中国武术"。

在我们中国人的心中，"武"往往与"侠"相伴，中华历史长河中涌现了无数武侠英雄，他们匡扶正义，保家卫国，谱写了一曲曲"武"之赞歌。中华武术，声震四海。曾记得《少林寺》《精武门》《霍元甲》的热播掀起了中华武术的新热潮。少林寺的传奇故事中，最让世人瞩目的是那些少林僧人以天下兴亡为己任，甘为祖国抛头颅、洒热血的爱国形象。此外，精武英雄霍元甲勇挫辱华的俄、英大力士，扬我国威的感人故事更是感人至深。

霍元甲(1868—1910)，字俊卿，清末爱国武术家，生于天津静海县(今静海区)。

霍元甲幼年体弱，27岁以前基本上生活在家乡，时常挑柴到天津去卖。28岁后到天津当上码头装卸工，后来在农劲荪开设的怀庆药栈当帮工，后升任掌柜。1909年，41岁的霍元甲由农劲荪介绍来到上海，接受由陈公哲、陈铁生所创办的"精武体操会"的邀请，担任武术教练，被评为沧州十大武术名人之一。

诞生于武术世家

霍元甲出身于一个以迷踪拳著称的武术世家。父亲霍恩第以保镖为业，因霍恩第的迷踪拳出神入化，所以许多大商人都求他做保镖。霍恩第只保穷苦百姓、清白之人，对贪官污吏决不保镖。霍恩第有三个儿子：霍元卿、霍元甲、霍元栋，元甲排行第二。据说霍元甲幼年体弱，父亲霍恩第不让他习武，担心他习武后有损霍家名声，因此，拒绝授艺于他。但元甲志存高远，他日日留心，到处观察，偷艺于父传兄弟之机，苦练于舍外枣林之

僻。后为父知，受责。元甲保证绝不与人比武，不辱霍家门面，方准与父兄一起习武。元甲天资聪颖，毅力惊人，技艺迅速超越长兄，在兄弟之中出类拔萃，并在 24 岁那年于 5 分钟之内击败了一位仅用三式就战胜了霍元甲哥哥与弟弟的对手。父见此，一改旧念，悉心传艺于他。后元甲以武会友，融合各家之长，将祖传的"秘宗拳"发展为"迷宗艺"，使祖传拳艺达到了新的高峰。之后，霍元甲自创迷踪拳。

四海扬名：精武英雄

霍元甲成年后在天津经营药材商店，后到上海创办了"精武体育会(精武门)"，为发扬中华武术做出了巨大贡献。在上海，他曾经在擂台上击败俄国大力士(一说俄国大力士被霍元甲亲自击败，另一说俄国大力士听到霍元甲的名声放弃竞赛)。光绪二十二年(公元 1896 年)，山东的刘振声慕名来津，求拜于元甲门下。霍元甲察其正直，遂收为弟子。自此破了霍家拳"传内不传外"的先例。有一次，一个日本大力士团来中国要求比试，霍元甲因病派弟子刘振声迎战，结果战胜了日本力士。元甲侠肝义胆，光绪二十四年(公元 1898 年)，谭嗣同变法遇难，大刀王五(王子斌)避难津门，与元甲一见如故，遂成至交。后王子斌在京遇难，被八国联军斩首示众。霍元甲与刘振声潜入京城，盗回王子斌的头颅，并取得《老残游记》的作者刘鹗帮助，将义士身首合葬，尽了挚友之义。

与俄较量

光绪二十七年(公元 1901 年)，有一个俄国人来津在戏园卖艺。他在报纸上登出广告，自称世界第一大力士，打遍中国无敌手。霍元甲看到广告后便前往戏园，见到俄国大力士在台上吹嘘自己是"世界第一大力士"，"病夫之国"如有能者，可登台较量。霍元甲在台下哪里还坐得住，不顾众人劝阻，一个箭步，气宇轩昂地跳上戏台，开门见山地说："我是'东亚病夫'霍元甲，愿在这台上与你较量。"此时，翻译将霍元甲的生平来历告知俄国人。此俄国人早就听说过霍元甲的威名，不敢怠慢，赶忙请霍元甲进入后台。霍元甲当场质问俄国人："为何辱我中华？"并提出三个条件：一是重登广告，必须去掉俄国人是"世界第一"的说法；二是要俄国人公开承认羞辱中国的错误，当众赔罪谢过；否则就是第三个条件——"我霍某要与之决一雌雄"，并命其当机立断。色厉内荏的俄国力士哪敢出场比武，只好答应了前两个条件，甘愿登报更正，并公开承认亵渎中国人的错误，然后灰溜溜地离开了天津。

与英较量

宣统元年(公元 1909 年)冬，上海来了一个名叫奥皮音的英国大力士，在张园设擂，辱中国是"病夫之国"，民众是"东亚病夫"。霍元甲应上海武林友人之约，与农劲荪、刘振声同赴上海，为雪病夫之耻与奥皮音约期比武。奥皮音先以万元押金作为要挟，后又把比武时间拖至当年六月。赛前霍元甲已在张园摆起擂台，用英文刊登广告，文中写道："世讥我国为病夫国，我即病夫国中一病夫，愿与天下健者从事!"并声明："专收外国大力士，虽有铜筋铁骨，无所惧焉!"比武那天，奥皮音早已被吓得逃之夭夭。霍元甲威震俄、英大力士，为中华民族雪洗了"东亚病夫"之耻，鼓舞了中华民众之志气，为亿万同胞所敬佩、仰慕。

1910 年 6 月 1 日，霍元甲结合时势，在农劲荪等武术界同仁的帮助下，在上海创办了"中国精武体操会(后更名精武体育会)"。孙中山先生赞扬霍元甲"欲使国强，非人人习武不行"之信念和将霍家拳公之于世的高风亮节，亲笔写下了"尚武精神"四个大字，惠

赠精武体育会。

被害辞世

上海蓬莱路一带为日侨聚居之地，日本柔道会得知霍元甲勇挫俄、英两国大力士，今又创立了"精武体操会"，很不服气，特地从国内选派了十几名武术高手，由柔道会会长亲自率领来华，以探讨为名，请霍元甲等人来武技馆比武，双方各自选定公证人。比赛开始，霍元甲先命徒弟刘振声出阵，令其采取诱敌之法，寻机取胜。刘振声上场后，稳如泰山一般，日方选手认为有机可乘，运用多种招数竟没有撼动他。即使日方派出大力士上阵，也被刘振声一脚踢得倒地不能动弹。刘振声以静制动，以逸待劳，连胜日方 5 人。日本领队见此情形特别恼火，便出阵向霍元甲挑战。二人交手后没几个回合，日本领队便领教到霍元甲的厉害，于是企图暗中伤人。谁知霍元甲已看出其意图，虚显一招，当场用肘将其臂骨磕断。日方队员见此情形，便蜂拥而上，当即被中方公证人制止。这时，日本人改变了策略，在竞赛后设宴款待霍元甲。席间听闻霍元甲患有呛咳症？并且在此次比武中也有外伤，就介绍一名叫秋野的医生为霍元甲治病。平生胸怀坦荡的霍元甲毫无怀疑之心，欣然接受，并留住在虹口白渡桥的秋野医院。霍元甲服药后，病情不但没有好转，反而渐渐恶化。此时精武会欲接霍元甲出院，秋野百般阻挠。后经多方周旋才出院，由精武会同仁陈子正救治，但因中毒太深而无药可救，于 1910 年 9 月 14 日长逝于上海精武体育会，年仅 42 岁。霍元甲的徒弟和挚友们拿着霍元甲每日吃的药去化验，才知是一瓶慢性烂肺药，也才明白这是日本人暗中下的毒手。霍元甲逝世后，当时精武会弟子和上海武术界的爱国人士为他举行了隆重的葬礼，敬献了"成仁取义"的挽联，并将其安葬于上海北郊。转年，由弟子刘振声扶柩归里，迁葬于小南河村南。上海精武会由元甲之弟元栋、次子东阁任教。各地分会相继成立，十数年后，海内外精武分会达 43 处，会员逾 40 万。

(资料来源：https://wenku.so.com/d/7bfffe55f5759b59c81e162e87494405，
http://www.gwtimes.com/content/details36_413.html，有改动.)

"青年兴则国家兴，青年强则国家强。"习近平指出："体育强则中国强，国运兴则体育兴""强国必先强民，强民必先强体。"作为实现中华民族伟大复兴的生力军，当代中国青年是否具备强健体魄、坚韧意志，直接关系着他们能否担当起中华民族复兴大任，直接关系着民族复兴进程能否顺利推进。

中国武术，是一门制止侵袭的高度自保技术，它在切实解决安全问题的基础上，使我们的头脑得到应变能力的训练，简便易行，能够轻松提升人的精神和身体素质。"教武育人""以德为先"贯彻于武术教习全过程，武术五戒为：一不杀生；二不偷盗；三不邪淫；四不妄语；五不饮酒。武术十禁为：一禁叛师；二禁异思；三禁妄言；四禁浮艺；五禁偷窃；六禁违戒；七禁狂斗；八禁抗诏；九禁欺弱；十禁酒淫。"未曾学艺先学礼，未曾习武先习德"，传统中始终把武德列为习武教武的先决条件。

图 2-4　中国拳

中国武术有着悠久的历史，最早可以追溯到商周时期，具有极其广泛的群众基础，是中国劳动人民在长期的社会实践中不断积累和丰富起来的一项宝贵的文化遗产，是中华民族的优秀文化遗产之一。

1. 特点

既重形体规范，又求精神传意。内外合一的整体观，是中华武术的一大特色。所谓内，指心、神、意等心志活动和气息、劲力、节奏的运行；所谓外，即手、眼、身、步等形体活动。内与外、形与神是相互联系统一的整体。比如五禽操就是一种模仿虎、鹿、熊、猿、鸟五种动物的奇妙功夫，其精髓就是："外动内静、动中求静、动静兼备、有刚有柔、刚柔并济、练内练外、内外兼练。"中华武术是以强身健体为主、以搏击为辅的一种锻炼方式，没有固有的练习形态，注重内外兼修。同时也正是因为它的起源，使之存在于我们生活中各个角落，体现在我们生活当中。中华武术是一种学识，一种防守，不为战争，只为和平。真正地去理解中华武术的内涵，则要抛开一切门派观念，用心去感悟，因为武术没有任何形式，但同时也可以是任何形式。因此，武术没有任何强弱长短之分。而中国武术的练习，也正是为了强身健体，修身养性，中华武术不重在分高低，而讲究体会武者的精神，由外而内，从而感悟武学的真谛。

2. 拳法

中华武术的主要拳法有：插拳、截拳、挂拳、挡拳、扎拳、套拳、穿拳、撕拳、翻拳、炮拳、五手拳、应手拳、咬手六合拳、盖手六合拳、合手拳、封手拳、练手拳、拦手拳、劈挂拳、摆挡拳、撞打拳、通臂拳、通天捶、回马捶、顺步捶、拗势捶、剪捶、單掌、杀手掌、反臂掌、穿云拨回掌、穿臂掌、荷叶掌、滚龙掌、五手快掌、洪拳二十四掌、掖手、十字手、排子手、万古手、黄英手、八黑手、锦八手、照阳手、金枪手、天罡手、地煞手、剑手、短手、四

图2-5 少林武术

门重手、小五手、分手苗、分手八快、九宫擒跌手、罗汉十八手、十八手、二十四破手、三十六闭手、七十二插手等。

武术分类有以地区划分的，有以山脉、河流划分的，有以姓氏或内外家划分的，也有按技术特点划分的。现代一般按其内容分为五类。经常坚持武术锻炼能有效地增强体质。武术中的各种拳法、腿法对爆发力及柔韧性要求较高，特别是各关节活动范围较大，对肌肉韧带都有很好的锻炼作用。武术包含多种拧转、俯仰、收放、折叠等身法动作，要求"手到眼到""手眼相随""步随身行、身到步到"，"手眼身法步，步眼身法合"，对协调性有较高的要求；整套动作往往由几十个动作组成，并在一定时间内完成，所以能使身体的各个器官得到全面发展。柔和、缓慢、轻灵的拳术，如太极拳，强调以意引导动作，配合均匀深沉的呼吸，可使周身血脉流通，适合于慢性病患者作为医疗手段坚持锻炼，有较明显的疗效。对抗性的散手、推手、武术短兵、武术长兵等竞技项目，运动激烈，除能增强体质外，还能培养勇敢、机智、敏捷等优良性格。

如今，中国武术可以分为两大类：传统和长拳。长拳是指国家认证的一种搏击技术。而传统则是中国几千年来流传的各个门派的民间功夫。如今，大多数传统武术已失传，现存传统武术以少林、武当、峨眉为主。中国武术门派、套路众多，蔚为大观。人民体育出版社 1985 年出版的习云太《中国武术史》，拳种部分有 46 节计 75 种、器械部分有 27 节，可见其众多纷繁。事实上，少林、武当、峨眉、南拳四大派内部，又有许多支派，各支派中某一套路如有显著特色，又可能发展为新的支派。在四大派之外，有数量更多的较小一些的派别，犹如满天繁星，形成了中国武术文化的大观。

少林武术作为一种人文文化现象，作为一种人体形态文化或是作为健身、御敌、竞技运动在中国早已家喻户晓、妇孺皆知，已成为中华文化的宝贵遗产。少林功夫是一项综合的武术体系，潘国静说"禅"字是提高功夫的重要依据，因为"禅"是"外不着想，内不动心"。少林六祖惠能在《坛经》上说：禅乃梵文音译禅那其意译为"弃恶""功德丛林""思维修""静虑"。它的基本含义就是息心静寂地参悟。所以少林功夫和其他派别不同，讲究的是"禅武合一"。在少林寺众多的禅武修炼者当中，潘国静(法号释延武)就是其中具有杰出代表性的人物。在少林寺素有"洪拳为诸艺之源"之说，少林武功源于此，又是汉族武术最具代表性、最具文化内涵、最具宗教文化底蕴、最具完整的体系、最具权威性，又最具神秘感的中国武功流派，它无疑已成为汉族武术的主流学派。相传，著名的达摩祖师在"少林寺"面壁修炼十年的漫长岁月中，言传身教，创造了少林武功流派，而且使少林武功一开始就具备了深厚的人文文化内涵，具有修身养性、善化人性、清净无为的武德，使佛教文化哲理的"禅"与武功相辅相成，达到了二者你中有我，我中有你"拳禅合一"的至高境界。

南拳——咏春拳

咏春拳，中国国术(拳术)中南拳之一，据传起源于满清中期，由对南少林武功非常了解的武术大师五枚师太所创立，后经由严咏春、梁博俦等在民间流传，及至梁赞对之进行系统整理，一直列为"秘而不传"之术；直至叶问将之从佛山带出香港，公开授徒，使得咏春拳在当时的粤港地区被习武者所知晓。

在叶问的咏春拳弟子当中，以梁挺对咏春拳的传播影响力最大。梁挺在对原咏春拳术的技击、拳理及法度的精准把握上，融会贯通，并将其进行归纳、整理，以系统化、规范化方式，建立了包括"三段十二级"的教练晋级体制和"十二阶"的学员晋级体制，将之形成可供修习、教授、考核、升级的教学体系。这套教学体系，突破了原本中国武术早期"多半缺乏文字记载，仅靠师徒口耳相传"的发展瓶颈，解决了大批量群体教学并保证学员学习效果的问题。这使得梁挺咏春拳系 Wing Tsun 在数十年之间快速发展，成为修习人遍布全球 65 个国家和地区，4000 多个支部，子弟门人近 200 万的中国国术。

3. 发展

唐朝以来开始实行武举制，天罡拳比较流行，对武术的发展起了促进作用，如对有一技之长的士兵授予荣誉称号。裴旻将军的剑术独冠一时，裴旻的剑术、李白的诗歌、张旭的草书并称"唐代三绝"，可见武术作为一种文化形式已具有相当影响。宋元时期，以民间结社的武艺组织为主体的民间练武活动蓬勃兴起，有习练徒手的黑虎拳社，有习枪弄棒的"英略社"、习射练习的"弓箭社"等。由于商业经济活跃，出现了浪迹江湖、习武卖

艺为生的"路歧人"。明清时期是武术大发展时期，流派林立，拳种纷显。拳术有长拳、猴拳、少林拳、内家拳等几十家之多，同时形成了太极拳、形意拳、八卦掌等主要的拳种体系。到了近代，武术适应时代的变化，逐步成为中国近代体育的有机组成部分。民国时期，民间出现了许多拳社、武士会等武术组织。1928 年，在南京成立了中央国术馆。1936 年，中国武术队赴柏林奥运会参加表演。中华人民共和国成立后，武术得到了蓬勃发展。1956 年，中国武术协会建立了武术协会、武术队等，形成了空前广泛的群众性武术活动网，为武术的发展开拓了广阔的道路。1985 年，在西安举行了首届国际武术邀请赛，并成立了国际武术联合会筹委会，这是武术发展中历史性的突破。1987 年，在横滨举行了第一届亚洲武术锦标赛，标志着武术走进亚运会。1999 年，国际武联被吸收为国际奥委会的正式国际体育单项联合会成员，这是武术发展中的又一历史性突破，意味着在不久的将来，武术即将成为奥运项目，意味着"把武术推向世界"的雄伟目标又进了一步。

(资料来源：https://baike.so.com/doc/3622385-3808115.html；https://baike.so.com/doc/6712006-6926045.html，有改动.)

练习与实训

一、选择题

(一)单选题

1. 以下哪项不是演讲体态语言的组成部分？（　　）
   A. 面部表情　　　　B. 手势动作　　　　C. 说话速度　　　　D. 身体姿态

2. 有声语言训练主要包括的内容有（　　）。
   A. 唱歌技巧和音调练习　　　　　　　B. 科学发声和节奏训练
   C. 舞台表演和肢体语言训练　　　　　D. 书面语言和文字表达训练

3. 以下哪种是口才实训中的一种有声语言？（　　）
   A. 书面语言　　　B. 舞台表演　　　C. 日常有声语言　　　D. 电子邮件交流

4. 以下哪种口才训练方法可以提高口腔肌肉的灵活性和发音准确性？（　　）
   A. 速读法　　　　B. 大声朗读　　　　C. 舌尖练习　　　　D. 肢体语言训练

5. 为什么口才和交际能力在现代社会中变得越发重要？（　　）
   A. 因为口才和交际能力是社交成功的唯一因素
   B. 因为现代社会更加重视口头表达和人际交往
   C. 因为书面表达已经取代了口头表达
   D. 因为口才和交际能力对个人发展和建立人际关系等至关重要

6. 以下哪种练习方法属于共鸣训练？（　　）
   A. 数数　　　　　B. 哼鸣练习　　　　C. 读绕口令　　　　D. 爬楼梯诵读诗词

7. 以下关于语调变化的描述正确的是（　　）。
   A. 语调不同，传达出的语气和情感也不一样
   B. 语调应该保持单一

C. 语调变化只能用于强调重点

D. 语调变化会分散听众注意力

8. 以下哪种眼神交流方式适合在演讲中使用?(   )

    A. 实看　　　　　　B. 虚看　　　　　C. 凝视　　　　　　D. 避开

9. 朗诵是一种将文字转化为什么形式的艺术?(   )

    A. 视觉艺术　　　　B. 有声语言　　　C. 舞蹈　　　　　　D. 雕塑

10. 吟诵的基本调包括哪些内容?(   )

    A. 只来源于师承传统　　　　　　B. 只取材于他人的调式

    C. 只是自己的创新　　　　　　　D. 以上都不对

(二)多选题

1. 有声语言的三要素包括(   )。

    A. 说话内容　　　B. 说话目的　　　C. 说话方法　　　D. 说话对象

2. 科学发声训练的方法有(   )。

    A. 呼吸训练　　　B. 发声练习　　　C. 共鸣练习　　　D. 语调训练

3. 气息控制训练的方法包括(   )。

    A. 深吸一口气,一点一点往外送　　B. 控制气息,延长发音

    C. 强调连续,控制气息,扩展音域　D. 慢吸慢呼

4. 以下说法错误的是(   )。

    A. 语调不同,传达出的语气和情感也不一样

    B. 语调不能一味地慷慨激昂,也不能一味地低沉压抑

    C. 语调应该保持单一

    D. 绕口令练习可以提升记忆力

5. 以下哪些是演讲体态语言的组成部分?(   )

    A. 面部表情　　　B. 手势动作　　　C. 说话速度　　　D. 身体姿态

6. 演讲者的面部表情应该(   )。

    A. 真诚展现内心情感　　　　　　B. 随演讲内容和情绪自然调整

    C. 避免过于拘谨　　　　　　　　D. 避免神情慌张

7. 演讲者的体态语言在演讲中的作用是(   )。

    A. 帮助传达情感和意图　　　　　B. 避免显得过于僵硬

    C. 塑造个人形象　　　　　　　　D. 给听众留下印象

8. 语流练习包括哪些内容?(   )

    A. 语调传情　　　B. 节奏驱动　　　C. 停连有致

    D. 语气重音　　　E. 节奏律动

9. 朗诵现代诗歌时,需要注意哪些方面?(   )

    A. 理解作品的思想内容　　　　　B. 调整语速

    C. 控制强弱　　　　　　　　　　D. 把握节奏

10. 背诵的过程可以分为哪几个阶段?(   )

    A. 记忆阶段　　　　　　　　　　B. 大声朗诵阶段

    C. 技巧处理阶段　　　　　　　　D. 理解阶段

二、简答题

1. 气息控制训练的方法有哪些？
2. 语流练习中的节奏律动有哪些类型？
3. 演讲者使用手势时需要注意什么？
4. 演讲者的体态语言在演讲中有什么作用？
5. 朗诵和吟诵有哪些区别？在诵读经典时，如何更好地应用朗诵和吟诵的技巧？

三、实训题

(一)气息训练

1. 深吸一口气，数数。

2. 慢跑、爬楼梯诵读诗词。

3. 练习读绕口令。

(1) 八百标兵奔北坡，炮兵并排北边跑，炮兵怕把标兵碰，标兵怕碰炮兵炮。(双唇)

(2) 巴老爷有八十八棵芭蕉树，来了八十八个把式要在巴老爷八十八棵芭蕉树下住。巴老爷拔了八十八棵芭蕉树，不让八十八个把式在八十八棵芭蕉树下住。八十八个把式烧了八十八棵芭蕉树，巴老爷在八十八棵树边哭。(锻炼唇力)

(3) 门口吊刀，刀倒吊着。……(反复说，锻炼舌的顶力)

(4) 粉红墙上画凤凰，凤凰画在粉红墙。红凤凰、粉凤凰，红粉凤凰花凤凰。

(5) 六十六岁刘老六，修了六十六座走马楼，楼上摆了六十六瓶苏合油，门前栽了六十六棵垂杨柳，柳上拴了六十六个大马猴。忽然一阵狂风起，吹倒了六十六座走马楼，打翻了六十六瓶苏合油，压倒了六十六棵垂杨柳，吓跑了六十六个大马猴，气死了六十六岁刘老六(《六十六岁刘老六》)。

(6) 孙伦打靶真叫准，半蹲射击特别神，本是半路出家人，摸爬滚打练成神(《孙伦打靶》)。真绝，真绝，真叫绝，皓月当空下大雪，麻雀游泳不飞跃，鹊巢鸠占鹊喜悦(《真绝》)。

(7) 打南边来个喇嘛，手里提拉着五斤鳎目。打北边来个哑巴，腰里别着个喇叭。南边提拉鳎目的喇嘛要拿鳎目换北边别喇叭的哑巴的喇叭，哑巴不乐意拿喇叭换喇嘛的鳎目，喇嘛非要换别喇叭的哑巴的喇叭。喇嘛抢起鳎目抽了别喇叭的哑巴一鳎目，哑巴摘下喇叭打了提拉鳎目的喇嘛一喇叭。也不知是提拉鳎目的喇嘛抽了别喇叭的哑巴一鳎目，还是别喇叭的哑巴打了提拉鳎目的喇嘛一喇叭。喇嘛炖鳎目。哑巴嘀嘀嗒嗒吹喇叭。

(二)共鸣训练

1. 哼鸣练习：双唇闭拢，口腔内像含半口水，发 mu 音，声音反着气流下行，再沿硬腭上行。

2. 发声练习：口腔打开，使下面一组音从胸腔逐渐向口腔、鼻腔过渡：mu-mai-mao-mi-mu。

3. 搜集资料，自觉进行共鸣练习。

模块二　演讲实训

　　本模块内容主要由"命题演讲""即兴演讲"和"辩论演讲"三个单元组成，其中"文化直通车"专栏提供丰富的演讲材料。本模块旨在通过演讲专项训练，帮助学习者提升综合思维能力、语言组织能力、应变能力和心理素质，掌握演讲专项技能，提升演讲表达能力。

单元三　命题演讲

"演讲是一种艺术，并且需要实践和努力。"

本单元主要围绕"写作演讲文稿"与"演讲前的演练"两项实训任务展开。实训任务一介绍了演讲稿的结构与写作及文稿的优化表达技能，实训任务二介绍了记忆文稿、设计管理态势语、调节临场心理及应变等技能。

"案例赏析"部分实践性较强，具有一定的示范性。"文化直通车"专栏开启中华诗词、历史典籍和人文故事之旅，品味诗意人生，感悟中华智慧，传承民族精神。

单 元 目 标

知识目标：

1. 掌握演讲稿的结构及写作方法。
2. 掌握记忆、应变和心理训练等方法。
3. 掌握演讲环境媒介运用的技巧。
4. 掌握演讲语言的修饰技巧。

能力目标：

1. 能根据演讲主题拟写演讲稿。
2. 能控制和调节紧张情绪。
3. 能运用演讲综合表达艺术进行演讲。
4. 能运用时空元素及其他媒介优化演讲效果。

素质目标：

1. 厚植热爱祖国语言文字的情感。
2. 培养良好的心理素质和人文素养。
3. 提升家国情怀和传统美德。
4. 增强热爱和传播中国文化的意识。

实训任务一　写作演讲文稿

【案例导入】

厉害了我的国(人)

我们今天的主题是：厉害了我的国。

我刚刚一直站在台口，在听所有演讲者的演讲，听完之后，我特别想在这个主题之后

加上一个字——人，厉害了我的国人。我很佩服他们每一位演讲者，在我心里国家是一个很宏大的精神家园，同时也可以通过那些细心的、可以触碰的个体去感知他们。

大家听了很久的演讲都有点累了，我们来活动一下。我想请问一下，在场有多少文科生？我也是文科生，那现在大家想象一下，如果你考上了北大，但是进入北大以后被要求转系，转到物理系，从此学理，你愿意吗？

有一位同学，考上清华大学历史系之后，他便要求转系改学物理。然而，他当时考清华的时候，历史和语文都是满分，物理只有 5 分。他为何做出这样的决定？那是在 1931 年，在他进入清华大学的第二天，就爆发了"九一八"事变，国难当头他拍案而起说："我要学造飞机大炮。"但是转系也不那么简单，物理系的系主任并不同意他转系，所以他就四处求告，软磨硬泡，最终给自己争取了一个在物理系试读一年的机会。这个人就是中国第一个力学系的缔造者——钱伟长，当时他说："我没有专业，祖国的需要就是我的专业。"其实像钱伟长这样，为祖国奉献青春和终生的人，每个时代都有。

革命年代，27 岁的李大钊振臂高呼：以青春之我创造青春之国家，青春之民族。战争年代，25 岁的陈然在狱中写下了不朽的《我的"自白"书》，人不能低下高贵的头。我们知道很多这种在民族危亡的时刻，救亡图存的仁人志士，也知道很多在国家艰难时期，推动国家发展、社会进步的有识之士，这些人注定被历史所铭记。过去是人拉着国家走，现在是国家推着人前行。在我们的强国之路上，一个国家有不言而喻的向心力、吸引力、凝聚力。跟大家说句实话，我觉得我们这代青年人，真的是生逢其时，赶上了好多老一辈人没有赶上的机遇。

我想再问大家一个问题，有没有丢过自行车的？我也丢过，丢完自行车的第一个反应是我再买一辆。我有个同学，大学四年，丢了 5 辆自行车，在他准备丢第 6 辆的时候，他就想，我骑别人的自行车多好，于是他就跟他的小伙伴们在北大校园号召北大师生把自己的自行车分享出来，交换别人自行车的免费使用权。然后为了让这些单车看起来非常醒目，就把它们涂成黄色，这就是现在大家都知道的共享单车 ofo。但是，别看共享单车、共享经济现在这么火，大家想一下，如果这件事情放在 5 年前、10 年前，"你们几个北大的穷学生，好好学习不好吗？折腾什么创业？"肯定都是不支持不鼓励的。但是我这几个同学刚好赶上了互联网+大众创业、万众创新的时代浪潮，所以他们能够获得更多的融资，更多商业发展的机会，也让更多中国人的出行变得便利，可能这就是我们这代人杰出的方式，被历史记住的方式。跟老一辈英模相比，我们没有那么多壮烈的色彩，但是，我们这一代青年人，敢想敢干，诚实劳动，脚踏实地，砥砺前行。

我们现在和平时代看不到这么多的英模人物，并不是因为青年没有牺牲精神，我们年轻人也是很热血，国家需要的时候，我们也是能冲上去。但是，当国家走上了高速发展道路之后，并不像建党建国初期那样，需要每一个人牺牲小我去完成大我，反而是强大的国

钱伟长中学时数理成绩很差，物理只考了5分，数学、化学共考了20分。但正是这样一名学生，却突然弃文从理——这个决定缘于他进入历史系的第二天，正是1931年的9月18日，日本发动了震惊中外的"九一八事变"。钱伟长当即决心要学造飞机大炮，决定要转学物理系以振兴中国的军力，从此迈入科学大门。

图 3-1 "力学之父"钱伟长

家在背后，给予了我们每一个人自由选择的权利，实现自我的机会，创造价值的机会，让我们每一个人，在每一个领域，每一个岗位，都能够书写属于我们自己的历史。所以，还是那句话，过去是人拉着国家走，现在是国家推着人前行。

习近平总书记曾说："每一代青年都有自己的际遇和机缘，都要在自己所处的时代条件下谋划人生，创造历史。时代的责任赋予青年，时代的光荣也属于青年，没有一代人的青春是容易的，但是每一代人的青春都是大有可为的。"少年勤学，青年担纲，中国青年，国之栋梁。

(资料来源：http://www.doc88.com/p-7428620576138.html，有改动.)

谈一谈

请谈谈读完这篇演讲稿后的感受。你认为这篇演讲稿选题和选材的可借鉴之处是什么？

演讲稿是演讲主体为了在公共场合发表观点、交流思想以及抒发情感而预先准备的书面材料。演讲稿可以帮助演讲者整理思路、规范语言、提示内容，从而提高演讲效果，使演讲更能感染听众，引发共鸣。优质的演讲稿是演讲成功的重要保障。

因此，要想获得演讲成功，光有胆量和勇气是不够的，还必须进行充分准备。准备得越充分，演讲成功的希望就越大。而首先要准备的，就是演讲文稿。有的演讲家为了准备主题演讲，甚至耗费大半生的时间去搜集整理资料、撰写文稿——每到一处，虽然演讲的主题思想不变，但都会更换新的材料以适应不同地域、不同层次的听众群体。抗战时期，日理万机的毛泽东主席在延安抗日军事政治大学所作的《矛盾论》演讲，演讲稿也准备了一周之久。

一、演讲稿的总体写作要求

一般而言，演讲稿的写作有以下几点要求。

(一)思想正确，主题明确

正确的思想才能引领正确的行动，演讲稿的内容要注意传播正确的思想，观点要能够体现社会主义核心价值观，弘扬中华优秀传统文化、革命文化和社会主义先进文化传承的民族精神，用真善美影响听众，感染听众。

演讲稿的主题要明确集中，一篇演讲稿只能有一个主题，多主题即无主题；观点要鲜明，肯定什么否定什么要明确；主题要深刻，透过现象揭示本质，论证由表及里，由浅入深。

(二)适合听众，有的放矢

演讲稿的受众是听众而非演讲者自己，演讲稿在主题思想正确的前提下，还要围绕受众组织内容，整合材料。无论是主旨的提炼、材料的选取，还是语言的组织和表达方式都要考虑听众的实际情况，针对性要强。否则，会水土不服，达不到好的演讲效果。演讲者应该从听众的心理需求出发，来缩短与听众的距离。应考虑不同类型听众的需要，根据民族、职业、文化层次、兴趣爱好、风俗习惯等来确定选题。

(三)内容丰富，变化多样

变化的美是最有吸引力的，单调、一成不变的东西会引起审美疲劳，演讲稿的内容也要注意行文的变化，这表现在材料的选取、语言的组织表达、内容的起伏张弛等诸多方面。比如：材料可以格言警句、谚语、故事、义理等相互交替，表达可以叙事、议论、抒情相结合，句式可以长短句相配合，修辞可以比喻、排比、拟人等灵活运用，节奏可以张弛相间、起伏有致，前后有照应，层次有过渡……

(四)事例明理，情理交融

演讲稿的体裁多是议论文，撰写时务必注意要摆事实，讲道理，夹叙夹议，情理结合。

但初学演讲者往往只注重有声语言的"声情并茂"，而忽略了演讲稿内容的明理性和材料的丰富性，特别是组织大量典型事例材料的稿件更是少之又少。这就会造成演讲空洞无物，道理苍白无力，没有说服力，难以获得听众的共鸣。

事实胜于雄辩，多摆事实才能更好地说明道理。优秀的演讲稿注重从多角度阐释主题，多事实例证，而这些事实更是用高度凝练的语言提炼、表达。切忌陷入一事到底、一事撑起半边天的误区。

历史的声音，应该是书圣王羲之，铺蚕茧纸，挥鼠须笔，诚信而书，写下的天下第一行书《兰亭集序》。历史的声音，应该是《史记》里所说的"人道经纬万端，规矩无所不贯"。从古到今就应该是有礼者走遍天下，无礼者寸步难行。历史的声音，就应该像鉴湖女侠秋瑾填词的那首《勉女权歌》里唱的那样："吾辈爱自由，勉励自由一杯酒，男女平权天赋就，岂甘居牛后。"历史的声音，应该是"良言一句三冬暖，恶语伤人六月寒"，应该是"勿以恶小而为之，勿以善小而不为"。

(资料来源：https://www.sohu.com/a/219385717_700275，有改动.)

"感乎心者莫过于情也"，演讲者应合理运用与控制情感，不可浮夸，演讲稿叙事、说理的语言要倾注演讲者最真诚的情感，只有这样，演讲才能感染听众，使听众产生强烈的共鸣，达到情理交融的审美体验。既要做到以事感人，以理服人，还要以情动人。

(五)真实典型，新颖有趣

"真者，精诚之至也，不精不诚，不能动人。"只有真实的材料才最具说服力和感染力，才能使演讲的主题和观点无可辩驳。所以，选取材料时一定要严格把关，要选取最具代表性的典型材料，这样才能反映事物的特征，揭示事物的本质和规律，更好地论证演讲的主题，增强演讲的表现力和说服力。

材料新颖与否，对表达主题至关重要。只有用新颖的材料，才能表现出新的思想，进而打动听众。因此，演讲者要善于捕捉社会生活中层出不穷的新事物、新问题，善于总结，并以此作为材料。另外，也可以选择那些自己熟悉而恰好又被别人忽视的问题作为材料，或者是人们熟知，自己却有了新认识或新体验的材料，这些都可以给听众新鲜感。老材料变换新角度，也能焕发新生命。

(六)精益求精，雕琢修改

精雕细琢方为器，千锤百炼始成钢。一篇好的演讲稿更需要精雕细琢，反复修改。在演讲稿初稿写成之后，从结构的安排到材料的凝练，从中心语句的斟酌到字词的推敲琢磨，从大到小，从整体到局部，精益求精，才能提高演讲稿的语言质量。

二、演讲稿的结构与写作

演讲稿一般由标题、称呼及问候语、正文、谢词或祝福语四部分构成。

(一)标题

演讲标题可以先拟写，也可在整篇稿子写完之后再拟定，其形式很多，常见的有以下几种。

1. 直接揭题式

标题把演讲内容的中心观点简要地提炼出来，直接揭示主题。如《坚定信念　超越自我》《磨难也是一种财富》《用奉献铸就不老的传说》《未来掌握在自己手中》等。

2. 思考发问式

标题提出演讲的核心问题，引发听众思考。如《青春是什么》《人才在哪里》《人生的支柱是什么》等。

3. 警示激励式

运用格言警句拟写标题，发人深省，以激励听众。如《把握一个今天胜似两个明天》《一切皆有可能》《让我们扬眉出剑》《笑一笑十年少》等。

4. 比喻象征式

用生动形象的比喻手法把演讲的哲理具象化，便于理解，易于引起听众情感共鸣。如《我是一颗小小的铺路石》《年轻的翅膀想飞翔》等。

5. 场合情境式

用标题标明演讲的场合和情境，如《竞聘演说》《在开学典礼上的讲话》《新员工培训班上的讲话》等。

6. 悬念猜想式

标题运用假设情境和埋伏笔的方法，激发听众的猜想兴趣，引领听众的思维方向。如《假如我是画家》《在工作中我最怕的》《我心中的偶像》《我选择，我追求》等。

此外，还有顶针式、比较式、对仗式等多种方法。无论使用哪种方法拟写标题，都要注意：一是标题要具体明确，切合演讲稿正文内容；二是应当言简意赅，以小见大；三是要醒目新颖，具有启发性和时代性；四是标题要用肯定的、积极向上的词句，不用否定的句式；五是要首选动宾结构式的短语作标题，其次也可以用主谓式的短语，少用或不用名词性的短语；六是尽量不用专题演讲的主题范围做标题，切忌大而空。

(二)称呼及问候语

标题下另起一行顶格加冒号，根据受众对象和讲演内容需要决定称呼，不拘一格。常用"大家好!"等问候，也可加定语增进感情，渲染气氛，如"敬爱的老师们，亲爱的同学们，下午好!""尊敬的各位专家评委：(另起一行)大家好!"等。

(三)正文

正文由开头语、主体和结语三部分构成。

1. 开头语

好的开头是成功的一半。好的开头可以迅速激发听众的兴趣，使听众的注意力被演讲内容所吸引，有利于演讲的顺利进行。常见的开头语有以下几种形式。

1) 铺陈渲染，激发情感

青春是用意志的血滴和拼搏的汗水酿成的琼浆——历久弥香；青春是用不凋的希望和不灭的向往编织的彩虹——绚丽辉煌；青春是用永恒的执著和顽强的韧劲筑起的一道铁壁铜墙——固若金汤。

(资料来源：http://wenku.cyjzzd.com/a/138811.)

这种开头方式是用一组简洁明快的语句，通过华美的词章和丰沛的激情渲染气氛，感染听众。这种方式适合情感型的演讲者使用，也是许多初学演讲者喜欢的方式。但这种开头方式的语句不宜多，要短小精悍，否则易产生堆砌辞藻、无病呻吟的不良效果。

2) 概括内容，揭示中心

人生要奋斗，因为只有奋斗，成功的鲜花才会绽开笑脸；只有奋斗，事业的大门才会向你敞开；只有奋斗，你才会成为生活的强者，成为命运的主人。

(资料来源：https://www.51test.net/show/10583357.html.)

梦想，不仅是一个美好的名词，更是人活一世奋斗努力的目标，倘若没有了这个目标，人生也会随之黯然失色。

(资料来源：https://www.51test.net/show/10583496.html.)

以上两个开头，都是开篇即用简洁的语言说明演讲的核心思想，直接揭示主题，概括主要内容。这种方式开门见山，易于使听众把握演讲主旨，理解演讲意图，适用于较正式的场合或较短时间的即兴发言。

3) 题目切进，单刀直入

每个女孩都爱收礼物，我也不例外。

三岁那年，我收到了第一份礼物，那就是我的眼睛。那一年，因为一场高烧导致我视神经萎缩，现在我的视力只有 0.03，就是要把视力表上最大的那个字母再放大 3 倍才能模糊地看见，就是你站在我面前，我却看不清你的脸。

(资料来源：http://fm.wysls.com/read/829.)

这是题为《礼物》的演讲稿的开头，开篇从题目谈起，单刀直入，明了清晰，而这份不平常的礼物更使演讲内容具有别样的吸引力。

4）缘由起始，贴近生活

今天我为我的儿子而来，我心里其实非常紧张，这是我人生的第一次演讲，我希望导师能够让我晋级，因为只要我在这个舞台上多留一分钟，就会有多一些人认识我的儿子。他是一个患自闭症的孩子，不会说话，甚至到今天还不知道自己是谁。我希望有一天我老了，有人能给他一口吃的，他迷路了有人在路上看到他能够把他送回到我的身边。这是我写给儿子的第一封信，我希望有一天他能够看到、能够看懂。

（资料来源：https://wenku.so.com/d/b98434082cfb076bd4476424ed902d17.)

《八斤爱壮壮》这篇演讲稿由演讲的缘由开篇，如话家常，娓娓道来，表达了一位慈父对患有自闭症的儿子深沉的爱，朴实无华，情真意切，令人动容。

5）故事入题，以事明理

"咱不就是干这个的嘛。"

这句话出自我们农行××支行的微机专管员——×××。就在我拍摄这组照片后的第二天，他就因胃出血住进了医院。我和同事们去看望他，我说："您怎么这么拼啊？"他躺在病床上微笑着说了句："其实也没啥，咱不就是干这个的嘛。"

是啊，咱不就是干这个的嘛。顿时浮现在我脑海里的是：58岁的×××，从手工记账到本票汇票，从来都是抢着干；BoEing系统上线时，他只能在下班后进行测试，总是最后一个离开；经手的每张凭证，每个数字、字母和符号，他都反复审核，40年来几乎零差错。可是，我们谁又能想到，他的脾脏在9年前已经摘除，免疫力大大下降，每隔几年就要上一次手术台。可这么一个拖着半病之躯、临近退休的人，为什么还要这么拼？因为在他心里早已把工作当成了习惯，正如他常挂在嘴边的——"咱不就是干这个的嘛。"

这是题为《咱不就是干这个的嘛》的演讲稿开篇，借用人物故事将听众带入演讲的情境中，切入主题，让听众在不自觉中沉浸其中，受到感染。叙事式的开头语言比较平实自然，初学演讲者容易掌握，听众也易于接受。

但要注意的是，选用这种开头方式，切忌复杂的情节和冗长的语言。

6）问题开头，引发思考

同学们，当前我们大学生求职出现了前所未有的困难，原因是什么呢？是我们国家的人才太多了吗？是我们学的东西过时了吗？还是我们眼光不再符合社会需求了呢？面对这么多的问题，我们这些即将走出校门的大学生又该如何应对这一现象呢？

（资料来源：https://wenku.so.com/d/9b4274675be9bf5755c910b3e629cdcc.)

我想先问大家两个问题，什么是精神，什么又是中国精神？

（资料来源：https://wenku.so.com/d/fde27622a1e15a99f2ed03cdc680dd7b?
psid=82b3c9cf77d9489ad87a3318b1060c5d.)

一系列的问题引发人们思考，吸引听众注意。这种开头方式可以拉近演讲者与听众的距离，使听众参与到演讲中来，牵动听众的思绪。

7) 格言警句，引用导入

巴金在自己的《随想录》中说过：“人不是点缀太平的，而是工作的，正因为有了荆棘，才需要我们在荆棘中开辟道路。”一个人来到世界上，平平坦坦过完一生是毫无意义的。

(资料来源：https://wenku.so.com/d/95611ac4ae8bebf99b3138a3e46b6f28.)

引用格言警句开篇，很有说服力，使听众易于接受演讲的观点。

8) 场景谈起，亲切自然

每次我走进这个校园，都会有一种特别的情愫，仿佛内心深处有一个声音在呼唤。在江陵二中的四年，有太多的欢笑，也有许多的悲伤，以至于在我将要离开她远行的时候，曾经以为我会把这份记忆遗忘。两年多过去了，我才终于明白，正是这四年的风风雨雨，一点一滴，给予了我无所畏惧的勇气，使我在任何时刻，面对各种挑战，承受诸多苦难的时候，都能坚定地告诉自己：打不倒我的，使我更坚强！

(资料来源：https://www.oh100.com/a/201702/477880.html.)

这类演讲以场合地点开头，有感而发，在回忆往昔的校园生活中带出演讲内容，引发母校的师长和学弟学妹的情感共鸣，自然亲切，有情怀，有温度。

2. 主体

主体即中心内容。演讲稿的主体是指开头与结尾之间的部分，这部分文字内容最丰富，论据最充分，阐述最详尽。演讲的观点能否被人接受，是否令人信服，取决于主体内容的组织安排、材料运用和语言表达。演讲稿的主体一般有以下三种类型。

(1) 记叙性演讲稿：以对人物事件的叙述和生活画面的描述行文，一般采取人物经历式的结构，也常以时间为序。

(2) 议论性演讲稿：以典型事例和理论为论据，行文富有逻辑性，论点具有说服力。其结构安排常用的形式有递进式、并列式等。

① 递进式。即几个段落之间层层深化、递进，由浅入深、由表及里，演讲主旨逐层分析论证，主题深化、升华。这种演讲稿的段落层次一般是不可调换的。

② 并列式。即把演讲内容分成并列的几个部分，也就是把演讲的中心论点分成几个小分论点，每个段落着重论述一个小分论点，从不同角度阐述演讲主题，确保论证充分、层次分明、条理清晰，使听众能够准确把握主要思想观点。这种演讲稿的段落层次可以调换。

其实，这两种结构方式并不是完全割裂的，在并列结构的段落中，也会采用逻辑递进的论证方法，把观点阐述得详尽透彻。两种结构安排相辅相成，相得益彰。

(3) 抒情性演讲稿：即用热烈的抒情性语言表明观点，以情感人，说服听众，寓情于事、寓情于理、寓情于物。这种演讲稿常采用总(开头)、分(主体)、总(结尾)的结构。不过，大多数演讲者不宜使用此类演讲稿，原因有二：一是容易造成空洞无物、无病呻吟的不良效果，二是此类演讲稿只有情感型、语言特别有爆发力、冲击力的演讲者才能驾驭。

3. 结语

演讲稿结尾一般是演讲的高潮所在，要简洁有力，升华主题，激发情感，启迪智慧，鼓舞听众，引发强烈共鸣。在听众兴趣达到高潮时戛然而止，使人意犹未尽，产生"余音绕梁，三日不绝"的效果。结尾常采取的方式有总结概括式、诗文名言式、鼓动号召式、主题升华式、展望未来式、决心表态式等。但无论采用哪种方式，都应力求给听众留下深刻的印象，产生持久的影响。

(1) 总结概括式。结尾梳理全文要点，突出中心，增进理解。

远大的理想、扎实的作风、良好的品行、把握生命之重和胸怀祖国是我认为一个优秀的人应该具备的五大基本素质。泱泱中华，崛起之路，气象万千。所谓中国人，就是要在祖国需要我们，人民需要我们的时候，我们能够顶天立地，堂堂正正用我们的双手共同撑起东方不落的太阳！——《怎样做一个优秀的人》

(资料来源：https://wenku.so.com/d/55b649a91d2f57bfe7a04bdc623ca0ac.)

(2) 诗文名言式。诗文名言具有一定的权威性和影响力，增强语言的说服力。

图书馆的标语写道："你所浪费的今天，是昨天逝去的人奢望的明天；你所厌恶的现在，是未来的你回不去的曾经。"珍惜时间，抓紧每一分每一秒，相信凭借大家"晴空一鹤排云上，便引诗情到碧霄"的才情，辅以"焚膏油以继晷，恒兀兀以穷年"的意志，定能在走出考场的那一刻高呼"仰天大笑出门去，我辈岂是蓬蒿人"！

最后祝大家在今后的考试中取得满意的成绩！谢谢大家！——《反思过去 展望未来》

(资料来源：https://www.qiuxueshe.com/gongwenfanwen/yanjianggao/71645892.html.)

(3) 鼓动号召式。以真挚热烈的感情感召、激励听众奋发向上。

革命先烈李大钊说："无限的'过去'都以'现在'为归宿，无限的'未来'都以'现在'为渊源，'过去''未来'的中国全仗有现在。"这话说得多好啊！革命先烈和我们的父辈英勇奋斗，苦而无怨，为的是我们下一代。我们是承前启后的一代，我们是继往开来的一代。革命先烈和我们的父辈用筋骨和鲜血凝成的精神财富，要在我们这一代人身上化作永不枯竭的前进力量。

好好学习吧，同学们！为了祖国，为了人民，为了我们的父亲！——《为了我们的父亲》

(资料来源：https://wenku.so.com/d/5727d04a8630182d6b8a1a0d9be75a8e.)

(4) 主题升华式。凝练升华，高屋建瓴，深入揭示主题内容更高层次的深远意义。

每一次下乡、每一次服务、每一次审批还有每一笔贷款，我们一代代金融人正用每天平凡的劳动，编织着自己美好的金融梦，也助力着消费者美好的生活梦。

我们平凡的生活、平凡的劳作，一天、两天，一年、两年，然而，一个人的平凡、两个人的平凡，13亿人的平凡，交织在一起，成就了中华民族的不平凡，那就是实现伟大复兴的中国梦。——《咱不就是干这个的嘛》

(5) 展望未来式。展望美好未来，坚定信心。

而我却说：将来如美梦一样美妙，却很真切，似幻一样神秘，却掌握在我们的手中，相信我们，相信我们的将来会像盛夏的花朵一样美丽地绽放。——《放飞青春 展望未来》

(资料来源：https://wenku.so.com/d/1577e05bf181d6f6bc96cf799045ffaf.)

(6) 决心表态式。结尾表明决心，对自我提出要求。

我知道，这条路很长，但我将执著地前行。——《人格是最高的学位》

(资料来源: http://nc.xdf.cn/chuzhong/zk/yw/201707/118349305.html.)

(四)谢词或祝福语

演讲稿一般会在正文结束之后用"谢谢大家，我的演讲到此结束！"或祝福类语言结束。

三、文稿的优化表达

演讲稿完成之后，要反复修改，仔细琢磨，优化表达。正所谓"吟安一个字，拈断数茎须"。

(一)语言要简洁流畅、通俗易懂

演讲稿的内容最终要通过有声语言传递给听众，因此语言要"顺口悦耳"。对于演讲者来说，要考虑语句的易讲性，要流畅顺口，因此要多用简洁凝练的短句，少用复杂冗长的长句；对于听众来说，需要入耳易懂，所以要针对听众的实际情况，斟酌词句，多用规范通俗的口语，少用晦涩深奥的书面语，以便听众能够快速地理解演讲者的思想观点。

演讲稿的语言要具体生动，不要抽象空洞。如下面两种说法。

"我们一年四季都在进行魔鬼训练。"

"或许只有亲身体验过才懂得什么叫做魔鬼训练。举个例子吧，像我身上这套防护装备，如果全部配齐将重达 60 斤，5 分钟训练所出的汗就能够将它完全浸透。而这样高强度的训练我们每天要至少进行 9 个小时。每个人手上的防护手套都布满了千疮百孔，因为即使再结实的材质，两到三天就会被磨烂，连钢钉都扎不透的防护靴最多一个月就必须再换一双，这样的训练我们一年四季从来没有间断过。"

第二段内容画面清晰，具体形象，给人一种身临其境之感，再搭配演讲时的图片、视频展示，给人一种强烈的视觉冲击，使听众印象深刻。

(二)句式要灵活多变、音韵和美

任何一成不变的东西都会趋于呆板，演讲的句式也要灵活多变，这样才能彰显其韵律之美。

1. 齐整之格律美

在演讲文稿中，安排结构相同或相似、字数相等的几组句子排列在一起，听起来具有古律诗的格律美，又像受阅方队，列阵而过，气贯长虹，展现出铁血军队的铿锵美。这样的句子可以用对偶、排比等修辞手法来体现，也可以连续使用几个谚语、俚语、俗语、成语、诗句等来表现，追求的是"同"之整齐美、气势美。例如：

"面子"是"不破楼兰终不还"，是"苟利国家生死以"，"面子"是壮士烽火狼牙山……"面子"是一种自信，是一种自律，是一种自立，是一种自强！——《面子与粽子》

(资料来源: https://wenku.so.com/d/86413bb4ef3392d5a679f8ab1c0ee946.)

2. 错落之音韵美

整齐划一是一种美，参差不齐也是一种美。在演讲文稿中，结构相同的句子与结构不同的句子相结合，可以展现语言的变化之美。整句与散句、长句与短句交错使用，可以体现出语言摇曳变化的形态美。听起来，这就像整散相间的现代诗，又如各种声部、乐器融汇，百器迭奏、万籁齐鸣的交响乐，展现出错落有致、参差有序的音韵美。例如：

因为我相信：闻有道，字有神，语有力，言有灵，每一个人都可以用平凡的声音发出不凡的力量。——《历史的声音》

（资料来源：https://www.sohu.com/a/219385717_700275.）

谈起消防兵的工作职责，主要有三大类：灭火救援、抢险救灾、社会救助。这是我们消防兵的天职，套用一句话来说，"灭火我们是最专业的，救人永远是第一位的"。——《有我在，别怕》

（资料来源：https://www.fwsir.com/yanjiang/HTML/yanjiang_20180321093344_360862.html.）

3. 转折之跌宕美

为吸引听众注意，还可以适当运用设问、反问等句式，引发思考，增强语言表现力，使演讲语言呈现出先凝止后舒放、先出疑后解答或寓答于问之中的转折顿挫之美。演讲中的设问句应该是听众感兴趣且易引起思考的问题，反问句要能直击心灵，引发共鸣，升华感情。例如：

在登山的时候，你会在乎登山杖你喜欢不喜欢吗？不会，你只会在乎它能否帮你登上山顶。——《怎么过有意义的日子》

（资料来源：https://www.haodf.com/neirong/wenzhang/82243076.html.）

各位来宾，我今晚想谈论一个我们大家都熟悉的话题——时间管理。我们都知道，时间是一种非常宝贵的资源，而我们每个人每天都只有 24 小时的时间。那么，大家有没有想过，如何好好利用这24小时呢？——《做好时间管理》

（资料来源：https://wenku.so.com/d/9e73ca7396b5a3620aed1e209790a7c2.）

4. 叠沓之回环美

运用"顶针"的方法，使词语或句子形成循环往复的语言形式，听起来有复唱叠沓之美，可以增强情感，突显思想。例如：

名不正则言不顺，言不顺则事不成。事不成则礼乐不兴，礼乐不兴则刑罚不中。——《论语·子路》

（资料来源：https://wenda.so.com/q/1649885818214911.）

政治越能改进，抗战越能坚持；抗战越能坚持，政治越能改进。

（资料来源：毛泽东的《论持久战》）

除以上搭配之外，我们还可以考虑感叹句、陈述句、疑问句等句式相间使用，使句式

丰富多样，呈现变化之美。总之，要根据演讲内容的特点，运用恰当的句型组合，合理搭配，优化语言组织，有力突出主题，增强语言艺术，如"大珠小珠落玉盘"，既可言之上口，又可听之顺耳，增强演讲效果。

(三)结语要铺设高潮、余音绕梁

演讲的高潮指的是演讲者思想观点最集中、主题升华最深刻的地方，也是演讲者情感表达最充分、感染力最强烈的地方(即我们平时所说的"上价值")。在这里，演讲者与听众的思想碰撞交融，情感共鸣，精神共振，听众受到鼓舞，激发行动。这组展现演讲艺术审美价值与强大魅力的语句，最宜设在结尾处，能够起到"袅袅绕梁，三日不绝"的强烈效果。

演讲的高潮之处要求语句精练，极有表现力，可用一两组排比句或对仗对偶句来表达，也可根据演讲的主题、风格及听众的情况而选择适当的方式，比如用轻松、诙谐的方式，谚语、俚语、俗语、歇后语等，或者庄重、精致的书面雅语，成语、诗词、警句等，也可交汇互补，使其雅俗共赏。例如：

我梦想着有一天，在佐治亚州的红山上，奴隶和农奴主的子孙们能够一起坐在充满兄弟情谊的桌子旁。

我梦想着有一天，我的四个小孩儿将活在一个公正的国度里，将不是凭他们的肤色，而是凭他们的品行来对待他们。

我梦想着有一天，黑人男孩子和女孩子能够跟白人男孩子和女孩子手拉手，亲如兄弟姐妹。

我梦想着有一天，每一条峡谷将填平，每一座山头都铲低，不毛之地变成平原，崎岖的道路修成坦途，圣光得到发扬，万物齐颂上苍。

(资料来源：https://www.diyifanwen.com/yanjianggao/mengxiangyanjianggao/7116040.html.)

这是美国著名民权主义者马丁·路德·金在《我有一个梦想》演讲中的结尾，这组排比句淋漓尽致地抒发了感情，具有非常强烈的感召力。他的这种结尾方式也形成了其独特的标志性演讲风格——"马丁·路德·金"式结尾。他的演讲风格和精神影响了全世界许多人。例如：

如果说创新之泉是甘甜的，那么挖掘的过程是艰苦的；如果说创新之花是娇美的，那么寻花之路是荆棘铺就的。我们愿意踏着荆棘去赏那最美的花，我们愿意忍受艰苦去掘那甘甜的泉！只为在大众创业、万众创新的征途中去摘取那辉煌的桂冠！

这段话运用了两组结构相同的对仗句总结升华，表达思想感情，语句精练，有表现力。

例文赏析 3.1.1

有我在，别怕！

大家好，我叫×××，是××市公安局消防局的一名基层指挥员。谈起消防兵的工作职责，主要有三大类：灭火救援、抢险救灾、社会救助。这是我们消防兵的天职，套用一句话来说："灭火我们是最专业的，救人永远是第一位的。"

俗话说，"一寸光阴一寸金"，其实我对于这句话特别有感触。对一般人而言，60 秒就等于 1 分钟，但对于我们消防兵来说，1 分钟足足有 60 秒。不要小看这 1 分钟，这意味着大火可能会蔓延超过 200 米，温度上升几百度。换句话说，我们消防兵的工作是用时间来换生命。

我们所经历的训练模式，估计很多人都难以想象，也无法承受，或许只有亲身体验过才懂得什么叫作魔鬼训练。举个例子吧，像我身上这套防护装备如果全部配齐将重达 60 斤，5 分钟训练所出的汗就能够将它完全浸透。而这样高强度的训练我们每天要至少进行 9 个小时。每个人手上的防护手套上都布满了千疮百孔，因为即使再结实的材质两到三天就会被磨烂，连钢钉都扎不透的防护靴最多一个月就必须再换一双，这样的训练我们一年四季从来没有间断过，别人过日子论年、论月、论天，可我们消防兵的日子啊，永远都是论秒过的。

我记得我刚成为新兵时，最"烦"的那个人是我的排长，最"恨"的就是他那块从来都不离手的秒表，因为在训练场上他永远要求我们快一秒，再快一秒。即使我们手磨破了，擦出了血，筋疲力尽，甚至已经体力透支，他都没有哪怕一丝一毫的心慈手软。我们的成绩在不断地提高，记录在不断地刷新，但怎么也超越不了那一秒。他从不满足，逼得我做梦都想把那块表抢过来，摔碎它。当时，我特别不理解，那一秒怎么就那么重要。后来在一场大火中，一位老人突然从背后紧紧抓住我的手，他撕心裂肺地哭喊道：

图 3-2 有我在，别怕！

"快！快！快救救我孙子！他还在里面！"当时大火和浓烟已经将整栋楼包围了，可时间就是生命，我们迅速背上空呼(空气呼吸器)，冲入火场，仔细搜寻，终于在一个角落里找到了那个男孩，并把他救了出来。孩子当时已经重度昏迷，小脸涨成了深紫色，呼吸和心跳都没有了。人工呼吸、心肺复苏、尽力催吐，我们跪在孩子的身旁，几乎用尽了所有的手段。突然，孩子的身体抽搐了一下，"哇"的一声从嘴里吐出了堵在呼吸道内的烟尘和粘液，他活过来了！从冲进火场到孩子复苏，不过短短 3 分钟，这 3 分钟里的每一秒都像烙铁一样深深地烙在我的心里，那一刻我终于理解了训练场上那一秒的真正含义。生命无价，人命关天，我们必须和时间赛跑，和死神较量。

到今天，我当兵已经 10 个年头了，回想这 10 年，我收获的不仅仅是火场中生死攸关的难忘回忆，更多的是意外惊喜，是无数次为百姓排忧解难的瞬间。

记得在一次出警中，一名男子的手卡在了门缝里，我们到达现场后，无论怎么劝说，他都不肯让我们进行破拆，生怕伤了他的手，后来直到手肿了，没了知觉，才勉强同意让我们试一试。几分钟后，手出来了，安然无恙。通过聊天我才知道，原来他是一名医生，国内著名的胸外科手术专家，每年不知道有多少患者等着他用这双手去救命呢。事后，他特别不好意思地对我说："原本以为你们当兵的比较糙，干不了什么精细活，没想到你们干起精细活来，一点也不比我们差。"我突然感觉到，我用 8 年的时间，无数次拎着几十斤重的无齿锯在灯泡上面切钢丝，太值了。

有一次我因为身体不适去医院,居然遇到了这位医生,他当时对我特别热情,在我走的时候还开玩笑地跟我说:"这次救与被救角色的互换,总算是还了您那份恩情。"我想这就是所谓的爱的传递吧!

每当深夜,结束了一天的工作躺在床上,闭上眼睛,我脑海中总会浮现出很多画面。当我走进街道进行宣讲时,原本对火灾不够重视的百姓,突然意识到隐患就在身旁,他会主动走向前向我询问相关的消防知识;当我从车祸现场将被救者抬出时,他紧紧攥着我的衣袖,临上救护车都不愿意松开;当我从阳台上将轻生者劝下时,围观群众目送我们离开时那敬佩的眼神;当我从树上救下一只流浪猫,猫咪拍拍屁股扭头就走了,那活蹦乱跳的背影,也会让我觉得欣慰。是的,这就是我坚守的原因。当无数次百姓遇到的问题被我们迎刃而解时,我常常在想,面对这样的成就感和自豪感,无论让我付出什么都值得。

也许我们不能像超人一样无所不能,但我们一定会像超人一样无所畏惧。我们每天在训练场上不停地流血流汗,为的就是有一天,当您需要我们的时候,拨打电话 119,我们会以一个勇者的身份站在您的面前,坚定地对您说:"有我在,别怕!"

(资料来源: https://www.fwsir.com/yanjiang/HTML/yanjiang_20180321093344_360862.html,有改动.)

【例文 3.1.1 简析】

这是一篇难得的以叙事为主的精品演讲稿,事例虽多但并不拖沓,有详有略,张弛有度,以事感人,以情动人。所选材料极有说服力,一直紧紧吸引着听众的注意力。

文稿采取了人物经历式的结构,着重以对人物事件的叙述和生活画面的描述行文,运用插叙、倒叙的方式选取典型事例来表现主题。通篇极少议论,仅在故事末尾发表体会,言简意赅,点明主题,画龙点睛。文稿结构安排独具匠心,从极富冲击力的训练画面展开,再以火场与死神赛跑挽救百姓生命的感悟进行诠释,然后用被救百姓的感恩画面反馈互动,升华情感。结尾呼应开头,深化主题。文稿语言朴实,感情真挚,感染力强,极易打动听众,引发共鸣。

例文赏析 3.1.2

历史的声音

我是一名老师,你可以认为说话就是我的职业。阿基米德说过:"给我一个支点,我能撬动地球。"那我也可以说:"给我一个话题,我能和你侃一宿。"我可以用声音,教会你书上的知识、高频的考点、解题的思路,帮学生考上一个理想的大学,然后再周而复始地重复这些轮回。

虽然我这十年教过的学生,还没有网红主播粉丝的零头多,但那又怎样呢?因为缺少听众我就没有发声的价值吗?因为人微言轻我就失去了传播的必要吗?不,只要有一个人还在听,我就要继续说,因为再微弱的声音也有力量。它可以是一句善意的谎言,就像很多拼搏在大城市里的年轻人,明明已经遍体鳞伤,打电话的时候还要说一句:"妈,我挺好的,真的。"

声音可以是改变历史的胜负之手。就像当年苏秦纵横捭阖,合纵六国,锁强秦于函谷之西。孔明舌战群儒,联吴抗曹,阻魏武于大江之北。但如果你要问我,最打动我的历史上的声音是什么,我告诉你,是一段深深的情话,这段情话出自一个永远 24 岁的年轻人

之口。他出生于福州的三坊七巷，一个殷实的大户人家；他留学海外，学业有成，精通中、日、英、德四国语言，而且新婚燕尔、夫妻恩爱。这样一个人生赢家，却选择用自己的生命献祭给苦难的时代。在他人生的最后时刻，写下了 20 世纪最伟大的情书。是的，这个人就是林觉民，这封信就是《与妻书》。

"意映卿卿如晤"，你看这开头，卿卿，亲卿爱卿，是以卿卿，我不卿卿，谁当卿卿。

可见林觉民也常怀"愿天下有情人终成眷属"之愿望。但是面对当时中华大地遍地腥风血雨、满街狼犬的惨淡局面，他的选择是用超越男女情爱之心，以爱天下人之大爱，所以他才敢先爱人而死。他把人生绝笔写成了不朽的情书，把对一个人说的情话变成了对整个民族告白的声音，而且，他还用自己的生命和行动践行了这份诺言："以天下人为念，当以牺牲小我之福利，为天下人谋永福也。"

图 3-3 林觉民《与妻书》

那你可能会说："你说的这些道理我都懂。可是我就是个普通人，我盖不了高楼大厦，我建不成天宫一号，我没有在抗洪抢险的现场拯救过群众的生命，我也没有在雪山草原守卫过祖国的边疆。民族危亡时，没有我咬破手指写下"还我青岛"的呐喊，百废待兴时，也没有我筚路蓝缕创造中国速度的努力。"

那我要告诉你：如果你觉得自己很平凡，如果你觉得自己很普通，如果你觉得自己不是英雄，那就对了。因为，今日之中国，不是那个国运沉沦的近代，也不是硝烟弥漫的乱世，你我可以在平凡和私念中，过好自己的小日子，完成自己的小目标。因为我们知道，当风雨来袭时，有人在我们身后撑起雨伞；当危险来临时，有人挡在我们身前挺身而出。这就是这个时代送给我们最珍贵的礼物。

那么我们能为这个时代做些什么？其实很简单：没事时，胆儿别太大；有事时，胆儿别太小。于我而言，即便我这一生都可能当不了英雄，我也要用自己的声音说点什么。

我要告诉我的学生们，历史的声音，应该是书圣王羲之，铺蚕茧纸，挥鼠须笔，诚信而书，写下的天下第一行书《兰亭集序》。

我要告诉我的邻居，历史的声音，应该是《史记》里所说的"人道经纬万端，规矩无所不贯"。从古到今，就应该是有礼者走遍天下，无礼者寸步难行。

我要告诉所有认识我的女孩儿，历史的声音，就应该像鉴湖女侠秋瑾填词的那首《勉女权歌》里所唱的那样："吾辈爱自由，勉励自由一杯酒，男女平权天赋就，岂甘居牛后。"

图 3-4 俗语

我还要告诉天下所有善良的人，历史的声音应该是"良言一句三冬暖，恶语伤人六月

寒"，应该是"勿以恶小而为之，勿以善小而不为"。

人们总喜欢用蜡烛来比喻老师，好，我就来当一个蜡烛，良知就是我的烛台，知识就是我的灯芯，思想就是我的火焰，语言就是我的光芒。即便一灯如豆，我也要驱一世之暗，假使得登高台，我就要放万丈之光。因为我相信，闻有道，字有神，语有力，言有灵，每一个人都可以用平凡的声音发出不凡的力量。上了这个台，我是演说家，出了这个门，人人皆可为演说家。

(资料来源：https://www.sohu.com/a/219385717_700275，有改动.)

【例文 3.1.2 简析】

这是一篇议论性演讲稿，开头用名言警句引入，然后结合自己的职业自然过渡，切入内容。用俗语和聊天的口吻吸引听众注意，激发听众的兴趣，用雅俗结合的手法，轻松开篇，构思新颖。主体部分摆事实、讲道理，用大量的事例多角度、多层次阐释主题，有深度，有广度。材料典型丰富，旁征博引，剖析事理，引经据典，挥洒自如，张弛有致。表达方式多样，叙事、议论、抒情相结合，以事感人，以理服人，以情动人，感染听众，激发共鸣。语言简洁凝练，运用排比、对仗、比拟等修辞手法，充分展现语言文字的审美魅力。运用号召式结尾，勉励自我，呼吁大家用平凡的声音发出不凡的力量，掷地有声，铿锵有力，激人奋进。本篇演讲稿由现象到本质，由小到大，由浅入深，深化主题，论据充分，论证严密，条理清晰，内容翔实，详略得当，论题贴近时代，极具现实意义，是一篇很有鼓舞性的演讲稿。如果题目能用动宾式或主谓式短语会更有力量。

例文赏析 3.1.3

用不屈打造一副人肉铠甲

请允许我郑重地做一下自我介绍，我叫××，今年 23 岁，别人对我有各种各样的称呼，"瓷娃娃""玻璃人""脆骨症患者"，等等。他们之所以对我有这样的称呼，是因为我得了一种非常罕见的疾病，叫作先天性成骨不全症。这种病让我变得无比的脆弱，有时候哪怕是打一个喷嚏都会骨折。在座的各位，你们可能想象不到，就现在你们面前的这个身高不足 1.1 米的身体，已经骨折过上百次了。

在我小的时候，医生告诉我父母，我可能活不过 5 岁，所以家里人对我是百般呵护，凡是有棱角的家具，都用海绵把棱角包起来。我父亲为了抱我的时候不会硌到我，再也没有用过带有大皮带扣的皮带。我就这样一天天长大，却一点也不喜欢这样的生活。我不甘心！难道玻璃男孩就一定要像玻璃制品一样生活吗？在座的各位，你们也想一想，难道生来贫穷就该默默无闻吗？难道生来丑陋就不配恋爱吗？难道生来脆弱就该放弃梦想吗？

你说我像玻璃，那好，那我就为自己打造一副人肉铠甲！说干就干！可是怎么干呢？听人家说做运动可以强身健体，那好，那我就做运动。但是我既不能走也不能跳，好在天无绝人之路，我总算找到了一项适合我的绝佳运动，那就是俯卧撑。我看人家做俯卧撑，都是先俯卧，然后再撑起来，如此循环。我呢，先俯卧，然后……然后就没有然后了。有时候我也常常在想，是不是我真的错了，也许我真的很脆弱，永远都不可能独立地生活。但我自己很快就打消了这个念头，因为我就是这么不信邪。于是我就降低了自己做俯卧撑的标准，先跪着做，等到臂力有了一定长进之后，再做标准的俯卧撑。从最开始的一次 5

个 10 个 15 个 20 个，每次增加 5 个，我都需要很长的时间来适应，每次做完 20 个俯卧撑，我都要趴在地上歇很久才起得来。但经过长期的坚持，我每天累计做的俯卧撑可以达到 1000 个了。不仅如此，我还可以双脚离地，仅用两只手完成俯卧撑的动作。从那以后，我的健身之路便一发不可收拾，我的生活也开始渐渐地有了改变。虽然还是会脱臼、骨折，但是情况远比之前好了很多，从三个月骨折一次到一年一次，现在算起来，我上一次因为运动而造成骨折，大概是在七年前。

我终于有了能力去挑战新的生活了，我也终于迎来了我人生中第一次上马桶的机会。那天我父亲不在家，我碰巧吃坏了肚子，我左思右想，到底要不要去尝试这么危险的动作，万一骨折了更麻烦。思来想去，我把心一横就去了卫生间。你们绝对想象不到，当我靠着自己的力量坐上马桶的那一刻，我感觉整个世界都是我的。

随着骨折次数的减少，我能做的事情就更多了。我开始洗衣、做饭、收拾屋子，一个人在家的时候，我也可以像你们一样正常地生活，我可以抱着跟我一样高的吉他弹唱"其实你爱我像谁……"，带着我的朋友们一起去旅行，甚至独立地完成了一部 24 万字的网络小说。我终于有了一副属于自己的人肉铠甲。你以为我真正的铠甲是什么？是我的身体吗？不，真正的铠甲在这里，在我的心里。我有了更加坚定的信念，那信念就像我最喜欢的英雄钢铁侠的钢铁战衣一样，让我战无不胜！在"瓷娃娃"的世界里，我相信我算得上是超人，当然啦，我并没有嚣张地把内裤穿在外面。

我至今都没有战胜病魔，但是那又怎么样？我就是要让它看到我的态度，即使我永远不可能打败你，但我也从未被你打败过！

（资料来源：https://wenku.so.com/d/4b44da0e494ee2e6ff438ed5690322e8，有改动.）

【例文 3.1.3 简析】

这篇励志演讲稿，感染力极强，通篇洋溢着积极乐观的情感基调，如果不是看到了本人，在现场听演讲时，从昂扬的声音和开心的笑容里，你几乎会忽略这是一个被医生判了死刑的"脆骨症患者"。

作者用白描的手法堆砌事例，展示打造铠甲的过程，紧紧吸引着听众，特别是第三自然段用了近 500 字（全文 1300 字）描述多次做俯卧撑的过程，但并不感觉语言啰唆，因为这正是观众想了解的内容，正是一碰就骨折的演讲者最难做、坚持做、达到每天做上千次的事情。此处突出重点，用 120 余字细致描述刚开始做时的动作，用 93 个字介绍从一次到千次的过程，一次"5 个、10 个、15 个、20 个"——用数数字的方式简洁叙述上千次的过程，有详有略，有繁有简。这段健身之路，无一字说痛，无一字说难，但他嬉笑的语气和示范的动作，痛在了观众的心中，观众的震撼、感动、敬佩之情油然而生。

本篇演讲稿开头介绍基本情况，用问句引发观众思考，吸引注意；主体部分按"健身抗病—正常生活—自立工作"的内容递进安排结构；结尾铿锵有力，揭示中心，升华主题，让人感受到了演讲者坚强的信念、顽强的毅力和积极的人生态度，感染力强，鼓舞听众。文稿句子有长有短，陈述、感叹、反问等句式多变，语言简朴生动，表现力强。

例文赏析 3.1.4
一切不怕从零开始

例文赏析 3.1.5

国家主席习近平 2024 年新年贺词

大家好! 冬至阳生, 岁回律转。在这辞旧迎新的美好时刻, 我在北京向大家致以新年的祝福!

2023 年, 我们接续奋斗、砥砺前行, 经历了风雨洗礼, 看到了美丽风景, 取得了沉甸甸的收获。大家记住了一年的不易, 也对未来充满信心。

这一年的步伐, 我们走得很坚实。疫情防控平稳转段, 我国经济持续回升向好, 高质量发展扎实推进。现代化产业体系更加健全, 一批高端化、智能化、绿色化新型支柱产业快速崛起。粮食生产"二十年连丰", 绿水青山成色更足, 乡村振兴展现新气象。东北全面振兴谱写新篇, 雄安新区拔节生长, 长江经济带活力脉动, 粤港澳大湾区勇立潮头。中国经济在风浪中强健了体魄、壮实了筋骨。

这一年的步伐, 我们走得很有力量。经过久久为功的磨砺, 中国的创新动力、发展活力勃发奔涌。C919 大飞机实现商飞, 国产大型邮轮完成试航, 神舟家族太空接力, "奋斗者"号极限深潜。国货潮牌广受欢迎, 国产新手机一机难求, 新能源汽车、锂电池、光伏产品给中国制造增添了新亮色。中国以自强不息的精神奋力攀登, 到处都是日新月异的创造。

这一年的步伐, 我们走得很见神采。成都大运会、杭州亚运会精彩纷呈, 体育健儿勇创佳绩。假日旅游人潮涌动, 电影市场红红火火, "村超""村晚"活力四射, 低碳生活渐成风尚, 温暖的生活气息、复苏的忙碌劲头, 诠释了人们对美好幸福的追求, 也展现了一个活力满满、热气腾腾的中国。

这一年的步伐, 我们走得很显底气。中国是一个伟大的国度, 传承着伟大的文明。在这片辽阔的土地上, 大漠孤烟、江南细雨, 总让人思接千载、心驰神往; 黄河九曲、长江奔流, 总让人心潮澎湃、豪情满怀。良渚、二里头的文明曙光, 殷墟甲骨的文字传承, 三星堆的文化瑰宝, 国家版本馆的文脉赓续……泱泱中华, 历史何其悠久, 文明何其博大, 这是我们的自信之基、力量之源。

中国不仅发展自己, 也积极拥抱世界, 担当大国责任。我们成功举办中国—中亚峰会、第三届"一带一路"国际合作高峰论坛, 一系列主场外交迎来五洲宾朋。我也访问了一些国家, 出席了一些国际会议, 会晤了不少老朋友、新伙伴, 分享中国主张, 深化彼此共识。世事变迁, 和平发展始终是主旋律, 合作共赢始终是硬道理。

前行路上, 有风有雨是常态。一些企业面临经营压力, 一些群众就业、生活遇到困难, 一些地方发生洪涝、台风、地震等自然灾害, 这些我都牵挂在心。大家不惧风雨、守望相助, 直面挑战、攻坚克难, 我深受感动。辛勤劳作的农民, 埋头苦干的工人, 敢闯敢拼的创业者, 保家卫国的子弟兵, 各行各业的人们都在挥洒汗水, 每一个平凡的人都做出了不平凡的贡献! 人民永远是我们战胜一切困难挑战的最大依靠。

明年是新中国成立 75 周年。我们要坚定不移推进中国式现代化, 完整、准确、全面贯彻新发展理念, 加快构建新发展格局, 推动高质量发展, 统筹好发展和安全。要坚持稳中求进、以进促稳、先立后破, 巩固和增强经济回升向好态势, 实现经济行稳致远。要全面深化改革开放, 进一步提振发展信心, 增强经济活力, 以更大力度办教育、兴科技、育

人才。要继续支持香港、澳门发挥自身优势，在更好融入国家发展大局中保持长期繁荣稳定。祖国统一是历史必然，两岸同胞要携手同心，共享民族复兴的伟大荣光。

我们的目标很宏伟，也很朴素，归根到底就是让老百姓过上更好的日子。孩子的抚养教育，年轻人的就业成才，老年人的就医养老，是家事也是国事，大家要共同努力，把这些事办好。现在，社会节奏很快，大家都很忙碌，工作生活压力都很大。我们要营造温暖和谐的社会氛围，拓展包容活跃的创新空间，创造便利舒适的生活条件，让大家心情愉快、人生出彩、梦想成真。

当前，世界上还有一些地方处在战火硝烟之中。中国人民深知和平的珍贵，我们愿同国际社会一道，以人类前途为怀、以人民福祉为念，推动构建人类命运共同体，建设更加美好的世界。

此时此刻，夜色斑斓，万家灯火。让我们一起，祝愿祖国繁荣昌盛、世界和平安宁！祝愿大家福暖四季、顺遂安康！

谢谢大家！

（资料来源：人民日报 2023-12-31 19:24 发表于北京；微信公众号：人民日报.）

【例文 3.1.5 简析】

这是习近平主席在 2024 年来临之际发表的新年贺词，回顾了 2023 年这一年来我们砥砺奋进，不惧风雨，行稳致远，在各条战线、各个领域取得的丰硕成果，为"中国以自强不息的精神奋力攀登"而骄傲，为文明中国、活力中国而自豪，鼓舞大家坚定信心，拥抱梦想，勇毅前行，再谱新篇！习主席的新年贺词温暖人心，催人奋进！

例文赏析 3.1.6
年会祝酒词

例文赏析 3.1.7

×××社长在十九届青春诗会上的开幕词

2022 年 6 月 12 日

各位青年诗友，各位指导老师，各位同仁朋友：

中华诗词杂志 2022 年第十九届青春诗会，以这样一种形式开幕了。我们中华诗词杂志社全体同仁，对 11 位青年诗友来到线上表示热烈欢迎，预祝本届青春诗会圆满成功！

本届青春诗会 11 名雏凤奖获得者，来自山东、天津、浙江、广东、湖北、江苏、安徽等 7 个省、直辖市，还有一位远在澳大利亚墨尔本。这 11 位青年诗人分别在 10 个岗位学习或工作。有 2 名在校大学生，有执行总经理，有打工者，有教练员，有销售员，可谓行行有诗人，处处有佳作。

本届诗会的优秀青年诗友们，在诗词曲的创作上有着不同的特点。其中，6 名诗人兼写诗词，诗略多于词；3 名只写诗，1 名只写词，还有 1 名兼写诗词曲。8 名诗人使用传统韵律，2 名诗人新旧韵律兼用，1 名诗人写诗时使用新韵，填词时使用旧韵。这样的用韵情况，也与当前社会上的用韵情况相一致。

中华诗词杂志社为青年诗友们提供了一个展示才华的舞台。大家把自己的诗词作品投过来，在经过编辑老师的审核、推荐和主编、专家、学者们的审读，最终从 300 多位青年诗友中脱颖而出，可以说每一位都是佼佼者。

中华诗词杂志青春诗会已举办 18 届，发现了不少好诗人，也推出了不少好诗词。很多青春诗会的诗人已经将青春活力转化为诗词创作的动力，承担起了传承与发展诗词事业的重任。如今天在座的高昌主编和林峰副主编，都是第一、二届青春诗会的优秀青年诗人。高昌主编不仅参加过诗刊社的新诗青春诗会，也参与了中华诗词青春诗会，是一位多才多艺的优秀青年诗人。

这届青春诗会的指导老师们，都有着几十年的诗词创作经历，都曾创作大量的诗词，出版过不少诗词集。他们还担任着中华诗词学会举办的各种诗词培训班的指导老师。比如，胡迎建老师在诗词创作与诗词理论研究方面享有全国盛誉，周啸天老师是第一位也是目前唯一一位凭借传统诗词集《将进茶》而荣获鲁迅文学诗歌奖的诗人。他们都将倾尽所学，在本届诗会上尽到指导老师的责任。

1942 年 5 月，毛主席《在延安文艺座谈会上的讲话》倒数第二段中说："鲁迅的两句诗，'横眉冷对千夫指，俯首甘为孺子牛'应该成为我们的座右铭。""一切共产党员，一切革命家，一切革命的文艺工作者，都应该学习鲁迅的榜样，成为无产阶级和人民大众的'牛'，鞠躬尽瘁，死而后已。"在这之前的 1939 年 1 月 31 日，毛主席在给延安鲁艺诗社"路社"的信中写道："无论文艺的任何部门，包括诗歌在内，我认为都应该满足大众的需要。"毛主席以他独特的诗词创作实践了他的文艺思想，他的诗词已成为引领新中国诗坛的旗帜，并将继续引领未来。(路社和 1941 年 9 月在边区主席林伯渠倡议下成立的"怀安诗社"的诗，弥漫着战火硝烟，沸腾着岁月热血，是号角，是战鼓，"反映出当时边区人民的乐观主义和愉快的战斗生活，对敌战斗的英雄和对伟大领袖毛主席的热爱情绪"。)

2014 年 10 月，习近平总书记在北京文艺座谈会上发表的重要讲话中，提到了《诗经》《楚辞》、汉赋、唐诗、宋词、元曲，提到了屈原、王羲之、李白、杜甫、苏轼、辛弃疾、关汉卿、曹雪芹、鲁迅、郭沫若等诗人，引用了屈原、杜甫、李绅、范仲淹、岳飞、陆游、文天祥、郑板桥、林则徐等诗人的诗句，赞许他们不仅为中华民族提供了丰厚的滋养，而且为世界文明贡献了华彩篇章。他要求文艺工作者要努力创作生产更多传播当代中国价值观念、体现中华文化精神、反映中国人审美追求，思想性、艺术性、观赏性有机统一的优秀作品，形成"龙文百斛鼎，笔力可独扛"之势。实现中华文化的创造性转化和创新性发展。

诗友们，我们赶上了好时候，迎来了诗的春天！我们应该紧跟时代脉搏，适应社会发展，以当下情怀，当下意象，当下语言，当下思维，创作出具有新思想、新情感、新意境、新韵味的新诗词。我们要以奇情壮彩、奇思异想、奇章佳构，创作出具有独特风格和鲜明个性的好诗词。我们要以高度的文化自信和文化自觉，围绕讲好中国故事，唱响爱国主义主旋律，书写人民的伟大实践，创作出不辜负时代的"有筋骨、有道德、有温度"的上品佳作，为我们的人民和祖国放歌！

祝愿所有青年诗人都茁壮成长，成为中华诗词之林中的参天大树！

(资料来源：微信公众号，中华诗词杂志 2022-06-18 17:54 发表于北京，有改动.)

【例文 3.1.7 简析】

这篇开幕词结构完整、规范。开幕词简明扼要地介绍了"诗会"召开的背景、主题和

意义，并简要说明了青年诗友们在诗词曲的创作上不同的特点，介绍了诗会指导老师的情况，总结了诗会取得的积极成果。开幕词还结合了 1942 年 5 月毛主席《在延安文艺座谈会上的讲话》以及文艺创作指导系列要求，和 2014 年 10 月习近平总书记在北京文艺座谈会上发表的重要讲话精神，勉励广大(青年)诗词爱好者及所有文艺工作者要做无产阶级和人民大众的"牛"，创作出满足大众需要的好作品，要"努力创作生产更多传播当代中国价值观念、体现中华文化精神……的优秀作品，创作出不辜负时代的"有筋骨、有道德、有温度"的上品佳作，为我们的人民和祖国放歌。"最后，在对青年诗人的祝愿和希冀中结束。感情色彩浓烈，激情飞扬，极具鼓舞性，为大会营造了良好的气氛。

　　细品全篇，层次分明，用词讲究。"以'当下情怀、当下意象、当下语言、当下思维'，创作出具有'新思想、新情感、新意境、新韵味'的新诗词"……词汇之丰富，用词之准确，构思之巧妙，充分显示出作者深厚的语言文字功底。

实训任务二　演讲演练

【案例导入】

曾经口吃的他，成了一名演说家

　　口吃和演说，风马牛不相及。然而，就有这样一位又失聪又口吃的少年，勤奋好学、励志笃行，一路蜕变成演说家。

　　他开办了演说培训班。他作为总制片人和主演的电影，相继获得北欧国际电影节最佳导演、最佳男主角提名，法国尼斯电影节最佳女主角提名，入围了澳门国际电影节、比利时安特卫普国际电影节、香港国际青年电影节优秀故事片、金童象最佳制片人奖。他还有很多其他的身份：会销培训师、作家、公司董事长、投资人、特殊学校荣誉校长……这样华丽的转身令人惊叹。他叫彭博。

图 3-5　彭博

口吃又失聪，小小少年不弃学习

　　"认识彭博，大气蓬勃。"这是彭博经常挂在嘴边的一句话。不过，因为身体的缺陷，童年时代的他并没有话里说的那样乐观自信。

　　1979 年，彭博生于湖北宜昌，由于从小跟随口吃的外婆生活，他也有严重的口吃。同样一句话，普通人表达出来只需几秒，他却要说上几分钟。"带着僵硬的表情，我得使劲儿拍大腿才能蹦出几个字。"

　　进入小学后，彭博无法融入同学们的日常交流，经常遭冷落，产生了严重的厌学情绪。"才二年级，我就不想读书了。"父母不愿儿子就这样辍学，便将他转回了农村老家的长寿山小学。

　　山里的孩子单纯又质朴，彭博在这儿找回了自信，也爱上了学习。但命运没有眷顾这

个让人心疼的孩子，十多岁时，彭博因生病打针意外导致失聪，经过中医治疗，才勉强通过人工耳蜗恢复了一点儿听力。

当世界暗淡时，自己便成为光。彭博不弃学习，听不到老师的声音，他就对照课本看黑板的板书。

初中毕业后，彭博进入中专学习会计电算化。在校期间，他坚持汲取知识，《深圳青年》《商界》等书刊中的创业、自强的故事在他心中种下了一粒种子。

北上闯荡，保安跳槽做销售

进入中专后，懂事的彭博想早些工作，减轻家里的经济负担。一次偶然的机会，他来到北京翠微大厦当保安，成为一名北漂。

那些日子里，他丝毫没有降低对自己的要求，也成为工友眼中的另类：每次洗完保安服，都要把裤线熨烫出来，旧皮鞋每天擦得锃亮，花上百元购买领带夹。

为了克服口吃的毛病，他把鹅卵石含在嘴里，对着书一个字一个字练习发音，舌头时常起泡出血。虽然痛苦，但千锤百炼终有收获，他说话吐词有了不小进步。工作之余，彭博还在对外经济贸易大学国贸专业函授班学习。

有希望，便是光明

少年时种下的创业梦想正努力发芽，彭博有了一个大胆的想法：辞职，从销售做起。市场营销是非常考验口才和沟通技能的工作。在京求职，他连续吃了一个月的闭门羹。彭博想回老家再试试。"每次面试前，我都苦练介绍词，还向面试官提出做不好就不拿工资。"

人生的冬日总是在漫长的煎熬中度过，冬尽有期。某保健品公司向他伸出橄榄枝，提供区域销售的职务。就这样，风里雨里，都是彭博奔走的身影。产品优点、客户需求，一一记心中。字典图书随身带，有空就练发音读句子。

12 年的市场营销经历，让彭博收获满满。他有了经济上的积累和一群朋友，更重要的是他完全克服了口吃，一个表达自如、沟通流畅的彭博向我们走来。

30 岁生日那天，他写下罗曼·罗兰的一句话：世上只有一种英雄主义，就是在认清生活的真相后，依然热爱生活。他毅然选择专注，选择热爱。

结缘演讲，开办培训班

2012 年 12 月 28 日到 30 日，是彭博一直铭记的日子。他第一次在武汉完成为期 3 天的会销培训课，全程脱稿演讲。

在十多年的销售工作中，彭博对演讲产生了深厚的兴趣，可以用"无可救药"来形容。他听录音、看书、参加演讲班，前后花了 20 多万元在演讲训练上。而在市场营销工作中，表达能力的重要性不言而喻，许多企业都非常注重培养员工这方面的能力。

"何不开办相应的演说培训班呢？"

说干就干！彭博首先以企业内训为尝试，将营销和演讲结合起来，培训课的效果非常好。他专门成立了公司，大部分时间都在讲课，还陆续出版了《点燃工作激情》《会销演讲》等多本与演讲有关的著作。

彭博说，现在回过头来看，坎坷只是命运的底色，不甘平庸才是生活的支柱，我相信梦想的力量，命运总会因坚持而改变。

2014 年秋天，彭博在上海完成一场演讲后，一位导演主动找到他，建议将彭博个人经

历拍成一部微电影。

演电影、当制片，所有梦想都开花

演讲，是彭博毕生想要坚持的事业，跨行尝试影视则是他完全没想过的。"通过电影，或能鼓励许多和我一样身体残疾的人振作起来，拥抱生活。"下定决心后，彭博便请人写剧本，并亲自执导这部取名为《口吃演说家》的微电影。

由于缺少行业经验，电影制作完成后市场反响并不好，不过却激起了彭博对影视行业的兴趣。

2015年冬，彭博受几位影视界朋友的启发，打算拍摄网络电影《舌战》，还是以个人经历为故事主线。

"真实的人物、真实的经历、真实的情感，从这个角度说，男一号没人能比我更合适。"完全没有表演经验的彭博坚持出演男一号。

2016年5月9日电影开拍，时间是彭博定的。"那时我已经完成了300场演讲，那是一个值得纪念的日子。"

功夫不负有心人，网络电影《舌战》在视频平台的播放量和豆瓣评分均有不俗表现。更让彭博感动的是，很多听过他演讲的人，很多有口吃顽疾的孩子、学生，在线看过《舌战》后，都深受鼓舞，他们纷纷给彭博写信。"那些信件我都珍藏着，那是一颗颗赤诚的心，我决定拍院线电影的底气和信心就源自他们。"彭博动情地说道。

彭博决定把目标锁定在难度更大的院线电影上。这便是电影《梦想演说家》的缘起。

剧本的来源，是2016年湖北作协的一位作家为彭博写的一部5万字的文学传记。彭博找来专业影视编剧，数易其稿，终于在2018年夏天剧本成稿。

彭博立即组建剧组，并带领大家前往老家宜昌找寻合适的拍摄场景，还专门邀请著名演员王劲松特别出演。

担任主演不易，因为听力不好，彭博在记住自己台词的同时，还背下了所有对手演员的台词。他自信地说：

图3-6 《梦想演说家》剧照

"虽然从未接受过系统的表演训练，但是导演在现场需要的人物表现张力，我都能充分地给到。我想，十年如一日，数百场的燃情演讲，是在为今天的梦想做铺垫。"

这部《梦想演说家》以彭博的自身经历为原型，讲述主人公面对生活中的不幸遭遇，愈挫愈勇，不甘命运的故事："生命在最痛的地方开花结果。"

彭博还带着电影《梦想演说家》参选了北京电影节及其他电影节。现在，他最大的心愿就是打造"梦想"类系列励志电影作品，《梦想演说家》将于今年在院线上映，还有另一部电影在筹备过程中。"最大的残疾不是身体上的，而是思想上的。我们不应该给人生设限，每一次突破，生活都会如约回报你。"彭博如是说。

(资料来源：https://m.gmw.cn/2021-03-26/content_1302190936.htm?source=sohu，有改动.)

谈一谈

彭博在电影《梦想演说家》首映后表示："从口吃少年到演讲专家，我希望通过我个人的经历，鼓舞更多的人自强不息，奋斗不止。"

"不经历风雨，怎么见彩虹。"成功是一定需要付出努力的，请结合文稿谈谈你的感受。你认为如何才能提高自己的演讲能力？

完成了演讲文稿的写作，还要进行演讲前的演练。从文稿的记忆到有声语言的表达，从无声语言到心理素质强化，从演讲前的各种准备到演讲时的临场应变，都要做好充分的准备。

一、感悟记忆演讲文稿

脱稿有助于提高演讲的效果，演讲前首先必须记忆演讲稿，通过轻读、速读、大声朗读等方法反复熟悉内容，增强记忆。

(一)通篇识记

通篇识记是指完成演讲文稿通篇内容的记忆。首先速读，浏览感知全篇内容，记忆文稿概况；然后细读，找出题旨、主要观点以及小分论点，记忆文稿主要思想观点；之后类读，关注例证观点所引述的事实、名人名言、数字等材料，记忆文稿所选典型材料；然后通读，通过反复阅读全文，完成通篇识记，使演讲文稿内容的宏观与微观了然于心，准确无误；最后缩读，在熟记全篇内容的基础上，抽出每部分代表性的关键词，串联全篇，重点记忆，使稿件缩为几个或十几个词语，即记忆由演讲的论点、事例、数据、引用的诗词警句等整理成关键词的提纲，由点入面，辐射全篇，提高临场即时记忆的能力。

(二)领悟感情

感乎心者，莫过于情也！首先在完成演讲稿内容记忆的基础上，深入体会，确定演讲的感情基调。再分析各句段所表达的情感差异，进一步揣摩体会喜怒哀乐，感情的变化，或明快悠扬，或慷慨激昂，或沉痛哀怨。在准确细悟感情的基础上，用自己熟悉和喜欢的符号或颜色笔标出不同的感情表现，使其一目了然，有助于阅读背诵。

(三)精诵响读

丰沛的感情要通过富有表现力的有声语言来表达，依据文稿的主题思想和感情体悟，确定恰当的语流语调，用符号标出重音、停连、语气、语调的变化。在此基础上清晰朗读，反复练习，表达出演讲内容抑扬顿挫、轻重缓急的层次感、真实感。

平时在记忆演讲文稿时，还要注意以下两点：一是区分重点记忆与一般性记忆，演讲的主要观点、理论表述、总体脉络、过渡衔接的关键词句及数字、名称等要重点记忆，确保准确无误；演讲所选的具体事例等可根据临场变化而调整的内容可做一般记忆，记轮廓梗概，重在理解。二是区分背稿与讲稿，演讲不是机械地背诵文稿，而应是从容自若地讲述，声情并茂、言态相融，是语言艺术的至美表现，是有声与无声的至真魅力，是讲者思想与听者共鸣的交汇震撼。

二、设计管理态势语言

　　演讲中除了"讲"和"听"之外，还要注重"演"和"看"，如演讲者的目光、表情、手中的动作、身体的姿势等。只有充分调动了身体语言，才能使你的演讲真正成为"演讲"。所以在视觉上也要给听众以感染力，增强演讲的效果。因此，在精心研读演讲稿之后，可根据内容和情感的表达需要搭配恰当的体态语，包括表情管理、手势和站姿等肢体语言的设计(具体详见第一模块中的"仪态仪表"部分)。但要注意，演讲的手势不可多而繁杂，三五即可；更不要频繁走动，以免听众被演讲者动作所扰，而无法集中精力听内容。

　　眼睛是心灵的窗户，表情管理中要特别注意眼神的练习，平时可以站在高处或空旷的地方眺望，可以在课前走上讲台环视教室，或微笑凝视某位同学几秒，或平视教室后面；也可在食堂、操场等人比较多的地方有意看着他们小声说话进行观察练习，直到达到自己可以随心所欲，想往哪儿看就往哪儿看，想怎么看就怎么看的程度。要使眼神准确表达自己内心所想，使眼神有内涵、有情感，有深度、有温度。

　　切记：所有的无声语言都是为了辅助演讲达到更好的效果，要把握好度，过则画蛇添足。

三、锻炼调节临场心理

　　表达者良好的心理素质也是演讲能否成功的重要因素。我们常常会听到一些演讲者懊恼地说："明明内容记得很牢，可一上场就会大脑空白，说话结结巴巴，词不达意……"这些情况往往是由紧张的心理引起的。对于初学演讲或初次登台的人来说，强大的"敌人"就是紧张。而这种情绪的产生，演讲者很难控制，并进而影响演讲效果。而训练、优化心理素质是演讲等口语艺术完美表现的保证。

(一)正确认识，坦然面对

　　我们应该正确看待和认识紧张情绪，这是正常的心理感受和生理反应。无论是演员、运动员、主持人，还是演讲家、政界官员……在公众面前，70%以上的人都会紧张，表现为焦虑躁动，心跳加速，口干舌燥，头晕恶心，脸色苍白，大脑空白，额头、手心出汗，手脚冰凉，不由自主地颤抖，四肢痉挛，甚至失声、晕倒等，只是程度不同而已。

　　著名主持人白岩松说，有时候自己在台上看起来从容自若，其实两条腿一直不停地颤抖；《新闻联播》的主持人康辉也曾经说过，在他主持的十多年里，没有一次是不紧张的，每一次都像是第一次，也害怕是最后一次；英国前首相丘吉尔曾说，每次演讲都觉得胃里像放着一块冰；科学家牛顿也曾承认自己在演讲前极度不安。古罗马的雄辩家西塞罗曾在一次演讲后说："演讲一开始，我就感到自己面色苍白，四肢和整个心灵都在颤抖。"

　　心理学研究表明，适度的紧张可以提高人的反应能力，加快思维的运作。因此，我们要将"紧张"视为演讲的一个组成部分，并提醒自己，紧张是每个人首次面对公众时的常见现象，而从容自若可能只是表面现象，我们只要注意控制，不过分失态就好。只要我们

合理运用紧张感，就能提高演讲的效果。

(二)自我激励，提升自信

演讲时出现紧张不适情况的原因有很多，或是准备不充分，底气不足；或是自我否定，缺乏自信；或是环境变化，心理不适；或是焦虑恐惧，孤独无助……

自我激励是驱散负面情绪，调整行为状态，提升自信的有效方法。演讲前，可以尝试用积极的语言鼓励自己，如："我准备得很充分，稿件反复修改，内容牢记于心。""这些内容是我极其熟悉的，我是最专业的。""我最棒！""我一定能成功！""我的衣着很得体，形象很帅气(漂亮)！"这些褒奖自己的语言可以提升士气，增强自信心，帮助自己达到良好的精神状态。临场前切忌有消极的想法，一旦认为自己不行，那场上表现肯定会很糟糕。

我们都知道，在熟悉的地方往往会感到轻松自如一些。在条件允许的情况下，演讲前一定要前往演讲场地了解环境、设备等，以便及早发现问题，有所准备。另外，我们可以暗示自己：这个环境我非常熟悉，设备也都调试过了，肯定没问题。这样，可以帮助我们消除由陌生环境带来的不适感，有助于缓解紧张情绪，增强信心。

(三)寻找外援，舒缓情绪

善意会让人温暖，温暖能给人勇气。演讲时一出场，首先要微笑着看向观众，微笑能掩盖自己紧张的内心；同时在环视台下观众的时候努力去寻找带着微笑或善意表情的听众，也可以从中寻找亲人和朋友，通过与他们短暂的对视获得友好的信息，得到支持和力量，以此来缓解自己的紧张情绪。万事开头难，其实，只要能缓解刚开始的几十秒，后面讲起来就比较顺利了。

阅读窗

自信五步法

foot——迅速阔步，比平时快15%
body——昂首挺胸，伸直腰
face——表情放松而和谐
eye——寻找一两个亲切的面孔
mouth——对着后排的听众大声开口

(资料来源：https://www.docin.com/p-905804663.html)

(四)积极演练，熟中增技

熟能生巧，熟练能消除心理障碍并消除紧张情绪。心理学认为，技能与心理表征之间的关系是相辅相成的，我们平时应多加练习，有意锻炼自己的心理素质。一是把握在公众面前讲话的机会，勇于发表自己的观点；二是模拟演练，可以对着镜子讲，可以录下来看和听，也可以请家里人做评委提建议。当你对内容倒背如流的时候，当你听声音抑扬顿

挫切合内容的时候，当你看视频形象得体的时候，当你感觉自己在公众面前演讲已经成为习惯，成为自身的一种技能的时候，上台自然就不会因紧张而影响演讲交流了。例如：

"由于不是科班出身，头两年录节目，人家一喷吧嘴，我就特别慌，紧张到手抖。"央视主持人撒贝宁如是说。而他却在主持《今日说法》的第二年就以绝对优势获得主持人大赛第一名，他的成功告诉我们熟练掌握技能的重要作用。

演讲者可通过提前到达演讲地点、深呼吸放松身体和神经、微笑着以短句做开场白，以及说话时看着观众等技巧放松自己。

四、及时应对临场变化

许多人认为演讲是一种以演讲者为主体的单向输出，但成功的演讲还要注意听众的现场反馈，及时与听众交流，并调整自己的演讲状态甚至演讲内容，这正体现了演讲的临场性。因此，演讲者要能根据现场的具体情况给出及时的应对，以保障演讲任务的顺利完成。

演讲活动涉及演讲者、听众、环境等多种因素，而这些因素又因其自身的特殊性可能会出现意外情况，演讲者要根据现场的具体情况冷静应对，及时做出调整。

(一)突然怯场

在演讲之前，演讲者虽然已经做好了各项准备，但临场时受各种不确定因素的影响，可能会导致心跳突然加速、心烦意乱等突发状况。这时，演讲者可以暂时离开候场区，将注意力分散到其他空间的事物上；也可以深呼吸，放松身体和神经；还可以闭目听听轻松的乐曲，用音乐缓解紧张情绪；还可以回想自己取得的成绩、自己擅长的领域以及生活中其他快乐的事。总之，要暂时把注意力从"演讲"这件事上转移开，放松身心。

(二)口误说错

演讲过程中如果发现自己说错话，如果是原则性的问题，可以用"以此为盾"的方法批驳并纠正错误；如果不是，则忽略不计，此时决不可临场致歉说自己讲错了，因为这会使演讲过程中断，既破坏了演讲活动本身的艺术美和内容的协调一致，又打乱了听众的思维及感情共鸣，破坏了演讲的意境美和思想内容的逻辑美，割裂了演讲审美的整体性。

(三)断片忘词

在演讲过程中，有时由于紧张或其他原因会出现大脑空白或忘词的现象，这时不能突然停下，应该随机应变，冷静应对。一是可以想起什么就顺着继续说；二是复述前面的内容，在复述的过程中引发触点，搜索回忆。

(四)观众厌倦

演讲过程中要注意听众的反应，如果发现听众倦怠走神，要及时做出调整，或者调整内容，或者与观众进行互动，来唤醒他们的兴趣，并适时结束演讲。

案例赏析 3.2.1

口的巨人　行的高标

闻一多先生(1899—1946)是我国著名的诗人、学者、民主战士、伟大的爱国主义者，也是口才大师、演讲家。1943 年后，国民党消极抗日，积极反共。面对蒋介石的独裁统治，闻一多和李公朴等人愤然而起，积极组织并参加反对独裁、争取民主的爱国民主运动。1946 年 7 月 15 日，在悼念被国民党特务暗杀的李公朴的大会上，闻一多发表了著名的《最后一次讲演》，当天下午在昆明被国民党特务暗杀。1946 年 7 月 17 日，毛泽东、朱德同志在唁电中称赞他："为民主而奋斗，不屈不挠，可敬可佩。"周恩来同

图 3-7　闻一多

闻一多（1899—1946），湖北浠水人。现代诗人、文史学者。抗战爆发后，任清华大学中国文学系教授的闻一多与学生步行3500华里到达昆明。1946年7月15日，在昆明李公朴追悼大会上，闻一多怒斥国民党反动派，当晚即被国民党特务暗杀。毛泽东赞扬闻一多"拍案而起，横眉怒对国民党的手枪，宁可倒下去，不愿屈服……表现了我们民族的英雄气概"。

志在悼词中写道："心不死，志不绝，和平可期，民主有望，杀人者终必覆灭。"《最后一次讲演》是一篇用满腔爱国热忱谱成、用鲜血写就的文字，是一篇感情色彩鲜明的演讲词。

闻一多先生的演讲有其独特的艺术魅力。他的演讲成就与他年轻时的刻苦练习密不可分。1919 年在大学读书的时候，他就热爱并刻苦练习演讲，一旦有所放松，他就在日记里警告自己："近来演讲课练习又渐疏，不猛起直追恐便落人后，演说降到中等，此大耻奇辱也。"他坚持练习演讲，有一天他曾到钟台下练习演讲 8 遍，第二天又夜出练习 12 遍，在日记里，他写道："夜出外习演讲 12 遍。"第三天又写道："演说果有进步，当益求精致。"隔五天后，他又在天寒地冻的深夜，到清华园丁字厅北面土山上的凉亭里，对着一片湖水，迎着呼啸的北风，用低沉坚定、富有感情的嗓音练习口才，直到严寒刺骨才返回宿舍。北京的一月天寒地冻，但他毫无畏惧。几天后，他又写道"夜至凉亭练演说三遍"，回宿舍又"温演说五遍"，第二天又接着"习演说"。闻一多先生正是通过勤奋的练习，不断提高了自己的演讲水平。

（资料来源：https://wenku.so.com/d/51439f0c3472f6c69baa63f8e05b5dcb，
https://wenku.so.com/d/d93670c529e99ea6203122c3ccde0d1f，有改动.)

【案例 3.2.1 简析】

从闻一多先生刻苦练习演讲的经历中，我们看到了他的毅力和韧性，更感受到了他信念的坚定和执着。他的品行令人敬仰！闻一多先生的故事也告诉我们：一个成功的演讲者，口头表达能力并不都是天生的，许多演讲家都是通过后天的刻苦训练获得的。只要我们肯下功夫，就一定能取得演讲的成功。

案例赏析 3.2.2　探究闻一多演讲
艺术，你也能做演讲家

案例赏析 3.2.3　大学生地铁练口
才上演超级演说家

阅读窗

温柔而有力量的爱国者

她做过 128 次抗战演讲，写了 5 部名著，最终拿着英国国籍，穷尽一生为中国人正名。

韩素音的作品主要取材于 20 世纪的中国生活和历史，她的写作内容基本上都是关于中国的过去、今天和未来。在特定的年代中，韩素音以英文写就的作品就像一个个窗口，为全世界了解中国提供了可能。韩素音的中国情结，令她的作品中蕴藏着对中国深刻的了解。

20 世纪 70 年代的中国，至少有 1 亿人听说过韩素音的名字。那时，她的身影经常会和周恩

图 3-8　韩素音

来、毛泽东一起出现在官方报纸上。她虽然持有的是英国国籍，可始终在书写中国的故事，告诉别人自己永远是中国人。

1917 年，韩素音出生于一个富有传奇色彩的跨国家庭。父亲周映彤在铁路部门任职，是中国第一代庚款留学生，在比利时认识了母亲玛格丽特。韩素音一出生就面临着血缘和文化的双重矛盾，但她从小就表现出对汉语的极大热情，倔强地表示一定要学习这门语言，做一个地地道道的中国人。

16 岁的韩素音进入燕京大学医学预科。两年后，她以优异的成绩获得了奖学金，远赴比利时布鲁塞尔大学学医。不久，日本对中国发动侵略战争，身在异国的韩素音得知消息后，奋不顾身地走上大街游行，声援中国抗日。她还写了许多抗日文章，发表在当地的报纸上。短短 7 个月，她在法国和比利时做了 128 次抗战演讲。

1938 年，韩素音毅然放弃学业，决定回到战火纷飞的中国。"虽然我只是一个'半吊子'的中国人，但是没有了中国我就活不下去，就像希腊神话里的安泰俄斯，他离不开大地，而我离不开我的中国！"

……

1948 年，得知中国战局明朗，新中国即将成立，她再度回国，"我必须回来，必须看看我深爱的土地，我要用我自己的眼睛，凝视在这里发生的一切"。

（资料来源：https://zhidao.baidu.com/question/1113671401868995139.html，https://www.zhihu.com/market/paid_magazine/1413126967545303040/section/1413127201377775616? origin_label=search，有改动.)

文化直通车

诗词之旅　哲韵中国

第三期　人生百态
——叙事诗

　　欢迎同学们乘坐"文化直通车"，开启诗词之旅，感受诗意人生。

　　从《诗经》里的《无衣》《硕鼠》，到唐代的新乐府运动，主张"歌诗合为事而作"，中国的叙事诗，一直在走着一条用美言—叙实事—发真情的路。乐府双璧《孔雀东南飞》《木兰辞》，叙事详尽，生动细致，具有强烈的艺术感染力；杜甫的"三吏""三别"，全面展现了安史之乱给人民带来的生活苦难，被称为"诗史"；白居易的《长恨歌》《琵琶行》，选取场景典型，动作描写精彩，细节刻画具体，言有尽而意无穷，给人留下了无限的想象空间。本期"文化直通车"之"诗词里的中国"，让我们走进这些诗词里的悲欢离合，领略一个个鲜活人生。

　　叙事诗是诗歌题材的一种。它用诗的形式刻画人物，通过写人叙事来抒发情感。叙事诗情节完整集中，人物性格突出典型，既有诗意的语言，又有简练的叙事和层次清晰的生活场景。与小说、戏剧相比，它的情节一般较为简单，有故事有人物，同时情景交融，兼有抒情诗的特点。

　　早期的叙事诗是中国古代的民间叙事诗，它们以叙述历史或当代的事件为内容，具有比较完整的故事情节和人物形象。到了唐代，元稹和白居易等文人也开始大量创作叙事诗，即文人叙事诗。古典诗歌中著名的叙事诗有《木兰辞》《孔雀东南飞》《长歌行》《长恨歌》《琵琶行》《连昌宫词》等。

　　中国的民间叙事诗是一种具有比较完整故事情节的韵文或散韵结合的民间诗歌。叙事性是民间叙事诗的显著特点。在民间叙事诗的创作和传播中，巫师、艺人、歌手等起着比较重要的作用，有些重要作品还有专业的歌唱人员。这类诗歌除以口头形式流传外，有的还有手抄本。中国民间叙事诗大多结构比较完整，故事包含开端、发展、高潮和结局，有些还有尾声。诗中广泛运用了比兴、夸张、排比、拟人、重叠、复沓等修辞手法，其中不少作品堪称完美，长久流传并产生深远影响，在中国民间文学中占据重要地位。中国民间叙事诗内容丰富，形式多样。

　　按内容分，主要有创世叙事诗、英雄叙事诗和婚姻爱情叙事诗三类。

　　创世叙事诗产生较早，大多以开天辟地、人类起源、自然万物起源、民族来源、文化创造等为题材，主要叙述世界的创造者们(天神、巨人和半人半神式的英雄)开天辟地、创造人类及自然万物的英雄业绩。古代英雄叙事诗亦称"英雄史诗"，一般篇幅较大，也有情节完整、自成系统的短篇。在诗歌形式上，既有韵文体形式，也有韵文与散文兼行的形式。特别是韵散兼行的体制，使英雄叙事诗在民间以说唱的方式广为流传，深受听众欢

迎。古代英雄叙事诗一般和神话叙事诗有天然联系，往往带有神话色彩。近世英雄叙事诗大多表现近世历史上曾出现过的人物和事件，一般都是在真人真事的基础上创作的，如南北朝时期的《木兰辞》，近代的《钟九闹漕》(又名《抗粮传》) 等。爱情叙事诗一般较少有神话题材，主要表现个人生活中的爱情纠葛，以及个人合理要求与社会制度、习俗的矛盾，有时通过男女青年的美满结合表现人民的理想和愿望。在中国各民族的民间文学宝库中，反映爱情的民间叙事诗十分丰富。中国古代叙事诗(多为短篇)有《诗经》中的《氓》、汉代乐府中的《上山采蘼芜》、汉末建安时期的《孔雀东南飞》等，近世的作品有《双合莲》等。这些爱情叙事诗中的人物形象通常比较完整、鲜明，语言一般自然、生动，有的比较精练，富有表现力。有些作品抒情性较强，富有感染力。

下面介绍几种叙事诗体裁。

长庆体和梅村体是中国文人叙事诗最重要的两大类型。"长庆体"，名称始于宋人，缘于白居易、元稹的文集名，是对唐代白居易、元稹诗的泛称。清代以后，其内涵逐渐确定下来，成了以《长恨歌》《琵琶行》《连昌宫词》为代表的叙事风情宛转、语言摇曳多姿、平仄转韵的七言长篇歌行之专用名词。明末清初，吴伟业学习长庆体，融合"初唐四杰"的语言风格，将长庆体叙事诗改造为著名的"梅村体"。梅村体是长庆体的继承与发展，优点在于辞藻和声韵更出色，缺点在于用典过多。"梅村体"诗基本可分为四大部分：一是战争悲剧，如《临江参军》《雁门太守行》《松山哀》等；二是政治悲剧，如《殿上行》《读史杂感》《东莱行》等；三是宫廷悲剧，如《永和宫词》《萧史青门曲》《洛阳行》等；四是艺人平民系列，如《楚两生行》《听女道士弹琴歌》《临淮老妓行》《捉船行》等。

叙事诗文篇目有《木兰辞》《孔雀东南飞》、李白《子夜吴歌·秋歌》、白居易《阴雨》、李中《客中寒食》、杜荀鹤《江岸秋思》、张乔《江上送友人南游》、布燮《思乡作》、周贺《冬日山居思乡》、戎昱《云梦故城秋望》、高适《除夜作》、司空图《故乡杏花》、韦庄《江外思乡》、元稹《远望》、高衢《和三乡诗》、薛涛《乡思》。

(资料来源：https://mbd.baidu.com/ma/s/1VGU8DRr，有改动.)

诗的语言可以铿锵有力，抑扬和谐；人物事件可以强化代入，直击内心。因此，运用诗词形式进行叙事，引用叙事诗旁征博引，一定能让你的文章言之有物、行稳致远，让你的演讲深刻厚重，引人共鸣。

厚重典籍 智慧中国

第三期 教学相长
——《论语》《孟子》《传习录》

欢迎同学们乘坐"文化直通车"，品读经典，汲取智慧，润泽心灵。

"仁者爱人""己所不欲，勿施于人""学而不思则罔，思而不学则殆"，读《论语》，可以懂得为人、处事、治学；"舍生而取义""穷则独善其身，达则兼济天下""民为贵，社稷次之，君为轻""天时不如地利，地利不如人和"，读《孟子》，可知晓生死大义、家国天下、民生为本、和合大同；"尽信书不如无书""人所不知而己所独知""知者行之始，行者知之成"，王阳明的《传习录》，则告诉我们要听从本心，知行合一，要有客观、辩证的智慧与能力。本期"文化直通车"之"典籍里的中国"，带我们走进儒学经典《论语》《孟子》《传习录》，去聆听智者的指导和教诲。

"仁者爱人""己所不欲，勿施于人""学而不思则罔，思而不学则殆"，读《论语》，可以懂得为人、处事、治学；"舍生而取义""穷则独善其身，达则兼济天下""民为贵，社稷次之，君为轻""天时不如地利，地利不如人和"，读《孟子》，可知晓生死大义、家国天下、民生为本、和合大同；"尽信书不如无书""人所不知而己所独知""知者行之始，行者知之成"，王阳明的《传习录》，则告诉我们要听从本心，知行合一，要有客观、辩证的智慧与能力。本期"文化直通车"之"典籍里的中国"，带我们走进儒学经典《论语》《孟子》《传习录》，去聆听智者的指导和教诲。

1. 《论语》

《论语》，是春秋时期思想家、教育家孔子的弟子及再传弟子记录孔子及其弟子言行而编成的语录文集，成书于战国前期。全书共 20 篇 492 章，以语录体为主，叙事体为辅，较为集中地体现了孔子及儒家学派的政治主张、伦理思想、道德观念、教育原则等。《论语》自宋代以后，被列为"四书"之一，成为古代学校官定教科书和科举考试必读书。

图 3-9 《论语》

《论语》是一部以记言为主的语录体散文集，主要以语录和对话文体的形式记录了孔子及其弟子的言行，集中体现了孔子的政治、审美、道德伦理和功利等价值思想。《论语》的内容涉及政治、教育、文学、哲学以及立身处世的道理等多方面，是孔子及其弟子集体智慧的结晶。早在春秋后期孔子设坛讲学时期，《论语》的主体内容就已初始创成。孔子去世以后，他的弟子和再传弟子代代传授他的言论，并逐渐将这些口头记诵的语录言行记录下来，因此称为"论"；《论语》主要记载孔子及其弟子的言行，因此称为"语"。清朝赵翼解释说："语者，圣人之语言，论者，诸儒之讨论也。"其实，"论"又有纂的意思，所谓《论语》，是指将孔子及其弟子的言行记载下来编撰成书。其编纂者主要是仲弓、子游、子夏、子贡，他们忧虑师道失传，首先商量起草以纪念老师，然后和少数留在鲁国的弟子及再传弟子完成。

《论语》作为儒家经典，其内容博大精深，包罗万象，《论语》的思想主要有三个既各自独立又紧密相依的范畴：伦理道德范畴——仁，社会政治范畴——礼，认识方法论范

畴——中庸。仁，首先是人内心深处的一种真实的状态，这种真的极致必然是善的，这种真和善的全体状态就是"仁"。孔子确立了仁的范畴，进而将礼阐述为适应仁、表达仁的一种合理的社会关系与待人接物的规范，进而明确"中庸"的系统方法论原则。"仁"是《论语》的思想核心。《论语》反映了孔子的教育原则。孔子因材施教，对于不同的对象，考虑其不同的素质、优点和缺点、进德修业的具体情况，给予不同的教诲，表现了诲人不倦的可贵精神。据《颜渊》记载，同是弟子问仁，孔子有不同的回答：答颜渊"克己复礼为仁"(为仁的表现之一为克己复礼，有所不为)；答仲弓"己所不欲，勿施于人"(就己与人之间的关系，以欲施作答，欲是个人的主观能动性之取舍，施是个人主观能动性的实践，用好心坏心来说，要防止好心办坏事，就要慎施)；答司马牛"仁者其言也讱"。颜渊学养高深，故答以"仁"学纲领，对仲弓和司马牛则答以细目。又如，孔子回答子路和冉有的同一个问题，内容完全不同。答子路的是："又父兄在，如之何其闻斯行之。"因为"由也兼人，故退之"。答冉有的是："闻斯行之。"因为"求也退，故进之"。这不仅是因材施教教育方法的问题，其中还饱含孔子对弟子的高度责任心。《论语》多为语录，但都辞约义富，有些语句、篇章形象生动。如《子路曾皙冉有公西华侍坐》不仅篇幅较长，而且注重记述，算得上一篇结构完整的记叙文，人物形象鲜明，思想倾向通过人物的表情、动作、对话自然地显露出来，具有较强的艺术性。孔子是《论语》描述的中心，"夫子风采，溢于格言"(《文心雕龙·征圣》)；书中不仅有关于他的仪态举止的静态描写，而且有关于他的个性气质的传神刻画。此外，围绕孔子这一中心，《论语》还成功地刻画了一些孔门弟子的形象，如子路的率直鲁莽、颜回的温雅贤良、子贡的聪颖善辩、曾皙的潇洒脱俗等，称得上个性鲜明，给人留下深刻印象。《论语》的主要特点是语言简练，用意深远，有一种雍容和顺、纡徐含蓄的风格，能在简单的对话和行动中展示人物形象；同时语言浅显易懂，接近口语。自汉武帝"罢黜百家，独尊儒术"之后，《论语》被尊为"五经之辖辖，六艺之喉衿"，是研究孔子及儒家思想尤其是原始儒家思想的第一手资料。南宋时朱熹将《大学》《中庸》《论语》《孟子》合为"四书"，使之在儒家经典中的地位更加显赫。元代延祐年间，科举开始以"四书"开科取士。此后一直到清朝末年推行洋务运动，废除科举之前，《论语》一直是学子士人推施奉行的金科玉律。

2. 《孟子》

《孟子》是儒家的经典著作，战国中期由孟子及其弟子万章、公孙丑等所撰。最早见于赵岐《孟子题辞》："此书，孟子之所作也，故总谓之《孟子》。"孟子是著名的思想家、政治家、教育家，孔子学说的继承者，儒家的重要代表人物。相传，孟子是鲁国贵族孟孙氏的后裔，幼年丧父，家庭贫困，曾受业于子思(孔伋，孔子之孙)的门人。学成以后，他以士的身份游说诸侯，企图推行自己的政治主张，到过梁(魏)国、齐国、宋国、滕国、鲁国。当时几个大国都致力于富国强兵，争取通过武力的手段实现统一。而孟子继承了孔子"仁"的思想并将其发展成为"仁政"思想，被称为"亚圣"。

《孟子》一书共七篇，记录了孟子与其他各家思想的争辩，对弟子的言传身教，游说诸侯以及其治国思想、政治策略(仁政、王霸之辨、民本、格君心之非，民为贵社稷次之君为轻)和政治行动。成书时间大约在战国中期，属儒家经典著作。其学说出发点为性善论，主张德治。南宋时朱熹将《孟子》与《论语》《大学》《中庸》合在一起称"四书"。自

宋、元、明、清以来，人们都把它当作家传户诵的书。《孟子》是四书中篇幅最长、部头最重的一本，有 3.5 万多字，直到清末都是科举必考内容。《孟子》这部书的理论，不但纯粹宏博，文章也极雄健优美。

《孟子》的语言明白晓畅，平实浅近，同时又精练准确。作为散文，《孟子》长于论辩，更具艺术的表现力，具有文学散文的性质。其中的论辩文，巧妙地运用了逻辑推理的方法，孟子得心应手地运用类比推理，往往是欲擒故纵、反复诘难、迂回曲折地把对方引入自己预设的结论中，如《梁惠王下》。气势浩然是《孟子》散文的重要风格特征。这种风格源于孟子人格修养的力量。具有这种浩然之气的人，能够在精神上压倒对方，能够做到藐视政治权势，鄙夷物质贪欲，气概非凡，刚正不阿，无私无畏。《孟子》中大量使用排偶句、叠句等修辞手法，来增强文章的气势，使文气磅礴，若决江河，沛然莫之能御。《孟子》行文气势磅礴，感情充沛，雄辩滔滔，极富感染力，流传后世，影响深远，成为儒家经典著作之一。

3. 《传习录》

《传习录》是哲学著作，由王阳明的门人弟子对其语录和信件进行整理编撰而成。王阳明是中国明代哲学家、宋明理学中心学一派的代表人物。此书记载了他的语录和论学书信。"传习"一词源自《论语》中的"传不习乎"一语。王阳明，名王守仁(1472—1529)，字伯安，浙江余姚人，因筑室会稽阳明洞，自号阳明子，世称阳明先生。他是中国明代哲学家、教育家、军事家、文学家。

《传习录》包含了王阳明的主要哲学思想，是研究王阳明思想及心学发展的重要资料。王阳明认为"至善是心之本体"，"心即理也，此心无私欲之蔽，即是天理，不须外面添一分。"他这样说是强调社会上的伦理规范之基础在于人心之至善。王阳明认为"格物"之"格"是"去其心之不正，以全其本体之正"。"意之本体便是知，意之所在便是物"。知行问题是《传习录》中讨论的重要问题，也反映了王阳明对朱熹以来宋明道学关于这个问题讨论的进一步研究。他说："外心以求理，此知行之所以二也。求理于吾心，此圣门知行合一之教。""知行合一"的含义是说知行是一件事的两个方面。王阳明的"心即理""致良知""知行合一"都是要强调道德的自觉和主宰性。他说："知是理之灵处，就其主宰处说便谓之心，就其禀赋处说便谓之性。"人心能够知晓行为的善恶，也能自觉地去为善，这就是本心的"明觉"，这是对程颢思想的发展。《传习录》中对人心的"虚灵明觉"有很多讨论。若要全面、正确地把握王阳明"心外无理"及其他学说，深入地研究他的这些讨论是十分必要的。

《传习录》是王阳明的问答语录和论学书信集，是一部儒家简明而有代表性的哲学著作，不但全面阐述了王阳明的思想，也体现了他辩证的授课方法，以及生动活泼、善于用譬、常带机锋的语言艺术。《传习录》包括了王学所有重要观点。上卷阐述了知行合一、心即理、心外无理、心外无物、意之所在即是物、格物是诚意的功夫等观点，强调圣人之学为身心之学，要领在于体悟实行，切不可把它当作纯知识，仅仅讲论于口耳之间。中卷包含书信八篇，不仅回答了关于知行合一、格物说的疑问，还谈了王学的根本内容、意义与创立王学的良苦用心；讲解致良知大意的同时，也精彩地解释了王学宗旨；回答了他们关于本体的质疑并且针对各人具体情况指点功夫切要。另有两篇短文，阐发王阳明的教育

思想。下卷的主要内容是致良知，王阳明结合自己纯熟的修养功夫，提出本体功夫合一、满街都是圣人等观点，尤其引人注目的是四句教，这四句话是："无善无恶是心之体，有善有恶是意之动，知善知恶是良知，为善去恶是格物。"王阳明的本意是说，作为人心本体的至善是超经验界的，它不是具体的善的行为。有所为而为的善是手段，无所为而为的善才是至善。人心的至善超越世间具体的善恶。王阳明说人心之无善恶，目的是要人们不要去执着于具体的善行，而应着重认识本心。《传习录》集中反映了王阳明的心性之学，在中国古代哲学史上有着重要的地位，在当代新儒家中仍有深刻的影响。

（资料来源：https://mbd.baidu.com/ma/s/UdP1w4Sw，
https://mbd.baidu.com/ma/s/uVEgmGEu；https://mbd.baidu.com/ma/s/BsArGEWW，有改动.)

孔孟儒学，字字珠玑，句句明理，无论做人、做事、生活、学习，都能在里面找到方法和规范；心学奇书《传习录》，则教我们格物致知，学以致用，自尊自得，心怀天下。我们要读懂儒学经典，并将其运用到实践中，努力做一个道德高尚、知行合一的有用之人。

家国情怀　薪火相传

第三期　联大人杰，志业昭彰
——西南联大

欢迎同学们乘坐"文化直通车"，走进大爱中国，开启故事之旅。本期的主题是"联大人杰，志业昭彰——西南联大"，让我们来认识那个特殊时期的卓越精英，了解他们不畏艰险、治学救国的感人故事。

1937年7月7日，卢沟桥事变爆发，平津沦陷。北大、清华被日军占领，南开大学被炮火摧毁。国难当头，为保存中国文化教育命脉，三校南迁，1938年迁至昆明，改称国立西南联合大学。从1937年8月中华民国教育部决定国立长沙临时大学组建开始，到1946年7月31日国立西南联合大学停止办学，西南联大前后共存在了8年零11个月，"内树学术自由之规模，外获民主堡垒之称号"，保存了抗战时期的重要科研力量，培养了一大批卓有成就的优秀人才，为中国和世界的发展进步做出了杰出贡献。

郭永怀，就是当时西南联大的风云人物。他先后考入南开大学和北京大学学习物理，1937年抗日战争全面爆发，他辗转抵达昆明，进入西南联大攻读研究生，1938年又成功考取了录取比例低至1:1000的"中英庚款"出国留学名额。1947年，郭永怀获得加州理工学院博士学位后，前往康奈尔大学任

图3-10　联大英杰

教，之后短短两年内，他先后在跨声速流与应用数学领域取得重大成就，成为世界级的顶尖科学家。但他毅然放弃美国优渥的生活条件，回归祖国的怀抱，他说："家贫国穷，只能说当儿子的无能！在这样一个千载难逢的时代，我自认为，作为一个中国人，有责任回到祖国，和人民一道，共同建设美丽的山河。"考虑到钱学森归国路程中历经的重重阻挠和波折，郭永怀在同事们为他们夫妻俩举行的送别野餐会上，将十多年来积累的未发表手稿扔进了烤炉，眼看着它们一页一页地燃烧殆尽。目睹这一切的妻子感到可惜，但是郭永怀说："东西都在脑子里了，什么时候想写再写。"钱学森直言："有人说我能抵 5 个师，如果假设成立，那有一个人至少能抵 10 个师。"这个人，便是郭永怀。在钱学森的力荐下，郭永怀开始作为中国科学院力学研究所首任副所长主持工作，此后不久又投身到国防科学研究中。他先后参与了新中国第一颗原子弹、装有核弹头的地地导弹、氢弹、热核导弹发射试验以及人造地球卫星"东方红一号"的研制，成为"两弹一星"的 23 个功臣元勋之中，唯一一位在核弹、导弹、人造卫星三个领域都有卓越贡献的人。

1968 年，在我国第一颗热核导弹试验成功前 20 天，已经在青海基地待了整整两个多月的郭永怀，在试验中发现了一个重要线索，他迫不及待地要赶回北京进行验证和演算。在他眼中，时间就是生命，甚至比生命更可贵，如果能够争分夺秒，节省时间，就能大大加快科研进度，进而帮助自己的国家在国际竞争中取得先机，站稳脚跟。1968 年 12 月 4 日，在通知工作人员帮忙联系飞机之后，郭永怀就急匆匆地从青海基地赶到了当时距离最近的兰州机场，而趁着从兰州机场换乘飞机还有一段时间，他又紧锣密鼓地安排日程，听取了课题组人员的情况汇报。一直到天黑时，舟车劳顿身心俱疲的郭永怀，终于踏上了赶赴北京的伊尔-14 运输机。5 日凌晨，这架小飞机抵达北京机场上空，开始徐徐降落，意外却发生了。在距离地面 400 多米的时候，飞机突然失去了平衡，最终坠毁在机场 1 公里以外的玉米地里。搜救人员抵达现场的时候，只看到了爆炸起火燃烧后的飞机残骸，因为事故严重，遇难人员的遗体被烧焦，已经全然无法辨认。后来，凭借一块金表，搜救人员才最终确定了郭永怀的遗体，因为熟悉他的人都知道，自美国留学归国后，郭永怀腕上一直戴着一块金表，这已经是除去无法辨认的外在后，最能说明郭永怀身份的证据。当时，郭永怀的遗体和他的警卫员紧紧地抱在一起，当人们将他们分开时发现，两人怀中紧紧抱着的是一个公文包，尽管两人的遗体已经被烧焦，公文包内的核武器绝密资料却完好无损。换句话说，在生命的最后一刻，是郭永怀和警卫员用自己的血肉之躯，护住了这份耗费多人心血、事关国家安全的重要文件。

1937 年 7 月 7 日，日军全面侵华，中国开始全面抗战。无数学子走出学堂，开始呼吁民众反抗日军，这些学生中就有刚上高一的邓稼先。邓稼先当众撕毁了日军旗帜，父亲怕他被日军报复，就让他和姐姐去了昆明。邓稼先在昆明读完了高中，进入了西南联大，跟随王竹溪、郑华炽等著名教授学习物理，圆满完成了大学学业。

从西南联大毕业之后，抗战也胜利了，邓稼先回到了北平从事教书工作。在从事教育工作的过程中，邓稼先意识到，想要真正将科学技术转化为建设祖国的力量，在国内闭门造车是完全不行的，必须要去国外学习。于是，在普渡大学，邓稼先仅用 1 年 8 个月的时间就拿到了博士学位，当时他只有 26 岁，被称为"娃娃博士"。在获得博士学位 9 天后，邓稼先登上归国的轮船，回到祖国的怀抱。

1958 年 8 月，邓稼先接受了"国家要放一个'大炮仗'"的光荣任务，出任第二机械

工业部第九研究院理论部主任，成为中国第一颗原子弹的理论设计负责人。1962 年 9 月，邓稼先领导完成的原子弹理论设计方案，解决了中国原子弹试验成功的关键性难题。邓稼先在给好友杨振宁的信中说："无论是原子弹还是氢弹，都是中国人自己研制的，没有任何外国人参加。"杨振宁收到信后，读之既感震撼，又觉感动，不禁热泪盈眶。1979 年的一次空投氢弹试验中，降落伞没有打开，氢弹从高空直接摔到了地上，邓稼先不顾阻拦，说："你们谁也不要去，这是我做的，我知道。你们去了也是白受污染。"他冲进试验场，希望第一时间找到原因。他明白弹头里装的钚-239 的辐射有多厉害，也知道一颗弹头造价有多高，他心里没有自身安危，只有国家利益，把国家的事业看得比自己的生命更重要。

邓稼先住院 363 天，动了 3 次手术，一直疼痛不止。即使这样，占据邓稼先脑海的仍然是中国的核事业。他忍着病痛，和核物理学家于敏共同书写了《中国核武器发展规划建议书》，赶在全面禁止核试验之前，使中国的核武器发展达到了实验室模拟水平。1986 年 7 月 29 日，积劳成疾的邓稼先被癌症夺去生命，他临终前最挂心的，仍是如何在尖端武器方面做出努力："不要让人家把我们落得太远……"

从 1958 年至 1986 年，28 年间，我国共进行了 32 次核试验，其中 15 次由邓稼先亲自指挥，100%获得成功；28 年，他隐姓埋名，没有公开发表过一篇论文，除了组织，没有人知道他的工作地点、工作内容；28 年，他把自己的一切，都奉献给了国家。君视名利如粪土，许身国威壮河山，"邓稼先"，历史会永远镌刻下这个名字！

在中国教育史上，"西南联大"就像一座丰碑，不仅因为它承载着中华民族最伤痛的记忆与最顽强的意志，更是因为其本身的教育思想与遗产，至今仍是中国教育史上的顶峰。全面抗战八年，西南联大也屹立了八年。但就是这短短的八载办学，弦歌不辍，为中国乃至世界输送了 2 位诺贝尔奖获得者、5 位国家最高科学技术奖获得者、8 位两弹一星功勋奖章获得者、174 位两院院士、数百位人文学科领域大师，如郭永怀、邓稼先、杨振宁、朱光亚、李政道、何兆武、邹承鲁、汪曾祺、许渊冲，等等。

(资料来源：https://mbd.baidu.com/ma/s/UbrAIFQ4, https://ml.mbd.baidu.com/r/1dqSY08MSpq?f=cp&rs=434489362&ruk=vgSXAZL5q55O7XksyHqKgQ&u=2daa6b42a81c156d&urlext=%7B%22cuid%22%3A%22la-W8g8Lv8gsuHaeg8vet_uaHijniSaSY82valuovuKu0qqSB%22%7D, https://me.mbd.baidu.com/r/1eYwD9vzlG8?f=cp&rs=1766022309&ruk=vgSXAZL5q55O7XksyHqKgQ&u=af070699811aa949&urlext=%7B%22cuid%22%3A%22la-W8g8Lv8gsuHaeg8vet_uaHijniSaSY82valuovuKu0qqSB%22%7D, https://ml.mbd.baidu.com/r/1f1g6UdrOIo?f=cp&u=3dce7877105200b4，有改动.)

习近平总书记说："每一种文明都延续着一个国家和民族的精神血脉，既需要薪火相传、代代守护，更需要与时俱进、勇于创新。"西南联大"刚毅坚卓"的治学态度，无私忘我的家国情怀，忠贞赤诚的民族精神，值得我们永远铭记，终生学习，不懈奋斗！

练习与实训

一、选择题

(一)单选题

1. 下列关于正确处理演讲稿与演讲的关系的说法错误的是(　　)。

　　A. 任何演讲都需要事先备有"全稿式"讲稿

　　B. 英模报告、经验交流等类型的演讲既可以准备全稿，也可以只写出梗概或基本观点，临场发挥

　　C. 作为初学者，不但应认真撰写演讲稿，还应充分把握演讲稿的写作要求，努力达到演讲稿为演讲服务的目的

　　D. 一些特定场合的即兴演讲也应在条件允许的情况下迅速打出"腹稿"或列出提纲，以免上台后临场慌乱

2. (　　)是演讲的血肉，是表达主题的重要元素。

　　A. 材料　　　　　　B. 角度　　　　　　C. 标题　　　　　　D. 方法

3. 下列哪一项不属于收集材料途径中的直接材料种类？(　　)

　　A. 演讲者自己的经验　　　　　　B. 演讲者自己的思想

　　C. 演讲者亲自调查得来的材料　　D. 演讲者从报刊上获得的材料

4. 演讲稿开头常见的方法不包括(　　)。

　　A. 故事入题，以事明理　　　　　B. 问题开头，引发思考

　　C. 展示未来，鼓舞斗志　　　　　D. 概括内容，揭示中心

5. 演讲稿主题常见的布局法不包括(　　)。

　　A. 时序式　　　　　B. 递进式　　　　　C. 对比式　　　　　D. 总分总式

6. 演讲稿结尾常见的方法不包括(　　)。

　　A. 言尽笔止，自然收篇　　　　　B. 总结概括式

　　C. 鼓动号召式　　　　　　　　　D. 诗文名言式

7. 演讲者通过引用成语、谚语、格言警句、名人名言或诗词等作为演讲的结束。这种结尾方式是(　　)。

　　A. 感召式结尾　　　　　　　　　B. 总结式结尾

　　C. 呼应式结尾　　　　　　　　　D. 警言式结尾

8. 演讲稿一般是由开头、主体、结尾三部分构成，在开头部分，演讲者一般是(　　)。

　　A. 分析问题　　　B. 提出问题　　　C. 解决问题　　　D. 讨论问题

9. 对于选题内容中选择话题的准备，下列说法错误的是(　　)。

　　A. 选题要适合演讲者

　　B. 选题要适合听众

　　C. 选题要适合特定的场合和规定的时间

　　D. 选题要适合一定的社会背景

10. 下列不符合演讲选题要求的是(　　)。

    A. 主题要鲜明深刻　　　　　　　　B. 适合听众实际

    C. 切合演讲者自身实际　　　　　　D. 只根据演讲者自己的好恶选择

11. 在演讲即将结束时，演讲者总结概括演讲的主要观点，进一步强调、突出演讲的重点，帮助听众回顾演讲内容，进而更好地理解演讲者的观点，给听众留下一个清晰、完整、深刻的印象。这种结尾方式是(　　)。

    A. 抒情式结尾　　　　　　　　　　B. 感召式结尾

    C. 总结概括式结尾　　　　　　　　D. 引申式结尾

(二)多选题

1. 树立演讲者威信的方法有(　　)。

    A. "名片效应"　　B. 充分准备　　　C. 讨好听众　　　D. 精彩演讲

2. 要取得良好的演讲效果，演讲者需要做的工作有(　　)。

    A. 充分准备　　　　　　　　　　　B. 语言得当

    C. 保持与听众的平等　　　　　　　D. 盛气凌人

3. 命题演讲有两种形式，分别是(　　)。

    A. 全命题演讲　　B. 半命题演讲　　C. 内容命题　　　D. 针对命题

4. 演讲者发表演讲的主要媒介是(　　)。

    A. 声音　　　　　B. 动作　　　　　C. 表情　　　　　D. 外表

5. 演讲高潮的设置可以运用的修辞手法有(　　)。

    A. 排比　　　　　B. 对偶　　　　　C. 比喻　　　　　D. 警句

6. 锻炼调节临场心理的方法有(　　)。

    A. 正确认识　　　B. 自我激励　　　C. 讨好听众　　　D. 寻找善意的面容

7. 演讲选题要注意的原则有(　　)。

    A. 适应听众实际　　　　　　　　　B. 适应自我情况

    C. 适应演讲时空　　　　　　　　　D. 积极向上，内容新颖

二、判断题

1. 演讲者可以形成适合自己的演讲风格。　　　　　　　　　　　　　　(　　)

2. 演讲中尽量多用书面语言。　　　　　　　　　　　　　　　　　　　(　　)

3. 演讲的主题可以作为演讲稿的标题。　　　　　　　　　　　　　　　(　　)

4. 在演讲的整个过程中，手势越多越好。　　　　　　　　　　　　　　(　　)

5. 演讲的材料一定都是正面材料。　　　　　　　　　　　　　　　　　(　　)

6. 演讲的材料要新颖，不能使用旧材料。　　　　　　　　　　　　　　(　　)

7. 手势在实际运用中可频繁使用，多多益善。　　　　　　　　　　　　(　　)

8. 在公众面前70%以上的人都会紧张，焦虑躁动、临场紧张是正常现象。　(　　)

9. 演讲时突然断片忘词时可以顺着临时想起的话头继续说。　　　　　　(　　)

10. 自我激励是驱赶负面情绪，调整行为状态，提升自信的有效方法。　　(　　)

三、实训题

1. 用感叹句、设问句、反问句设计一段演讲词，题目自拟。

2. 以下列专题为主题内容，举办班级系列专题演讲活动。

(1) 爱的体味。

在每个人成长的道路上，都有爱和亲情的陪伴，会直接感受到来自家人的温暖。随着我们步入校园，我们也会感受到来自同学的友谊、老师的关爱和党的培养教育。而当我们步入社会，甚至走出国门，面对举目无亲、彷徨无助的时候，我们更能感受到来自强大祖国的呵护和救助。当地震、洪涝、新冠疫情等突发灾害降临的时候，我们知道有祖国母亲的肩膀依靠、双手可以托扶。地不分东西南北，人不分男女老幼，人民子弟兵、医护工作者、各条战线的志愿者迎难而上，及时提供援助，"一方有难，八方支援"。无论是和平年代还是战争年代，每个时代都有其英雄；每个时代都有其担当；每个时代都有其奉献。无数中华儿女用奋斗的泪泉和牺牲的血雨，谱写了一曲曲感恩父母、眷恋家乡、拥抱祖国的爱之华章，可歌可泣，荡气回肠。

(2) 校园视窗。

同学们，大学校园是人生重要的一站，这一站是校园生活的终点，也是迈向人生社会的起点。大学校园生活一定是人生最靓丽的风景之一，那就趁现在、趁当下，尽情展现青春风采，一起分享我们的喜怒哀乐，让我们一起点亮青春的梦想。

青年是祖国的未来、民族的希望。习近平总书记十分重视青年工作、关心青年成长，通过座谈、演讲、回信等多种形式寄语青年，表达了对青年的热切关心和殷切希望，为广大青年人解答疑惑，指明了方向。习近平总书记关于青年工作的重要思想，全面系统、内涵丰富。请查阅习近平总书记寄语青年的相关理论资料，并观看"经典咏流传"第四季"'致敬英雄'('青春'向有志青年的偶像李大钊致敬等)专题"，并结合时代对青年的召唤，感悟新时代大学生的责任和担当，撰写一篇1000字左右的演讲稿。

(3) 人生感悟。

在漫长的人生道路上，我们奔波忙碌着，朝着心中的目标前行着，有时可能会疲惫。这时，我们可以放慢脚步，仰望天空，与自己的心灵对话。有些事总能唤醒内心深处沉睡已久的东西，那就是心灵的感悟，人生的感悟。有了感悟，人就不会感到孤独寂寞。让我们认识自己，思索人生，感悟生命的意义。

请同学们把人生中所经历的那份颤动和感悟与大家一起交流，让我们进行一次心灵的对话，让我们的灵魂跟上脚步。

3. 根据下面的材料，以"同心共圆中国梦"为主题内容，写一篇演讲稿。

习近平总书记在党的二十大报告中强调："团结就是力量，团结才能胜利。全面建设社会主义现代化国家，必须充分发挥亿万人民的创造伟力。全党要坚持全心全意为人民服务的根本宗旨，树牢群众观点，贯彻群众路线，尊重人民首创精神，坚持一切为了人民、一切依靠人民，从群众中来、到群众中去，始终保持同人民群众的血肉联系，始终接受人民批评和监督，始终同人民同呼吸、共命运、心连心，不断巩固全国各族人民大团结，加强海内外中华儿女大团结，形成同心共圆中国梦的强大合力。"

4. 以下面材料为素材，自拟题目，写一篇演讲稿，并尝试进行演讲。

"礼，国之干也；敬，礼之舆也。不敬，则礼不行；礼不行，则上下昏，何以长世？""不学礼无以立，事无礼则不成，国无礼则不宁。"《大学生手册》《大学生日常行为准则》。毛泽东主席在七届二中全会上提出"两个务必"：务必使同志们继续保持谦虚、谨慎、不骄、不躁的作风；务必使同志们继续保持艰苦奋斗的作风。规矩是我党从胜利走向胜利的重要法宝。"规矩"一词成为习近平总书记一再提及的高频词，2013 年 7 月，习近平总书记在西柏坡面对当年毛泽东提议的"六条规矩"时指出："治理一个国家、一个社会，关键是要立规矩、讲规矩、守规矩。""把守纪律讲规矩摆在更加重要的位置。""企业文化—企业员工的'三大纪律，八项注意'，是帮助企业打胜仗的黄金法则。"

5. 假如你是一位大一新生，请写一篇"在开学典礼上的发言稿"。

6. 如果你是学校某社团的社长，请写一篇纳新欢迎会上的欢迎词。

7. 请尝试写一篇班级元旦晚会新年贺词或除夕(家庭)年夜饭上的新春贺词。

单元四　即兴演讲

> "即兴演讲是演讲艺术中的明珠。"
>
> 即兴演讲对演讲主体的知识积累、思维反应、语言修养等有极高的要求。本单元主要介绍即兴发言时的内容选择、逻辑安排和语言组织等技巧。
>
> "案例赏析"具有一定的示范性。"文化直通车"专栏开启中华诗词、历史典籍和人文故事之旅，品味诗意人生，感悟中华智慧，传承民族精神。

单 元 目 标

知识目标：

1. 了解即兴演讲的特点和用途。
2. 掌握即兴演讲的话题选择技巧。
3. 掌握即兴演讲的内容组织技巧。

能力目标：

1. 能根据情境需要确定演讲风格与内容。
2. 能多角度阐释、分析事例，用立体思维的方式快速表达。
3. 能在工作岗位、经验交流会和节日庆典等场合进行即兴演讲。

素质目标：

1. 提升学生热爱祖国语言文字的情感。
2. 具备良好的心理素质和快速反应能力。
3. 具备良好的礼仪修养。

【案例导入】

睿智机敏化危机

1976 年 1 月 8 日，周恩来总理在北京逝世，联合国破天荒地决定为周恩来的去世下半旗一周。对此，有的成员国代表以"此事没有先例"为由表示反对，一些外交官聚集在联合国大门前的广场上，言辞激愤地发出质疑。

时任联合国秘书长的瓦尔德海姆站出来，在联合国大厦前的台阶上发表了一次极简短的演讲，总共不过 1 分钟。

"女士们，先生们：

为了悼念周恩来，联合国下半旗，这是我个人的决定，原因有二：

一是中国是个文明古国，她的金银财宝多得不计其数，使用的人民币多得我们数不过来，可是她的总理没有一分钱存款。二是中国有 9 亿多人口，占世界人口的四分之一，可是她的总理没有一个自己的孩子。

你们任何国家的元首，如果能做到其中一条，在他逝世之日，总部将照样为他下

半旗。

　　谢谢!"

　　说完，他扫视了一下广场，而后转身返回秘书处。广场先是鸦雀无声，接着响起了雷鸣般的掌声。

(资料来源: https://epaper.gmw.cn/wzb/html/2015-12/05/nw.D110000wzb_20151205_3-06.htm.)

谈一谈 ···

　　请谈谈从上文中你感受到了什么？

···

　　周恩来同志作为 20 世纪具有重大国际影响力的杰出人物，不仅属于中国，也属于世界。1976 年 1 月 8 日，周恩来逝世时，设在美国纽约的联合国总部降半旗哀悼。1979 年 10 月，法国政府在巴黎举行周恩来 20 世纪 20 年代旧居挂纪念牌的仪式，大理石纪念碑镶嵌有他的半身铜像，这是法国著名雕塑家保尔·贝尔蒙多的作品。他说："我希望重现周恩来的生命和魅力，力求让更多的目光聚集在他的脸庞上，从他明朗的形象辉映出他的内心世界、他的活力和他的精神。"

　　联合国秘书长瓦尔德海姆机敏而犀利的言辞，化解了一场国际危机，不仅表现了他机智无比的外交才能，同时也反映了我们敬爱的周总理的高尚品格和个人魅力!

　　即兴演讲是演讲艺术中的明珠，短小精悍是其显著的特点。演讲者在当时所处情境之中，受时空条件诱发，或应活动组织者及众人的要求，即时发言，阐述观点，解决问题，快、精、准。因而，即兴演讲受到人们的喜爱，成为工作、学习、生活中的一个重要组成部分。

一、即兴演讲的挑战性

　　即兴演讲与命题演讲最大的不同是没有充分的时间准备成熟的文稿，因此它对演讲主体的知识积累、思维反应、语言修养等有极高的要求。

(一)丰厚的知识积累

　　由于临场环境的不确定性和即兴发言的突发性，演讲者要在几分钟内调动切合情景的材料迅速组织内容，这就要求演讲者具备广泛而丰厚的知识储备，熟知历史，对历史上使国家强盛、人民幸福和社会进步的重要事件和历史人物耳熟能详；关心时事，对新时代国内外形势的新变化、新发展、新人物了如指掌；涉猎广泛，对政治、经济、体育、文化、科技、军事等各领域都有所了解。

(二)快速的思维能力

　　即兴演讲要求演讲者必须具备敏捷的思维能力，能快速定点，综合思维，布局谋篇，逆向解读，发散分析，纵深挖掘，揭示规律。只有这样，才能使简短的演讲引发共鸣，使听众得到启迪。因此，即兴发言的内容首先要新，即观点新、材料新。除选用时代新材料之外，更为可贵的是能让老材料散发出新光彩，如《经典成语异想天开的逆向新解——没

有异想，哪来天开？》，可以结合我国令世界瞩目的高铁，嫦娥六号让奔月神话成为现实等重大科技成果的研发成功，去解读"异想"在科技发展中的重大作用。这样的解读打破了人们约定俗成的认知，挖掘新角度，解析时代新发展，使经典焕发新光彩。其次要广，即角度广、阐释广。从引用事例的多个角度展开，使一个材料变为多个材料，通过发散思维，探寻解决问题的多种方法和途径，用一个事例充分阐述主题观点的正确性，突破即兴演讲时间短、材料不充分的局限。然后还要深，即主题深刻，启迪深刻。要善于从人们熟悉的身边小事入手，抽丝剥茧，层层深入，从现象到本质，揭示人生哲理，让听者豁然开朗，发现小生活大道理，帮助听者学会从身边的人和事中汲取生活智慧。综上，即兴演讲极有挑战性，需要演讲者面对突然发言的情况时能够拓宽思维，多方向、多视角发现、分析和解决现实问题，即时发表见解。因此，演讲者要注意训练并提高综合思维能力，开启演讲训练的思维快车道。

(三)扎实的语言文字功底

文字是语言的符号，语言是思想的载体。演讲主体的观点和见解要通过语言文字表现出来，而即兴发言要求更高。有时到现场之后会有人告诉演讲主体准备发言，打腹稿的时间可能只有二三十分钟；也可能在活动的进程中，演讲主体突然意识到可能会讲话，那就必须在三五分钟内组织好语言。这就要求演讲者有扎实的语言文字功底，除了快速思考整理材料外，更要快速组织短小精悍的内容，语言必须精练、简洁、生动、有表现力。因此，演讲主体对修辞手法、成语典故、诗词经典、警句名言、民间俗语要能信手拈来，准确运用。

二、话题内容的选择

人们在生活、工作中往往会遇到临时讲话的情况，像学校里的主题班会、社团纳新等场合的即时发言或讲话，社交场合中的寿庆、婚礼等情况下的发言，职场中的就职、竞聘、处理危机情况等的发言或即时讲话。有时由于事发突然，只能临阵磨枪，极易出现慌乱无助、语句混乱、言不由衷等尴尬场面。如何应对无准备的情况下根据需要作临场发言？我们可以选取以下几种方法确定主题内容，使自己有话说，说好话。

(一)依托环境，触景生情

以现场环境为题，以环境中的某一点展开联想，与演讲内容相得益彰，即兴元素更突出，主题更有即视感。由景入事，由景入理，由境入情，易于引发共鸣，增强即时发言效果。

我一直在想，为什么这次论坛的会址选择弥勒这个小县城。一进县城，看到锦屏山上那金光闪闪的弥勒大佛时，我顿时明白过来，在这里研究"企业家西进与企业家精神"是再合适不过了！

面对世界经济一体化，市场竞争更需要企业家精神，更需要创新。企业家精神在不同的时代表现为不同的内涵，在 20 世纪 80 年代表现为胆量。谁能够解放思想，谁能够突破那些框框，冲破那些禁区，谁就能够得到更大的发展，如果见了路都不敢走，肯定没办法获得发展的机遇。

到了 90 年代，不但要有胆量，而且还得有眼量。"风物长宜放眼量"，如果小富即安，就像《论语》中的"见小利则大事不成"，必须站得高才能看得远。

到了 21 世纪，我认为，不但要有胆量和眼量，而且更要有肚量。为什么呢？因为互联网时代为我们企业的发展带来了无限的可能性，面临的机遇无限多，要整合的资源也是无限丰富的。有没有这个肚量去吸收和利用这些资源？有人告诉我，弥勒寺的大佛肚子大到可以容纳 500 人，但对企业家来说，这远远不够。时代要求我们的肚量要能装下全世界的新知识、新信息、新资料、新技术。怎么做到？只有变竞争为竞合，变对抗为对接，大家来共享信息、共享资源、共享技术、共享市场！……

(资料来源：微信公众号：商坛论衡，有改动.)

首届弥勒峰会在云南弥勒举行，张瑞敏致辞时，将峨眉山弥勒大佛与论坛会的主题"企业家西进与企业家精神"巧妙联系，阐述了自己的观点——企业家不但要有胆量，还要有眼量，而且更重要的要有肚量。他分别阐述了企业家精神在 20 世纪 80、90 年代和 21 世纪所表现的不同内涵。这种联想奇妙，自然贴切，深入浅出，生动形象，妙趣横生。他将创业、创新、创一流提升到新的更高境界。

(二)依托实物，以事明理

以活动环境的主题为题，可以就目之所及的物品展开内容，借物抒情；也可以将物品的属性与要阐述的道理相融通，引出自己的观点。

1998 年，"研祥"带着自己研发的产品去德国汉诺威参加行业最大的国际展，为了固定产品，我去超市购买榔头。当地的销售员问我："先生，您要质量好的，还是要质量一般的？"我说："当然要最好的。"

当地人说："你要是要最好的，就买我们国产的，进口货的质量一般都不太好。"这句话深深地刺激了我，我就从德国带回了这把榔头。十几年来这把榔头让研祥的全体员工明白了两个道理：第一，只有做最好的产品，才能让"中国制造"在任何时候都能一锤定音；第二，只有做最新的产品，才能让中国制造享誉全球，让全世界的人尊敬！谢谢大家！

(资料来源：https://business.sohu.com/20080130/n254979217.shtml，有改动.)

这是深圳研祥集团董事局主席陈志列在中国经济年度人物创新奖颁奖会上的发言。他用带到现场的榔头展开话题，阐释了企业精神和爱国志向，振聋发聩！中国年度人物创新奖颁奖词是这样评价陈志列的：陈志列带领他的团队在 14 年的时间里，创造了中国最大的工业计算机企业。研祥集团打败了来自德国西门子、美国通用这样的对手，他让自己的企业成为中国第一，世界第五。

(三)依托专题，借语引言

借助现场前面发言人所讲内容和主题，引出自己的新观点。

某某同志，以及某某同志的讲话，讲得很好，非常深刻，希望大家深刻领会、认真落实，全力推动×××工作深入开展，努力开创×××工作新局面。下面，围绕×××工

作,我再谈几点意见……

(资料来源: https://mp.weixin.qq.com/s/p46kPDEIuEBFoXq-NM2VHA.)

刚才××说得真是太好了。我十分赞同他所说的围绕中心解决问题的观点。这不仅能够提高效率,而且能够提供经验。

这样的即兴发言适合"无领导小组谈话"和"专题讨论会、座谈会"等场合,以他人之言发自己之意,以现场的主观因素即时组织语言,巧借他山之石,贴切、吻合。

(四)依托氛围,因人成章

以即时出现的人或者听众比较熟悉的人谈起,引出话题,烘托气氛。

金鹰节已经十届了,而我也安安分分地在这个舞台上主持了十届的金鹰节。(此处应该有掌声)但是,我为什么这么安分呢?我是有榜样的,我是跟前辈学的。比如我们的刘劲老师,专注演总理十几年如一日,这是一种什么样的精神,值得我们学习;还有我们的张嘉益老师,专注演魅力型男大叔,是多少女性心目中的偶像(我跟张老师悄悄地说了句话,如果你要特别忙的话,我觉得大叔这条路,我也准备好了);还有我们的闫妮老师,虽然已经转战大屏幕,但是时不时地惦记着回到我们的电视荧屏上,享受观众带给你的那一方舞台,这也是一种安分,对不对?还有刘涛,简直是安分、能干、受到全国婆婆们喜爱的贤惠良妻的典范。……

(资料来源: https://www.zhihu.com/question/291648633.)

何炅就地取材,以安分和专注为主题,先由自身谈起,接着对刘劲、张嘉益等演员的主要特点进行总结提炼,不仅介绍了他们的主要成就,而且赞美了他们的敬业精神。语言生动幽默,自然鲜活,引人入胜。

其实,即兴话题还有很多,天气、节日、感受、动作、表情等元素都可入题,引出观点。我们要注意积极观察、寻找素材。"世事洞明皆学问,人情练达即文章。"

三、逻辑框架的组织安排

因为即时讲话的特殊性,发言者容易出现语塞结巴、表达不清、重复啰唆、语序混乱、言不由衷、词不达意等现象。如何克服阻碍,顺利、流畅地表达自己的思想和观点,带给大家回味和启迪呢?这就需要演讲者在极短的时间内迅速把零散的"语点"组织起来,安排好逻辑顺序,建立完整的语言结构框架。我们可以根据场合的需要,采取以下几种方法,把脑中的散乱素材排列组合,快速列出演讲提纲,以保障即时发言顺利、成功。

(一)核点延伸,扩展联想

即在入眼、入脑的众多散点中选定一个与现场氛围最贴合的语点,以其为核心展开联想,扩词成句,扩句成段。例如:考场→人生是考场(或"职场是考场",或"生活是考场"),进而再扩展,人生包括学校、家庭、社会,进而再扩展,学校的考场是检验学生的知识掌握和能力提升情况;毕业之后走上社会进入职场这个新考场,要接受工作岗位的新挑战,完成岗位任务、处理同事关系、实现社会价值都是新的考验;我们还要组成家庭,

结婚生子，夫妻关系、孩子教育、双方亲属等也都是新课题；能不能取得优异成绩，要看我们有没有在考前认真学习，积极准备……最后的总结要突出中心，深化主题词，这个主题词可以根据演讲者和现场专题的内容而定，如果时间允许，还可以继续扩充为较长的篇章，纵向形成扩展链条。再如：感谢→感谢谁(领导、同事、岗位，或父母(岳父母)、(夫)妻、其他亲人)，"谁"根据"场合和人"而定→分别感谢他们什么(分层、扩篇)→小结升华(或祝愿、或报答、或展望等)。

这种方法特别实用，因为切入点小，像这样的中心"点(词)"很多，话题易展开，内容不易散，主题也集中。

(二)观点开路，搭建框架

在需要立即发表明确观点和看法的场合，发言者首先要快速明确自己的观点"是什么"，然后围绕中心论点分析原因"为什么"，最后指出"怎么办(做)"，搭建"是什么—为什么—怎么办"的"么"式框架。这个公式用途较广，比如，团队活动动员会、决策讨论会、销售方案分析会、面试无领导小组讨论等场合发言。为了增加说服力，在分析原因时可以列举一个典型实例，还可以引用专业研究论断，还可以出示权威统计数据，但要注意这些例证必须是自己熟悉的内容。

(三)段点排列，逻辑序化

无论是书面写作还是口语表达，在层次安排上至少要分三部分，叙事要说清起因、经过和结果，论证要有总分总结构，所以，即兴发言也可以采取三个段点的逻辑顺序安排结构，这样既能快速理清条理，又与听众的心理期待相吻合。常采用的几组段点有：首先、其次、然后，过去、现在、未来，昨天、今天、明天，一是、二是、三是，第一、第二、第三，祝贺、感谢、希望，祝贺、骄傲、希望，感谢、美慕、希望，回顾、感谢、祝愿，问题、原因、总结，案例、分析、结论，案例、观点、格言等。

例文赏析 4.1.1

×××离任发言

时间过得很快，蓦然回首，我到××工作已经 4 年零 9 个月，现在到了告别的时候了。

告别的时候，我最想说的两个字是"感谢"。

我要感谢××这座城市，雍容而自信、开放而包容，使我有幸在最后的党政生涯于这里度过一段充实而难忘的时光。

我要感谢××人民，聪慧而勤勉、进取而笃实，让我在履职过程中不断受到激励鞭策，得到信任支持，有了坚实依靠。

我要感谢××老领导老同志，情深而义重、秉公而守正，对市委的工作给予真诚无私的关心和帮助，从中我获得满满的正能量。

我要感谢一起共事的同志们，同心而协力、担责而有为，你们和全市各级干部用实际行动印证了"世上无难事，只要肯登攀"的道理，我为成为大家中的一员而感到自豪和光荣。

告别的时候，心情总是复杂的。

此时，我既平静又不平静，平静的是离任顺乎其然，不平静的是熟悉的人和城市不再朝夕相伴。

既放下又放不下，放下的是岗位工作，放不下的是对××发展事业和人民福祉的牵挂。

既遗憾又不遗憾，遗憾的是不少工作没有做到或没有做好，不遗憾的是自己已经尽力了，现在可以无愧地说："我兑现了与××干部群众'同心干、一起拼'的承诺。"

明年，××将高水平全面建成小康社会，并将开启基本实现现代化的新征程。新时代，是新思想指引的时代，是属于奋斗者的时代，是××人民不断圆梦的时代。在此，我真诚地祝愿：

××事业兴旺发达！

××人民幸福安康！

××明天更加美好！

(资料来源：微信公众号——群众杂志，江苏，无锡博报.)

【例文 4.1.1 简析】

这是一则离任告别讲话，开头回顾过去，引出主体内容。接着，从"感谢"和"复杂"两个词切入，第一层以"感谢"之情辐射，表达了自己对工作地和人民、领导、下属的真挚谢意；第二层坦承"复杂"的心情，表达了对即将离开的岗位和干部群众的深深眷恋。结尾展望美好未来，表达自己的真诚祝愿。结构严谨，用词精准，切入角度虽小，但承载丰厚，感人至深，是一篇离任即兴发言的典范。

例文赏析 4.1.2
答谢词

文化直通车

诗词之旅　哲韵中国

第四期　言志寄情
——咏物诗

欢迎同学们乘坐"文化直通车"，开启诗词之旅，感受诗意人生。

自然万物，大至山川河流，小至花鸟虫鱼，在诗人笔下，都成为"体物肖形，传神写意"的对象。在诗人笔下，"曲项向天歌"的鹅纯白灵动，"卷雾出山楹"的风引人奋进，"映阶碧草""隔叶黄鹂"扼腕叹息，在"连三月"的"烽火"里，因"感时"看花开"溅泪"，为"恨别"闻鸟鸣"惊心"。本期"文化直通车"之"诗词里的中国"，就让我们走进诗词里的自然万物，在诗人随万物起落的情绪里，体会世间的千姿百态。

本期详细内容请扫描二维码阅读。

咏物诗导读

厚重典籍　智慧中国

第四期　道法自然
——《道德经》《庄子》

欢迎同学们乘坐"文化直通车",品读经典,汲取智慧,润泽心灵。

"人法地,地法天,天法道,道法自然",《道德经》告诉我们,万物有道,这个"道"就是自然规律,世间万物,包括我们自己,都要遵从这个自然规律,不能违反,更不能去破坏;"知人者智,自知者明;胜人者有力,自胜者强",真正的智者和强者,是有自知之明并能战胜自己的人;"上善若水""大器晚成""祸福相依"……通达的智慧、辩证的观点、深邃的哲思,让《道德经》成为哲学经

图 4-1　老子

典,成为中国文化典籍中的瑰宝。"吾生也有涯,而知也无涯""举世誉之而不加劝,举世非之而不加沮""哀莫大于心死""物物而不物于物",这些《庄子》中的名句,同样给我们带来精神借鉴、心灵安慰和现实指导。本期"文化直通车"之"典籍里的中国",就让我们走进道家经典著作《道德经》《庄子》,去接受心灵的荡涤和精神的洗礼。

1.《道德经》

《道德经》,春秋时期老子所著哲学作品,又称《道德真经》《老子》《五千言》《老子五千文》,是道家哲学思想的重要来源。《道德经》分上下两篇,原文上篇《德经》、下篇《道经》,不分章,后改为《道经》37 章在前,第 38 章之后为《德经》,并分为 81 章。《道德经》文本以哲学意义之"道德"为纲宗,论述修身、治国、用兵、养生之道,而多以政治为旨归,乃所谓"内圣外王"之学,文意深奥,包涵广博。《道德经》是中国历史上最伟大的名著之一,对传统哲学、科学、政治、宗教等产生了深刻影响。老子姓李名耳,字聃,春秋时期伟大的哲学家和思想家、道家学派的创始人。《道德经》包含朴素的辩证法,主张无为而治,其学说对中国哲学的发展具有深刻影响。

《道德经》主要论述"道"与"德":"道"不仅是宇宙之道、自然之道,也是个体修行和修道的方法;"德"不是通常所说的道德或德行,而是修道者所应必备的特殊的世

界观、方法论以及为人处世的方法。老子的本意，是要教给人修道的方法，德是基础，道是德的升华。没有德的基础，为人处世、治家、治国，很可能都失败，就没有能力去"修道"。所以修"德"是为修道创造良好的外部环境。修道者更需要拥有宁静的心境、超脱的人生，这也是不可或缺的"德"。《德经》部分在《道德经》中占据了较大篇幅，这是修道的基础。"道"是浑全之朴，"众妙之门"。"道"生成了万物，又内涵于万物之中，"道"在物中，物在"道"中，万事万物殊途而同归，都通向了"道"。"道"不只是有形的"物质"、思虑的"精神"、理性的"规律"，而是造成这一切的无形无象、至虚至灵的宇宙本根。"物质""精神""规律"皆是"道"的派生物。"道"是先天一气，混元无极，"道"是其大无外、其小无内、至简至易、至精至微、至玄至妙的自然之始祖、万殊之大宗，是造成宇宙万物的源头根本。"道法自然"体现了《道德经》的核心思想。"道"作为《道德经》中最抽象的概念范畴，是天地万物生成的动力源。"德"是"道"在伦常领域的发展与表现。"道"与"法"在规则、常理层面有相通点。"法"应效法自然之道，在辩证的反向转化之中发挥其作用。哲学上，"道"是天地万物之始之母，阴阳对立与统一是万物的本质体现，物极必反是万物演化的规律。伦理上，老子之道主张纯朴、无私、清净、谦让、贵柔、守弱、淡泊等因循自然的德性。政治上，老子主张对内无为而治，不生事扰民，对外和平共处，反对战争与暴力。这三个层面构成了《道德经》的主题，同时也使得《道德经》一书在结构上经由"物理至哲学至伦理至政治"的逻辑层层递进，由自然之道进入到伦理之德，最终归宿于对理想政治的设想与治理之道，也就是从自然秩序中找出通向理想社会秩序的光明正道。

《道德经》句式整齐，大致押韵，为诗歌体经文。读之朗朗上口，易诵易记，体现了中国文字的音韵之美，如"有无相生，难易相成，长短相形，高下相倾"(二章)、"虚其心，实其腹，弱其志，强其骨"(三章)、"挫其锐，解其纷，和其光，同其尘"(四章)、"其政闷闷，其民淳淳"(五十八章)。这些词句，不仅押韵，而且平仄相扣，有音韵美，也有旋律美。朗诵经文是一种美的享受，可在音韵之美中体味深刻的哲理。《道德经》的语言非常讲究艺术性，运用了对偶、排比、比喻、设问、反问、联珠等多种修辞方式，使词句准确、鲜明、生动，富有说理性和感染力。

《道德经》内容涵盖哲学、伦理学、政治学、军事学等诸多学科，被后人尊奉为治国、齐家、修身、为学的宝典。它对中国的哲学、科学、政治、宗教等产生了深远的影响，体现了古代中国人的一种世界观和人生观。先秦诸子、中国人的文化思想等无不受老子的影响。在世界文化经典文献中，《道德经》有广泛的影响力，就被翻译的次数和语种而言，《道德经》仅次于《圣经》，成为《圣经》以外流传最广的外文著作，被誉为"中华文化之源""万经之王"。

2. 《庄子》

《庄子》又名《南华经》，是战国中后期庄子及其后学所著道家学说总汇。《庄子》对工具理性进行了深刻批判，进一步提出了"得意忘言"的观点。到了汉代以后，尊庄子为南华真人，因此《庄子》亦称《南华经》。其书与《老子》《周易》合称"三玄"，庄子则与老子并称"老庄"。

《庄子》一书主要反映了庄子的批判哲学、艺术、美学、审美观等。其内容丰富，博

大精深，涉及哲学、人生、政治、社会、艺术、宇宙生成论等诸多方面。庄子的文章想象奇幻，构思巧妙，思想世界和文学意境丰富多彩，文笔汪洋恣肆，具有浪漫主义的艺术风格，其瑰丽诡谲，意出尘外，乃先秦诸子文章的典范之作。庄子之语看似夸言万里，想象漫无边际，然皆有根基，重于史料议理。鲁迅先生说："其文则汪洋辟阖，仪态万方，晚周诸子之作，莫能先也。"《庄子》不仅是一本哲学名作，更是文学、审美学上的寓言杰作典范，对中国文学、审美的发展有着深远影响。

《庄子》原有内篇7篇、外篇28篇、杂篇14篇、解说3篇，共52篇，10余万言。郭象删减后分内篇、外篇、杂篇三部分，存33篇，大小寓言200多个，65 920字，其中，内篇7篇；外篇15篇；杂篇11篇。该书包罗万象，对宇宙生成论、人与自然的关系、生命价值、批判哲学等都有详尽的论述。庄子明确否定礼教社会政治制度以及虚假的文化生活，在政治上主张不同于儒家社会哲学的进路，直接从天道运行的原理侧面切入，开展了以自然义、生成义、中性义为主的"道"的哲学。天道运行有其自然而然的原理在，道的哲学即是解释此原理的内涵，从而得以提出一个活泼自在的宇宙空间。透过对宇宙运行之无定限、无执着的认识，道家哲学发展出迥然不同于儒家的社会哲学，社会只是一方存在的客体，在其中生存的人们，应有其独立自存的自由性，而不受任何意识形态的束缚。道家从维护个人利益的角度出发，在经济理论、社会实践方面创立了"齐物"的思想观点，但对于社会责任的态度并不先存立场，而能有更尊重人类自主性的态度与存在定位。道家重视人性的自由与解放和提高个人素质修养，实行无为而治。庄子反对当时社会上实行的仁义礼乐等社会道德和政治制度，认为这些都是罪恶与祸害的根源。他用"朝三暮四"，"彼窃钩者诛，窃国者为诸侯"来说明"仁义"已经成了统治者窃取国家权力的手段。庄子认为，社会的不平等性不根除，随着社会政治制度和文化的发展，人类社会的不平等及争斗也会随之产生和激化。庄子多方面地思考了人所面临的生存困境。庄子认为人的生命异常短促，在短促的生命过程中，又会受到各种社会事物的束缚和伤害。特别是在庄子生活的时代，残暴的统治者使人民大量地受刑和死亡："今世殊死者相枕也，桁杨者相推也，刑戮者相望也"（《庄子·在宥》）。庄子强调的"无为"是君主"顺物自然而无容私焉"（《庄子·应帝王》）。就是说，庄子除了强调君主的作为必须因循事物的自然本性及其发展趋势之外，还强调要做到不夹杂君主个人的私心和成见。"帝王者，民之以为共主，以求利之，今欲奴天下，王者不王也"（《庄子意参》）。庄子主张的是"至知和无知"，即知识不能简单地说"越多越好"或"越少越好"，而是要区别清楚。顺道知识越多越好，悖道知识越少越好。所以，求知既是知识增加的过程，也是鉴别所得知识是否合道，并剔除悖道知识的过程。这里的"道"，可以理解成真理。面对专制者的利益诱惑，庄子主张不凝滞于物。但是，此外的一切，包括物质的和精神的，庄子则主张可以适度满足。

庄子的散文批判哲学思想博大精深，是我国古代典籍中的瑰宝。因此，庄子不但是我国哲学史上一位著名的哲学家，也是文学史上一位不朽的散文家、艺术家。无论在哲学思想方面，还是文学语言、艺术审美方面，他都给了我国历代的思想家、文学家和艺术家以深刻的、巨大的影响，在我国思想史、文学史、美学史、艺术史、审美史上都占有极其重要的地位。

(资料来源：https://mbd.baidu.com/ma/s/Tfu5U4P5，https://mbd.baidu.com/ma/s/bFh0sdHe，有改动.)

《道德经》强调谦逊、柔和的力量，相信以柔克刚、以和为贵，提倡无为而治，注重顺应自然与人性规律，这些都为我们的生活与学习提供了广泛的指导，对社会管理也有很强的借鉴意义。而《庄子》主张认清事物的本质，不要盲从，强调爱惜自己，追求内心宁静、心灵自由；同时，《庄子》中有很多篇章想象大胆奇特，语言极富张力，充满浪漫色彩。因此，在涉及与自然、通达、辩证、自由、浪漫等主题相关的材料时，《道德经》和《庄子》都具有非常强的借鉴价值。

家国情怀　薪火相传

第四期　谁说女子不如男
——人民艺术家常香玉

欢迎同学们乘坐"文化直通车"，走进大爱中国，开启故事之旅。本期的主题是"谁说女子不如男——'人民艺术家'常香玉"，让我们一起来缅怀人民艺术家常香玉前辈，了解她"为祖国放歌，为人民演戏"的感人故事。"豫剧中有刀枪，也有战斗机翱翔！中国人民用刀枪推翻了封建帝王，祖国的英雄儿女驾驶着喷气式战斗机，打败美帝野心狼！"

作为一位德艺双馨的人民艺术家，常香玉一生开创了无数个"第一"：她第一个创立了豫剧表演艺术"常派"；第一个捐献"香玉剧社号"战斗机；第一个把豫剧艺术送到朝鲜前线慰问志愿军；主演了第一部河南戏曲电影艺术片《花木兰》；第一个把豫剧带出国门，在奥地利、匈牙利、苏联、蒙古、朝鲜等国都留下演出的足迹；第一个用演出收入设立了"香玉杯"戏曲艺术基金。

常香玉同志去世后，国务院追授她"人民艺术家"荣誉称号。

2023 年是人民艺术家常香玉大师百年诞辰纪念年。常香玉一生秉持"为祖国放歌，为人民演戏"的理念，用生命践行着"戏比天大"的精神。

"刘大哥讲话理太偏，谁说女子享清闲……"这是豫剧"常派"保留名剧《花木兰》中女主角花木兰演唱的经典唱段，每当唱起这铿锵有力、激越奔放的戏词，观众脑海中便会闪现出常香玉大师塑造的一个个鲜活生动的豫剧舞台人物形象。

图4-2　"人民艺术家"常香玉

勇敢打破门户之见，将豫剧唱腔风格融会贯通

广袤的中原大地孕育出了节奏铿锵、朴素豪迈的豫剧声腔。和众多成长于旧社会的艺术家一样，自幼学戏的常香玉求艺之路充满着艰辛和苦难。在旧戏班学戏，唱念做打，刻

苦磨炼，不知疲倦；手眼身法步，日积月累，永无止境；生旦、青衣，多行兼修，务求精深。功夫不负有心人，13 岁那年，羽翼渐丰的常香玉随豫西调戏班来到省城开封，凭着一季连演 45 天不重戏的剧目优势和文武兼备的综合表演能力崭露头角，小小年纪就赢得了广泛赞誉。

为了更好地整理和改编豫剧传统剧目，常香玉创立了中州戏曲研究社。她勇敢地打破门户之见，将豫剧长期形成的地域流派和唱腔风格融会贯通。在创排六部连台本《西厢记》时，常香玉发现豫西调苍凉悲壮的风格特点不能很好地表现红娘俏皮活泼、爽快泼辣的人物性格，便将旋律高亢、行腔爽朗的豫东调唱腔恰到好处地吸收到角色塑造之中，将开朗活泼、机灵调皮的红娘的人物性格表现得淋漓尽致。当发现传统豫剧板腔体音乐对人物的塑造力和感情的抒发存在不足时，常香玉通过借鉴姊妹剧种的唱腔音调，寻求最佳表达方式，完善和增强了豫剧音乐的生动性和角色的丰满度。如在《花木兰》中"自那日才改扮乔装男子"一段唱腔中，常香玉用曲剧声腔进行演绎，别具一格；在《拷红》中"急忙忙款莲步去上那楼棚"唱句改用河北梆子行腔，更显红娘的天真俏皮；《五世请缨》中大量的"唱中带笑""说唱结合"把佘太君慷慨大气、为国请命的人物形象表现得淋漓尽致。

注重对人物情感的深度把握，注重对唱腔气息的严格控制，以及对真假声的灵活运用，是常派唱腔艺术在行腔中的内在要求，亦是常香玉对传统豫剧唱腔中过度使用噪音宣泄的巧妙改革。如《大祭桩》中"曾记得郎君卖水南河岸"及《断桥》中"哭啼啼把官人急忙唤起"两个唱段，她不仅使真假声在高低音的变化上转接自由、灵动，又注重对人物内在情感的挖掘，极富感染力；而《花木兰》"思家"一场中"用巧计哄元帅他出帐去了"一段，把欣喜、害羞、激动、急切、欢快等多种情绪，用一大段唱腔表现得淋漓尽致。

常香玉"在 70 多年的艺术实践中，善于继承、勇于创新，创立了独树一帜的常派艺术"，这是来自《国务院关于追授常香玉同志"人民艺术家"荣誉称号的决定》中的描述。作为一位豫剧表演艺术大师，她从未停止前进的脚步，总是不停地超越自我，始终以新探索和新追求为己任。

铿锵歌声在抗美援朝前沿阵地响起，鼓舞着士气

1950 年 10 月 19 日，中国人民志愿军跨过鸭绿江，和朝鲜人民一道共同抗击侵略者。由于武器装备落后，很多战士壮烈牺牲在敌军飞机的狂轰滥炸中。常香玉从广播里听到志愿军伤亡惨重的消息后，辗转反侧、彻夜难眠。她对丈夫陈宪章说："我们的武器装备落后，志愿军同志们在朝鲜打得太艰苦了，咱捐一架飞机，中不中？要是中，咱就干！"陈宪章听后，毫不犹豫地答应了。就这样，夫妻二人带领"香玉剧社"，开始了捐机义演的壮举。

在当时，一架喷气式战斗机的价格是 15 亿元人民币(旧币)。面对这样的天文数字，常香玉没有丝毫退缩。出发前，她义无反顾地卖掉了剧社的运输卡车和自己的金银首饰，并拿出多年来辛辛苦苦攒下的积蓄，总共 4000 万元，作为义演原始资金。为了专心投入义演，常香玉狠下心、含着泪，把三个年幼的孩子托付给了西安市保育院。

从 1951 年 8 月，常香玉率"香玉剧社"从西安出发，东奔西走、北上南下，历时 6 个多月，行程近万里，先后赴开封、郑州、新乡、武汉、广州、长沙等城市演出。"香玉剧社"每到一处，都受到当地群众的热烈欢迎，观众多达 30 余万人。在南方一些城市，

很多观众听不懂豫剧，却纷纷排队购票，走进剧场观看演出。因为他们知道，常香玉是爱国的优秀艺人，常香玉做的事有益于国家和人民，一定要支持。经过半年的义演和募捐，"香玉剧社"共筹集资金 15.2 亿元，超额完成了捐献一架战斗机的目标。事后，当有人问到有没有想过半年义演募集不到足够款项该怎么办时，常香玉坚定地答道："如果半年完成不了，我就唱一年，一年不行，我唱两年，只要唱下去，我就一定能办到！"

捐献完飞机后，浴血奋战在朝鲜前线的志愿军将士们，依然让常香玉牵挂不已。于是，她又请求到前线去慰问演出。1953 年 4 月，她带着祖国人民对志愿军的深情厚谊，率领"香玉剧社"跨过鸭绿江，冒着战火硝烟慰问中国人民志愿军和朝鲜人民军，演出 180 余场。"谁说女子不如男"的铿锵歌声在抗美援朝前沿阵地、军营山洞、后方医院、伙房营地久久地回响，变成千钧力量，激励着志愿军战士英勇杀敌，保家卫国。

图 4-3 米格 15 战斗机

从舞台到讲台，由名角儿变教师，豫剧人才得以辈出

20 世纪 70 年代末，国家百废待兴，戏曲领域青黄不接，面对青年演员十分匮乏的窘况，年过半百的常香玉想起了周恩来总理 1960 年的郑重嘱托："要培养青年一代，把几十年的经验教给青年。"是的，要培养接班人，培养青年人，只有这样，豫剧事业才大有希望。1977 年 12 月 27 日，常香玉赴任河南省戏曲学校校长，勇敢地挑起了培育戏曲后辈人才的重担。上任伊始，常香玉深知教师之于学校戏曲教育教学的重要性，于是便协调多方力量，在赢得院团领导和同行的充分理解和大力支持的前提下，选调舞台艺术经验丰富的优秀戏曲演员、乐队演奏员，充实到戏校的师资人才队伍中。经过一段时间的努力，戏校的唱腔、表演、乐器演奏等师资力量得到了加强。

从舞台走上讲台，由名角儿转变为教师，面对学生们单纯可爱的笑脸和渴望求知的眼神，常香玉毫无保留地把自己的《红娘》《断桥》《花木兰》等代表性剧目传授给了学生们。她逐字逐句地讲解，甚至在教授《大祭桩》时不顾自身年迈，双腿下跪，为学生亲自示范。晚年的常香玉身患癌症，病魔缠身。在河南省人民医院住院时，她常对身边的医护人员说："国家花钱不少了，我心疼啊，不要再给我用值钱的药了。"常香玉去世后，国务院授予她"人民艺术家"的荣誉称号，号召全国广大艺术工作者以常香玉同志为榜样，热爱祖国，热爱中国共产党，热爱人民；学习她对艺术精益求精、勇于创新的艺术品格；学习她德艺双馨、无私奉献的品质和崇高精神，为繁荣和发展我国的文艺事业做出更大贡献。

(资料来源：《光明日报》2023 年 07 月 19 日 16 版，有改动，
https://news.gmw.cn/2023-07/19/content_36705915.htm.)

百年春秋转瞬去，音容犹在玉常香。常香玉一生爱党、爱国，将毕生献给了民族戏曲艺术事业。

练习与实训

一、选择题

1. 即兴演讲的特点是(　　)。
   A. 没有准备　　　　B. 有感而发　　　　C. 篇幅短小　　　　D. 长篇大论
2. 即兴演讲的要求是(　　)。
   A. 抓住由头　　　　B. 做广告　　　　C. 迅速组合　　　　D. 辩论
3. 演讲中抒情的方式主要有(　　)。
   A. 言辞传情　　　B. 眼神传情　　　C. 声音传情
   D. 手势传情　　　E. 态势传情
4. 即兴演讲立意时,应遵守的要求是(　　)。
   A. 针对性强　　　B. 激情澎湃　　　C. 话题新颖　　　D. 切入角度小

二、简答题

1. 即兴演讲的特征有哪些?
2. 即兴话题内容选择的方法有哪些?

三、实训题

1. 请以任意现场元素为话题,扩展联想,进行即兴发言。
2. 请以"人多力量未必大""不知足常乐""学海无涯乐作舟""巧妇善为无米之炊""没有异想,哪来天开?""熟不一定生巧""不看风焉能使舵"等为题,进行逆向思维,表达观点。
3. 请在班会上发表获奖感言或班级发展建言。
4. 日常练习:自设情境(如聚会、时事评述、座谈等),练习即时发言。
5. 你认为"大学生在地铁练口才"这种做法可取吗,为什么?请结合单元三中的"案例赏析"之《大学生地铁练口才上演超级演说家》案例材料,进行即兴评述。

单元五　辩论演讲

"夫辩者，将以明是非之分，审治乱之纪，明同异之处，察明实之理。"

本单元主要介绍辩论过程中经常运用的一些辩论方法和赛场辩论的技巧，并结合实例进行阐释分析，便于学习掌握。

"案例赏析"具有一定的示范性。"文化直通车"专栏开启中华诗词、历史典籍和人文故事之旅，品味诗意人生，感悟中华智慧，传承民族精神。

单 元 目 标

知识目标：

1. 掌握辩论思维的特点。
2. 掌握辩论的方法。
3. 掌握辩论比赛的流程和赛场辩论技巧。

能力目标：

1. 能准备和参与一场辩论比赛。
2. 能运用辩论技巧进行辩论。

素质目标：

1. 培养学生的辩论思维能力。
2. 培养学生良好的心理素质和团队合作能力。

实训任务一　辩论方法

【案例导入】

濠梁之辩

庄子与惠子游于濠梁之上。庄子曰："鲦鱼出游从容，是鱼之乐也？"惠子曰："子非鱼，安知鱼之乐？"庄子曰："子非我，安知吾不知鱼之乐？"惠子曰："吾非子，固不知子矣；子固非鱼也，子之不知鱼之乐，全矣。"庄子曰："请循其本。子曰'汝安知鱼乐'云者，既已知吾知之而问吾。吾知之濠上也。"

译文：

庄子和惠子一道在濠水的桥上游玩。庄子说："鲦鱼在河水

图 5-1　濠梁之上

中游得多么悠闲自得，这就是鱼儿的快乐呀。"惠子说："你不是鱼，怎么知道鱼的快乐？"庄子说："你不是我，怎么知道我不知道鱼儿的快乐？"惠子说："我不是你，固然就不知道你的想法；你本来就不是鱼，你不知道鱼的快乐，这是完全可以确定的。"庄子说："请从我们最初的话题说起。你说'你从哪里知道鱼的快乐'等，既然你已经知道了我知道鱼的快乐却又问我，所以我说我是在濠水的桥上知道的。"

(资料来源：《庄子·外篇·秋水》http://wyw.5156edu.com/html/z8188m4469j1169.html.)

谈一谈

你认为庄子和惠子谁更有道理？为什么？

一、辩论的概念和类型

(一)辩论的概念

什么是辩论？辩，是辩解、辩驳；论，是议论、论述。"辩"，就是用言语使人的思维更为合理；"论"就是用合乎情理的语言来表达自己的观点，让人们更容易接受。所谓辩论，是一种口语交际活动，其间双方持有不同的观点或立场，用一定理由来说明自己对事物或问题的见解的正确性，并揭示对方观点的矛盾之处，以求最终得到正确的认识或共同的意见。这里"论"和"辩"有区别也有联系，相辅相成，缺一不可。其中"论"重在论证自己的论点，以论证自己的论点；"辩"重在从另一方面否定他方的论点。在论辩活动中，"辩"起着核心作用，而"论"又从根本上服务于"辩"。没有"辩"这个正面交锋的过程，争论便会丧失其存在的价值和意义。而没有论述阐明的过程，"辩"又会显得空洞无味、缺乏说服力。

(二)辩论的类型

辩论按目的和用途划分，主要有日常辩论、专题辩论和模拟辩论三大类。

1. 日常辩论

日常辩论是指人们在日常生活中发生的争辩。它一般是在双方都没有准备的情况下，由眼前突然触发的意见不一致而即兴式地引起的争辩。不同于日常的争吵、挖苦和对骂，日常辩论则是采用当场进行争论、摆事实、讲道理等方式。

2. 专题辩论

专题辩论是根据社会生活中某种特定需要而进行的辩论，一般以辩清某种特定问题的是非、曲直、真伪、优劣为目的。如毕业答辩、法庭辩论、外交辩论、学术辩论、决策辩论、各种谈判中的辩论等。

3. 模拟辩论

模拟辩论又叫赛场辩论、辩论会，是就某一辩题组织参赛双方开展争论，一决胜负的辩论。赛场辩论以培养应变能力和辩才为目的。赛场辩论起源于 1922 年的"国际雄辩运

动",由英美学者发起和组织,参加"国际雄辩大赛"的多为各国大学的学生。模拟法庭、模拟联合国大会、各种辩论赛都属于模拟辩论。

在口语表达中,辩论起着举足轻重的作用:辩论是弘扬理性、消除愚昧的重要工具。法庭辩论可以保障公民合法权益和维护法律尊严;学术辩论可以推动学术进步;政策制定过程中的辩论可以确保政策更加科学合理。在培养口才的过程中,辩论也有着不可替代的作用:一是有助于训练思辨能力,深化对事物本质的认识;二是有助于培养表达能力,全面提高口语表达水平。

二、辩论思维与辩论技巧

(一)辩论思维及其特点

在辩论的过程中,要对辩题进行全面的分析,要有明确的思想、严密的逻辑、充分的论据、灵敏的反应、丰富的想象力,以及队友之间默契的配合,而这些都要建立在思维的基础上。因此,要想出色地运用语言,就得先有高超的思维能力。这是一个非常简单的道理:没有对事物的深刻洞察,就难以妙语连珠。辩论的过程是一种逻辑推理、演绎论证的过程,既要有严谨科学的态度,又要有广博的学识作为理论基础。在辩论中,对所接收的信息进行加工,这个加工过程包括比较、分析、综合、演绎、归纳,最后到达思维的理性阶段,这就是辩论时思维的过程。思维水平将影响辩论的成功与否,要想提高辩论能力,就要从培养思维方式入手。辩论思维具有如下特点。

1. 逻辑严密

辩论者的思路要清晰,判断要准确,逻辑要合理,叙述要有条理。在辩论中,思维上逻辑严密的人,都擅长分析和理解事物之间的联系,尤其是逻辑关系,从而进行论据充分、论证严谨、有说服力的议论。相比之下,思想上缺少逻辑的辩论者,其论证过程通常苍白无力,即使有理也说不出来,说话缺乏依据,甚至语无伦次,前后矛盾。

2. 思考深刻

辩论思维的思考深刻,就是能够透过复杂的表象,准确把握事物的本质属性。一场寓意深刻、犀利而又富于哲学意味的辩论,不仅是令对方折服的有效途径,更是探讨问题、解决问题的良策;而装腔作势、思想混乱、见解浅薄,则通常导致辩论或实践的失败。

3. 思维敏捷

思维敏捷意味着辩论者能够对外部环境做出快速的响应,迅速抓住问题的关键,找到破解问题的方法。特别是在辩论演讲这种即时性很强的口头辩论中,当对方结束发言之后,我方必须尽快继续发言,为自己的论点辩解,或者反驳对方的论点。只有思维非常敏锐,才能迅速判断出对方的意思,并且能快速组织材料,选出最优的辩论方式,并立刻做出回答。如果思维缓慢、反应迟钝,就会在辩论中处于劣势,甚至无法组织起有效反击。

4. 语言手段意识

辩论把语言作为主要手段和工具来说服别人。"工欲善其事,必先利其器",因此在

辩论中要有意识地斟酌词句、安排语序、谋篇布局，以及选用恰当的语气。辩论者的语言如同战士的武器。辩论的语言也有使用技巧，需要在平时不断学习、磨炼。

(二)辩论思维的培养

在日常生活中，我们发表见解时需要用语言准确、清晰、系统地反映出自己的思想，而辩论则需要更强的思考能力。辩论要求灵活地根据不断变化的论证过程和情境，迅速而严谨地组织好己方的论点、论据，并把它清晰无误地表达出来。可以通过以下途径培养辩论思维能力。

1．注意知识积累

人的思维能力与其学识的广度和深度有很大关系。在理论上，人们对信息储存的质量和数量都与记忆有关。如果对方提出了一个我们很熟悉的问题，我们可以结合自身的知识储备，寻找对方的漏洞，并进行有效的反击。而如果对方谈论的是我们不了解的事物，我们就会像听天书一样不知所云，这样就无法有效地发现问题，容易陷入被动。因此，辩论者需要对辩论主题及其相关事物有尽可能广泛而深入的了解。这就要求平时注意知识的积累，比如接受通识教育、培养广泛的兴趣、多接触各种领域的知识等。

2．逆向思维训练

逆向思维，也称求异思维，是对已经形成的东西或看法进行逆向思考的一种思考方法。我们要敢于"反其道而思之"，使思维朝着相反的方向展开，从问题的反面进行深度探究，建立新的思路，创造新的形象。我们已经习惯了从正向的角度来考虑问题，寻找解决方案。事实上，对有些问题，从结论往回推，倒过来思考，反而可能简单解决问题。

某自助餐厅，因顾客浪费严重，导致成本高，餐厅效益不好。因此，餐厅规定：凡是浪费食物者罚款10元，结果生意一落千丈。后来有人建议将售价提高10元，并规定：凡没有浪费食物者奖励10元，结果生意火爆且杜绝了浪费行为。

使用正向思维制止顾客的方法并不能有效改变顾客浪费粮食的做法，反而让顾客反感从而为饭店带来了不良影响。而逆向思维的方法，提高售价10元，并规定不浪费者奖励10元，让顾客觉得只要不浪费就可以得到十元，不仅有效地解决了浪费食物的问题，还起到了促销的效果。

(资料来源：https://business.sohu.com/a/478869568_121124332.)

(1) 反转式逆向思维法。这种方法是指从已知事物的相反方向进行思考，产生发明构思的途径。反转式思维通常从事物的功能、结构、因果关系等三个方面做反向思维。比如，传统的车床把整块材料切削成零件，是在原材料上做减法；而新兴的 3D 打印是用原料"打印"堆叠出产品，属于用材料做加法，因此属于"增材制造"。

(2) 换位式逆向思维法。这是指在研究问题时，由于解决这一问题的手段受阻，而转换成另一种手段，或转换角度思考，以使问题顺利解决的思维方法。处理人际关系时常用的"换位思考"就是这种思维方法的一种运用。

(3) 缺点逆用思维法。这是一种利用事物的缺点，将缺点变为可利用的东西，化被动为主动，化不利为有利的思维方法。这种方法并不以克服事物的缺点为目的，相反，它是

将缺点化弊为利，找到解决方法。例如，金属腐蚀一般是坏事，但人们利用金属腐蚀原理来生产金属微粉，或进行电镀等，这无疑是缺点逆用思维法的一种应用。"田忌赛马"也是运用逆向思维解决问题的例子。

3. 发散思维训练

发散思维是指解决问题时，沿着不同的方向进行积极的思考，找出多种答案或方法。如果我们想到的论据或方法比较多，通常可以提出一些可以令对方措手不及的观点。培养发散性思维，可从如下方面进行。

第一，解放思想，发挥想象力。发散思维和想象密不可分，当我们随心所欲地把想象扩展到各个方向时，就会产生发散式的思考。在培养发散性思维时，要尽可能地从逻辑思维中解放出来，大胆地去想象，不要去管它的结论是不是合理的，是不是可以实际应用。同时，也要敢于去想一般人不敢想、觉得对自己很不利的想法。

第二，要紧密联系关键字的含义及功能，作适当的发挥与联想。以"避免人才外流是不是政府的责任"这一辩题为例，人们一般会认为反方不好辩，实际上反方的立场却更有利一些。比如，政府的"责任"与"职责"有什么区别，是否有相关法律法规明确规定？又如，关键字"外流"不等同于流失，且政府并不能阻止人民的正常流动。反方如果抓住了这些点，应该会给正方造成有力的还击。

第三，多与别人进行头脑风暴、小组讨论，通过群体讨论和想法分享以生成新的观念。同时在交流中也能增长见闻、开拓思路，并提高自己的语言表达能力。比如：

(1) 在 3 分钟内说出纸张的 15～20 种用途。

(2) 以小组为单位，每个组员围绕"电子书与纸质书"说一两个观点，由组长把本组的观点加工汇总成一段话，进行全班交流。

(三)辩论方法

在辩论过程中，经常运用到一些辩论方法，归纳起来主要有以下几种。

1. 短兵相接

短兵相接是指针对对方的辩论辩术进行强有力的反攻，面对面地直接辩驳。在辩论中，双方经常在一些重要的问题上争论不休，谁也不肯让步，甚至有时逻辑不严谨。这种情况下针锋相对地揪住对方某些语句进行正面反驳，即用一种直接、犀利、快速的方式来回应对手的观点。但请注意，这里的激烈不是拍桌子、瞪眼睛，更不是粗鲁无礼的谩骂，而是逻辑严谨、用词精准、语气坚定的驳斥。

战国时，陈轸与张仪同在秦惠王手下做官，张仪出于争宠，想扳倒陈轸。于是，他向秦惠王报告说，陈轸经常带着钱来往于秦楚之间，但不是替秦王办事，而是替自己捞取好处。还说陈轸有背秦奔楚的倾向。

对于张仪的小报告，陈轸采取了理直气壮加以反驳的办法。他对秦惠王说："我是要去楚国，这一点不但张仪知道，已是路人尽知了。伍子胥忠于他的君王，所以各国都争着想要他为臣；曾参孝顺母亲，所以天下人都希望有曾参这样的儿子；人家的仆妾要卖掉，如果很快被邻里买去，那一定是能干的仆妾；女子要出嫁，如果是乡里争娶的，一定是好女子。我如果不忠于君王你，楚王还会以为我忠诚而要我吗？我这样忠心耿耿，如果你还

要嫌弃我，那我不去楚国又往哪里去呢？"

（资料来源：张浩编著. 做人三十六计[M]. 北京：中国戏剧出版社，1999.）

陈轸这一番针锋相对的义正词严、短兵相接，不但驳斥了张仪，而且委婉地表示自己忠于秦惠王，博得了秦惠王的好感，化解了张仪的阴谋。

2. 顺水推舟

顺水推舟就是按照对方的思维模式依势顺推，顺势而为；也可以从对手的核心观点出发，进行推理，得出一个明显的错误和荒唐的结论。这里"顺"的意思是顺承，作为"推"的先决条件；"推"是逆转，强调的是扭转结局。

有一次，一个美国记者同周恩来谈话时，看到桌子上放有一支美国派克钢笔，就带着几分讥讽的口气问："请问总理阁下，你们堂堂中国人，为何还要用我们美国的钢笔呢？"周恩来听出了它的弦外之音，就回答道："提起这支钢笔，话就长了。这是一位朝鲜朋友抗美的战利品，作为礼物赠给我的。我无功不受禄，所以拒收。朋友说，留下做个纪念吧。我觉得有意义，就收下了这支贵国的钢笔。"那个记者听了后，一脸窘相，愣了半晌说不出话来。

（资料来源：http://www.71.cn/2016/0304/868469.shtml.）

美国记者企图借一支美国派克钢笔讥笑中国贫穷落后，他的推论思路是：中国总理使用美国钢笔—中国不能生产优质钢笔—中国落后。周恩来巧妙地借助对方的话题依势顺推，却得出了不同的结果：中国总理使用美国钢笔—此钢笔是从美军缴获的—中国强大。周恩来以"战利品""做个纪念"等词语暗示了中国的强大，让美国记者讨了个没趣。

3. 集中火力

在辩论中，通常无法将对方的所有观点逐一进行反驳，最好能抓住对方的弱点，一击致命。这样才能在理论上完全驳倒对方。在使用"一击致命"的时候，要注重对方所提供的诸多理由和依据，抓住最重要的一点进行分析。在反击的时候，要把"火力"集中在这个要害上，而不是把力量分散开。能否把握住对方论题的要害，是使用"一击致命"的关键所在。所以，在论证的过程中，要做到去粗取精、去伪存真，透过现象看本质，抓主要矛盾、抓矛盾中的主要方面等，方能使论证的"一击"造成"致命"效果。

在一次法庭论辩中，辩护人对某司机交通肇事一案提出辩护说："铁路交叉有弯道，有扳道房，又有树木，夜间行车不易瞭望，无法预料，不应负刑事责任。"显然，摆出众多的客观原因主要是为当事人开脱罪责。对此，公诉人一针见血地指出："不易瞭望不是不能瞭望。交通规则有：通过交通路口，一慢二看三通过，以及看不清火车动向不走。辩护人的观点难以成立。这是司机违反规定，疏忽大意造成事故，犯了过失罪，应负刑事责任。"

（资料来源：https://www.docin.com/p-1852836768.html.）

公诉人的反驳就是运用了"集中火力，一击致命"的方法，他抛开是否不易瞭望的问题，而是抓住了司机违章导致了事故这一关键问题，以法规条文"看不清火车动向不走"

来证明，不容易观察到的客观原因并不是导致意外的主要直接原因，而司机违章这一主观因素则是最根本的原因，由此得出驾驶员应当承担刑事责任的结论。

4. 模糊应对

在一些特殊场合，往往碰到一些不便直接回答但又不能不回答，一时无法回答但又必须回答的问题。此时可模糊应对。

琅琊王僧虔，博通经史，兼善草隶。太祖谓虔曰："我书何如卿？"曰："臣正书第一，草书第三。陛下草书第二，正书第三。臣无第二，陛下无第一。"上大笑曰："卿善为词也。"又帝尝与僧虔赌书毕，帝曰："谁为第一？"僧虔对曰："臣书人臣中第一，陛下书帝中第一。"帝笑曰："卿可谓善自谋矣。"

（资料来源：冯梦龙评纂；孙大鹏点校，太平广记钞 第3册 卷43-卷61[M]. 武汉：崇文书局，2019.）

面对皇帝的刁问，王僧虔既不愿贬低自己，又不愿得罪皇帝，他选择模糊应对，妙在答其所不能答，从而脱离进退两难之窘境。

5. 引申归谬

引申归谬法是一种间接论证的方法。当对方提出了自己的看法，我方不去立刻予以驳斥，而是先假定对方的观点正确，然后再顺着对方的观点进行合理的推论，或者根据对方的看法延伸出一个明显错误的论点，以此来揭穿对方的谬误。

优孟，故楚之乐人也。长八尺，多辩，常以谈笑讽谏。楚庄王之时，有所爱马，衣以文绣，置之华屋之下，席以露床，啖以枣脯。马病肥死，使群臣丧之，欲以棺椁大夫礼葬之。左右争之，以为不可。王下令曰："有敢以马谏者，罪至死。"

优孟闻之，入殿门，仰天大哭。王惊而问其故。优孟曰："马者王之所爱也，以楚国堂堂之大，何求不得，而以大夫礼葬之，薄，请以人君礼葬之。"

王曰："何如？"对曰："臣请以雕玉为棺，文梓为椁，楩、枫、豫章为题凑，发甲卒为穿圹，老弱负土，齐、赵陪位于前，韩、魏翼卫其后，庙食太牢，奉以万户之邑。诸侯闻之，皆知大王贱人而贵马也。"

王曰："寡人之过一至此乎！为之奈何？"优孟曰："请大王以六畜葬之。以垄灶为椁，铜历为棺，赍以姜枣，荐以木兰，祭以粳稻，衣以火光，葬之于人腹肠。"于是王乃使以马属太官，无令天下久闻也。

（资料来源：司马迁《史记·滑稽列传》）

优孟为了达到劝谏的目的，运用了引申归谬、反话正说的技巧。即使用与原来意思相反的语句来表达本意，貌似同意厚葬马匹，实际上却顺着楚王的逻辑对葬马进行夸张的描述，以此让楚王认识到这样做的荒谬可笑。在辩论中，运用引申归谬这种表达方式往往能起到直接表达所没有的作用。

6. 类比归谬

类比归谬法是对类比与形式逻辑的结合使用。当我方发现对方逻辑上的漏洞时，首先

表现出完全承认对方确定的前提，然后在对方前提下直接推论出对自己更为有利的结论。它最主要的特点是与对方的思考路径完全相符，按照对方错误的逻辑举例子，从而让人们意识到对方逻辑的错误，并让对方无言以辩。

加拿大前外交官切斯特·朗宁 1893 年出生于中国湖北襄樊，父母是美籍传教士。朗宁喝中国奶妈的乳汁长大，不料他 30 岁回加拿大竞选省议员时，反对派的人曾诽谤他说：“你是喝中国人的奶长大的，你身上一定有中国血统。”朗宁针锋相对地反驳他们说：“据权威人士透露，你们是喝牛奶长大的，你们身上一定有牛的血统。”

(资料来源：http://philosophychina.cssn.cn/xzwj/szywj/201507/t20150720_2735545.shtml.)

切斯特·朗宁采取了与对手几乎完全相同的推论方式，以对方的方法反驳对方，使其陷入自相矛盾的境地。

7. 因果论证

事物产生、发展、变化的原因与产生的结果有着必然的联系，根据这种联系，因果论证法有两种情形：一是以“原因”作为论据来证明作为论点的“结果”可以成立；二是以“结果”作为论据证明作为论点的“原因”确实存在。在运用因果论证法时，一定要注意论点与论据之间的因果关系必须是真实的、必然的，而不能是虚假的，否则就会被对方抓住漏洞。

一位生物学教授通过试验，发现蝙蝠具有以耳代目的活雷达特性，而另一位学者则持有不同意见。于是，两人展开了辩论。

生物学教授：“蝙蝠能在阴暗的岩洞里准确无误地飞行，这是为什么？”

学者：“因为它的眼睛特别敏锐，能在微弱的光线下看清周围的障碍物。”

生物学教授：“为什么蝙蝠能在黑夜穿过茂密的树林？”

学者：“也许它有异常的夜视能力。”

生物学教授：“当我们把它的双眼遮住，或让它失明，它仍能完全正常地飞行，这又是为什么？若去掉它双眼的蒙罩，将它的双耳遮住，它飞行时就会到处碰壁，这又该如何解释？”

学者无言以对，只好认输。

(资料来源：http://www.yuedu88.com/huihuadejishu/87693.html.)

生物学教授研究了蒙上耳朵和没蒙上耳朵的区别：蒙上耳朵就不能飞，不蒙上耳朵就能飞。除了蒙上耳朵和没蒙上耳朵之外，其他条件都一样，所以得出结论：蝙蝠是用耳朵来判断方向的。这位生物学家得出了一个不容反驳的结论，就是因为他正确地应用了因果论证的方法。

8. 两难推理

两难推理是由两个假言判断和一个选言判断为前提构成的推理。辩论中常用到两难推理，即辩论的一方提出一个包含两种可能性的选言判断，再从这两种可能性引出对方难以接受的结论，因此得名“二难推理”。例如：

"如果上帝是仁慈的，他就愿意消灭世间的邪恶；如果上帝是万能的，他就能够消灭世间的邪恶；但世间仍有邪恶存在，说明上帝要么不愿意消灭世间的邪恶，要么不能够消灭世间的邪恶；所以，上帝要么不是仁慈的，要么不是万能的。"

辩论中的两难推理不仅限于两种可能性，也可以扩展到"三难"或"四难"。对于一个不正确的两难推理，我们可以从形式不正确或前提不真实两个方面来加以驳斥。

岳阳有酒香山，相传古有仙酒，饮者不死。汉武帝得之，东方朔窃饮焉。帝怒，欲诛之，方朔曰："陛下杀臣，臣亦不死；臣死，酒亦不验。"遂得免。方朔数语，圆转简明，意其窃饮以发此论，盖风武帝之求长生也。

(资料来源：罗大经《鹤林玉露》.)

在这个故事里，东方朔说："如果这酒真能使人不死，那么你就杀不死我；如果这酒不能使人不死，那么它就没有什么用处；这酒或者能使人不死，或者不能使人不死；所以你或者杀不死我，或者不必杀我。"这就是一个二难推理，汉武帝认为东方朔说得有理，就放了他。

9. 声东击西

辩论中的声东击西技巧也叫"示假隐真"，是不直接表述目标，而是从看似不相关的方面入手，最终绕回真实目标，出其不意给对手"一击"。声东击西源自"三十六计"，本属于迂回战术，关键是准确选择对方的防御重点，即注意中心，也就是"声东"所攻主要方向，确保能转移对方注意，又不泄露己方真正意图，同时要看准"击西"的时机。这种办法容易被认为故弄玄虚，因此不能频繁使用。

景公好弋，使烛邹主鸟而亡之。公怒，诏吏欲杀之。晏子曰："烛邹有罪三，请数之以其罪而杀之。"公曰："可。"于是召而数之公前，曰："烛邹！汝为吾君主鸟而亡之，是罪一也；使吾君以鸟之故杀人，是罪二也；使诸侯闻之，以吾君重鸟而轻士，是罪三也。数烛邹罪已毕，请杀之。"公曰："勿杀，寡人闻命矣。"（《晏子春秋·外篇》）

译文：

齐景公喜欢射鸟，叫烛邹掌管那些鸟，但鸟全都逃跑了。景公大怒，诏告官吏要杀掉他。晏子说："烛邹的罪有三条，我请求列出他的罪过再杀掉他。"景公高兴地说："可以。"于是召来烛邹并在景公面前列出这些罪过，晏子说："烛邹，你为国君掌管鸟而丢失了，这是第一条罪；使我们的国君因为丢鸟的事情而杀人，这是第二条罪；使诸侯们知道了这件事，以为我们的国君重视鸟而轻视人，这是第三条罪。我把烛邹的罪状列完了，请杀了烛邹。"景公说："不要杀了，我明白你的指教了！"

(资料来源：https://wenda.so.com/q/1553022123213373.)

晏子不是直接劝阻，而是间接委婉地提醒齐景公，杀了烛邹会影响景公作为君主的声誉，从而使他改变了主意。这提示我们，在辩论或劝说他人时，采用间接而委婉的方法，有时能够更有效地达到目的，可能会有事半功倍的效果。

案例赏析 5.1.1
诸葛亮骂死王朗

实训任务二　赛场辩论

【案例导入】

主动应对人工智能对就业带来的影响(节选)

作者：陈凤仙(中国电信研究院副研究员)

近年来，以人工智能、5G 等数字技术为核心的新一轮科技革命为我国的经济发展注入了新活力，同时对就业规模、就业结构、就业方式也带来了深刻影响。特别是以 ChatGPT 为代表的生成式人工智能的快速崛起，再次引发全球对新一代人工智能的广泛关注，同时也引发了人们对"机器换人"问题的广泛讨论。我们有必要未雨绸缪、加强研判，科学认识人工智能对就业带来的深刻影响，主动应对新问题、新挑战。

人工智能对就业的影响是把"双刃剑"

人工智能是推动科技跨越发展、产业优化升级、生产力整体跃升的驱动力量。人工智能作为一种新兴的颠覆性技术，极大地激发了创新创业活力，大幅增加了就业机会，助力实现更充分、更高质量的就业。但是，人工智能对就业的挤出效应也是近年来人们持续关注的焦点。

作为新一轮技术革命中崛起的新技术，人工智能正在从多个层面体现技术创新对劳动力就业的创造效应。一是新技术改变了就业结构，带来了新的就业机会。智慧医疗、智慧养老、智能安防等技术在减少传统从业人员的同时，却让人工智能算法工程师、数据科学家、机器学习工程师等技术研发、应用和维护的就业岗位明显增加。二是

图 5-2　人工智能

新技术改变了就业形态，衍生出大量灵活就业、隐性就业。规模庞大的新业态催生了外卖配送员、网约车司机、网络主播、小店规划师等大量新兴服务性职业，有效缓解了结构性失业。三是新技术大幅降低了"信息不对称"，有效提高了劳动力市场的匹配效率。

人工智能在对就业产生创造效应的同时，也带来挤出效应。但是，我们应该看到，这种"挤出"是结构性的，呈现"极化"特征。从美国、英国、欧洲等成熟劳动力市场的数据看，被挤出的是程式化工作，而非程式化工作的需求却在增加。美国波士顿咨询公司2021 年的研究表明，人工智能在劳动中的比例每增加 1‰，就会有 0.18%～0.34%的就业岗位相应减少。人们担心，随着技术向通用人工智能和强人工智能迈进，其对就业的挤出效应可能会加剧。

值得关注的是，人工智能对就业的冲击正在发生结构性变化。Open AI 公司在推出ChatGPT 后，发布了一份报告，分析 GPT 模型和相关技术对美国劳动力市场的潜在影响。研究结果表明，约 80%美国劳动力的工作任务会受到影响，其中翻译工作者、作家、记者、数学家、财务工作者、区块链工程师等脑力劳动者受到的影响最大，而食品制作、林业养护等体力劳动者受到的潜在影响最小。高盛发布的报告也认为，律师和行政人员受到的影响最大，对建筑和维修等体力要求较高的职业或户外工作受到的影响较小。

(资料来源：光明网，https://www.gmw.cn/xueshu/2023-06/05/content_36610819.htm。)

谈一谈

在当今社会，人工智能的发展是否会对人类就业产生积极影响？关于这个问题，你的观点是怎样的？

一、赛场辩论简介

赛场辩论(也称作辩论赛)是一种训练、培养、提高辩论者的思辨能力、语言表达能力和团队合作能力的团体比赛。它以参赛双方对某个问题进行辩论的形式开展，是围绕某个问题所进行的一场体现知识水平、应变能力、表达能力、综合素质的竞赛。不同于法庭辩论、会议辩论、外交辩论，赛场辩论的题目通常是中立的，没有明确的是非倾向和学术定论，如此才能让双方辩得下去、比得公平。因此，赛场辩论中双方的观点、立场没有绝对的对错之分，更多的是仁者见仁智者见智。

(一)赛场辩论的特点

赛场辩论与会议辩论相比，具有以下特点。

(1) 赛场辩论不仅在于寻求真相，更在于通过辩论来培养和提高选手的思维能力，并掌握辩论技巧，并非一定要说服另一方。

(2) 赛场辩论的首要目标是赢得比赛，因此只要辩词能够自圆其说即可，而双方所说的话都不一定代表的是现实生活中各自的真实观点和立场，是为论证赛场所持观点而辩驳。

(3) 赛场辩论的胜负由裁判或观众做出评判，因此，辩论队的重点是要使裁判或观众信服，这通常也意味着需要说服对方辩论队员。

(4) 赛场辩论是一项比赛，因此，为了保证比赛的公正性，需要预先制定一系列严谨的竞赛规则和流程，主要包括辩论题目的确定，对双方的人数限制，对发言顺序、辩论程度和时间的规定，以及对主持人、裁判人员和评分标准的要求等。

(二)赛场辩论的选题

辩论赛题目的选择，将会影响到比赛的社会效益及选手发挥，因此，比赛组织方必须仔细甄选题目，精心设计辩题。辩题选择应遵循以下原则。

1. 辩题要有现实意义

通常要选择容易与现实结合的"热门话题"，并具有一定的教育性和趣味性。过于深奥的哲学问题、宗教神学命题、纯理论性命题不适合作为辩论比赛的辩题。

2. 辩题要适合争论

辩题必须是尚无定论的问题，以便正反双方都有话可说、有理可辩，且难易程度相当。比如，正方的立场是文才比口才更重要，反方的立场是口才比文才更重要。

3. 辩题语气和修辞要适宜

辩题必须用判断句，不能用疑问句，否则对方不知从何处进行反驳。辩题可以平铺直

叙，不加修饰，例如"正方：对于企业而言，物质资源更重要。反方：对于企业而言，人力资源更重要"；也可以使用简单明了的修辞手段，或化用通俗易懂的谚语、警句，例如"正方：做大河里的小鱼。反方：做小河里的大鱼""正方：身正不怕影子歪。反方：身正也怕影子歪"。

4. 辩题要单纯明确

辩题要有清晰的概念和精准的表述，这样才能让双方在相同的问题上提出自己的观点；但也不能太复杂、太专业，否则就成了学术研讨会。例如，在"西方比东方更先进"这一辩题中"西方""东方"的概念模糊，而"先进"究竟是指物质文明抑或是精神文明，更是含糊不清，难以进行理性讨论。合适的辩题通常有适度的精确性，如"现代社会更需要通才/专才""人性本善/恶""网络使人更亲近/疏远"等。

5. 辩题要适合辩论者的水平

针对参赛人员的文化背景、心智水平、职业和阅历等不同，辩题的性质、难易也应有所不同。辩题对于辩手来说太简单或太深奥都难以收到好的效果。例如，大学生的辩题用"社会秩序主要靠法律/道德来维系""环境问题是科学问题/社会问题"；中学生的辩题用"知难行易/知易行难""个性需要/不需要刻意追求"；小学生的辩题用"细节决定成败/细节不决定成败""顺境/逆境更有利于人成长"就比较合适。

(三)人员组成

1. 参赛人员

辩论赛的参赛人员称为"辩手"，每场辩论赛的参赛队员一般分为两组，一方为正方，一方为反方。正方与反方的确定，一般于辩论赛前若干天由双方抽签决定。常见的赛制有"四对四团体辩论赛"和"三对三团体辩论赛"。在四对四制中，各参赛队通常由 4 名成员组成，每名成员担任一个辩位，分别称为一辩手、二辩手、三辩手、四辩手；有的分为一辩手、二辩手、三辩手、自由发言人。三对三制同理，但一般不设自由发言人。

赛场辩论是有组织的合作行为，不仅要求辩手们能言善辩、表现优秀，而且要求辩手之间合理分工，互相配合。四位辩手的辩词分别具有起承转合的作用，共同形成有机的整体。一般来说，四位辩手的分工如下。

一辩手的首要任务是"起"，即对本方辩题的含义进行界定，并在理论层面阐明本方立场。应该做到提纲挈领、条理清晰、简明扼要。既要使观众和评委明白己方的主要思想，又不能把本方的策略完全暴露给对方。有时候一辩手顾及不到的问题，可以让己方的其他选手来做进一步的补充论证。

二辩手的主要任务是"承"，应该从宏观和微观两个层面展开进一步论证。要做到论据充实，逻辑通顺，论证有力，使听众和评委信服。

三辩手的主要任务是"转"，此时，双方通常已进行了两个回合的交锋，三辩手既要针对对方前几位辩手出现的谬误和矛盾之处发起进攻，还要尽可能做到从新的角度进行论证，或从对方的论证中找到突破口，巧妙地使出"撒手锏"，让对方措手不及。

四辩手的主要任务是"合"，通常承担总结陈词的任务。要根据辩论的进展，选取有

利的时机,在原先立论的基础上,概括归纳并更新本方的论点,同时列举出对方论点中的谬误、矛盾和不合理之处,或通过对比分析等方式,进一步表明本方观点的正确、对方观点的错误。

在整场辩论赛中,辩手们需要明确自己的职责,同时也要注重辩手之间的互补与协作。毕竟一个人的思考和应变能力是有限的,这就需要大家的头脑风暴和团队合作。

2. 主席

主席或主持人负责主持辩论活动、维护辩论会场的良好秩序、保障辩论活动按照比赛规则有序进行。

3. 评判人员

辩论赛是一种竞赛活动,需要有人对辩论赛的结果做出评论和裁判。评判人员应该具有与辩论内容相关的专业知识。一般由数人组成评判团,其中设执行主席一名,主持评判团会议以进行评判。

4. 公证人员

正规的大型辩论赛通常都设有公证员,负责对辩论竞赛活动过程及竞赛结果进行公证。有些辩论赛不设公证员。

(四)赛制介绍

二、赛场辩论技巧

(一)确保辩论的逻辑性

辩论需要严谨的逻辑思维。在辩论的过程中,辩手们的思想必须保持前后一致,否则很容易留下破绽,给对方以可乘之机。首先,在论辩的准备阶段,要清楚己方的总论点及其建立的基础;其次,要明确总论点和各个分论点及其间的逻辑关系;最后,要明确己方的论证方法(最好也预估对方的论点和论证方法,并拟定防范计划)。论点、论据和论证是论辩的三大基本要素,只有这三个方面都准备好,才能称得上合格的辩论。

(二)多方面搜集材料

在一场辩论中,材料是论点和论据的基础。权威、典型、真实、充分、新颖的材料,是辩论时最具说服力的武器。因此在辩论之前,应从各种渠道收集相关资料,并将这些资料进行归类、整理和加工。收集资料时,应尽量全面,宁多勿缺,以防万一。凡有利于论证问题全面深入的资料,应广泛收集,以作参考,否则在构思辩词时就会力不从心。

材料包括事实材料和事理材料:事实材料如例证、数据、实物等;事理材料如科学原理、法律条文、名人名言、谚语成语等。经典生动的例证和名言警句,既能强化辩论力

量，又能增加文学性和趣味性。

(三)破题立论技巧

辩论是争论辩题，辩题是整个辩论的核心，因此明确辩题并确立论点是辩论的先决条件。一般而言，辩题都要考虑到辩论双方的原始均衡和双方基本上的平等。在优势均衡的情况下，一方也可通过巧妙地破题占据优势。

1. 对辩题的含义加以限定

这是指对辩题中的概念巧妙地做出一些限定的方法。辩题通常只有一句话，没有上下文的语境限制，它的含义在一定程度上是模糊的，是需要辩手们去解释和明确的。因此需要辩论队在正确理解辩题含义的基础上，对题目做出有利于本方的解释，确立一个最利于本方的总论点，同时找出最佳攻击点，即找到可以攻击对方立论的突破口。一般来说，定义一个概念有如下几种方法：一是查询相关工具书，如《辞海》《辞源》《中国大百科全书》等；二是参考某些理论权威、学术著作；三是根据风俗习惯、法律法规下定义；四是根据逻辑推理得出定义。总之要能逻辑自洽、自圆其说。

例如，在第一届国际大专辩论赛中，台湾大学队(正方)和复旦大学队(反方)关于"人性本善"还是"人性本恶"的辩论是一场经典之战。复旦大学队把"人性"分为"社会属性"和"自然属性"，指出"自然属性"是先天的，也就是所谓的"本能"，又把"恶"解释为"本能和欲望无节制的扩张"。这样，复旦大学队便有意缩小辩题的范围，他们就无须证明"人性本来的全部都是恶"的这个难以证明的命题，只要证明人类中确实有一些人是恶的就可以了。

2. 选择对己方有利的角度

破题立论要利攻易守，起到先发制人的作用，应选择对己方最有利的角度进行立论，并且不要在立论环节扩大辩题的论证难度。

比如"细节不决定成败"这一辩题，反方可以立论为"细节对成败没有影响"，也可立论为"细节对成败的影响没有'决定性'那么大"，但选择前者就会增加自己论证的难度，而选择后者对自己就较为有利。再如，对正方的"细节决定成败"这一辩题，反方除了选择攻击"决定"这个概念外，还可选择"成败"本身进行诘难和攻击。但这样就使论证变得复杂化，增加了论证难度，因此不要轻易选择这个攻击点。

3. 占领制高点，掌握主动权

关键点是能体现重要论点、论据等材料中的关键词。重要论点是双方必争的关键点，应列为己方重点攻击目标之一。但攻击的点不局限于重要论点，应该出其不意地攻击对方容易疏忽或比较薄弱的地方。首先要掌握解释关键词的主动权，这是进一步取得优势的基础。

例如，对"高消费对中国市场经济的发展利大于弊"的辩题，正方审题后，决定选择"高消费"这个关键词作为重点攻击目标，利用己方率先发言的有利形势，抢先对"高消费"做有利于己方的界定，将之解释为"高质量、高档次、高品位"的消费，而不仅仅是价格高的消费项目，其立论一举掌握了主动权。

(四)自由辩论攻防技巧

1. 攻击技巧

攻击,即在自由辩论中的主动进攻、主动发问。这是每个辩论队都不可或缺的素质。然而,攻击能不能奏效,是由多方面因素决定的。

(1) 攻击的准备。在辩论策略确定、辩词定稿之后就应该着手准备攻击策略。通常每位辩手应根据自己所阐述的内容,准备向对方发问的问题。提问的时机和问题的长短应根据质询或自由辩论环节的时间长短来确定。通常一场 30 分钟的辩论大致需要每人准备 20 个问题,据此,四个辩手准备的问题大约有 80 个,这样才可能足以支撑到自由辩论结束。如果在比赛中,有的队员有时间却没有问题可以诘问对方,会被看作是准备不足的表现。

可从以下三个层面准备用于盘问或自由辩论的问题。

一是现象层面的问题,又称事实层面问题。即针对论点、论据所基于的历史事件、现实事实、国际事实、数字事实等进行提问或质疑。这种问题很容易让人产生共鸣,如果问得好能让人眼前一亮。但也要注意不能为了标新立异、哗众取宠而偏离主题,否则会适得其反。

二是理论层面的问题,又称论证层面的问题。即针对论点、论据所基于的理论、原理、公理、哲学思想等理论基础进行提问或质疑。这类问题有直问、曲问、反问、逼问等形式。直问要提得尖锐,曲问要迂回巧妙,反问要提得适时,逼问要问得机智,要达到的效果就是让对方难以回答,却又避无可避。

三是价值观层面的问题,又称社会效应层面的问题。就是把对方的论点、立场和逻辑延伸出去,将其推而广之,再从价值观和社会效应的角度来质疑其是否仍有说服力、能否站得住脚。这类问题,一是能够扩大自由辩论的战场,给对方造成被动,同时也是争取听众、评委认同的重要手段。但是倘若己方的某些论点也存在这方面问题,就应慎重使用这一策略,以免搬起石头砸自己的脚。

有了这三个层面的问题准备,就能够构成三维立体阵势,让对方陷入立体包围之中。在一些辩论赛中,不少辩论队只准备了一个层面的问题(大多是现象层面的问题),把过多的时间和精力花在了趣味性上,其结果是打击力不强,且流于肤浅的表象之争。有时候还因为把握不好事实层面的问题而偏离了主题,使辩论成了咬文嚼字的语言游戏和提问游戏,这是很可惜的。

(2) 攻击的组织。自由辩论不等于散漫无序的争辩,其中的攻击应该是有效、有序、有组织的进攻,而不是东一榔头西一棒槌式的、零碎的攻击。有序攻击的表面形式是让观众看得出轮番上阵的脉络,看得出有战术安排,根本目的是要掌握场上的主动权。为了达到控制场面的主动地位这个目标,场上应该有一名"灵魂队员",或者称为主力辩手、主辩。由哪个辩手来充当这个人物都可以,但是一般由三辩或一辩、二辩来充当。有时,四辩也是很好的担任此角色的人选。他的任务是不仅要清楚地知道本方的立场和思路,也要透彻地知道对方的立场和思路,陈词阶段一结束就能找到对方存在的主要问题,并进行有效的攻击。

灵魂队员的任务如下。

① 能在自由辩论中冷静地掌握整体局势,发起的攻击力求取得实效。

② 充当场上的指挥员和定海神针。发问不在多而在精，他提出的问题既是为了攻击对手，也是对本方立论的揭示和强化。

③ 承担主动转移战场的任务。如果对某一层面的问题进行了长期的追问，那么就需要转移到其他的层面；当己方在一个层面被压制，陷入僵持的时候，便需要转到另一个层次去开辟新的战场。

④ 化解对方提出的动摇己方总论点、危及关键点的问题，能够转危为安，甚至化被动为主动。

⑤ 对己方误入对方圈套、偏离辩题、陷于被动的局面，能够设法挽回并再度组织起进攻。

当然，其他队员要主动配合，互相呼应，才能形成整体的力量，这就需要队员之间的默契。通常，这种默契是需要时间练习、培养的。

对于能否做好攻击的组织，在上场前可以把如下几点作为检验标准：一是有没有组织者，即有没有"灵魂队员"，以及其组织、应变能力如何？二是队伍其他成员与灵魂队员之间有没有默契？三是整个队伍对特定的辩题的立场认识是否完全一致，有没有大的分歧？四是准备了几个层面的问题，这些问题可以对付多难的场面，能否支撑足够长时间？五是对于对方可能提到的非常艰难、尖锐问题，己方研究到什么程度，有无应对策略？六是预估自由辩论中将会出现的最为险难的局面是什么样的，己方应该如何应对？把这六个问题想清楚了，有了解决的办法，那么攻击自然就会变得有效、有序。

(3) 攻击的节奏。应以张弛有度为佳。一味迅疾或一味缓慢都有缺陷，前者容易变得暴躁，后者容易变得沉闷。

案例赏析 5.2.1

中国政法大学首届国际大学生华语辩论公开赛辩词节选(2016 年)

立场：在危害公共利益案件中，亲亲相隐/大义灭亲更应得到尊重

正方(重庆大学队)：在危害公共利益案件中，亲亲相隐更应得到尊重

反方(上海交通大学队)：在危害公共利益案件中，大义灭亲更应得到尊重

反方二辩申论

反二：首先，让我们澄清一下，今天在法理解释上的问题。因为原本国家在制定法律的时候只考虑了一种情况，即今天你要对那个犯罪的人举证，你要去作证来抓捕他。因此，在亲亲相隐这一方面来说是存在缺失的。对方看到，今天我把这个缺失的环节补上，他做出一个推演、推论，可以理解为这是现代法系对于亲亲相隐的理解和尊重。这没有问题，大部分人也是像您方这样认为的。那么，这样会产生什么样的问题呢？其实，这是您方对今天辩题困境的误解。今天辩题的困境其实是告诉我们，两方的选项都有保护的一方，也都有退让的一方，保护和退让是在血缘亲情的信任和爱，与伤害无辜民众的大义之间的抉择。但是今天这个题目是不是让我们来教一个人如何做抉择？不是的。是告诉周围看待这个事情的人，在看到你的抉择之后，对你持什么样的评价和态度，这叫理解还是不理解？这叫尊重还是不尊重？

那我们看一下现实，就好像您方今天所说的，人们都相信亲情是不可割舍的。2014 年越狱犯高玉伦落网，是因为他侄子一家人对他举证并报警控制住他。一时网上的评论声不

断，但是大致上有两种主流声音：第一种说高家人为了高额奖金把持不住自己，所以考虑了灭亲；还有一种是，他们害怕包庇窝藏会连累自己，所以选择了大义灭亲。但是你有没有看到，他们都不是坏人。今天他(高玉伦)做这样的事情，他杀害了狱警并越狱，谁知道他以后还会不会影响更多的公共安全。今天一家人出于自己内心的考量之后选择了检举揭发，这不是正义吗？但是面对这样的行为，社会舆论几乎一边倒的恶意揣测，觉得你是在对亲人损害。为什么会有这种现象，我从原理上给大家分析一下：是因为每个人都有亲人，所以在选择背叛亲人的这个选项上面，人有更在意的，就有了投影心理，更觉得这个人在伤害自己亲人的时候自己无法接受。但对于那部分公共利益，这个人不认识他们，我也不认识他们，所以他选择保护公共利益我是无法理解的，于是我指责他们就是对亲人的伤害。这是亲疏远近之间产生的差别。

那就很奇怪了，今天保护亲人的人，无论从法律上已经有了对方所说的种种保护，还是从舆论上已经有了非常多的人的理解和认同。相较之下，正义的行为反而受到人们的责难和质疑，那么在现状下，是不是大义灭亲的行为更应该被尊重呢？

正方一辩质询反方二辩

正一：请问您第一个问题，您方今天的标准是不是在于，今天两者谁不够，就更应该补充谁，谁就是更尊重？

反二：今天我方一直在强调您方根本没有比较谁更尊重，这是我方给出的第一种比较方案。

正一：对方辩友，答非所问。请问您，您方今天的标准是不是，谁不够，就补充谁，谁就是更尊重？

反二：在现阶段可以这样理解。

正一：哦，原来您方的标准是这个。但再请问您，这样的标准是不是两者在天然上应该是同等才能进行这个价值比较？

反二：对，所以可以看到今天法律上只是补充了缺失的那边，但是它根本保障的是你的自由选择权，而不是对于伦理那边的偏袒。

正一：没有啊，对方辩友。所以您要用"谁不够"来论证"更尊重"，就请您接下来论证这两者是平等的。再请问您，今天亲亲相隐对个体正义是有阻碍的吗？

反二：我方并不承认今天亲亲相隐是对亲人有损害的，就好像您方说的，接下来我们要论证的是它在这方面的缺失，接下来您方要论证……

正一：对方辩友，不要不敢回答我的问题。那再请问您，大义灭亲对个体正义是不是有维护？

反二：大义灭亲，我认为它是出于考虑到自己内心可能无法割舍掉对于其他人利益的考量，他是对自己的内心有责难的。

正一：对方辩友，又答非所问。那再请问您，法律对一个推动自己的东西不褒奖，对一个阻碍自己的东西反而肯定和保障，这是为什么？

反二：这不叫阻碍，因为人们对法律的舒适感、认同感是非常重要的。这就是为什么西方法系要纳入亲亲相隐作为一种考量因素。

正一：这不阻碍，所以您方论证了亲亲相隐不阻碍实体正义，那么它不是更应该得到尊重吗？请问您，今天更尊重大义灭亲，是不是应该把它上升为一种原则进行推广呢？

反二：今天我们只探讨评判和资格，为什么要把它上升为原则，您方需要论证一下。

正一：所以您方是认为更尊重这种理念，不需要把它上升为原则，不需要人们效仿对不对？

反二：当然不需要人来效仿，我今天不是要教你做出选择的，我今天只是说对于一个人的选择，我要怎么评价他，我要怎么理解他。

正一：奇怪了，两个价值的比较完了更值得尊重的那个观点，你告诉我不需要推崇；反而要推崇那个不被尊重的，您方观点是不是有失偏颇呢？

反二：我方只是希望选择亲亲相隐的人能对选择大义灭亲的人给予更多尊重，谢谢。

正一：那您还需要论证两者天然平等。谢谢。

（资料来源：共青团中国政法大学委员会编，《国际大学生华语辩论公开赛》，

中国政法大学出版社，　2018.11.）

【案例 5.2.1 简析】

正方的提问切中要害，非常尖锐。反方在申论中表明论点论据之后，正方立刻针对反方立论的依据标准进行了提问："标准是不是在于，今天两者中谁不够，就更应该补充谁，谁就是更尊重？"这是个价值观层面的问题，意在质疑反方的立论基础。反方以"更应"为关键点，立论基础是"大义灭亲"是有利于正义的，但受到大众舆论责难，因此"大义灭亲的行为更应该被尊重"。正方将反方观点概括出来，首先是征求反方确认。反方意识到其中有诈，故而采用模糊应对法，一番闪烁其词。但正方使用选择疑问句，迫使对方进行了确认。之后正方利用顺水推舟、引申归谬、类比归谬等手段，指出按反方的论点推演下去，就会得出"两个价值的比较完了更值得尊重的那个观点，你告诉我不需要推崇，反而要推崇那个不被尊重的，您方观点是不是有失偏颇呢？"这种荒谬的结论。正方步步为营，把反方逼入险境，并提出"您还需要论证两者天然平等"这个加重对方论证难度的要求。

2. 防守技巧

辩论中的自由辩论阶段，既要进行攻击，也要进行防守，攻守兼备的团队才能发挥出最大的威力。在防守时，应注意下列技巧。

（1）盯人防守技巧。即各人盯住各人的对象防守。通常是一辩盯一辩，二辩盯二辩……以此类推，即一辩回答一辩的问题，二辩回答二辩的问题。这样每个辩手都有关注的具体目标，就不会出现容易回答的问题就抢着答，难回答的问题就相互推诿的情况。当然，分工的同时也要注重合作，最难回答的问题，可由"灵魂队员"来补救。

（2）长项分工技巧。即事先确认每位辩手的长项，根据各人的长项来分工。比如有人擅长说理，有人擅长举例，有人擅长辨析，有人擅长记忆等，则让其承担相应类型问题的防守。

（3）合围防守技巧。假如对方有一位非常突出的辩手，不仅对方整个局面靠其支撑，且对己方威胁很大，甚至本方队员对其有畏惧感。这种情况下可以采取合围防守，即以全队四个人的力量来合力应对，四个人从不同的层面对他提问，以攻为守。一旦他顶不住了，那对方的阵脚就会乱掉，甚至丧失赛场主动权。但要注意的是，有实力的对手，尤其是实力强大的对手不是一两招就能被制服的，所以己方队员要有韧劲，不能操之过急，要做好合围攻防 5 到 6 个回合的打算，争取使其难于招架，提不出更尖锐的问题。

（4）协同防守技巧。有时候，队员可以采用二人共同防守的方式来回答问题或进行辩解，一个先回答，另一个进行补充。

（5）高位迫压技巧。这是一种心理战术。通常在辩论赛中，两支队伍的水平相差不大，在自由辩论的时候，很有可能会僵持不下，这样既浪费了时间，又不利于获胜。对付这种情况，比较有效的办法是采取高位迫压防守。如果对方提出的是现象层面、价值观层面的问题，那么就上升到理论层面的高度去解答；如果对方提出一个理论层面的问题，那么就从历史的角度进行解答；如果对方提出了具体、微观的问题，那就从全局、宏观的高度去解答。在这种情况下，用提高站位、居高临下的方式来回答对手的问题，意在使对方感到自己的思维水平稍逊一筹，从而内心产生动摇，攻击随之弱化。

（6）指误技巧。即不正面回答问题，而是指出对方所问问题在逻辑上、理论上、事实上、价值上、立场上、表达上和常识上的毛病，使之陷入尴尬局面。

（7）反问技巧。即从反方向上反问其问题的悖常性、悖题性、悖理性、悖逻辑性，从而化被动为主动。

（8）幽默技巧。即面对自己从容回答尚有余力的问题，适时用幽默的话语应对，效果绝佳。

（9）短答技巧。对于那些仅用一字、一词、一个成语、一个句子就能够答清，且能够反陷对方于被动的问题，应该果断而适时地使用这种手法。

（10）启导技巧。对于那些口若悬河、容易激动、很难保持冷静和理智，或表达欲极强的人，可以在回答问题的时候，巧妙地激发他的表现欲望，让他说个不停，这样可以消耗对方的时间。

（11）激怒技巧。即在回答问题的时候，巧妙地刺激对方的心理，使他不能保持镇定，甚至情绪失控。但绝对不可使用人身攻击。

（12）闪避技巧。即对那些一两句话难以答清的问题，采用合理闪避的方式，其基点是不偏离辩题的立场。

（13）反复技巧。即对一些难以回答的问题以同义反复的方式回答。也就是意思一样，但语言不同。

（14）类比技巧。即面对对方的问题，不做正面拦截，而是用同类比较的方式，把问题抛给对方。

（15）陷阱技巧。即在答问中巧设陷阱让对方来钻，然后在下一个回合中予以指出和反驳，使对方陷于尴尬。

（16）联动技巧。即本方二人以上联动，回答问题时有唱有和，你呼我应，以整体的优势对之。虽然不能两人同时回答一个问题，但可以一问一答前后联动，比如"刚才我方一辩回答了某某问题，现在我用相同的问题来问一下对方三辩"等。

（17）名言技巧。即巧妙地借用名言警句、格言谚语、历史典故、诗歌、歌词、流行语等来回答。当然也可以灵活化用名句、俗语。1993年国际大专辩论赛中，复旦大学队为了驳斥剑桥队的"温饱决定论"，对裴多菲的诗句作了修改：生命诚可贵，爱情价更高，若为温饱故，两者皆可抛。

以上仅是一些常见的技巧。由于辩论赛场上的情况千变万化，有的技巧或许有用，有的却不一定能用得上。古人云"运用之妙，存乎一心"，通过参加辩论积累经验，熟能生巧，优秀的辩手会总结提炼出一套属于自己的辩论技巧。

案例赏析 5.2.2

第一届国际大专辩论会初赛辩词节选
辩题：温饱是/不是谈道德的必要条件

正方(剑桥大学队)："我先请问对方同学三个问题。第一个问题，颜回一箪食、一瓢饮，固然是圣人。请问，在座的四位有几个人做得到？在复旦大学里面有多少人做得到？如果只有少数人做得到，这样能算是这种道德在社会上得到推行了吗？第二个问题，李光耀总统当初在推行道德建设的时候，是不是也同样发展了经济建设，不然哪会有今天丰衣足食的新加坡社会？请不要回避这个问题。第三个问题，请教对方二辩，您引《礼记·礼运》篇中的'鳏寡孤独废疾者皆有所养'，请问'皆有所养'，是温饱还是道德？请回答。"

反方(复旦大学队)："首先指出对方一个常识性错误——李光耀是总理而不是总统(掌声、笑声)。我方认为'君子无终食之间违仁，造次必于是，颠沛必于是'。我请问对方一个问题：在贫困的社会中有没有道德？"(掌声)。

(资料来源：王沪宁，俞吾金.狮城舌战　首届国际大专辩论会纪实与评析[M].

上海：复旦大学出版社，1993.)

【案例 5.2.2 简析】

剑桥队洋洋洒洒的一番议论，连续提出三个问题，本来气势十足，却因为"总统"这个措辞失误，被复旦队浇灭了气焰。复旦队反应很快，他们抓住了对手的弱点，使用指误技巧、短答技巧等手段，无视对手连珠炮般的质问，用一句话回答了对手三个问题。然后复旦队立即亮出"撒手锏"：在贫困的社会中有没有道德？实现了反守为攻。剑桥队如果说"有"，就等于否定了自己的观点；如果说没有，复旦队定会举出很多例子，把剑桥队反驳得体无完肤。复旦队在防守中巧妙利用对方在立论上的逻辑破绽，抓大放小，回答质问是次要的，利用回答的机会进行反攻才是主要目的。

案例赏析 5.2.3　第一届国际大专辩论会总决赛辩词(节选)

诗词之旅　哲韵中国

第五期　雄浑壮丽
——边塞诗

欢迎同学们乘坐"文化直通车"，开启诗词之旅，感受诗意人生。

"大漠孤烟直，长河落日圆"，广袤无边的沙漠上升起一缕直冲云霄的烽烟，圆圆的夕阳眼看就要坠落到长长的黄河之中。苍凉的荒漠与远天相交，旷远的夕阳落入河的尽头，构成了一幅雄浑、落寞、苍茫、壮阔的沙漠奇景。这就是中国浩瀚诗海中的一员——边塞诗中所展示的神奇画面。本期"文化直通车"之"诗词里的中国"，就让我们走进边塞，去欣赏那里的大漠、长河、胡天、狼烟、风雪，去了解"琵琶起舞换新声，总是关山旧别情"的愁思，去体会"但使龙城飞将在，不教胡马度阴山"的豪迈。

本期详细内容请扫描二维码阅读。

边塞诗导读

厚重典籍　智慧中国

第五期　纵横捭阖
——《左传》《战国策》

欢迎同学们乘坐"文化直通车"，品读经典，汲取智慧，润泽心灵。

春秋战国时期，社会剧烈变革，阶级斗争复杂。各国统治者为吸取经验教训，适应社会形势，维护本国利益，纷纷组织史官积累档案资料，编撰历史著作。《左传》《战国策》就是在这样的社会背景下汇编整理而成，记录了各国卿大夫、策士等的言论，以及诸侯国的政治、外交、军事活动，反映了那个时代纵横捭阖的社会现实和开放融合的思想文化。本期"文化直通车"之"典籍里的中国"，让我们透过《左传》《战国策》中一段段跌宕起伏的故事，一场场波谲云诡的战争，一个个巧言善辩的谋士，走进春秋战国，了解历史知识，学习文学艺术，领略语言的魅力。

1. 《左传》

《左传》(又称《左氏春秋》)，是我国第一部叙事完整的编年体史书。《春秋》是周朝时期鲁国的国史，相传由孔子修订而成。由于《春秋》用于记事的语言极为简练，几乎每个句子都暗含褒贬之意，被后人称为"春秋笔法""微言大义"。后来出现了很多对《春秋》进行补充、解释、阐发的著作，被称为"传"。代表作品是被称为"春秋三传"的《左传》《公羊传》《谷梁传》。其中，《左传》的流传最为广泛。

《左传》卷帙浩繁，内容庞杂，涉及政治、经济、军事、外交、天文、地理、农业、医学、习俗、文艺等诸多领域，将春秋甚至更为久远年代的社会文化与生活形态清晰地展示给读者。在《春秋》所记载的鲁国历史中，虽然简要记录了十二位鲁国国君的统治时期，但《左传》不仅讲解了《春秋》所运用的"春秋笔法"，还记述了包括鲁国在内的晋、齐、楚、秦、郑、宋、周、卫乃至一些小国的史事，扩展了《春秋》的地域范围。通

过历史人物的对话、文书档案的转录、历史亲历者转述的一些细节，以及贤人对各个事件的评论，构成了《左传》的叙事结构。《左传》还借历史人物之口引用儒家经典《诗经》《尚书》《易经》以及儒家失传之书，在叙史的同时，帮助读者解读了这些经典中的文辞，阐述了儒家治国理念，所以，《左传》可谓亦经亦史。

《左传》在叙述春秋各诸侯国政治、外交、战争的过程中，塑造了一批生动鲜明的人物形象。诸如雄才大略的晋文公、蠢笨迂腐的宋襄公、阴险狡猾的郑庄公、明察精断的子产、忍辱负重的赵盾、足智多谋的曹刿等，给人留下了深刻的印象。《左传》记录了数百次战争，其中秦晋韩原之战、晋楚城濮之战、齐晋鞍之战、晋楚邲之战、晋楚鄢陵之战等，都是很著名的战争。《左传》对这些战争的记录，情节曲折，文采飞扬，文学性很强，为后世的军事史学记录及战争文学创作提供了重要的参考。《左传》叙事大量采用了民谣、谚语，不仅民谣、谚语的内容丰富多彩，而且其运用手法也灵活多样，同时又大量体现出行人外交辞令之美。外交辞令极富政治性，既是大国争霸的语言工具，也是小国抗衡的必需武器，往往能够产生积极的政治效果。如鲁僖公四年的齐楚召陵之盟，起因是蔡姬荡舟惹怒了齐桓公，被桓公遣送回蔡国，但没有正式弃绝，蔡人却将其另嫁他人。于是桓公率八国之军伐蔡，并乘机南向逼楚，目的在于征服楚国，承认齐的霸主地位。当时楚国势力很强，齐国并没有打败楚国的绝对胜算，便一面耀武扬威，一面也做好了谈判的准备。齐、楚双方都想在谈判中得到更多的利益，于是展开了一场激烈的外交辩论。楚国使者首先批评齐的大兵压境，说齐在北海、楚在南海，两国风马牛不相及，楚又没有招惹齐，不料齐竟前来打楚；齐则陈述齐国伐楚的合法性，指责楚不给周室进贡，以及当年周昭王南征不返曾经死在汉水等罪状。楚回答说："不进贡是我们的错误，我们改正就是了；至于昭王南征不返，与我们无关，你应该去问汉水！"语言幽默，妙趣横生，尤其是楚的辞令，委婉有礼，柔中带刚，斩钉截铁地回击了齐国。双方又经多次唇枪舌剑，最终互相妥协，达成和约。

《左传》是一部史学成就和文学成就都非常高的著作。它是我国第一部规模宏大而内容翔实的史学巨著，在古代史学发展史上占有不可替代的重要地位。它以近 20 万言的规模，全面、系统地记载了春秋一代的大事，广泛涉及周王朝和晋、鲁、楚、郑、齐、卫、宋、吴、秦、越、陈等十多个诸侯国，并且屡见追记西周与殷商甚至有夏以前时期的史实。它采用编年记事的方式，虽然以《春秋》为纲，然而其记事范围之广，叙述内容之具体、详赡，则大大超出了《春秋》的范畴。作为一部编撰于 2000 多年前的史著，《左传》另一引人注目之处，是它在记事中还体现了具有积极意义的指导思想和撰写原则，从而开创了我国古代史书编纂的优良传统。《左传》被评

图5-3　《左传》《战国策》

为继《尚书》与《春秋》之后，开《史记》《汉书》之先河的重要作品。在先秦文学史上，《左传》也有着非常重要的地位，它的出现预示着散文的发展已经面临更加广阔的天地。《左传》展现了一批有着各自经历和不同性格的历史人物，为此后传记文学、历史小说的涌现提供了难得的启示和重要的借鉴。此外，《左传》的语言简洁而准确，生动而富

于表现力，注意细致描摹，长于运用比喻，达到了很高的艺术成就。因此，《左传》也是一部非常优秀的文学著作，历代学者常把它与《史记》并称，尊为历史散文之祖。

2. 《战国策》

《战国策》也称《国策》，是一部独特的国别体著作，也可以说是一部独特的言论集、故事集。它主要记载了战国时期策士游说诸侯、国君的活动和说辞，以及一些相关史实和历史人物。它以策士的游说活动为中心，反映了战国至秦汉之际的社会风貌和各国政治、经济、军事、外交方面的重大活动，生动记载了纵横家们的机智善辩、聪明智慧。

《战国策》按国别记述、分篇，计有东周一篇、西周一篇、秦五篇、齐六篇、楚四篇、赵四篇、魏四篇、韩三篇、燕三篇、宋与卫合为一篇、中山一篇，总计 12 国、33 篇，记事年代大约在春秋之后、楚汉相争之前，达 240 多年。《战国策》的文辞绚丽多彩、不拘一格：或词锋锐利，气势逼人；或迂徐曲折，委婉含蓄；或酣畅淋漓，恣意铺陈；或三言两语，短小精悍；或短兵相接，唇枪舌剑；或滑稽诙谐，嬉笑怒骂。而其中的寓言故事，诸如"鹬蚌相争，渔翁得利""画蛇添足""狐假虎威""亡羊补牢""南辕北辙"等，更是家喻户晓，万古流传。

《战国策》有很高的史学价值，尤其是刘向编校成书的古本，在中国古代史上曾占有很重要的史料地位。《战国策》中的很多篇是战国时人或稍后时人所著，所载史实比较可信。《史记》与《战国策》相关的史料有 90 余事，其中有 20 余事与《战国策》相同或基本相同。在战国诸子所著书中，《战国策》也屡被征引。司马光著《资治通鉴》，战国时史料亦取自《战国策》。《战国策》中所收游说之士的纵横之论，反映了战国时的社会风貌和各国政治、经济、军事、外交的重大活动，生动记载了纵横家们的机智善辩、聪明智慧，使人如临其境，如闻其声。《战国策》为后人留下了那段历史的宝贵材料。

《战国策》同时也是一部文学价值极高的散文名著，在文学史上占有一定的地位。首先，《战国策》长于叙事，富有故事情节，引人入胜，将权谋哲理蕴藏于曲折动人的故事中，无论个人陈述或双方辩论，都喜欢夸张渲染，充分发挥，畅所欲言，具有很强的说服力。如苏秦说赵王（《赵策二》）、张仪说秦王、司马错论伐蜀（《秦策一》）、虞卿斥楼缓（《赵策三》)等，就历史散文的明白流畅来说，已经达到前所未有的高度。而且策士们估计形势，分析利害，往往细致准确。如苏秦劝薛公留楚太子，分析它有十个可能的结果（《齐策三》）；齐索地于楚，而慎子告襄王三计并用（《楚策二》)。《战国策》还善于刻画人物，使其栩栩如生。如苏秦和张仪都是能言善辩的策士，为了追逐"富贵卿相"，诈变反复是其共同特点。然而苏秦的刻苦、自信与张仪的阴毒、无赖，毕竟不同。前者多少让人同情，后者只让人憎恶。荆轲与聂政同是重义轻生的勇士，但荆轲的沉着机智、倔强又带点冷漠的个性，与聂政的孝顺、忠诚、爽直而又勇于决断的性格，显然又有所区别。其他如头脑冷静敏锐、善于观察分析的邹忌，善于利用矛盾以解决矛盾的冯谖，机智老练又风趣活泼的触龙，以及秦宣太后、吕不韦、楚怀王等形象，在《战国策》中都被刻画得栩栩如生，给读者以如闻其语、如见其人的感觉，阅后让人铭记不忘。另外，《战国策》语言明快流畅，纵恣多变，委曲尽情，生动优美。《战国策》中许多对话颇似戏剧，针锋相对、令人喝彩；铺排和夸张中呈现绚丽多姿的辞藻、酣畅淋漓的气势，让人赞叹。语言不仅是作用于理智、说明事实和道理的工具，也是直接作用于感情以打动人的手段。如苏秦

说秦后为赵相，前后颓丧和得意的前后对比，以及庸俗的世态人情(《秦策一》)，鲁仲连的倜傥奇伟，慷慨慕义，"不诎于诸侯"的精神，无不栩栩如生，惟妙惟肖。特别是《燕策三》中用全力铺写刺客荆轲，更是一篇完整而精彩的侠义故事。

其次，《战国策》长于议论，可与诸子中的孟子、荀子、韩非子等相媲美。论辩善于抓住要害，单刀直入，鞭辟入里，既有针对性，又有逻辑性。像邹忌讽谏的方法就非常巧妙。他以生活琐事来启发齐王，小中见大，步步进逼，使齐王感到四面八方被诏臣包围的危险，不得不下令大开言路。邹忌的生活体验可能是事实而非虚构，但作为一种增强说服力的手段，依然带有寓言意味，可谓别开生面。说理常用寓言故事，深入浅出，言简意赅，既有明快感，又有幽默感。这些寓言形象鲜明、寓意深刻，独立地看，也是中国文学宝库中璀璨的明珠。诸如"鹬蚌相争，渔翁得利""画蛇添足""狐假虎威""亡羊补牢""南辕北辙"等，历来家喻户晓，称引不绝。议论说理中讲求语言艺术，注重形式美。《战国策》中各种修辞手法应有尽有。它在语言艺术方面取得了较高的成就，在文学史上更具有承上启下的作用。秦汉的政论散文、汉代的辞赋，都受到《战国策》辞藻华丽、铺排夸张的风格的影响；司马迁的《史记》描绘人物形象，也是在《战国策》的基础上向前发展的。

《战国策》具有较为丰富的思想资源。《战国策》的思想观念，就其主流来说，与《左传》等史书有不同之处。战国时代，是春秋以后更激烈的大兼并时代，过去还勉强维系的仁义礼信之说，在这时已完全被打破。可以说，《战国策》在相当程度上背离了中国古代的正统思想，也因此常常受到正统观念者的严厉批评，但以历史的眼光来看，《战国策》突破了旧的思想观念的束缚，体现了战国时代活跃的思想氛围，所以比以前的历史著作更加活泼而富有生气。《战国策》的绝大多数文章中，体现了浓厚的民本思想。作为2000多年以前的典籍，这一点是相当可贵的。《齐王使使者问赵威后》(《齐策四》)中的赵威后，把"民"的地位提高到国君之上。《齐人有冯谖者》(《齐策四》)中的策士冯谖，为孟尝君"焚券""市义"，赢得"民称万岁"，孟尝君因此能以区区薛地作为避难免死的安乐之"窟"。《中山策》中有一篇《昭王既息民缮兵》，则是从反面说明民心的重要性。《战国策》对策士的个人尊严和个人作用，给予了强有力的肯定。如《秦策一》中赞扬苏秦，"特穷巷掘门桑户棬枢之士"，却使得"天下之大，万民之众，王侯之威，谋臣之权，皆欲决苏秦之策"。这当然是夸大的，但这夸大中显示了策士们的自信，也是平民中优异人物的自信，肯定了策士的历史作用。《战国策》对倾慕正义、蔑视王侯、敢于反抗强暴的义侠、高士等英雄人物进行歌颂。例如面对齐宣王不愿进前"趋势"的颜斶，他不但敢于针锋相对地直呼"王前"，而且公然宣称"士贵耳，王者不贵"，"生王之头，曾不若死士之垄也"(《齐策四》)。又如，身为一介布衣之士的鲁仲连，发誓宁愿"赴东海而死"，也不忍做暴秦的臣民(《赵策三》)。对于这些人物的高志洁行，《战国策》都给予了充分的肯定和高度的赞扬。"侠"也是一种游离于统治集团、不受权势约束的人物。他们以自身的标准、个人的恩怨来决定自己的行动，重义轻生，疾恶如仇，所以"侠"历来为放任不羁的人士所喜爱，《战国策》热情讴歌了多位义侠之士的豪情壮举。《战国策》体现了器重贤能、珍惜人才、崇尚智谋和智巧的思想。齐宣王采纳王斗的意见，"举士五人任官，齐国大治"(《齐策四》)；秦孝公以商鞅为相，实行变法，一年时间，就"道不拾遗，民不妄取，兵革大强，诸侯畏惧"(《秦策一》)。《战国策》不仅对

这些历史上有重大影响的高才奇能给予赞扬，而且对一些在某些事上能出"奇策异智"或在某一方面有一技之长的人，不论出身尊卑，不问职业贵贱，也同样予以肯定，体现了"不取其污，不听其非，察其为己用"的进步观点。如姚贾原本是梁国一个看门人的儿子，又有偷盗行为，因为他很会外交，秦王就任用他为外交官。他为秦国解除了一场被四个国家联合攻伐的危机。又如《苏子谓楚王》(《楚策三》)、《汗明见春申君》(《楚策四》)等篇，也都从不同角度说明了识才、惜才、容才、任才的重要。

(资料来源：https://www.360doc.cn/article/36319167_1063105208.html，https://mbd.baidu.com/ma/s/SDcKFQZG，https://zhanguoce.5000yan.com/jianjie/，有改动.)

《左传》与《战国策》都是先秦时期的重要历史著作，我们要学习它们古朴典雅的语言风格，客观翔实的叙事方式。里面的一些经典故事和名言警句，更值得我们深思与铭记。比如赞扬知错能改可以用"人谁无过？过而能改，善莫大焉"，提醒人们早做准备可以用"思则有备，有备无患"，表达利益共存可以用"皮之不存，毛将焉附"，鼓励大家一鼓作气可以用"一鼓作气，再而衰，三而竭"，强调诚信可以用"信，国之宝也，民之所庇也"，强调德行可以用"多行不义必自毙"，表现父母之爱可以用"父母之爱子，则为之计深远"，告诫人们多听批评可以用"多闻其过，不欲闻其善"，体现赏罚公平可以用"罚不讳强大，赏不私亲近"……让我们走进这些故事，谨记这些名句，明白这些道理，让自己飞得更高，走得更远！

家国情怀 薪火相传

第五期 红色血脉 代代赓续
——聚焦"七一勋章"

欢迎同学们乘坐"文化直通车"，走进大爱中国，开启故事之旅。本期的主题是"红色血脉，代代赓续——聚焦'七一勋章'与'时代楷模'"，走进历史深处，看红色血脉代代赓续。

百年历史弹指一挥间，中国共产党却在这短短百年内留下了太多值得铭记的故事。由中央广播电视总台央视综合频道联合央视创造传媒、中国国家话剧院共同推出的大型文化类节目《故事里的中国》再度回归。第三季节目延续了前两季"讲好中国故事、传播中国声音"的宗旨，同时在内容和形式上突破创新，围绕建党百年题材，聚焦"七一勋章"获得者与"时代楷模"，讲述具有传承性、代表性、传播性的人物关系和故事。

党和人民百年奋斗，书写了中华民族几千年历史上最恢宏的史诗。《故事里的中国》第三季在建党100周年的重要时刻，深入挖掘多位代表性党员的人生故事，还原历史现场，从新时代出发，构建了新时代栋梁与历史英雄榜样之间的艺术桥梁，使不同时期的传承故事遥相呼应，用党员们的亲身经历描绘出熠熠生辉的百年党史。

创新节目形式，时空对话传承红色基因

节目以"瞿秋白/瞿独伊""李大钊/李宏塔""彭湃/彭士禄""江姐/张桂梅"等新时代榜样为线索，构建每期故事的内容框架，一期讲述一位当代优秀共产党员，以及在历史上与之相对应的党史人物，促成时空对话。

以文艺作品为索引，呈现中国共产党人精神谱系的时代光辉

《故事里的中国》主创用心创作节目，收集翔实的史料，真诚拜访各位历史亲历者，以时空对话形式打造出一档兼具诚意和视听体验的佳作。而在创新之前，给予节目最坚实底气的，无疑是故事主角们真实的人生经历，是中国共产党人的精神谱系。

瞿独伊老人的生前故事

以首期为例，不仅节目形式采用当下与历史双线并行的模式，在故事结构上，也是明暗线相互交错。主线为瞿独伊，副线围绕瞿独伊的父亲——瞿秋白烈士与早期中共发展的故事。将人物放置在历史坐标上，这就不单是个人遭遇，而是以个体人生融入国家命运的历史讲述。而贯穿全程、承担"讲述者"角色的，便是那不断复现的被无数人传唱的《国际歌》。

节目开篇的视频，是瞿独伊在获得"七一勋章"后与友人们的合唱，他们用俄语演绎的《国际歌》开启了这首歌在中国的百年历程。作为《国际歌》最早的翻译者，瞿秋白烈士将自己的革命热情和共产主义信仰寄托在了这首歌中。不管是在国内艰难的革命环境中，还是远离国土的莫斯科，到最后被叛徒出卖、英勇赴刑场的生命尾声，这首歌都不断响起，"英特纳雄耐尔"（International），凝结着一位怀抱共产主义理想的伟大共产党人最深切的呼唤。

瞿独伊

在父母关爱中长大，在革命的暗流涌动中摸爬滚打成长起来的瞿独伊自然也继承了"好爸爸"的遗志，将《国际歌》牢牢刻在了生命里。从儿时与父母相处的短暂温馨，到父亲牺牲的绝望时刻，以及回国后被囚禁、严刑逼问的危急关头，再到新中国成立时用俄语向全世界播报，《国际歌》伴随着瞿独伊老人走过生命的每一个阶段，纵使百年过去，依然历久弥新。更重要的是，今天的中华大地上，《国际歌》依然响彻云霄，"从来就不相信救世主"的中国人民正在用自己的不懈奋斗，谱写中华民族的新史诗。

（资料来源：http://culture.yunnan.cn/system/2021/12/03/031800304.shtml，作者为电影理论家、中国电影评论学会会长，有改动.）

就在首期节目播出后不久，瞿独伊与世长辞。《故事里的中国》记录下了百岁老人最后的珍贵影像。这不仅为我们的"红色影像库"补充了存档，同时也通过艺术化的手法，让无数观众深刻地铭记这位"七一勋章"获得者。

练习与实训

一、选择题

1. 下列辩论形式属于模拟辩论的是 ( )。
   A. 毕业答辩
   B. 外交谈判
   C. 联合国大会辩论
   D. 国际大专辩论会

2. 隋文帝杨坚在驳斥"风水之说不可信"时说："我家墓地,若云不吉,我当不贵为天子(当时杨坚已当皇帝);若云吉,我弟不当死(其时杨坚弟弟已战死沙场)。"他所使用的辩论技巧是( )。
   A. 针锋相对法　　B. 一击致命法　　C. 二难反驳法　　D. 引申归谬法

3. "乞丐应该同情并给予帮助"与"乞丐不应该同情不应帮助"这一辩题的焦点是( )。
   A. 视乞丐的贫穷程度而定
   B. 视乞丐的构成成分而定
   C. 视乞丐的特点而定
   D. 视乞丐的地域而定

4. 下列属于辩论防守技巧的是( )。
   A. 顺水推舟技巧
   B. 高位迫压技巧
   C. 反问技巧
   D. 名言技巧

5. 下列不属于辩论赛中自由辩论环节的规则的是( )。
   A. 自由辩论发言首先由正方一名队员发言,然后由反方一名队员发言,双方轮流
   B. 各队耗时累计计算,当一方发言结束,即开始计算另一方用时
   C. 在总时间内,各队队员的发言次序、次数和用时不限
   D. 如果一队的时间已经用完,另一队放弃发言会被扣分

二、简答题

1. 简述辩论的概念。
2. 简述辩论思维的特征。
3. 如果可以不计算成本,还可以用哪些材料做镜子?请尽可能多地列举。
4. 辩论赛中,对四位辩手的总体要求及各自的职责是什么?
5. 简述主要的辩论方法有哪些。

三、材料分析题

根据材料分析并总结其中的辩论技巧以及你从中学到哪些启示?

1. 郁达夫经常手头拮据,但他总保持乐观的态度。一次他得了一笔稿费,便请朋友去饭店吃饭。饭后,他从鞋垫底下抽出几张钞票递给侍者。朋友奇怪地问："你把钱藏在鞋底,是不是怕贼呀?"郁达夫笑了,说："金钱过去一直压迫我,一有机会,我也要压迫压迫它。"

2. 在一次国际性会议期间，一位西方外交人士挑衅地对中国代表说："如果你们不向美国保证，不用武力解决台湾问题，那么显然是没有和平解决的诚意。"

中国代表说："台湾问题是中国的内政，采取什么方式解决是中国人民自己的事情，无须向他国做什么保证。请问，难道你们竞选总统也需要向我们做出什么保证吗？"

3. 1960 年 5 月，英国元帅蒙哥马利应我国政府的邀请来我国访问。熊向晖陪同他到外地参观，到洛阳时正好在演出豫剧《穆桂英挂帅》，熊向晖想，这不也是军事题材的戏剧吗？于是就安排陪同蒙哥马利看这出戏。蒙哥马利看完后表达了他的看法，认为这出戏不好，怎么能让女人当元帅呢？ 熊向晖解释说："这是中国民间的传奇，群众很爱看的。"

蒙哥马利不以为然地说："爱看女人当元帅的男人不是真正的男人，看女人当元帅的女人不是真正的女人。"

熊向晖听了很不服气，当场不甘示弱地反驳他："英国的女王也是女的，按照你们的体制，女王是英国国家元首和全国武装部队的总司令。"这样一来，蒙哥马利被驳得十分窘迫，不吱声了。

4. 物之不齐。

有为神农之言者许行，自楚之滕，踵门而告文公曰："远方之人，闻君行仁政，愿受一廛而为氓。"文公与之。其徒数十人，皆衣褐，捆屦织席以为食。

陈良之徒陈相，与其弟辛，负耒耜而自宋之滕，曰："闻君行圣人之政，是亦圣人也，愿为圣人氓。"

陈相见许行而大悦，尽弃其学而学焉。陈相见孟子，道许行之言曰："滕君，则诚贤君也；虽然，未闻道也。贤者与民并耕而食，饔飧而治。今也，滕有仓廪府库，则是厉民而自养也，恶得贤！"

孟子曰："许子必种粟而后食乎？"曰："然。""许子必织布然后衣乎？"曰："否。许子衣褐。""许子冠乎？"曰："冠。"曰："奚冠？"曰："冠素。"曰："自织之与？"曰："否，以粟易之。"曰："许子奚为不自织？"曰："害于耕。"曰："许子以釜甑爨，以铁耕乎？"曰："然。""自为乎？"曰："否，以粟易之。"

"以粟易械器者，不为厉陶冶；陶冶亦以其械器易粟者，岂为厉农夫哉？且许子何不为陶冶，舍皆取诸其宫中而用之？何为纷纷然与百工交易？何许子之不惮烦？"

曰："百工之事，固不可耕且为也。""然则治天下，独可耕且为与？有大人之事，有小人之事。且一人之身而百工之所为备，如必自为而后用之，是率天下而路也。故曰：或劳心，或劳力，劳心者治人，劳力者治于人；治于人者食人，治人者食于人，天下之通义也。"

"当尧之时，天下犹未平。洪水横流，泛滥于天下。草木畅茂，禽兽繁殖，五谷不登，禽兽逼人。兽蹄鸟迹之道，交于中国。尧独忧之，举舜而敷治焉。舜使益掌火；益烈山泽而焚之，禽兽逃匿。禹疏九河，瀹济漯，而注诸海；决汝汉，排淮泗，而注之江；然后中国可得而食也。当是时也，禹八年于外，三过其门而不入，虽欲耕，得乎？"

"后稷教民稼穑，树艺五谷，五谷熟而民人育。人之有道也，饱食煖衣逸居而无教，则近于禽兽。圣人有忧之，使契为司徒，教以人伦：父子有亲，君臣有义，夫妇有别，长

幼有叙，朋友有信。放勋曰：'劳之来之，匡之直之，辅之翼之，使自得之，又从而振德之。'圣人之忧民如此，而暇耕乎？"

"尧以不得舜为己忧，舜以不得禹、皋陶为己忧。夫以百亩之不易为己忧者，农夫也。分人以财谓之惠，教人以善谓之忠，为天下得人者谓之仁。是故以天下与人易，为天下得人难。孔子曰：'大哉，尧之为君！惟天为大，惟尧则之，荡荡乎，民无能名焉！君哉，舜也！巍巍乎，有天下而不与焉！'尧舜之治天下，岂无所用其心哉？亦不用于耕耳！"

"从许子之道，则市贾不贰，国中无伪；虽使五尺之童适市，莫之或欺。布帛长短同，则贾相若；麻缕丝絮轻重同，则贾相若；五谷多寡同，则贾相若；屦大小同，则贾相若。"

曰："夫物之不齐，物之情也。或相倍蓰，或相什伯，或相千万。子比而同之，是乱天下也。巨屦小屦同贾，人岂为之哉？从许子之道，相率而为伪者也，恶能治国家！"

(《孟子·滕文公上》.)

四、实操题

(一)运用立论技巧，处理下面的辩题，使之对己方有利。

1. 专科生(本科生)比本科生(专科生)更适合社会需要

2. 现代职场更需要(专才)通才

3. 在电子游戏中，玩家需要(不需要)遵守现实世界的道德和法律

4. 大数据时代，人活得越来越自由(不自由)

5. 灾难中的自私应该(不应该)受到谴责

6. 网上交友利大于弊(弊大于利)

7. 气质是(不是)刻意追求得到的

8. 酒香不怕(也怕)巷子深

9. 心灵鸡汤有(没有)营养

10. 知识越多，烦恼越少/知识越少，烦恼越多

(二)以题目"1."中的辩题为题，进行辩论。

(三)针对大学生活中常见的问题，设计几个辩题，并组织辩论赛。

例：以"点外卖会(不会)滋生大学生惰性"为题，组织班级辩论赛。

模块三　口才实训

　　本模块内容主要由"社交口才"和"职场口才"两个单元组成，其中的"文化直通车"专栏提供了丰富的中国文化和中国故事素材。本模块旨在通过口才专项训练，帮助学习者掌握生活与工作中的口语交流方法和技巧，锻炼口才专项技能和人际交往能力，培养良好的职业道德和职业精神，提升学习者良好的职业素养。

单元六　社交口才

"君子不失足于人，不失色于人，不失口于人。" "口才是人际关系的润滑剂。"

本单元主要围绕"听"与"说"的实训任务展开，主要介绍人际交往中的倾听、赞美、拒绝、批评、劝说等有效沟通技能。"案例赏析"部分选取古今实践性较强的典型内容，具有一定的借鉴作用。"文化直通车"专栏开启中华诗词、历史典籍和人文故事之旅，旨在丰富知识积累，品味诗意人生，感悟中华智慧和民族精神。

单 元 目 标

知识目标：

1. 掌握听、说、问等交谈技巧。
2. 掌握电话与网络劝说技巧。

能力目标：

1. 能运用听、说、问等交谈技巧与他人顺畅地沟通。
2. 能运用电话和网络等媒介与他人得体地交流。

素质目标：

1. 培养良好的沟通能力。
2. 培养学生的同理心。

实训任务一　有效倾听

【案例导入】

哪个最有价值

传说古代曾经有个小人国的使者来到中国向皇帝进贡，他拿出来三个一模一样的小金人，金色的光芒在大殿上熠熠生辉，皇上高兴极了。

但是使者提出了一个很奇怪的问题：这三个小金人哪个最有价值？

图 6-1　三个小金人

于是皇上命珠宝工匠进行检查，但不管是称重还是看结构，它们三个都一模一样。

这怎么区分呢？大臣们左看右看，一时也看不出其中的奥秘。一个泱泱大国，难道连这点小事都不能解决吗？皇上很生气。这时，一位年老的大臣站了起来，说他有办法。

老大臣满怀信心地拿着三根稻草，分别塞进了三个小金人的耳朵里。第一个金人耳朵里的稻草从另一只耳朵里出来了；第二个金人耳朵里的稻草从它嘴里出来了；第三个金人

耳朵里的稻草进入它的肚子里后，静静地没有声音，什么事情也没有发生。

老大臣道："第三个小金人最值钱最有价值！"

皇帝赞许地点头，非常高兴。使者也佩服地竖起大拇指。

皇上请老大臣给大家分析原因。大臣道：第一个小金人是左耳朵进右耳朵出，这种人最没有价值；第二个小金人只要听了就会说出去，做事没有原则；而第三个小金人，能够听得进意见，而且会记在心里，做事有分寸……

（资料来源：https://max.book118.com/html/2021/1101/6202045022004040.shtm.）

兼听则明——
《新唐书·魏徵传》

想一想

1. 从以上案例中，你发现了什么？
2. 为什么说一声不响的小金人最有价值？
3. 你认为如何才能做到有效倾听他人意见和建议？

一、认识倾听

我国著名典籍《管子》曾这样记载："别而听之则愚，合而听之则圣。"倾听不仅是我们了解他人需求的重要手段，还是认识自我的重要途径。在生活中，我们经常看到这样一种现象：当一方不断诉说自己观点的时候，另一方却只摆出倾听他谈话的样子，内心里却迫不及待地寻找机会，陈述自己的想法，最后往往是自说自话，双方谁也没有明白对方究竟在说什么。在学习和工作中，如果不注意倾听，一味滔滔不绝地灌输自己的想法，很容易引起他人的反感；而作为信息接收者，如果不注意倾听，就会错漏他人的意图、混淆他人的期望，导致学无所得，做无方向，"无的放矢"。

人们对于倾听的理解和认识多种多样，但大多缺乏对倾听含义的完整认识。例如：

说法1：倾听并不难，我们每天不就是表达和倾听吗？

说法2：我正在竖起耳朵听他讲话，这就是有效的倾听。

这些说法从不同角度反映出对倾听的片面理解。认同第一种说法的人认为，我们天天都在与人交流，无非就是"我说他听"或"他说我听"，有何难度？然而，正因为过于轻视倾听，往往是说得太多、听得太少，忽略了他人情绪的表露、观点的表达，从而导致了沟通的失败。认同第二种说法的人认为，只要我摆出倾听的姿态，就完成了倾听的任务，至于我是否真正理解了对方的话语，与我无关。正是这种观点导致在生活、学习和工作中无效倾听、互不理解的现象时有发生。殊不知，倾听也是需要用心用力的，需要一定的技巧和方法才能够实现有效倾听。

那么，什么才是倾听呢？

倾听指的是用心聆听他人的声音或意见，以理解并尊重他们的观点。具体而言，倾听

是一种尊重和理解他人的行为，它要求人们用心去聆听他人的声音，包括他们的意见、建议和抱怨。倾听不仅仅是听到声音，更重要的是理解和关心对方的感受。通过倾听，人与人之间可以建立更好的劝说和合作关系。

倾听可以应用于生活和工作的多个方面。例如，在家庭中，倾听可以帮助家庭成员更好地理解彼此的需求和感受，可以有效地填平父母和子女之间因为年龄差距而产生的代沟，有助于营造和谐、温馨的家庭氛围。在工作中，倾听可以促进团队合作和解决问题，可以有效缓解因为工作意见不一致而产生的矛盾、分歧，进而推动工作效率的提高。此外，倾听也适用于教育和领导角色中，可以帮助教师和领导者更好地理解学生和下属的需求，更好地指导他们的成长。

生活中有这样一位父亲，他是一位知识分子，为人古板，不喜与人交往，每次儿子带来朋友，父亲就独自躲到书房，很少与人打招呼。

一次，儿子的三个高中同学来到家里，其中有两位喜欢下棋，闲谈中都是些术语、行话，而另外一位对"黑白世界"一无所知，无聊中去了父亲的书房。外边两位在棋局上杀得天昏地暗，没去管他。等玩儿够后，才从书房中把那个同学叫出来。令儿子吃惊的是，父亲居然把同学送出房门口，还问儿子为什么不留他们吃饭，临行时还一再叮嘱："以后有空来玩。"在儿子的记忆中，这是父亲第一次留他的同学吃饭，而且之后还经常问那位同学为什么不来玩。

儿子在惊叹之余，询问同学怎样赢得父亲的欣赏。结果那位同学说："没什么呀！你们下棋我不懂，就去了叔叔书房。看到叔叔在看一本水利方面的书，交谈之后知道了叔叔是搞水利的。出于好奇，我询问了长江大桥的桥墩是如何建造。叔叔便开始给我讲解，比如如何先将一个大铁筒插进去，再将里面的水抽干，挖出稀泥，打地基，直到做好干透，再将铁筒抽掉。叔叔一直在说，而我只是在认真地听，也没说什么。"

(资料来源：https://www.828la.com/p/147779.html.)

从这个故事中，我们看到了一个好的倾听者的独有魅力。

从倾听的定义出发，在现实生活中，你是否重视他人说的话，是否懂得如何去听？你曾对自己的聆听习惯做过评估吗？你了解自己的聆听能力吗？下面的测试会给你一个客观的回答。测试内容请扫右侧二维码。

小测试：
你会聆听吗？

二、倾听的方法

有人认为倾听就是"用耳朵听"，不需要"用嘴巴说"，或者认为倾听就是安安静静地听别人说话，这实际上是对倾听的错误理解。倾听当然需要听觉的参与，但同时也必须进行一些必要的动作，例如，需要对他人进行"察言观色"，需要分析他人话语中的隐藏含义。那么，如何做一个合格的倾听者呢？需要掌握下列方法。

(一)充分调动听觉器官

所谓调动听觉器官，顾名思义，就是使用耳朵去聆听。这看起来好像很简单，但实际上却并不容易。

这是因为，在听其他人讲话的过程中，有很多因素都会影响听的效果。比如，身处嘈杂混乱的场所，就很难听清别人的话，更谈不上理解别人想表达的意思。这就容易造成误

会。环境对能否听清楚有很大影响，如果无法改变环境，就需要更全神贯注地聆听；如果实在听不清楚，一定请让对方再重复几次，不要凭主观臆测判断，假装自己听清了。

除了环境以外，很多因素都会对倾听效果产生干扰，甚至会使人们对所听内容的理解"南辕北辙"。下面列出了一些影响倾听的干扰因素及应对措施。

1. 环境因素及应对

环境因素指来自外界环境的干扰因素，比如嘈杂吵闹的场所、他人有意或无意的打断(如插话、突然来电话等)、突然遇上紧急情况等。此时可主动创设适合倾听的环境，以减少干扰，比如选择一个较为安静的地方(会议室、咖啡馆等)交谈。

2. 心理因素及应对

紧张、焦虑或胆怯的心理是影响倾听效果的常见因素。比如，聆听领导发言时，没有听清，但由于不敢让领导重复，影响了聆听的效果。建议适当进行积极的自我心理暗示，并有意识地多训练自己在不同场合下的倾听能力。

3. 情绪因素及应对

主观情绪的好坏，如兴奋、悲伤或是对工作的不满等，对倾听效果会产生较大的影响。例如，当你不愿意做某项工作时，就会"听而不解"。要进行自我调整，暂时屏蔽情绪的影响，强迫自己保持冷静。

(二)充分使用头脑

倾听只是手段，其目的在于找到有利有用的信息。据研究，声音信息只能短暂存储在大脑中，其持续时间为 1～30 秒，因此，如果不对听到的信息进行认识和筛选，很快就会如同被潮水冲刷过的沙滩一样，了无痕迹。那么，在倾听中要认识和处理哪些内容呢？

1) 倾听时需要注意的信息

- 别人的欲求、目标、期待和问题。
- 别人提出的各种要求，尤其是最迫切的要求。
- 别人最关注的因素或方面。

2) 倾听时需要分析的信息

- 别人说的是实话吗？
- 别人所需要的是否真的适合他自己？
- 能满足别人的需要吗？

如何去分析这些重要信息呢？这里提供一个简单的示例。

1) 别人说的是内心真正想说的话吗？

在倾听时要记住：别人说的话并不一定是真话。有时别人嘴里说出来的话和内心的想法可能不一样。例如，当别人在你面前说自己孩子和其他亲人有什么缺点，或者说他自己衣服款式不好、颜色不好，再或者过分夸赞你等。这时候就不能只用耳朵听，而要充分发挥大脑的思考功能，对这些内容和行为进行分析。

2) 别人需要的是否真的适合他自己？

别人在表达想法时，可能是单纯为了发泄，是一种无目的的行为。即使是有目的的，

可能连他自己也不清楚自己真正的需求是什么。这时候，你就要承担起参谋的责任，判断出他的需要是不是真正适合他。如果不是，那么在进一步交流时就可以做到心里有数，对症下药。

3）能满足别人的需要吗？

当别人说出其需要时，首先应该分析一下你的回答是否能满足他的需求。很多时候，由于各种原因，不能满足他人的需求。如果能满足别人需求，交谈自然可以顺利进行。即使没能满足别人需求，也必须确认一下能否尽其所能提供帮助。千万不要贸然答复。

阅读窗

善于倾听获知音

春秋时期，有一个著名的琴师姓俞名伯牙，他精通音律，琴艺高超。伯牙年轻的时候聪颖好学，曾拜高人为师，琴技达到很高的水平，但他总觉得自己还不能出神入化地表现对各种事物的感受。

有一次伯牙回楚国探亲，中途乘船来到汉阳江口停下来休息。当时正值八月十五中秋夜，面对清风明月，伯牙不由得思绪万千，于是独自在船舱中弹奏起来。琴声悠扬，渐入佳境时，忽听得岸上有人叫好。伯牙循声望去，只见一个樵夫站在岸边，头戴斗笠，身披蓑衣，背着扁担，手拿板斧。伯牙暗自吃惊，不相信一个樵夫竟能听懂他的琴声，便请他进船舱细谈。那樵夫也不推辞，脱掉身上的蓑衣斗笠，露出里面的一身青衫，走上船来。

伯牙命人另取一张琴来，放在樵夫面前，开始和他探讨琴理。伯牙本意是要考考樵夫，想不到他竟然对答如流，不论是琴理还是乐理都十分精通。伯牙唯恐他只是装腔作势，就故意弹奏起赞美高山的曲调。一曲弹罢，樵夫赞叹说："弹得真好！我仿佛看到了巍峨的泰山！"伯牙凝神思索一阵，又换了一曲，这次是表现奔腾澎湃的流水。樵夫听后说："真妙！我好像看到了滚滚而来的河水！"只这两句，伯牙认定这个樵夫是自己千载难逢的知音。他激动地站起身来，说："先生真是我的知音啊！我真是有眼不识泰山，还没问先生大名？"

樵夫也站起来，告诉伯牙他叫钟子期。当晚，二人喝酒抚琴，畅谈乐理，相谈甚欢。不知不觉天亮了，船上的水手收拾停当准备开船，钟子期也起身告辞。二人挥别洒泪，心中不舍，于是约定第二年中秋夜再相聚。

一年时间转瞬即逝，转眼到了第二年中秋，伯牙心中惦记着和钟子期的约定，早早向晋王告了假，来到去年二人相约的江边。中秋之夜，伯牙命人将船停在去年泊船之处，站在船头等待钟子期。可是等了一夜都没见钟子期的身影。伯牙心知有异，第二天一早就下船去，沿着岸边一路前行，想打听钟子期的住处。

走到一个山谷前，伯牙看到路边有一个衣衫整洁的老者，便上前询问附近是否有个钟家庄。谁知老者听了竟落下泪来，问他："去钟家庄找谁？"伯牙如实相告，老者听了更是放声大哭，说子期已经在几个月前身亡了！老者还说："想必先生就是晋国大夫俞伯牙吧？子期临死前，还说起和先生的约定呢！"

伯牙听到这个消息，伤心欲绝。他跟着老者来到钟子期坟前，拿出琴就地坐下，流着

泪弹奏了一首哀伤的曲子。之后，伯牙伏在地上号啕大哭，说："先生不在了，再也没人能听懂我的乐曲，我还弹琴干什么？"说完，竟然双手举琴狠狠地摔在地上，将琴摔得粉碎。从此以后，伯牙果然再也不弹琴了。

(资料来源: http://www.wnl18.com/arc103998/)

(三)及时进行反馈

聆听必须要有反馈。说话所表达的意思虽然有大同，可还是存在小异的，为减少误会，就要确认所听到的是否正确。此外，反馈也是表达尊重的必要手段。

反馈可以通过语言方式和非语言方式来表达。

1. 语言方式

所谓语言方式，即用自己的话简单复述对方的意思，让其知道你了解他的意思。

(1) 表示理解他人的语言。可以说"哦""嗯""我明白""我知道""是的"，等等。

(2) 重复对方的话。在别人说话时，要聆听重点、别人感受最强烈的方面或你不明白的地方，等对方说完了，把这些方面重复一次。

(3) 把你的理解加入话中。把结果以人性化的理解插入到重复的话中。这样不但让别人觉得你真的在聆听他讲话，还使你能够明确自己的理解是否有误。

(4) 提出试探性问题。可以提出一些试探性的问题以弄清信息是否真实。

2. 非语言方式

在信息传递中，说话的内容占7%，声音占38%，另外55%的信息都需要由非语言的肢体语言，如面部表情、身体姿势等来传达。很多人在听别人说话时，虽然不停地点头或说"嗯……嗯"，但是他的眼神却是游离不定、左顾右盼的。无论是谁，如果作为听者遇到这种情况，即使再宽容，自尊心也会受到伤害。所以，想要成为一个优秀的聆听者，必须让自己的全身心都参与进来。不仅要竖起耳朵听，还要利用眼睛、表情、身体的每一部分、内心和直觉来参与聆听之中。

那么，在聆听时应该如何以非语言的方式来回应呢？请看表6-1。

表6-1 聆听时非语言回应

身体各部位	具体操作
头部	头部微倾向前，对别人的谈话表示关注。不时点头，对他人表示理解、同意和赞许
表情	随别人谈话的心情和情绪的变化而变化。开心时，要跟着一起笑；烦恼、发怒时，应严肃起来；当惊讶或悲伤时，应该把眉先扬起来作短暂停留再降下
眼睛	保持眼神自然接触，一般来说，正常目光接触时间应该为全过程的60%～80%。如需作记录，那么目光接触时间应该控制在20%之内
站势	身体微微前倾以示关注

三、有效倾听的注意事项

(一)做好倾听前的准备工作

"台上一分钟，台下十年功"，想在与别人交流时打动他人，背后要做大量的工作。例如，要具备基本的科学文化知识，要对国家大政方针、本地新闻动态有所了解，要对交流方的背景、性格有初步的掌握。如果有了这样的准备，在与他人进行交流时就能对答如流，就不会无所适从或慌里慌张。要注意一个误区：有些人认为做好倾听准备的表现就是滔滔不绝地说，这种想法是错误的，很容易喧宾夺主。

(二)集中注意力

在与他人交流的时候不能左顾右盼。一个好的倾听者，应该进行信息检索，从他人的大量言辞中获取他人的要求和需求信息。这就要求必须全神贯注，精确地对准他人的需求。

(三)有表情、有兴趣地倾听

倾听也要有一定的互动。一个好的倾听者仅仅集中注意力还不够，还要对讲话者表现出关注的神情。倾听时要目光柔和地看着他人，面带微笑，可以根据情况插一两个问题，比如"我明白您的意思""您提到的……""这种看法是正确的""哦，我明白了"等，以表明在认真听讲。

(四)学会归纳与总结

进行简单的归纳有助于理清倾听思路。如果认真倾听，就能发现别人的需求、想法和感受，然后简单归纳谈话要点并复述给别人听，让他们来判断对错。这说明你认真听取并了解了别人的意见，最重要的是，你明白了别人的需求。

(五)其他方面

一是不要打断别人的话，这是交流中的大忌。做事要有耐性，要让他人把话讲完，然后自己再说。二是要给他人足够思考的时间。有时，他人在交流的时候遇到了需要琢磨的问题，或者一时在想别的事情，这时不要轻易插话，要给他人思考的时间；如果长时间无话，可以考虑提醒一下或者提示一下，不要让交流的气氛冷却下来。

案例赏析 6.1.1

两个项目协调员

孙某与刘某同年毕业于同一所大学，同时被聘为某公司的项目协调员。两人才力相当，业务水平难分高下，不同的是两人的处世态度。

每次讨论刘某设计的项目时，大家只要提出点儿什么意见，他总是据理力争，一二三四五说得别人无言以对。虽然大家都认为他言之有理，但总觉得他有点傲。领导有时极有风度地点拨其项目的某些缺陷，刘某便引经据典找依据，弄得领导很难堪。

孙某的态度正好相反，对每个人的意见，都认真地进行记录，一副洗耳恭听的姿态。

特别是领导的指示，他更是十分重视，有不清楚的地方，便反复讨教。参加孙某的项目讨论会，大家都有畅所欲言的机会，大家也都乐意将自己的宝贵意见提供给他。孙某最终经过修改后的项目书，必定是集思广益，近乎完美。

结果，孙某每次提交的项目书都被采用，而刘某的项目书却极少被采用。业绩的差异逐渐拉开了他俩的差距，几年后，孙某升任公司副总经理，而刘某却在此期间跳槽了，至今在其他公司也依然如是。

(资料来源: https://wenku.so.com/d/460d8b590c383424f3ba21f4c255a251.)

【案例 6.1.1 简析】

无论是在工作还是生活中，都要注意倾听他人的观点和看法，在此基础上再充分表达自己的观点，而不能只表达不倾听。生活中我们常说："人同此心，心同此理。"所强调的也是同理心。这句话告诉我们，无论是在工作中还是在日常生活中，凡是拥有同理心的人，能够站在他人的立场去倾听他人的想法，善于体察他人的意愿，乐于理解与帮助他人，这样的人才会受到大家的欢迎，值得大家信任，也就相对容易取得成功。

案例赏析 6.1.2

某知名主持人有一天采访一位小朋友，问他长大后想要当什么。小朋友天真地回答："嗯……我要当飞机的驾驶员！"主持人接着问："如果有一天，你的飞机飞到太平洋上空，所有引擎都熄灭了，你会怎么办？"小朋友想了想："我会先告诉坐在飞机上的人绑好安全带，然后我挂上我的降落伞跳下去。"在场的观众听罢，都笑得东倒西歪。主持人还在继续注视着这孩子，想看他是不是个自私的小家伙。没想到，这时孩子的两行热泪夺眶而出，这才使得主持人发觉了他的悲悯之心。于是主持人问他说："你为什么要这么做呢？"小孩的答案是："我要去拿燃料，我还要回来的！"

(资料来源: https://mp.weixin.qq.com/s/3A4qaVF9eFKCHi2fN-dHfw.)

【案例 6.1.2 简析】

该案例告诉我们，倾听需要耐心、同理心和空杯心态，先入为主的预设会让你以自己的主观想法来揣测对方的意思，或者自认为知道对方接下来要说的全部内容。在这种情况下，你很有可能会打断对方，无法听进去他真正要表达的意思，甚至把自己的理解强加给对方，而不考虑其是否准确。在该案例中，如果在对方还没来得及讲完事情之前，我们就开始主观臆断，反馈信息的系统就会被切断，可能导致"说出的话"与"被听到的话"之间大相径庭。该案例中观众与主持人的想与做就是两种不同的信息处理方式。

实训任务二　交谈技巧

【案例导入】

邹忌讽齐王纳谏

《战国策》

邹忌修八尺有余，而形貌昳丽。朝服衣冠，窥镜，谓其妻曰："我孰与城北徐公美？"其妻曰："君美甚，徐公何能及君也？"城北徐公，齐国之美丽者也。忌不自信，

而复问其妾曰："吾孰与徐公美？"妾曰："徐公何能及君也？"旦日，客从外来，与坐谈，问之客曰："吾与徐公孰美？"客曰："徐公不若君之美也。"明日徐公来，孰视之，自以为不如；窥镜而自视，又弗如远甚。暮寝而思之，曰："吾妻之美我者，私我也；妾之美我者，畏我也；客之美我者，欲有求于我也。"

于是入朝见威王，曰："臣诚知不如徐公美。臣之妻私臣，臣之妾畏臣，臣之客欲有求于臣，皆以美于徐公。今齐地方千里，百二十城，宫妇左右莫不私王，朝廷之臣莫不畏王，四境之内莫不有求于王：由此观之，王之蔽甚矣。"

王曰："善。"乃下令："群臣吏民能面刺寡人之过者，受上赏；上书谏寡人者，受中赏；能谤讥于市朝，闻寡人之耳者，受下赏。"令初下，群臣进谏，门庭若市；数月之后，时时而间进；期年之后，虽欲言，无可进者。

燕、赵、韩、魏闻之，皆朝于齐。此所谓战胜于朝廷。

邹忌讽齐王纳谏译文

(资料来源：https://www.gushiwen.cn/GuShiWen.aspx?id=d15c869342.)

想一想

邹忌是如何劝谏齐王的？你从中能够学到哪些交谈技巧？

一、赞美的方法技巧

每一个人都希望被赞美和肯定，这是人的一种心理需求。人通过被赞美和被肯定来确认自己的价值，从而获得鼓励和满足感。主动、适当地赞美别人，能使别人乐于接受并感到满足，也由此对你产生好感。因此，赞美别人是人际关系中促进双方友谊的一种很好的方式，也是促进社交成功、获得好人缘的催化剂。

(一)赞美的方法

1. 直接赞美

(1) 表扬优点。老师对学生，领导对部下的赞美，都可以直截了当地当面提出。在社交场合，对女性，多赞美衣着和容貌；对男性，则要更多赞美才华、事业、成功和气质。

(2) 挖掘优点。在社交场合，必须学会用慧眼去发现别人值得赞美的地方，即使对方没有可赞之处，也要努力从对方身上挖掘出优点。

2. 间接赞美

有的人不太习惯当着别人的面说好听的话，认为直接赞美近似于谄媚。运用恰如其分的间接赞美，其效果往往更胜于直接赞美。

(1) 借地赞人。借地赞人是通过赞美对方的职业、单位、习俗、地域等，达到间接赞美交往对象的目的。例如："你们南方人都很小巧漂亮。""听说你们学校很厉害，培养出好几个高考状元。"

(2) 借比赞人。借比赞人，即把被赞美的对象和其他对象进行比较，在比较中突出其优点。常用"比××更……"或"在××中最……"等句式。

(3) 借感赞人。借感赞人是指就赞美对象的某一点表达出自己的良好感受。这样的赞

美只是基于赞美者自己的感受，比较灵活，可以不受其他条件的限制。

(4) 借口赞人。赞美的话由自己说出难免有点恭维、奉承之嫌。借口赞人，即借他人之口进行赞美，这种方式也很巧妙。例如，"你真是养眼又养心，难怪某某总是夸你!"

(二)赞美的注意事项

1. 赞美要有度，恰如其分

不论是夸奖自己还是赞美别人，都应恰到好处、适可而止。适度的赞美让人感觉如沐春风，心中十分温暖；过分的赞美则可能变成自夸或谄媚，降低自己的人格，让人心生厌烦，觉得你过于狂傲或轻浮。在社交中，适时、真诚的赞美是非常必要的，它能让别人感到喜悦，愿意和你亲近。赞美最好有针对性，如对年轻女性可以赞美她美丽、可爱、活泼等；对刚涉世的年轻人，可赞美他吃苦耐劳、专业技能强等；对于商人，则可以赞美他们头脑灵活、生财有道、乐善好施等。赞美应从具体事件入手，尽量不要泛泛而谈，以免使对方不仅不接受你的赞美，反而认为你不值得信任。

2. 赞美要真诚，情真意切

发自内心的、符合事实的赞美，可以让人不仅从语言上，而且从眼神、表情中感受到你的真诚和恳切。虚伪的、违心的赞美只会让人产生不快甚至反感，认为你不值得交往。例如，对一位相貌平平的女性说："您可真是美若天仙。"即使你真的很真诚，对方也会当成反话来听，你的赞美也就失去了应有的作用。例如，小刘在出席一位青年作家的作品研讨会时，出于对作家妻子甘当"贤内助"的由衷佩服，不禁赞美说："你俩真像诸葛亮夫妇一样，男的才华横溢，女的相夫教子，天生的一对啊!"丈夫倒没什么，妻子却是一脸尴尬。

3. 赞美要适时，把握时机

凡事都要讲究最佳时机，赞美也是如此。在对的时间赞美对的人，才能获得最佳效果。如果错过时机，或时机不对，赞美不但不能起到应有的作用，还可能弄巧成拙。例如，一位朋友穿着新裙子兴高采烈地参加聚会，这时你走过去对她说；"上次你穿的衣服很得体!"对方会感到高兴吗? 不会，她的第一反应可能会是，你在讽刺我今天的穿着很不得体。把握赞美的最佳时机，需要掌握三个关键点。

第一，当某种行为正在发生时，及时给出你的赞美。当一个人正在做你欣赏或希望他去做的行为时，如果你能及时赞美，他的行为就会得到一定程度的强化。比如，你下班回到家，看到一向不爱干家务的孩子正兴高采烈地打扫卫生，此时你应该夸夸他："家里被你扫得真干净，我忙了一天感觉有点累，不过看到你这么能干，心情一下子就好了。"对一种有益的行为表达赞美的最佳时机，就是它正在发生的时候，这时的刺激性最强，也最容易令人受到鼓舞。人们往往不愿意在对方干得正起劲时表达赞美，以为这样会使原本有序进行的工作暂停，这其实是种误区。如果在这种行为完成后，再去赞美对方，此时对方往往已进入情绪的疲劳期，很难再因此感到兴奋。

第二，当你发现对方的某个优点时，立刻表达你对他的赞美。在与人交往的过程中，当你突然发现对方身上有以前未发现的闪光点时，可以立刻表达你的赞美，与他分享你的

感受，这样，赞美的效果肯定会更好。当你和同事一起做报表时，发现他做得报表逻辑清晰，数据翔实，分区明确，请第一时间说出你的感受。比如："我以前从来没发现，原来你做事这么认真！""你的报表真是我见过最有条理的了，这下我们能省不少事！"发现优点，马上赞美，对方一定会记忆深刻，起到的效果也会更好。

第三，对方成功之时，送上你的赞美。成功时的一句赞美，如同锦上添花，让人的心情更加愉悦。考了好成绩、应聘到好的公司、评上高级职称、得到提拔……人的心情往往特别舒畅，这时如能听到一句适时的赞美，欣喜之情自然会加倍，其价值"可抵万金"。要是过了这个时间点你再赞美，对方可能就会觉得没那么值得高兴了。

大文学家托尔斯泰说得好："就是在最好的、最友善的、最单纯的人际关系中，称赞和赞许也是必要的，正如润滑油对轮子是必要的，可以使轮子转得更快。"在交际中，认真把握时机，提供恰到好处的赞美，是十分重要的。有了适当的赞美机会，我们就应该说出来。赞美就像久旱不雨的花草树木渴求雨露的滋润一样，贵在及时。世界上任何事物，无不以时间、地点、条件为转移。有很多事情，只要时过境迁，就会面目全非。

一对夫妇开了一家古董店，经常有一位老人去买古董。一天，当老人离开后，古董店的老板娘说："我一直想告诉你，我们是多么欢迎他来。"她的丈夫回道："下次让我们来告诉他吧！"第二年夏天，有个年轻男孩来到店里，自我介绍说是那位老人家的儿子，而他父亲已经去世。于是夫妇俩便把欢迎他父亲来的谈话内容告诉了他。那男孩眼中充满了泪水，说："你们要是当时对他说那些话，不知有多好。他那时最需要别人对他说这样的话！"古董店夫妇说："从现在开始，我一看到别人的优点，就立刻告诉他，因为怕以后再没有机会了。"

有时候，人们对赞美是急需的，滞后的赞美会让人没什么感觉。所以在你想要赞美别人的时候，就要及时地把赞美说出口。酒是越放越醇美，但赞美则是越放越没有价值。所以，当你发现对方有值得赞美的地方时，就要及时大胆地赞美，千万不要错过机会，不要让自己的赞美打折扣。

4. 赞美要具体，言之有物

喜欢受到赞美是一个人内心深处的本能需求。在这个世界上，每个人都喜欢听到赞美，每个人都需要赞美。"赞美好比空气，人人不能缺少。"每个人都有被别人关注、被别人赞美的欲望。掌握了一定的赞美技巧，不但能在工作中帮你提升业务水平，还能改善人际关系。同样，在生活中适当地利用赞美也会让你受益匪浅。我们都知道，当你称赞一个人"真漂亮""真帅"时，对方心里马上就会有一种期待，想听听下文："我哪里漂亮？""我到底是怎么个帅法？"如果接下来没有具体的表述，对方肯定会非常失望。因此，称赞对方的话最好说得具体些，让对方感觉你是在用事实说话。所以，想要让你的赞美效果倍增，就要学会将赞美真实且具体化。详细地说出对方值得称赞的地方，既能让对方直接感受到你的真诚，也能让你的赞美之辞深入人心。

邱总和夫人带着翻译同一位外商洽谈生意。外商见到邱总的夫人后，便称赞道："你的夫人真是太漂亮了！"邱总客气地说道："哪里！哪里！"翻译听了有些着急，心想："哪里哪里，怎么翻译呢？"想了想后，他将此翻译为："Where? Where?"外商听了心想："说你夫人漂亮就是漂亮呗，还非要说到底漂亮在哪里吗？"于是，外商笑了笑说：

"你夫人的身材好，气质高贵，眼睛漂亮……"说完后气氛立刻愉快了起来。于是商业洽谈就这样开始了。

这虽然是一则笑谈，但却给我们带来了深刻的启发：当你赞美别人时，一定要在心里问一问自己："他好在哪里？优秀在哪里？我佩服他哪里？"然后自己找到答案。只有用心而认真地观察对方，才能说出他的优点。这时你的赞美一定会因具体化而触动对方，很可能就会产生神奇的效果。例如，你赞美一位领导讲话生动有趣，与其说："领导你真是有趣！"不如说："领导，你在开会时讲的那个故事很有意思，既好笑又有深度，真让人难忘。"这时，他的脑海中就会马上浮现之前开会时的场景。言之有物，指向明确的话语，更显真诚，也更容易让人接受。

5. 赞美要慎重，有的放矢

对于那些不是很了解的人，随意给予赞美容易触及某些不了解的雷区。应在加深对他的了解，知道了他的性格后，再选择夸赞他的某一个优点。最重要的是，不要随便地赞美别人，因为有的人不喜欢这种方式。即便你是真心欣赏，也可能引起对方的反感。

6. 赞美要自重，不卑不亢

粗鄙的夸耀不是赞美，阿谀奉承更是一种卑鄙的行为。在与人交流时，最影响品格、最下作的莫过于无端的奉承和过于迎合的行为。这样的赞美不是发自内心，而是抱着一定的投机心理，是丢弃自尊来换取利益的表现，也是令人厌恶的行为，因此必须抛弃这样的行为。

案例赏析 6.2.1

案例赏析 6.2.2

小明是一位非常勤奋的音乐学生，每天都要花费数小时练习自己的琴技。有一天，他参加了一场音乐会表演。当到达音乐会现场时，他被眼前的宏伟场面所震撼：众多的乐手在高水平的音乐表演中演奏着，整个音乐厅充满着音乐的魔力。

音乐会开始时，小明感到非常紧张，因为他知道他的表演非常重要。但是，当一曲开始时，小明突然感觉到自己的心跳仿佛停止了，因为他听到了一个非常动人的旋律，这是他一直努力练习的成果。小明开始跟着旋律弹奏，他的琴声流畅优美，与他听到的旋律完美地融合在一起。观众也不禁为他的演奏喝彩，让他感到非常激动和自豪。

音乐会结束后，小明收到了一封来自观众的感谢信。在这封信中，观众写道："您的演奏非常精彩，让我感到非常震撼。您的琴声让我忘记了所有的烦恼，感受到了音乐的魔力。您是一位非常出色的音乐家，我非常荣幸能够欣赏到您的表演。"

小明感到非常温暖和感激。他意识到，他的表演虽然只是一场音乐会的一部分，但是它改变了观众的体验，让他们感受到了音乐的魅力。他决定继续努力，不断提升自己的技能，让更多的观众感受到音乐的力量。

(资料来源：https://wenku.baidu.com/view/3a0a1431383567ec102de2bd960590c69ec3d8ff.html?_wkts_=1711842479330&bdQuery=%E5%B7%A7%E5%A6%99%E8%B5%9E%E7%BE%8E%E5%88%AB%E4%BA%BA%E7%9A%84%E6%A1%88%E4%BE%8B&needWelcomeRecommand=1.)

【案例 6.2.2 简析】

该案例中听众的赞美具体、真诚，表达赞美的时机选择得当，这使小明受到鼓舞，帮助他提升了自信，获得了极大的成就感和满足感，进而激发了他前进的动力。

二、说服的方法与技巧

在现实生活中，矛盾无处不在，争论无时不有。有时在与他人争论问题时，往往会出现有理说不清、有情道不明的情况。说服他人需要充足的理由，更需要掌握说服的方法和技巧。

在人际关系沟通中，有时双方为实现各自的利益而存在一定的对抗性，因此，双方会凭借自己的语言技巧试图改变对方的立场、态度，使对方接受自己的意见，按照自己的要求去想、去做。说服他人主要有以下五种方法和技巧。

(一)晓之以理

用道理来说服对方是经常使用的说服方法，采用委婉、征询的语气，循循善诱，以理服人。简单地说，就是讲道理。对于简单的事情，小道理，通过一两个典型事例，再加上简明、扼要的分析，道理就可以讲清楚。对于复杂的事情，大道理，涉及多方面的因素，触动一点就牵动全局，必须全方位、多层次、多角度地进行一系列的说服工作，从多方面展开心理攻势，并以严密的逻辑推理，水到渠成地得出结论。这个结论不宜由自己单方面推断出来交给对方，最好以征询意见的口气引导对方同你一起来推理，共同探讨得出结论。让他把你的意见、主张，当作自己寻求的答案，自愿接受。这样的说服更高明。因为对于经过自己头脑思考发现的真理，人们更坚信不疑。晓之以理，要满怀信心，争取主动。当对方已明确、坚决地表示"不行""不干""不同意"等之后，再说服他，就要付出加倍的努力。当然，争取主动仍要运用委婉、商榷的语气，切忌盛气凌人、以势压人。如对方因此而产生逆反心理，再说服他，同样也要付出加倍的努力。在《战国策》中曾记载了这样一个故事：

公子魏牟经过赵国，赵王向他请教治国之方，魏公子说："赵王爱江山不如爱尺帛。"赵王听了很恼火，辩解说："找工匠把尺帛(绸子)做成帽子是为了祭祀先人，惟恐侍臣做不好而浪费了尺帛。"魏公子由此引申道："您做帽子要用上等的工匠；治理国家却只用自己喜欢的人，而不用有才能的人。有一天国破人亡，社稷不存，这样对得起先人吗？"魏公子又列举了先王如何任人唯贤而与秦争雄，驳得赵王无话可说。

魏公子一席话正击中赵王要害。他以赵王自己的行为，指出赵王重物轻国，引起赵王的不满后，他就向赵王讲述，国家的强盛是对先人最好的祭奠，所以要惟才是举，而不能凭个人喜好，就像他做帽子一定要找工匠，而不用自己喜欢的侍臣一样。魏公子劝谏的妙处，在于先以赵王的所作所为引出要讲明的道理，最后再用赵国的事实来确证自己的劝谏。魏公子通过摆事实，讲道理，终于说服了赵王。由此可见，晓之以理的要旨在说理明道、理透解惑、彰道传人，从而达到启锁开心、教诲育人的目的。为此，要在文化和道德上不断自我修炼，既要有良好的文化素质和道德修养，又要有较高的理论水平，才能高屋建瓴，使听者信服。

(二)动之以情

晓之以理，还要结合动之以情，通情才能达理。有时讲大道理，教育对象并非不接受道理本身，而是与讲道理的人在感情上合不来。这时讲道理的人要善于联络感情，要注意反省自己有无令对方反感的地方，及时克服和纠正。尤其当对方抵触反感情绪较大时，首先要以诚相待，要在理解、尊重、关心的基础上，再讲道理。牧师布道宣传的是唯心主义的宗教，但因以情动人，往往能在催人泪下的同时，不露痕迹地对听众施加思想影响，使人不知不觉地接受其教义。这就是情感的力量。对于形象思维强于逻辑思维的青少年儿童，以及多数平日没有深刻的理论思维习惯的人，以事比事，将心比心，运用其自身或熟人的经验教训，再加上感情色彩浓厚的语言，去进行绘声绘色地诉说，易令人感到亲切可信，引发情感上的共鸣，从而为接受道理扫清了障碍，铺平了道路。总之，就是用真诚的态度、满腔的热情来感化对方，使其从内心深处受到感动，从而改变立场、态度、接受建议。《资治通鉴》中曾经记载了这样一个与"赵武灵王胡服骑射"有关的故事：

赵武灵王改革初期，他的叔父公子成不愿意改变服饰习惯，甚至假称有病，不来上朝。赵王派人去说服他："家事听从父母，国政服从国君。现在我要人民改变服装，而叔父您不带头穿，我担心天下人会议论我办事不公。治理国家有一定章法，以有利人民为根本；办理政事有一套规矩，执行命令是最重要的。宣传道德要先针对卑贱的下层，而推行法令则必须从贵族近臣做起，所以我希望能借助叔父您的榜样来完成改穿胡服的功业。"公子成拜谢道："我听说，中国是一个在圣贤教化下，用礼乐仪制，使远方国家前来游观，四方夷族学习效法的地方。现在君王您却舍弃这些传统，去仿效远方夷人的服装，擅改古代习惯、违背人心，我希望您慎重考虑。"使者回报赵王。赵王便亲自登门解释说："我国东有齐国、中山国；北有燕国、东胡；西是楼烦，与秦、韩两国接壤。如果没有骑马射箭方面的训练准备，怎么能守得住我们的疆土呢？先前中山国倚仗齐国的强兵，侵犯我们领土，掠夺人民，又引水围淹鄗城，如果不是老天保佑，鄗城几乎就失守了。此事先王深以为耻，所以我决心改变服装，学习骑射，想以此抵御来自四面的灾难，报中山国之仇。叔父您只知保守中原旧俗，厌恶改变服装，已经忘记了鄗城被围的耻辱，我对您深感失望啊！"公子成改变了自己的想法遵从命令，赵王亲自赐给他胡服，第二天他穿戴胡服入朝。于是，赵王正式下达改穿胡服的法令，提倡全国学习骑马射箭。

公子成的想法改变，就是赵武灵王动之以情的结果。他讲了祖辈洗雪耻辱、光复祖业的原因，公子成作为叔辈，当然感同身受，一下子，两人的距离就近了。距离一近，说的话就容易理解。在工作、生活中，在交流工作、沟通想法时，我们也可以以情感为切入点，然后再引出需要说的事，这样成功率也会更高。相反，如果赵武灵王一味讲道理，那么只会遭到不断的反驳。只有通过情感的交流，才能真正获得认同。先讲情感，有了情感的铺垫，后面再摆事实、讲道理就能更加顺畅。生活中大部分人都是以感性为基础的。想要推行想法或改变别人的想法，就应该以情感作为铺垫，有了情感基础、认同基础，再说事情，成功率会更高。

(三)权衡利弊

趋利避害是人类的天性之一。说服需要综合分析，需要有的放矢，更需要设身处地地为他人权衡利弊，讲清利害关系。那些实惠观念很强的人，理难服他，情难动他，唯有"权衡利弊"才是切实有效的办法。即使那些明事理、重情义的人，并不过分讲究实惠，但你仍应设身处地充分考虑对方的切身利害、实际困难，在此基础上进行说服，只有这样，才称得上是真正的通情达理，也更令人心悦诚服。人生在世，要求得生存与发展，必然有各种各样的正常需要，如果丝毫不考虑对方的合理需要，双方交谈就没有共同的语言，说服也就无从谈起。如果看准了对方的需求，说服就能有的放矢，确有成效。

一个旅游团早上等大巴时，一个老太太拿着一包雨斗向游客兜售。老太太说："孩子们，黄山顶上经常下雨，上黄山都得备雨斗！"之后她拿出当地地图，地图上的旅游须知里提醒要带雨具。紧接着老太太又说："你们马上要出发了，路上没得买，山顶上买很贵的！"话音刚落，大家一拥而上，买了近20件。

(资料来源：https://www.sohu.com/a/161195244_99896247.)

(四)善用比喻

面对他人突如其来的提问，有时很难用几句话说清楚，这时如果运用生动、浅显的比喻，则能化难为易，收到事半功倍的说服效果。习近平总书记十分擅长使用比喻，例如，2015年12月20日，习近平总书记在中央城市工作会议上指出："要尊重市民对城市发展决策的知情权、参与权、监督权，鼓励企业和市民通过各种方式参与城市建设、管理。在共建共享过程中，城市政府应该从'划桨人'转变为'掌舵人'，同市场、企业、市民一起管理城市事务、承担社会责任。""掌舵人"和"划桨人"原指我国端午节的传统习俗赛龙舟中的两个不同角色，分别在龙舟比赛中发挥着不同作用。"掌舵人"负责把握龙舟的行进方向，防止偏离路线，保障前行的稳定性；"划桨人"则是龙舟前行的动力，同心协力，整齐划桨，奋力争先。"掌舵人"和"划桨人"分工明确、紧密合作、奋发蹈厉，才能"棹影翰波飞万剑，鼓声劈浪鸣千雷"，助力龙舟劈波斩浪，赢得比赛的胜利。习近平总书记在论述城市建设和治理时，用"掌舵人"和"划桨人"作比喻，生动形象地指出城市政府要转变角色，从大包大揽城市建设和治理中具体事务的"划桨人"，转变为把握城市建设、治理大局，激发市场、企业和市民多方主体的积极性、创造性，参与城市共建共享过程的"掌舵人"。2019年10月31日，习近平总书记在党的十九届四中全会第二次全体会议上指出："鞋子合不合脚，只有穿的人才知道。中国特色社会主义制度好不好、优越不优越，中国人民最清楚，也最有发言权。我们在这个重大政治问题上一定要有定力、有主见，决不能自失主张、自乱阵脚。"走路要穿鞋，但走什么样的路穿什么样的鞋却大有讲究。穿错了鞋不仅走不好路，还会折腿伤脚。这正如一个国家的发展，如果选错了道、走错了路，可能会给国家和人民带来灾难性的后果。习近平总书记用穿鞋来比喻一个国家道路的选择，微言大义，生动形象地指出道路关乎国家前途、民族命运、人民幸福，道路问题是关系党的事业兴衰成败的第一位问题，道路就是党的生命。2021年1月11日，习近平总书记在省部级主要领导干部学习贯彻党的十九届五中全会精神专题研讨班

上指出："构建新发展格局的关键在于经济循环的畅通无阻，就像人们讲的要调理好统摄全身阴阳气血的任督二脉。"任督二脉是中医理论的一部分，是经络的主脉，对于人体血液循环至关重要。调理任督二脉能够改善肺部、肝脏及心脏等人体器官的血液循环系统状况，让人体变得更加有活力。习近平总书记用"任督二脉"作比喻，强调了现阶段畅通经济循环对于我国构建以国内大循环为主体、国内国际双循环相互促进的新发展格局，对于与时俱进提升我国经济发展水平、培育我国国际经济合作和竞争新优势的重要性。再比如，"快嘴"龙永图解释复杂的世界贸易组织的贸易问题时所说的一段话：加入世界贸易组织，一旦发生贸易摩擦，对我们中国有什么好处？这就好比一个大个子和一个小个子打架，大个子喜欢把小个子拉到阴暗角落里单挑，而小个子则愿意把冲突拿到人多的地方去，希望有人出来主持公道。我们之所以愿意通过世界贸易组织多边争端机制解决问题，也就是想让大家来评评理。

(五)以退为进

当说服进入了僵持状态，应当采取"以退为进"的方法，让一步，进十步，千万不能盛气凌人，更不能凭一时之气，一腔之怒，以狠制人。例如，牛根生创建的蒙牛与伊利同在一个城市，经营的又是同一类产品，所以狭路相逢必生事端。伊利财大气粗，对比较弱小的蒙牛进行强烈抵制，要求经销自己产品的经销商绝对不能经销蒙牛的产品，否则就取消其经销权。牛根生选择了忍让，然后艰难地建立和完善自己的经销网络。结果，牛根生的忍让和克制，竟带来了蒙牛人气和销量的大涨。因为，经销商佩服他的心胸，愿意倾力合作，媒体和消费者认同蒙牛的品质，成功也就水到渠成了。

(资料来源：https://mp.weixin.qq.com/s/5y5VqTfUQzwrIm46dEHZAw.)

普通人讲道理，而有经验的聪明人会讲故事，或者使用案例说服别人，通过故事或案例传递信息。如果你一直想用道理去说服别人，但效果总是很差，可以尝试讲个故事，也许效果会出乎意料。以退为进不仅可运用于口才交流中，在生活中更是用途广泛。何梅谷，鄱阳人也。其妻垂老，好佛事，自旦至夕，必口念"观音菩萨"千遍。何梅谷以儒学闻于时，止之则弗从，勿止又恐贻笑士人，进退狼狈。一日，呼妻至再三，随夜随呼勿辍。妻怒曰："何聒噪若是耶？"梅谷徐答曰："仅呼半日，汝即怒我，观音一日被尔呼千遍，安得不怒汝耶？"妻顿悟，遂止。从何梅谷与妻子的对话中，我们感受到了另辟蹊径的劝说技巧，巧妙设境，随地取材，幽默设喻，以退为进，取得了极佳的劝说效果。

案例赏析 6.2.3

蜜雪冰城张氏兄弟的"以退为进"

新年开门红，2024年1月2日，蜜雪冰城叩响港交所大门，申请在港上市。这家下沉市场的"王者"，把平均6元一杯的奶茶从河南郑州卖到了世界各地，2023年前九个月爆卖58亿杯饮品，营收超150亿元。

张红超和张红甫这对兄弟，是"蜜雪冰城王国"的缔造者。他们是河南乡下出身的农村娃，哥哥张红超初中没毕业，俩人打过工、种过地、养过兔子、修过摩托。这家独角兽企业，上市前估值已超230亿元，哥俩合计持有约85.56%股权。由此计算，他们的身价早

已超 200 亿元。成功上市后，身价更有望翻一番。

草根老板把草根品牌卖到了广阔的中国大地，在卷高端、卷流量、卷"升级"的浪潮中，张氏兄弟屡屡"后退"，守住了最贴近大众的战场，创造了"以退为进"的消费奇迹。

"用马云的话说，他就是苦大仇深型创业者。不是自己觉得苦，而是别人看他就觉得他苦大仇深，实际上他还挺适应和沉醉于那种高强度。"张红甫曾这样形容哥哥张红超。

张氏兄弟二人出生于河南商丘的农村，父母务农。生于 1978 年的张红超，初中开始就一边在商丘上学，一边当服务员。他养过鹌鹑、兔子，还种过中药，修过摩托车，但都没挣到什么钱。不服气的他自学考上了河南财经政法大学的成人教育。临近毕业，他需要一份稳定的工作，这时想起了老家商丘流行的刨冰。

1997 年春，张红超回到商丘，尝遍了老家的每一家刨冰店，偷偷学艺。白糖、水果加冰块，他亲手试验后，从奶奶那里拿到压箱底的 3000 元钱作为创业资金。在郑州东郊的城中村金水路燕庄里，一个两三平米的半露天摊位支起来了，这便是蜜雪冰城的起点。每天只睡三四个小时，张红超忙前忙后，一天能卖一百多块钱。

张红超的第一家店，只开了两个月就被迫关门。第二家店靠近学校，生意不错，但没开多久就赶上修路被封。第三家店开在母校河南财经政法大学附近的白庙市场，没过多久又赶上拆迁。第四次，张红超搬到了文化路与博颂路的交叉口，这时，蜜雪冰城已升级为 60 多平米的店铺，产品也从刨冰升级到了雪花冰，并有了香蕉船、奶昔、冰激凌等更多选择。然而，一年后的 2000 年，蜜雪冰城又遇到郑州城镇化市容改造。2003 年，张红超无奈搬到国资铝厂大院，将刨冰店转型成了"蜜雪冰城家常菜馆"。

家常菜馆走的也是薄利多销路线，2.5 元的扬州炒饭、3 元的汉堡、5~6 元的荤菜。生意越来越好，张红超在菜馆门口弄了个水吧，继续卖 2 块钱的蛋筒冰激凌，没想到物美价廉的冰激凌一下子火了起来。

至此，蜜雪冰城明确向冰激凌、奶茶店转型。2007 年，弟弟张红甫从大学退学，加入蜜雪冰城，开了第一家加盟店。到年底，蜜雪冰城加盟店达到 36 家。

2008 年，张红超上架了 3 元一碗的冰粥和 1 元一杯的冰果汁，张红甫还无意间用库房剩下的咖啡粉，勾兑出了美味的"卡布奇诺"，1 元一杯的咖啡，瞬间引爆了郑州的学生圈。

随着公司的壮大，仅靠哥俩和亲朋好友的加盟没办法支撑一家企业，张红超开始把管理权交给职业经理人。

此后，蜜雪冰城的产品矩阵、品牌形象、战略推广来了个大升级。2010 年，蜜雪冰城已有爆火苗头，加盟店一家又一家地开出。那时，美国 DQ 冰激凌进入国内市场，5~25元的价格让张红甫羡慕不已。反观自己，冰激凌 1 元一支，总是被高端商圈拒之门外，这让张红甫萌生了"高端化"的想法。

说干就干，张红甫亲自去 DQ 卧底做了一阵服务员，随即把蜜雪冰城的高端店开进了富人区。然而，这次尝试相当失败，店铺很快就无人问津，只能关门收场。经此一役，张红甫想通了很多东西：高端化不是真正的用户需求，而是他的虚荣心在作祟，用户需要的是消费升级而非价格升级。于是，蜜雪冰城再没想过冲击高端品牌，而是老老实实卖好每一只冰激凌。

2015 年，蜜雪冰城门店数量连续三年翻倍增长，兄弟俩开始在运营战略上有了分歧。弟弟年轻气盛，想要激进扩张；而一路摸爬滚打下来的哥哥则趋于保守。两人第一次大吵了一架。一气之下，张红超离开郑州去了海南，临走时留下话，让弟弟去巡店，了解加盟商们的情况。

张红甫安排了一辆丰田考斯特小中巴车，带着十几名高管，前往安阳地区的标杆型加盟店进行考察。

与加盟商一见面，张红甫很惊讶地发现，看似生意红火的店铺，实际上却岌岌可危。加盟商告诉他，不少店铺苦于竞争激烈，且得不到公司支持，已经濒临倒闭。在茶饮消费市场中，由于配送距离较远，生存变得更加艰难。

巡店结束，张红甫终于理解了哥哥并决心整改。他将当年的战略主题定为"盘根"，决定全部直营，几乎不再开新店，并提高了加盟店的审核标准。

从高端退回平价，从激进扩张退回稳步前行，蜜雪冰城在"以退为进"中，找准了自己的定位。如今，它终于从城中村路边摊，走到了距离公司上市一步之遥的地方。

(资料来源: https://mp.weixin.qq.com/s/hb23nsWuSxQpR9e8_aEetw.)

三、批评的方法与技巧

忠言逆耳利于行——忠言往往是逆耳的语言，不中听，却最有价值。逆耳忠言是别人对自己的劝诫。批评既是一种重要的激励方式，又是一种有效的劝说信号。然而，对大多数人而言，在遇到批评时，会产生不良的身体反应和心理反应。具体表现为：抗拒，不肯承认错误或不认可别人的批评，甚至公开驳斥、顶撞对方；沉默，消极对待批评，不想或不敢公开辩驳，内心充满抵触情绪；委屈，认为责任不在自己，按照领导意图去做了，结果却把责任推卸给自己，有怨气却不诉说；检讨，当面承认错误，内心可能接受也可能不接受。由此可见，批评的效果通常是负面的，如果批评的方式不当、方法不对，所产生的后果就更不可想象。几乎所有的人都不喜欢被批评，这是一个不争的事实。可是工作中、生活中又离不开批评。这就需要开展批评时开动脑筋，灵活多变，把生硬露骨的批评尽量变成绝大多数人都喜欢或能够接受的方式，以此取得批评效果的最大化，保证人际关系的和谐。

案例赏析 6.2.4
喻茂坚以退为进，大败鞑靼

(一)幽默法

幽默并非只栽花不栽刺，它同样也可蕴含着批评。运用幽默的方式宣泄自己的不满，可以把批评的意向间接化，减少对方的被攻击感觉，从而避免了火药味，令对方易于接受。更重要的是，它会给我们的生活带来更多的欢笑。例如，近段时间，电视台正在播放电视连续剧《狂飙》，班里的很多同学每天晚上都要看到很晚，第二天还利用课余时间来议论剧情，上课时却精神不振，听课效率低。班长了解了情况后，对大家说："同学们，听说你们这段时间都很用功，每天晚上十一二点才睡觉。第二天来了，课余时间还不放松。这样下去怎么行，建议大家多注意休息啊。"同学们会心一笑，都明白了班长话中的含义。班长所说的话的真实意思是：看电视太晚影响休息，更影响正常的生活和学习。但

是在批评时注意了场合，还使用了温和、含蓄的语言，这不仅体现一定的智慧和哲理，也让同学们得以深思深省，效果明显。

(二)评价法

有的人在批评别人时，最容易发火，批评的话语通常夹杂着很浓厚的感情色彩，谈话的重点集中在"批"上。俗话说："金无足赤，人无完人。"世界上很难有完美无瑕的人，任何人都会犯错误。面对犯错误的人和错误的事，一味指责和泄愤毫无意义。我们应该学会把批评变成评价，遇事冷静，保持清醒的头脑，理性、客观地陈述或描述事实，让犯错误的人自己从中发现不足。

(三)鼓励法

有时，批评不但不会改变对方，反而会招致怨恨。心理学研究表明，人们在听了赞美之后再听批评，心理上就容易接受得多。我们可以采取欲抑先扬的办法，先赞美对方，在对方心理得到满足时，顺势进行批评。例如，"这次考得很好，我们要好好庆祝一下！来，咱们再看看从哪儿还能再有提高，嗯？！这几道题如果再细心一点你可以考得更好，咱们一起来分析一下错题"。这种间接的批评方式，显然要比直言不讳地指责好多了。

案例赏析 6.2.5

某部研究所规定每周一、三、五早上全所会操。一天会操，有个研究室无一人到操。主持会操的副所长刚要批评这个研究室，所长马上说："他们有特殊情况，我们出操吧！"其实，所长根本不知实情，他之所以这么说，是因为觉得"事出蹊跷，必有原因"，目的是先"冷处理"，以便给自己腾出时间调查研究，弄清问题成因。

会操后，他马上去找该研究室主任。一了解才知道，是因为他们最近连续熬夜攻关，昨夜终于完成了科研项目，室主任觉得大家都很劳累，说"你们回去休息，明天不要出操了，我会请假的"。可是他自己倒头就睡，忘了向副所长请假。

弄清了问题成因，所长首先表扬他们为科研攻关不辞劳苦的精神，并表示要对科研有功人员论功行赏。同时，严肃指出：科研劳苦不能作为违反会操纪律的理由，忘记请假就是组织纪律性不强的表现，应当为此做出检查。室主任听了所长的一席话，心悦诚服，向副所长作了深刻的自我批评。从此，该室的组织纪律性更强了。

(资料来源：https://mp.weixin.qq.com/s/AsgePx4sv89cNFp08bhsug，有改动.)

【案例 6.2.5 简析】

领导者在日常工作中会经常遇到一些"事发突然"的问题。当问题突然摆到你的面前，需要你当即做出处理时，有经验且负责任的领导者一般不会只看到一点现象就着手批评处理，他会先问自己"对问题成因的认知如何？"若觉得对成因认知不足，就会像那位所长一样，先设法将问题"冷置"一下，给自己腾出调查研究的时间，待确实弄清了问题的性质、成因，完善好自己的认知之后再酌情批评处理。批评处理问题得先确认一下自己对问题的成因认知几何。如果对于问题的成因已了然于胸，你自然可以当即按照规章制度进行准确的批评处置；若是对问题的成因认知不足，便匆忙处理，难免会导致工作失误，造成严重后果。

四、拒绝的方法与技巧

在人际交往中，答应人容易，拒绝人却很难。如果不讲究技巧，拒绝会让人很难接受，也会给自己带来很多烦恼。所以拒绝别人时，需要合适的方法，学会巧妙地说"不"。拒绝的技巧是非常重要的。拒绝既是一道难题，也是一门艺术。在生活中，你如果学会了拒绝的语言技巧，就能化难为易，化险为夷；有时还能化敌为友，化干戈为玉帛。因此，这就需要使用一些巧妙而委婉的拒绝方式，使别人能高高兴兴地接受你的拒绝。

常用的委婉拒绝方式有以下几种。

(一)诱导对方自我否定

在对方提出要求后，不马上回答，先讲一点理由，提出一些条件或反问一个问题诱导对方自动放弃原来提出的要求，这样你就不必说"不"了。

(二)旁借名义表示拒绝

拒绝别人必然使对方失望而不快，拒绝艺术就是把由于拒绝而造成的失望与不快控制在最小的限度之内。旁借名义拒绝不仅能使自己从无法答应的困境中解脱出来，还能使对方在和谐的气氛中接受。例如，我国著名语言学家吕叔湘先生有次给研究生讲治学经验，足足讲了两个半小时。在准备结束时，一位研究生突然提出一个问题："吕老，当前现代汉语语法研究的现状如何？"这个问题委实太大了。当时，吕老已 82 岁高龄，已经很疲乏了，急需休息。吕先生微笑着对这位研究生说："你不让我回家吃饭了，是不是？"吕先生用旁借名义的方式含蓄委婉地拒绝了对方的要求，还将问者和在场的人都逗笑了。

(三)先肯定后否定

这种方式多采用"是的……，然而……"的句式，其中"是的"是手段，"然而"才是目的。心理学研究表明：当一个人听别人说"是"的时候，他的肌体就呈现开放状态，使他在轻松的心理感受中继续接收信息。尽管最终是转折了，但这样柔和地叙述反对意见，对方较易接受。

(四)拒绝之时表示理解

朱先生在民航工作，由于乘坐飞机的旅客与日俱增，他时常需要拒绝很多熟人临时要急订低折扣机票的请求。但他总是非常诚恳地对熟人说："我知道您非常需要乘飞机，我也很愿意帮忙，使您如愿以偿。不过，票已订完了，这次实在无能为力。您下次早点来订票，只要有低折扣机票，我一定为您预留。"朱先生的一番话，让熟人再也提不出意见来了。

案例赏析 6.2.6

案例赏析 6.2.7

春节这个充满喜悦和团圆气息的节日，对于小红来说总是特别令人期待。经过一年的忙碌与奔波，她终于可以暂时放下工作的重担，回到那个熟悉而温暖的家中。家乡的街

道、邻里的笑声，还有家门前那棵老榕树，每一样都让她心中涌起浓浓的归属感。

今年的春节，小红有了新的计划。她希望能与家人一起创造更多美好的回忆。几周前，她就开始策划这次家庭出游，从选择景点到规划行程，每一个细节都经过了细心的考虑。她想让这次的家庭旅行不仅是一次简单的外出，更是一次心灵上的相聚和情感上的交流。

然而，就在出游的前一天晚上，她接到了多年未见的同学小李的电话。小李兴奋地说："小红，你回来了吗？我们班上好多人都回来了，明天聚一聚怎么样？"

面对这个突如其来的邀请，小红感到有些为难。她知道，简单地说"明天已经约好了"虽然是实话，但可能会让小李觉得自己不重视老同学的聚会，影响彼此的友情。

在这样两难的选择面前，小红深知，她需要找到一个既能体现对同学们的重视，又不会辜负家人期待的平衡点。她暗自思索，如何才能在保持诚恳和尊重的同时，妥善表达自己的立场，既不让同学们感到失望，也不影响家庭的计划。

小红决定采用一种更为体贴和高情商的方式来回应。她温暖而真诚地回答："小李，听到你的声音真的太高兴了！我也很想参加聚会和大家重温旧日的友谊。但是明天我和家人有一个早就计划好的家庭活动，真的很难调整。不过，我有一个想法，要是大家不介意的话，我们可以选一个大家都方便的时间再聚一次。我一定会尽全力安排时间，确保不会错过和大家相聚的机会。"

小红的回答既体现了对同学聚会的重视，也表达了对家庭计划的承诺，她的声音中充满了温暖和真诚。她继续说道："小李，我们的同学聚会对我来说非常重要，我非常珍惜和每一个同学的联系和回忆。明天的家庭活动是我们早就策划好的，我真的很难在这个时候更改计划。但请相信，我对聚会的热情和期待不会因此减少。我希望我们可以找一个合适的时间，让所有人都能参与进来。我们可以通过微信群来讨论和安排，保证每个人都有机会参与我们的欢聚时刻。我真心期待着那天的到来，再次感受我们同学间的温暖和欢乐。"

（资料来源：https://mp.weixin.qq.com/s/GIzTS7uO_c0waDHc_aNYJw.）

【案例 6.2.7 简析】

通过这样细腻和体贴的回答，小红不仅表现出了对同学情谊的尊重和珍视，也体现了她作为负责任的家庭成员的形象。她的高情商回应巧妙地平衡了同学聚会与家庭活动之间的矛盾，不仅避免了可能的尴尬，还增强了与同学们的联系，为未来的聚会埋下了期待的伏笔。在处理突如其来的邀请时，高情商的回应不仅能够妥善解决时间冲突，更能够增强人际关系，让每一方都感到被尊重和被理解。这种能力在职场中和个人生活中都非常重要，它能帮助我们建立和维护更为融洽和长久的关系。

案例赏析 6.2.8

如何看待批评

据《墨子·耕柱》记载，春秋战国时期，耕柱是一代宗师墨子的得意门生，不过他老是受到墨子的责骂。有一次，墨子又责备了耕柱，耕柱觉得非常委屈。因为在众多门生之中，自己是公认的最优秀的人，但又偏偏常遭到墨子的指责，这让他感觉很没面子。

一天，耕柱愤愤不平地问墨子："老师，难道在这么多学生当中，我竟是如此差劲，以至于要时常遭你老人家的责骂吗？"

墨子听后反问道："假如我现在要上太行山，依你看，我应该要用良马来拉车，还是用老牛来拖车？"

耕柱回答说："再笨的人也知道要用良马来拉车。"

墨子又问："那么，为什么不用老牛呢？"

耕柱回答说："理由非常简单，因为良马足以担负重任，值得驱遣。"

墨子说："你答得一点也没错，我之所以时常责骂你，也正因为你能够担负重任，值得我一再地教导与匡正你啊。"

（资料来源：https://www.sohu.com/a/121790764_488913.）

【案例6.2.8简析】

这个故事告诉我们如何正确看待别人的批评，特别是当面指出你的缺点时对方的真正用意。其实，无论是家长、老师，还是领导，对你的期望值越高，就越会常指出你需要改进的地方，我们应该认真反思、改进，而非怨恨。而在组织中，领导者往往会对优秀的员工更加严苛要求，因为他们有能力承担重大责任并发挥出色。我们要正确看待领导的批评，那是对下级的指导和匡正，说明领导是肯定你的工作能力的，他在关注你。当然，如果方式方法不当，我们可以私下找时机与领导沟通。

故事中，墨子责骂耕柱时并非刻意贬低他。墨子对耕柱的责骂虽然严厉，但其中蕴含着对他能力的认可和希望他能够更好地成长和发展。另外，故事还启发我们：在批评他人时，要注意方式方法，这有助于建立互相信任和理解的关系，促进积极、有效的沟通。

阅读窗

电话与网络沟通

一、电话礼仪

1. 重要的第一声

当我们打电话给某单位，若一接通，就能听到对方亲切、优美的招呼声，一定会感到很愉快，使双方对话能顺利展开，同时，也会对对方产生较好的印象。在电话中，稍微注意一下自己的行为就能给对方留下完全不同的印象。因此要记住，接电话时，要有"我代表单位形象"的意识。

2. 要有喜悦的心情

打电话时要保持良好的心情，这样即使对方看不见你，欢快的语调也能感染对方，给对方留下极佳的印象。面部表情会影响声音的变化，所以即使在电话中，也要保持"对方看着我"的心态。

3. 端正的姿态与清晰明朗的声音

打电话时不能吸烟、喝茶或吃零食，即使是懒散的姿势，对方也能"听"出来。声音要温雅有礼，口与话筒之间应保持适当距离，适度控制音量，防止听不清楚或滋生误会，避免声音粗大让人误解为盛气凌人。

4. 迅速准确地接听

现代职场人士业务繁忙，桌上往往会有两三部电话。听到电话铃声，应准确迅速地拿起听筒。接听电话时，以长途电话为优先，最好在三声之内接听。如果电话铃响了五声才拿起话筒，应该先向对方道歉。若电话响了许久，接起电话只是"喂"了一声，会给对方留下不好的印象。

5. 理清六要素

随时牢记 5W1H 技巧，所谓 5W1H 是指：when(何时)、who(何人)、where(何地)、what(何事)、why(为什么)、how(如何进行)。打电话时，要简洁地表述清楚这六方面内容，接电话时要准确记录此六要素，电话记录既要简洁又要完备。

6. 有效电话沟通

(1) 上班时间打来的电话几乎都与工作有关，公司的每个电话都十分重要，不可敷衍。即使对方要找的人不在，切忌粗率地答复"他不在"后立即挂断电话。接电话时也要尽可能问清事由，避免误事。对方查询本部门其他单位电话号码时，应迅速告知，不能说不知道。

(2) 我们首先应确认对方身份、了解对方来电的目的，如自己无法处理，也应认真记录下来。委婉地探求对方的来电目的，就可不误事而且赢得对方的好感。

(3) 对对方提出的问题应耐心倾听；表达意见时，应让他能适度地畅所欲言，除非不得已，否则不要插嘴。其间可以通过提问来探究对方的需求与问题。注重倾听与理解、抱有同理心、建立亲和力是有效电话沟通的关键。

(4) 接到责难或批评性的电话时，应委婉解释，并向其表示歉意或谢意，不可与发话人争辩。

电话交谈时，应注意正确性，将事项完整地交代清楚，以增加对方认同，不可敷衍了事。

7. 挂电话前的礼貌

要结束电话交谈时，一般应由打电话的一方提出，然后彼此客气地道别，应有明确的结束语，说一声"谢谢""再见"，再轻轻挂上电话，不可自己讲完后就挂断电话。

二、网络沟通技巧

微信等网络即时通信工具，早已渗透进我们的工作和日常。很多人每天醒来第一件事，就是回复微信、QQ 等工具上的消息。那么，如何高效使用微信呢？掌握以下沟通技巧，就能有效提高效率。

(1) 有事直接说。线下和人聊天时，我们通常会先寒暄几句，再切入主题。可在微信中这么做，只会让人不胜其烦。比如最常见的寒暄语"在吗"，就遭到很多人的吐槽。回"不在"吧，对话一下子就有了火药味；回"在"吧，又怕被对方套路。万一对方得寸进尺，提出什么难题，后续会更麻烦。所以，在微信中，不必像线下那样寒暄，直接切入主题，是对彼此最好的尊重。

(2) 重要消息用[ ]标出。有时候和别人聊得很畅快，事情也说清楚了。但如果是不紧急的事情往往会放到一边，等要处理的时候才回去翻看记录。一条条地翻看难免低效率，把重要内容加上[ ]就会醒目很多，比如时间、地点等。

(3) 做好分段阅读，可以降低阅读难度。有人发微信的时候，喜欢把信息一股脑汇总

起来。这就导致满屏都是密密麻麻的文字，一眼看过去，完全不知道重点是什么。在用微信和别人沟通时，可以提前设置一个前提，假定"别人都是忙且不耐烦"的。在这种情况下，就要求我们用最短的文字把意思表达清楚。两三句话放在一段，做好排版，不仅能减轻阅读负担，也会让人觉得你很体贴。如果是给领导发重要消息，自己多检查几遍再发，不要发完后再撤回。

(4) 少发语音，多打字。有时为了图方便，人们可能会选择发语音。但这样做虽然方便了自己，却可能给他人带来不便。如果他在开会、上课，听语音可能不方便。此外，如果语音消息很长，往往需要听好几遍，这非常不方便。

(5) 群聊消息加上标签，方便检索。微信群人数上限为 500 人，动辄几千条消息，尤其在微信群数量众多的情况下，很容易错过重要信息。逐条浏览效率太低，在消息前面加个标签可以有效解决这一问题。

(6) 微信传文件，邮件备份。现在手机使用越来越多，微信传文件也越来越频繁，时间长了微信占用的内存越来越大。但是手机清理内存时，微信文件也可能被删除，这时要求他人重发文件可能不太合适。因此，对于重要文件，最好通过邮件进行备份。

(7) 做好备注，精准管理人脉。你的微信里有多少个好友？面对成百上千的好友，如果不做好备注，时间一久，可能就会忘记对方是谁。有事想找微信好友帮忙时，可能怎么也搜不到对方。如果平时做好通讯录管理，就不会出现这种问题。建议大家在添加好友时，先修改备注，并在标签中添加对方的电话号码或名片等信息。你可以建立自己的标签规则，比如按同学、同事、同行等关系来分，也可以按跑步、读书、写作等圈子区分。这样能方便检索，还能第一时间跟对方展开更多话题。

(8) 拉人进群，提前打声招呼。每个人的微信里都有各种各样的微信群，每个群就像一个小江湖。如果要拉陌生人进群，记得提前跟群主打招呼，这是对他们"东道主"身份的尊重。要知道，事前报备永远好过事后解释。拉进群后，别忘记跟群里的小伙伴介绍新人，这样能让大家日后相处起来更舒服。同理，把微信名片发给其他人时，也最好跟当事人说一声。这些基本礼仪虽然简单，但体现了对人的尊重。

(9) 待办事项，记得设置提醒。聊天中最尴尬的事，莫过于一方自说自话，另一方聊着聊着不见了。

有时候我们明明记得已经回复了消息，可直到对方来问时，才发现没有回。在朋友之间这种情况可以被理解，但在工作中这样马虎就不合适了。如果忙碌时来不及回复信息，千万别用"意念回复"，而应主动说明下情况，比如："不好意思在忙，晚点回复。"然后设定一个提醒，以便在时间允许时再处理。当我们长按一条消息或文件，就会出现"提醒"功能。到了设定的时间，微信会发消息给你。你可以使用这一功能来处理未解决的事项，安排待办任务，从而解放你的大脑。

（资料来源：https://www.gwyoo.com/haowen/251503.html，
http://www.360doc.com/content/16/0415/06/30119560_550727518.shtml）

文化直通车

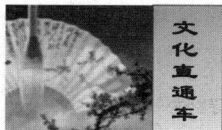

诗词之旅 哲韵中国

第六期 自然风光
——山水田园诗

欢迎同学们乘坐"文化直通车"，开启诗词之旅，感受诗意人生。

"少无适俗韵，性本爱丘山"，相信在物质生活高度发达的今天，每个人内心都有一方天然纯粹的净土，那里安逸恬淡，"种豆南山下，草盛豆苗稀"；清新静谧，"空山新雨后，天气晚来秋"；生机盎然，"梅子金黄杏子肥，麦花雪白菜花稀"……本期"文化直通车"之"诗词里的中国"，就让我们走进山水田园，去发现真善美的初心，找到那方纯净心灵的世外桃源。

本期详细内容请扫描二维码阅读。

山水田园诗导读

厚重典籍 智慧中国

第六期 史学巅峰
——《尚书》《史记》《资治通鉴》

欢迎同学们乘坐"文化直通车"，品读经典，汲取智慧，润泽心灵。

"克勤于邦，克俭于家""满招损，谦受益""民为邦本，本固邦宁"，从《尚书》中，我们懂得勤俭、谦虚，看到民本德兴。翻开《史记》，我们看到卧薪尝胆的越王勾践，破釜沉舟的霸王项羽，负荆请罪、知错能改的廉颇，纸上谈兵、夸夸其谈的赵括，从而明白了"一诺千金"的可贵、"毛遂自荐"的勇气、"网开一面"的智慧。通过《资治通鉴》，我们理解了"兼听则明，偏听则暗"，从而学会了客观全面地看待问题；面对财富与资源，我们应"取之有度，用之有节"，合理利用，不铺张，不浪费；"国虽大，好战必亡，天下虽平，忘战必危"，告诫统治者既要爱好和平，又要保存必要的战争实力。本期"文化直通车"之"典籍里的中国"，让我们走进史学巨著《尚书》《史记》《资治通鉴》，鉴古知今，学史明智，增信崇德，共创未来。

1. 《尚书》

《尚书》，原名《书》，即上古之书，亦称"书经"，是一部记载古代言论和历史的典籍。《尚书》是中国最古老的皇室文集，是中国第一部上古历史文件和部分追述古代事迹著作的汇编，其内容大多是有关政治的一些言论和史事。《尚书》分为《虞书》《夏书》《商书》《周书》四部分。通行的《十三经注疏》本《尚书》，为《今文尚书》和《古文尚书》的合编本。西汉伏生口述 28 篇《尚书》为今文《尚书》，西汉鲁恭王刘余在拆除孔子故宅一段墙壁时，发现的另一部《尚书》，为古文《尚书》。今存《尚书》共58 篇，分为《商书》《周书》《虞书》《夏书》，其中《古文尚书》25 篇，为东晋梅赜所献，后儒多认为是伪作。现代学者也有不同看法。《尚书》(今文)记录了距今约 4000 年到 2600 年间虞、夏、商、周时期，涉及政治、宗教、思想、哲学、艺术、法令、天文、地理、军事等诸多领域。《尚书》被列为儒家核心经典之一，历代儒家研习之书。

相传《尚书》为孔子编纂。孔子晚年集中精力整理古代典籍，将上古时期的尧舜一直到春秋时期秦穆公时期的各种重要文献资料汇集在一起，经过认真编选，选出 100 篇，这就是《尚书》百篇之说的由来。相传孔子编成《尚书》后，曾把它用作教育学生的教材。在儒家思想中，《尚书》具有极其重要的地位。但实际上，西汉学者用 28 宿比喻伏生今文《尚书》28 篇，而《尚书》百篇之说则是后来才有的。

《尚书》所记基本是誓、命、训、诰一类的文体。文字古奥迂涩，所谓"周诰殷盘，佶屈聱牙"，就是指这个特点。但也有少数文字比较形象、流畅。就专书文体而言，《尚书》呈现记言的特征，但作为记言文献，《尚书》也存在记事的篇章。从篇章文体来看，大致有对话体、事语体，以及单纯记事体。

自汉以来，《尚书》一直被视为中国封建社会的政治哲学经典，既是帝王的教科书，又是贵族子弟及士大夫必修的"大经大法"，在历史上很有影响，同时又是中国古代散文已经形成的标志。

2. 《史记》

《史记》，24 史之一，最初称为《太史公书》或《太史公记》，是西汉史学家司马迁撰写的纪传体史书，是中国历史上第一部纪传体通史，作品记载了上至上古传说中的黄帝时代，下至汉武帝太初四年间共 3000 多年的历史，对后世史学和文学的发展都产生了深远影响。其首创的纪传体编史方法为后来历代"正史"所传承。《史记》分本纪、表、书、世家、列传五部分，本纪 12 篇，表 10 篇，书 8 篇，世家 30 篇，列传 70 篇，共 130

图 6-2　《史记》与《资治通鉴》

篇，约 526 500 字。《史记》取材相当广泛，叙写了西汉中期以前的各个历史时代，统摄了各个阶层、各个民族、各个领域和行业。此外，《史记》在章法、句式、用词上都有很多独到之处，别具一格，不拘泥于常规，以其新异和多变而产生独特的效果。人物编排名实兼顾，以类相从。注重语言和细节描写，兼顾正面、侧面与特写相结合，突出人物形象。运用对比映衬的方法，在矛盾冲突中表现人物。运用个性化的语言，凸显人物的风姿。

深邃意蕴的叙事和生动鲜活的人物描写巧妙地结合在一起，使《史记》呈现出一种雄深雅健的独特风格。《史记》成功地塑造了一大批悲剧人物，使全书具有浓郁的悲剧气氛，并富有传奇色彩。人物传记既有宏伟的画面，又有深邃的意蕴，形成了雄深雅健的风格。司马迁还善于把笔下的人物置于广阔的社会背景下加以表现，在叙述一系列重大历史事件的过程中，揭示个人命运偶然性中所体现的历史必然性。在《苏秦列传》和《张仪列传》中，司马迁对于战国诸侯间微妙复杂的利害关系反复演示，以七国争雄为背景展开了广阔的画面。苏秦、张仪准确地把握了当时形势的特点，抓住了机遇，相继干出了一番惊天动地的事业。陈平年轻时就胸怀大志，足智多谋。适逢秦末动乱和楚汉相争，于是他大显身手，屡献奇计。他设计离间项羽和范增，使楚霸王失去"亚父"这位谋士。荥阳被困，他令二千女子夜出东城门迷惑楚军，刘邦得以出西城门脱险。他暗示刘邦封韩信为齐王以稳定形势，又建议刘邦伪游云梦泽而借机擒韩信。刘邦在平城被匈奴围困七日，又是陈平出奇计让他化险为夷。陈平所献五计，无一不关系到刘邦的生死存亡，关系到天下的兴衰安危。陈平这位谋士的形象，也就在驾驭历史风云的过程中，愈发丰满。《史记》中的人物形形色色，有的卑琐，有的伟岸；有的先荣后辱，有的先辱后荣；有的事业成功，人生幸运，也有的虽然事业成功却命运悲惨。司马迁既把他们写成重大事件的导演、演员，又把他们写成重大事件的产儿，通过描写、叙述他们对时势、潮流的顺应与抗拒，对历史机遇的及时把握与失之交臂，以椽巨笔勾勒出历史和人生的壮阔画面，点出其中蕴含的哲理。

《史记》是中国史学史上第一部贯通古今、网罗百代的通史名著，开创了纪传体通史之先河。《史记》还被认为是一部优秀的文学著作，在中国文学史上有着重要的地位，被鲁迅誉为"史家之绝唱，无韵之《离骚》"，具有很高的文学价值。刘向等人认为此书"善序事理，辩而不华，质而不俚"。《史记》与《汉书》《东观汉记》并称"三史"，为唐代科举之常科，又与《汉书》《后汉书》《三国志》合称"前四史"。

3. 《资治通鉴》

《资治通鉴》是司马光奉宋英宗和宋神宗之命编撰的一部编年体通史，由司马光本人担任主编，在刘攽、刘恕和范祖禹的协助下，历时 19 年才编撰完成。宋神宗认为此书"鉴于往事，有资于治道"，遂赐名《资治通鉴》。全书分为 294 卷，约 300 万字，记事从周威烈王二十三年(公元前 403 年)起，直至后周世宗显德六年(959 年)，按照时间顺序，记载了共 16 朝 1362 年的历史。《资治通鉴》中引用的史料极为丰富，除了十七史之外，还有各种杂史、私人撰述等。据《四库提要》记载，《资治通鉴》引用前人著作 322 种，可见其取材广泛，具有极高的史料价值。《资治通鉴》自成书以来，一直受到历代帝王将相、文人墨客的追捧，点评批注它的人数不胜数。《资治通鉴》保存了很多现在已经看不到的史料，更重要的是，它对之后的史官创作、中国的历史编撰、文献学的发展等产生了深远的影响。《资治通鉴》按朝代分为 16 纪，即《周纪》5 卷、《秦纪》3 卷、《汉纪》60 卷、《魏纪》10 卷、《晋纪》40 卷、《宋纪》16 卷、《齐纪》10 卷、《梁纪》22 卷、《陈纪》10 卷、《隋纪》8 卷、《唐纪》81 卷、《后梁纪》6 卷、《后唐纪》8 卷、《后晋纪》6 卷、《后汉纪》4 卷、《后周纪》5 卷。内容以政治、军事和民族关系为主，兼顾经济、文化和历史人物评价，目的是通过对事关国家盛衰、民族兴亡的统治阶级政策的描述

警示后人。

司马光在编修《资治通鉴》时，妥善地将纪传体糅入编年体中，使纪传之详细与编年之简明结合起来。中国古代编年体史书通常按年记事，没有篇目和目录，只是按年检索。司马光突破这种旧例，分三部分将年表、帝纪、历法、天象、目录、举要及索引集于一块，开创了编年体史书多功能目录的新体例，使《资治通鉴》更臻于完善，将中国的历史编纂推进到了新的水平。作为历代君王的教科书，司马光的《资治通鉴》与司马迁的《史记》并列为中国史学的不朽巨著，被誉为"史学两司马"。2020年4月，《资治通鉴》被列入《教育部基础教育课程教材发展中心首次向全国中小学生发布阅读指导目录(2020年版)》。

司马光创作《资治通鉴》的目的极为明确，就是总结历史得失成败，为统治阶级提供借鉴，帮助宋代君主更好地治理国家。此书强化了政治方面的内容，总结了政治管理经验，重视礼制和民生，分析了用人和用权，讲究权变和平衡，是一部非常出色的执政参考书。历代执政者、名臣、学者都非常重视这部书，从中汲取政治营养。对于普通人而言，我们可以从中学习做人、处事的原则和方法。虽然时代不断变迁，但诚信、宽容等基本价值是永恒不变的。《资治通鉴》中的诸多历史故事能让我们对于现实生活有更深刻的领悟，在学术、史学、文献学、文学、理学、政治学等方面，都具有重要的研究和参考价值。

(资料来源：https://mbd.baidu.com/ma/s/Gymr1SXX，https://mbd.baidu.com/ma/s/DfucDukz，https://mbd.baidu.com/ma/s/Brl0n9wU，有改动.)

习近平总书记说过，学史可以看成败、鉴得失、知兴替，不忘本来才能开辟未来，善于继承才能更好创新。学历史，读史书，《尚书》《史记》《资治通鉴》都是经典中的经典，是史学巅峰之作，我们一定要反复品读，使其成为我们的人生导师，向着更光辉的未来迈进！

家国情怀　薪火相传

第六期　扎根土地 为民福祉
——"杂交水稻之父"袁隆平、"太行山上新愚公"李保国

欢迎同学们乘坐"文化直通车"，走进大爱中国，开启故事之旅。本期的主题是"扎根土地，为民福祉——'杂交水稻之父'袁隆平、'太行山上新愚公'李保国"。让我们俯身凝思注目，贴紧这片热土，看一看那些深耕沃土、为民造福的平凡事，朴实无华、默默奉献的贴心人。

1. "杂交水稻之父"袁隆平

袁隆平，1930年9月7日生于北京，江西德安县人，中国杂交水稻育种专家，被称为中国的"杂交水稻之父"，中国工程院院士。2006年4月当选美国国家科学院外籍院士，

2010 年荣获澳门科技大学荣誉博士学位，2011 年获得马哈蒂尔科学奖。

1960 年，罕见的天灾人祸带来了严重的粮食饥荒，一个个蜡黄脸色的水肿病患者倒下了……袁隆平目睹了严酷的现实，经历了饥饿的痛苦，辗转反侧不能安睡。他决心发挥自己的才智，用学过的专业知识，尽快培育出亩产过 800 斤、1000 斤、2000 斤的水稻新品种，让粮食大幅度增产，用农业科学技术战胜饥饿。袁隆平赞成这样一个公式：知识+汗水+灵感+机遇=成功。他依据对遗传学较深的认识，对试验田里的退化植株进行仔细观察和统计分析，不仅论证了"鹤立鸡群"的稻株是"天然杂交稻"，而且从其第一代的良好长势，充分证明了水稻也存在明显的杂交优势现象。试验结果使他确信，做杂交水稻的研究具有光明的前景。可是，杂交水稻是世界难题。因为水稻是雌雄同花的作物，自花授粉，难以一朵一朵地去掉雄花搞杂交。这样就需要培育出一个雄花不育的稻株，即雄性不育系，然后才能与其他品种杂交。这是一个难解的世界难题。袁隆平知难而进，他认为，雄性不育系的原始亲本，是一株自然突变的雄性不育株，也能天然存在。

图 6-3　袁隆平

中国有众多的野生稻和栽培稻品种，蕴藏着丰富的种子资源，是水稻的自由王国。"外国没有搞成功的，中国人不一定就不能成功"。袁隆平迈开了双腿，走进了水稻的莽莽绿海，去寻找那从未见过、并且中外资料均未见报道的水稻雄性不育株。时间一天天过去，袁隆平头顶烈日，脚踩烂泥，驼背弯腰地、一穗一穗地观察寻找。"功夫不负有心人"，终于在第 14 天发现了一株雄花花药不开裂、性状奇特的植株。袁隆平欣喜若狂。1964 年 6 月到 1965 年 7 月，他和妻子邓则，又找到了 6 株雄性不育的植株。成熟时，分别采收了自然授粉得到的第一代雄性不育材料种子。经过两个春秋的试验和科学数据的分析整理，袁隆平撰写出第一篇重要论文《水稻的雄性不孕性》，发表在 1966 年《科学通报》第 17 卷第 4 期上。文中还预言，通过进一步选育，可以从中获得雄性不育系、保持系(使后代保持雄性不育的性状)和恢复系(恢复雄性可育能力)，实现三系配套，使杂交水稻第一代的优势得以利用，将会给农业生产带来大面积、大幅度的增产。这篇重要论文的发表，被一些同行们认为是"吹响了第二次绿色革命"的进军号角。

又经过 8 年历经磨难的"过五关"(提高雄性不育率关、三系配套关、育性稳定关、杂交优势关、繁殖制种关)，到 1974 年配制种子成功，并组织了优势鉴定。1975 年，在湖南省委、省政府的支持下，杂交水稻实现了大面积制种，为来年大面积推广做好了种子准备，使该项研究成果进入大面积推广阶段。1975 年冬，国务院做出了迅速扩大试种和大量推广杂交水稻的决定，国家投入了大量人力、物力、财力，连续三代进行繁殖制种，以最快的速度推广。1976 年定点示范 208 万亩，在全国范围开始应用于生产，到 1988 年全国杂交稻面积达 1.94 亿亩，占水稻面积的 39.6%，而总产量占 18.5%。10 年全国累计种植杂交稻面积 12.56 亿亩，累计增产稻谷 1000 亿公斤以上，增加总产值 280 亿元，取得了巨大的经济效益和社会效益。

群众交口称赞靠两"平"解决了吃饭问题：一靠党中央政策的高水平，二靠袁隆平的

杂交稻。人们用朴实的语言,说出了亿万中国农民的心里话。

20世纪80年代初期,面对世界性的饥荒,袁隆平心中再一次萌发了一个大胆的设想,提出了杂交水稻超高产育种的课题,试图解决更大范围内的饥饿问题。1985年,袁隆平以强烈的责任感发表了《杂交水稻超高产育种探讨》一文,提出了选育强优势超高产组合的四个途径,其中花力气最大的是培育核质杂种。袁隆平凭着丰富的想象、敏锐的直觉和大胆的创造精神,认真总结了百年农作物育种史和20年"三系杂交稻"育种经验,以及他所掌握的丰富的育种材料,于1987年提出了"杂交水稻育种的战略设想",高瞻远瞩地设想了杂交水稻的三个战略发展阶段,即三系法为主的器种间杂种优势利用;两系法为主的籼粳亚种杂种优势利用;一系法为主的远缘杂种优势利用。这是袁隆平杂交水稻理论发展的又一座新高峰。

在袁隆平的战略思想指引下,继湖北石明松1973年在晚粳农垦58自然群体中发现一株不育的光敏核不育材料之后,1987年7月16日,李必湖的助手邓华凤,在安江农校籼稻三系育种材料中,找到一株光敏不育水稻。历经两年三代异地繁殖和观察,该材料农艺性状整齐一致,不育株率和不育度都达到了100%,不育期在安江稳定50天以上,并且育性转换明显和同步。这一新成果,为杂交水稻从"三系法"过渡到"两系法"开拓了新局面。

国际水稻研究所所长、印度前农业部长斯瓦米纳森博士高度评价说:"我们把袁隆平先生称为'杂交水稻之父',因为他的成就不仅是中国的骄傲,也是世界的骄傲,他的成就给人类带来了福音。"

2. "太行山上新愚公"李保国

李保国,1958年生,河北省衡水市武邑县人,1978年入读河北林业专科学校(河北农业大学林学院前身),1989年7月加入中国共产党,河北农业大学林学院二级教授、博士生导师。

1981年,李保国留校任教。当时,学校要在太行山区建立产学研基地。得到消息后,李保国积极响应,上班仅十几天,便和同事来到了太行深处。他工作的第一站是河北省邢台市前南峪村,该村土层薄、土壤贫瘠,"年年种树不见树,岁岁造林不见林"。为此,李保国每天早出晚归,山上山下进行实地考察,最终得出要用爆破整地的方法改善土质的方案。经过李保国的不懈努力,前南峪村的土质得到了极大改善,树木成活率从10%提高到90%。栽树成功后,李保国又因地制宜指导农民种板栗,前南峪村也由此华丽转身,成为太行山区一处生机盎然的绿色宝地。

1996年8月,邢台市内丘县岗底村遭遇洪水,李保国带领科技救灾团队来到这里。李保国说,他见不得老百姓受穷,一定会尽全力帮助大家。看到岗底村的苹果当年产量低,卖不上好价钱,他就向村民推广苹果套袋种植新技术。一开始,大家不理解,觉得"套上袋苹果不就烂了吗?""苹果不见光还能长大吗?"面对疑问,李保国说:"套袋如果减产,损失算我的,赚了算大家的。"随后,他自己垫付了几万元的科研经费,手把手教授村民套袋技术。这年秋天,采用新技术培植的苹果又大又红,卖出了史无前例的好价钱。如今,"富岗苹果"连锁基地已经发展到太行山和燕山等11个县369个村,带动7万多名群众走上了致富路。

30 多年来，在太行山上，这样的脱贫故事不断上演。李保国在这里推广了 36 项实用技术，140 万亩荒山变为绿洲，诸多品牌农产品走向全国各地，累计带动贫困山区增收 58.5 亿元。

李保国的目标是"把我变成农民，把农民变成'我'"。他把科技知识毫无保留地教授给农民朋友，举办各类培训班 800 多场次，培训人员 9 万余人次，近 200 名农民在他的指导下获得了国家颁发的果树工技能证书。

在教师和科研岗位上，李保国同样就就业业、成绩斐然。他主持编写了 9 部教材，全年承担多达 416 学时的教学任务，多次获得国家级、省部级科技进步奖和突出贡献奖。"是共产党员，我就要为人民服务；是教师，我就要为学生服务。"在教学上，他对学生严格要求；在生活上，他则如父亲一般关心学生的成长成才。

然而，长期超负荷地工作使李保国积劳成疾，患上了糖尿病和疲劳性冠心病。虽然疾病缠身，但他始终坚守岗位，去世前 4 个月仍在外奔波，连家都顾不上回。2016 年 4 月 10 日，李保国因心脏病突发逝世。

几十年来，李保国扎根太行、心系群众、扎实苦干、奋发作为、无私奉献，用自己的模范行动彰显了一名共产党员的责任与担当。

(资料来源：https://mq.mbd.baidu.com/r/1f1kdGOBvaw?f=cp&rs=1545790775&ruk=vgSXAZL5q55O7XksyHqKgQ&u=36dbc25423717986&urlext=%7B%22cuid%22%3A%22la-W8g8Lv8gsuHaeg8vet_uaHijniSaSY82valuovuKu0qqSB%22%7D，https://ml.mbd.baidu.com/r/1eYZJcaTIha?f=cp&rs=1640919441&ruk=vgSXAZL5q55O7XksyHqKgQ&u=23829c757ddb9699&urlext=%7B%22cuid%22%3A%22la-W8g8Lv8gsuHaeg8vet_uaHijniSaSY82valuovuKu0qqSB%22%7D，有改动.)

云南大理祥云县赵祖龙、倍丰集团朱有利、清华田园女博士石嫣……正是这些踏踏实实扎根土地的耕耘者，才让我们的祖国山青水绿，让我们的百姓富足甜美。深入土壤才能汲取力量，坚定方向才能自强不息，立足平凡才能成就伟大，无私奉献才能永得民心。新时代青年应该像他们一样，踩实脚下每一寸土地，做好眼前每一件小事，脚踏实地，勤恳务实，让自己的青春实实在在地在祖国大地绽放，在百姓心中唱响！

练习与实训

一、选择题

1. 做一个合格的倾听者需要(　　)。
   A. 充分调动听觉器官　　　　　　　B. 充分使用头脑
   C. 及时进行反馈　　　　　　　　　D. 秉持客观的态度

2. 想要实现有效倾听，需注意(　　)。
   A. 做好准备工作　　　　　　　　　B. 集中注意力
   C. 面无表情地认真听　　　　　　　D. 学会归纳与总结

3. 赞美时要注意(   )。
    A. 赞美要有度   B. 赞美要随时随地，不分情况
    C. 赞美要情真意切   D. 赞美要把握时机
4. 批评时应采取的方法有(   )。
    A. 直接法   B. 幽默法   C. 评价法   D. 鼓励法
5. 电话礼仪包括哪些? (   )。
    A. 要有喜悦的心情   B. 要慢一些接听
    C. 保持端正的姿态与清晰明朗的声音 D. 迅速准确地接听

二、请根据交谈的原则完成以下练习

1. 宿舍长说: "大家晚上都睡那么晚，宿舍里也不安静，不管吧，对身体不好，可管得太严，舍友又抱怨我管得宽，真不知道该怎么办。" 你从宿舍长的话中体验到了什么?

2. 你在食堂遇到工商管理专业的老乡赵某，他邀你一起吃饭，并打听你现在的同班同学李某，且说她品行有问题，你该如何回答?

3. 头脑风暴法讨论: 各小组成员一起，谈一谈在人际交往时，有过哪些交谈不愉快的经历? 感受与启发有哪些?

4. 小组讨论分析，遇到以下情况应该聊些什么话题?
(1) 新婚夫妻。
(2) 孩子周岁的妈妈。
(3) 年过花甲的女性。
(4) 篮球运动爱好者、
……

5. 临近毕业，你的好友找工作屡屡碰壁，你会如何开导他(她)?

三、案例分析

(一)请结合以下案例思考

1. 为什么那位不能说话的业务代表获得了订单，而不是其他代表?
2. 人们在什么时候需要倾听? 为什么?

【案例1】 善于倾听签订单

有一家汽车公司想要选用一种布料装饰汽车内部，三家公司提供了样品供汽车公司选用。公司董事会经过研究后，请这三家公司来公司做最后的说明，然后决定与谁签约。在这三家厂商中，有一家的业务代表患有严重的咽喉炎，无法流利讲话，只能由汽车公司的董事长代为说明。董事长按照公司的产品介绍讲述了产品的优点、特点，各单位有关人员纷纷发表意见，董事长代为回答。而布料公司的业务代表则以微笑、点头或各种动作来表达谢意，结果，他赢得了大家的好感。

会谈结束后，这位不能说话的业务代表却获得了50万码布的订单，总金额相当于160万美元，这是他有生以来获得的最大的一笔成交额。事后，他总结说: 如果他当时没有生病，嗓子还可以说话的话，他很可能得不到这笔大数目的订单。因为他过去都是按照自己的一套办法去做生意，并不觉得让对方发表意见比自己头头是道地说明更有效果。

(二)请结合下面的选段分析王熙凤的赞美技巧。

【案例 2】《红楼梦》中的王熙凤作为贾府"通天"级的人物，在处理人际关系上就有着一定的水平，值得我们细细品味。在林黛玉初入贾府时，曾有这样一段描写："这熙凤携着黛玉的手，上下细细打量了一回，仍送至贾母身边坐下，因笑道，'天下真有这样标致的人物，我今儿才算见了!况且这通身的气派，竟不像老祖宗的外孙女儿，竟是个嫡亲的孙女，怨不得老祖宗天天口头心头一时不忘。只可怜我这妹妹这样命苦，怎么姑妈偏就去世了!'说罢便用帕拭泪。"当贾母笑着让她别再提及那些伤心话题时，"这熙凤听了，忙转悲为喜道：'正是呢!我一见了妹妹，一心都在她身上了，又是喜欢，又是伤心，竟忘记了老祖宗。该打，该打!'"又携着黛玉之手，嘘长问短，吩咐婆子们去准备房间。

(三)请结合以下两则案例，分析为什么第一个案例失败了，而第二个案例成功了？

四、实训题

电话销售两则案例

1. 听《新闻联播》或广播小说，并力求准确完整地向同学复述其主要内容。

2. 倾听训练小工具：提高你的聆听技巧。

与人谈话的训练，由 2～4 人组成，按照听、说角色互换的方法进行，之后填写表 6-2。

表 6-2　倾听训练表

类　别	表　现		
	好的方面	不好的方面	改进目标
1. 目光接触			
2. 聆听时的表情			
3. 聆听时的手势、坐姿			
4. 聆听反馈给说话者的情况			
5. 一些不由自主的小动作			
6. 自己聆听时的态度			

3. 举例说明："弦外之音"或"表扬中批评"。

4. 走入社会，体验人生。

单元七　职场口才

一言之辩重于九鼎之宝，三寸之舌强于百万之师。

是人才的未必有口才，有口才的一定是人才。

每个人都想赢在职场，"赢"字中间是"口"，从汉字的表意功能来看，口在"赢"的过程中起着核心作用。而口除了说话之外，其另一个重要的作用就是沟通。要想赢在职场，应该锻炼自己的口语表达、沟通交流能力。

本单元内容主要涉及求职面试、竞聘演讲、就职述职、会议主持、上下沟通、导游解说、协商谈判等七方面的职场口才技能。各实训任务后提供的"案例赏析"具有一定的示范性。"文化直通车"专栏开启中华诗词、历史典籍和人文故事之旅，引领读者感悟中华智慧和民族精神。

单 元 目 标

知识目标：

1. 了解职场中需要具备的素质和能力。
2. 掌握职场中常用的语言技巧。

能力目标：

1. 能在职场的不同场景中恰如其分地展示自己。
2. 能沉着应对职场中的各类突发情况。

素质目标：

1. 培养学生思考能力和语言能力。
2. 提高学生职业素养。
3. 养成阅读文化典籍的习惯。

实训任务一　求职面试

【案例导入】

毛遂自荐

秦之围邯郸，赵使平原君求救，合从于楚，约与食客门下有勇力文武备具者二十人偕。平原君曰："使文能取胜，则善矣。文不能取胜，则歃血于华屋之下，必得定从而还。士不外索，取于食客门下足矣。"得十九人，余无可取者，无以满二十人。

门下有毛遂者，前，自赞于平原君曰："遂闻君将合从于楚，约与食客门下二十人偕，不外索。今少一人，愿君即以遂备员而行矣。"平原君曰："先生处胜之门下几年于此

矣？"毛遂曰："三年于此矣。"平原君曰："夫贤士之处世也，譬若锥之处囊中，其末立见，今先生处胜之门下三年于此矣，左右未有所称颂，胜未有所闻，是先生无所有也。先生不能，先生留。"毛遂曰："臣乃今日请处囊中耳。使遂蚤得处囊中，乃颖脱而出，非特其末见而已。"平原君竟与毛遂偕，十九人相与目笑之而未废也。

毛遂比至楚，与十九人论议，十九人皆服。平原君与楚合从，言其利害，日出而言之，日中不决。十九人谓毛遂曰："先生上。"毛遂按剑历阶而上，谓平原君曰："从之利害，两言而决耳。今日出而言从，日中不决，何也？"楚王谓平原君曰："客何为者也？"平原君曰："是胜之舍人也。"楚王叱曰："胡不下！吾乃与而君言，汝何为者也！"毛遂按剑而前曰："王之所以叱遂者，以楚国之众也。今十步之内，王不得恃楚国之众也，王之命悬于遂手。吾君在前，叱者何也？且遂闻汤以七十里之地王天下，文王以百里之壤而臣诸侯。岂其士卒众多哉，诚能据其势而奋其威。今楚地方五千里，持戟百万，此霸王之资也。以楚之强，天下弗能当。白起，小竖子耳，率数万之，兴师以与楚战，

图7-1　毛遂自荐

一战而举鄢郢，再战而烧夷陵，三战而辱王之先人。此百世之怨而赵之所羞，而王弗知恶焉。合从者为楚，非为赵也。吾君在前，叱者何也？"楚王曰："唯唯！诚若先生之言，谨奉社稷而以从。"毛遂曰："从定乎？"楚王曰："定矣。"毛遂谓楚王之左右曰："取鸡狗马之血来！"毛遂奉铜盘而跪进之楚王曰："王当歃血而定从，次者吾君，次者遂。"遂定从于殿上。毛遂左手持盘血而右手招十九人曰："公相与歃此血于堂下。公等录录，所谓因人成事者也。"

平原君已定从而归，归至于赵，曰："胜不敢复相士。胜相士多者千人，寡者百数，自以为不失天下之士，今乃于毛先生而失之也。毛先生一至楚，而使赵重于九鼎大吕。毛先生以三寸之舌，强于百万之师。胜不敢复相士。"遂以为上客。

《毛遂自荐》译文

(资料来源：《史记·平原君虞卿列传》https://www.kekeshici.com/guji/shiji/quanyi/86731.html.)

想一想

毛遂是如何进行自我介绍的？又是如何回应平原君的质疑的？

求职面试是雇主或负责招聘的人员与求职者之间的交流过程，旨在评估求职者的能力、经验、个人特质和适应性，以确定是否适合特定的工作职位。这种交流通常是双向的，雇主会向求职者提问，同时也会给求职者提供提问的机会。

求职面试可以采取多种形式，如个人面试、电话面试、视频面试等，具体形式取决于雇主和求职者之间的安排和需求。面试通常是招聘流程中的关键环节，对求职者来说，准备充分并展现自己最佳的一面至关重要。

在求职面试中，求职者的口才和沟通能力主要体现在自我介绍、面试应对两个方面。

一、自我介绍

一段简短的自我介绍，实际上是为了进行更深层次的交流，为进入下一步招聘环节做准备。这短短一两分钟的自我介绍，宛若一则产品广告，利用有限的时段，针对受众关注的重点，有效地展示个人的闪光点。它旨在给对方留下深刻的印象，并迅速激发起他们的兴趣。求职者在准备自我介绍时应注意以下几个方面。

(一)剖析自我找优势

求职者要想精准实现目标，首要前提是深刻了解自己，明确自身的优势和劣势并扬长避短。为做到清晰的自我认识，需要确切掌握三个关键问题：你现在是怎样的一个人？你期望未来从事什么职业？你曾经从事过哪些工作？

对这三个问题的探讨应从当下开始，延伸至未来，再回溯到过去。因为用人单位录取你时，看重的是你此刻的表现，期望的是你的潜力，而这一切未来的可能性都是建立在你曾经的经历和目前的状况之上。

1. 挖掘自身特色

想清楚你具有的唯一性是什么，也即"人无我有"的特点，这样你才有可能在应聘竞争中脱颖而出。针对这一点，深刻的反思可以带来更精准的自我认知。

2. 清楚职业规划

清醒地知道自己对未来的职业期望。用人单位必然会专注于你对职业生涯的规划以及规划的详细程度。对将来的职业生涯，要根据自身实际来决定规划几个阶段，在时间尺度上以三到五年为一个阶段，在广度和深度上可以包括个人事业发展、对用人单位的贡献，甚至涉及家庭与社会等方面。切忌过分拔高、夸夸其谈。

3. 展示自身优势

认真梳理自己曾经从事过哪些工作。求职者的工作经历肯定体现在简历中，但当求职者在面试中再次遇到这个提问时，无论是求职还是竞聘，切莫掺杂与你应聘的职业无关的工作经历。如果你打算改行从事其他领域，鉴于你目前正寻求新的学习机会并确定将来的事业方向，更应在展示你的能力、愿景与职业追求时，突出自己的执着和坚持。想要回答好这个问题，同时又保持对真相与自我的忠诚，一个简易的方法是：梳理过往与未来之间的脉络，找到其中类似的要素作为联系点。把体现这些联系点的往日经历作为案例，并根据与目标职位的关系远近进行排列，先说关系密切的。

想清楚以上三个问题，有助于求职者以当下作起点，以未来为归宿，以历史作验证，进而深化对自身的分析与洞察。实际上，在应对面试或竞聘场合时，并非每次都有机会完整套用这三个问题，但这三个问题蕴含的自我认识的三个维度，定会体现于自我介绍的整体意思中，让你的个人形象生动立体。

(二)顺应需求理资料

在做好自我认识，明确了个人的优势之后，便可以着手筹划梳理自我介绍的材料，主

要包括：个人基本信息，教育(及其他相关学习)经历，工作实践经历、技能专长、兴趣爱好，以及人生理念(座右铭)、道德素质、成长环境等，其中要突出成绩成果、专业知识、学术底蕴、实践经验等方面。

无论你的经历和优点多么丰富，通常也只能在一两分钟内展示，因此只能罗列与应聘职位(岗位)有关的优点。在不同行业面试时要针对性地准备对话内容，话题要紧密围绕所求岗位。例如，涉足计算机软件领域时，应展现对软件话题的兴趣和成绩；若是金融会计行业，宜与面试官交流金融相关话题；假如作为一名营销人员，需要突出爱岗敬业这一美德，要显示卓越的服务精神和自觉，能够吃苦耐劳，保持热忱与乐观的态度，努力钻研专业技能，学习有效沟通。以此类推，顺应岗位需要，关键在于无论讨论何种话题，总要凸显个人对职位的渴望和潜在贡献，如顾客服务技巧、应对紧急事件的处理能力及对于个人发展和职业规划的见解等。

(三)信息排序合逻辑

信息的呈现次序至关重要，怎样组织故事是能否吸引住观众的关键。因此放在最前面的信息，应当是你最希望面试官牢记的要点。而这些信息所反映的，通常是你引以为傲的成果。同时，适时展示一些相关的作品或记录，可有效加深印象。在做自我介绍时，求职者可以借鉴以下信息排序方式。

1. 引人关注的开头

通常在自我介绍开头是枯燥乏味的姓名、毕业学校、主修专业等信息，如果接下来能有一个引人注目的开场来吸引面试官的注意力，可以为面试增色。它可以是一个有趣的事实、令人惊讶的成就，或者与职位相关的独特经历，作为求职优势。

2. 核心要点前置

将最重要的信息放在介绍的前半部分，这些信息应当突出你的核心能力、专业知识和优势。强调你所引以为傲的成果和取得的成功，并用具体的例子来支持你的说法。

3. 展示作品或记录

如果你有一些与职位相关的作品、项目经验或个人成就，适时展示这些材料会提升你的形象。这些可以是你的论文、出版物、技术报告、创新项目等。确保提供足够的背景信息，以便面试官能够理解其意义和贡献。

4. 突出近期信息

在介绍自己的教育和工作经历时，按由近到远的时间顺序列出。强调与职位相关的学习和实践经验，并突出你在这些经历中所获得的成果和技能。

5. 聚焦技能和能力

在介绍技能和能力时，集中于与职位要求相匹配的关键技能。这可以是专业知识、技术技能、沟通能力、团队合作能力等。为每个技能提供具体的例子，展示你在过去如何应用这些技能并取得成果。

6. 呈现个人特点

最后，介绍一些与你的个人特点和价值观相关的信息。这可以包括你的领导才能、适应能力、解决问题的能力、对团队合作的看法等。强调你的积极态度、自我激励和对工作的热情。

采取以上排序原则，求职者可以在自我介绍中有条理地呈现信息，突出重点，吸引面试官的关注，并有效地展示自己的优势和能力。

(四)恰当表达展形象

在做自我介绍时可以使用以下表达技巧。

(1) 自信：鼓励自己，相信自己最棒。

(2) 表达：发音要清楚；节奏要有起伏；适当地停顿；表达时需充满感情；用词得当。

(3) 仪态：注意姿势、面部表情、穿着等非语言行为。手势要自然得体，只需偶尔转换，切忌频繁做手势与改变姿势，尽量不要做太多小动作，尽量少走动，每次至多走2~3步。

二、面试应对

(一)应对方法和策略

1. 呈现事实

要想在求职过程中突出个体特色，以便吸引招聘官的注意力并成功得到职位，求职者得遵守以下原则：不要"概述"，要"呈现"，即切勿泛泛而谈，而应着重具体阐释。要通过实例和证据来充分展示你所拥有的职业技能、品德特质，以及你对世界的看法、优势和喜好。你还需表述自己在人际关系中如何应对交往，在工作上应急解难的策略，以及适应新岗位的能力等。因此，这种"呈现"方法也叫"具体案例法"，即通过分享具体实例来呈现"真实经历""有关细节""趣事轶事"和"具体行动描述"，让招聘方真正认识你。采取这种策略，你才会显得更鲜明有趣、生动立体、富有活力，并成为一个容易在千篇一律的求职者中脱颖而出的候选人。毕竟比起一板一眼的履历和流水账，谁不喜欢生动形象的故事呢？

接下来，让我们感受一番"概述"和"呈现"的区别所在。比如，对于这样一个标准问题："你最突出的优势是什么？"

甲(用简单的"概述"手段)：我做事认真负责，勤勤恳恳，在×××协会实习期间把各项工作做得井井有条，领导和同事都很赞赏我。我还很重视承诺，守信用重承诺首先就是不自欺欺人，"言必信，行必果"是我的座右铭。而且守信用是行动力的基础之一，对事业发展至关重要。

乙(用生动的"呈现"手法)：我做事勤恳，认真负责。每当要履行某个任务或执行某项工作，我总是全力以赴。父母从小就教导我，做什么事都认真才能有好的生活、成为有用的人。他们经常教育我："无论你认定什么事情值得去做，就得全力以赴去做，不要半途而废、得过且过。"实习期间，我的上司曾指派我负责处理邮件。虽然这个任务看似平

凡，但我却认真对待，不放过任何细节。每日，我都会提前到办公室，将收到的信件按"紧急""非紧急""刊物"和"其他"类别进行整理，并将它们整齐地摆放到同事们的桌上。若是遇到紧急文件，还会额外准备一些有助于上司和同事参考的资料。这让我在同事中的评价甚高。到实习结束时，我被选为年度优秀实习生。我的另一个优点是重视承诺。只要是我承诺过的，我坚决会兑现，无论遇到什么困境。在工作和生活中，朋友们一致认为我是最可靠的伙伴。

不论你对乙所提供的答案是否中意，必须承认其答案比甲的更生动有趣，更具吸引力。这背后的秘诀，在于熟练的销售技巧，并非仅凭夸赞产品就能成功，而需要详细阐述产品的优势与独特之处，否则即便是最好的产品也难触动顾客的心。

但要注意的是，过分依赖"案例法"也可能陷入误区。目前大多数求职者都将具体化行为视为让自己脱颖而出的法宝，因此回答无不披上精心设计的"案例"外衣。这导致了对口才技能的过度重视，从而忽视了自身真实的特质和思想内涵。

为避免陷入误区，应灵活运用"具体案例法"。灵活运用的基础是具体问题具体分析，我们要结合所在场合、行业、岗位、企业文化，针对性地加以处理；也要根据问题的内容，决定是采用概述式的回答还是采用具体案例式的回答。例如，在回答"哪类人令你反感"这一问题时，可以进行概述性的归纳——"我反感自私自利的人；追求个人利益至上的人；言不由衷的人；斤斤计较的人；缺乏自制力的人。"答案直接而有力。另外，在运用"具体案例法"时，也不应过分依赖案例本身，忽略了其他方面的论述。例如，在叙述自身首要优点时，借助具体案例详细说明能够提升说服力；而表达其他长处时，引用朋友的评语进行点缀增色。尽管这两种陈述方式大相径庭，但它们却能相得益彰，共同发挥作用。

2. 彰显特点

真诚的见解和直率的表达是凸显个性的好方式。

一要坚持实事求是，直抒己见(对待某些敏感话题需要掌握尺度)。比如当被问道："旅行出差对你来说愉快吗？"可以坦诚相告："老实讲，我不太喜欢。由于走街串巷地销售产品，并非是件轻松的事。但出差确实是商务往来的关键环节，也是销售人员的基本职责之一。因此，虽然出差辛苦些，但它是工作的一个重要部分，我真心热爱销售这份职业。在我看来这才是最要紧的。"再如，面试官问："假如我们录用你，你打算工作多久？"若你这样回应："没有人想把有限的宝贵时光全花在不断换工作上；也没人愿意轻易放手自己所喜爱的事物。对于这职位而言，如果它能让我将所学运用，挖掘我更多潜能，并且我能通过它不断学习新知识和技能，得到合理的酬劳，那么我自然会全心全意地投入到自己热爱的工作中。"如此，你展现了自己的迅捷反应、真诚态度和独特个性，应该会让用人企业感到满意。

二要注意具体问题具体分析。人的性格往往是复杂的，求职者要根据应聘岗位选择突出自己哪一方面的个性。比如，对于那些需要强调奉献精神、服务意识的岗位，比如公务员、军队和教育行业，求职者应强调服务意识、服从意识、使命意识，展现出集体利益高于个人利益的精神，否则可能会被认为意志不够坚定，信念容易动摇。而对于保密部门、机要人员岗位，过于坦诚和喜怒形于色则未必是加分项。

如果求职者觉得自己没有岗位需求的特质，也不要弄虚作假。因为招聘是双向选择的过程，强迫自己进入不适合自身个性的行业和岗位，未必有利于个人的发展。

3. 把握时机

在面试过程中，正确判断形势并做出适时回应主要体现在以下两个层面。

一是精准把握答复时机，确保心中有明确的目标，做到针对性强。在面试过程中，应恰如其分且高效地呈现个人能力，避免无目标地拉长话题或重复叙述，不宜过分耽误时间。

二是敏锐地解读对方的心理状态。疑虑的双眼、会心一笑、下意识瞥看手表，这些无一不透露出面试官心中各种各样的情绪。留意这些细节，以便能够迅速而精确地做出相应调整。有时顺应对方意愿或迅速结束面试，也是处置紧急情况的有效策略。比如：

有一位名叫小玲的求职者，她应聘了一家设计公司的美工职位。在面试的时候，她注意到公司的宣传资料上使用的字体和颜色搭配不够协调，而且公司的网站在某些页面上存在排版不整齐的问题。在面试官向她提出问题的时候，她也能够快速地发现问题，并提出了改进的建议。面试官对小玲的细节观察能力印象深刻，认为这是一个非常重要的优点。最终，小玲凭借着对细节的敏锐观察能力成功赢得了面试的岗位。

4. 强调优势

优势强调法通俗来说就是扬长避短，在求职面试时使用这种策略回答面试官的问题，可以让你更有效地展示自己的优势，同时巧妙地处理自己的弱点。以下是优势强调法的主要技巧。

(1) 了解自身优点。在面试前，仔细思考和总结自己的优势和成就，尤其是与应聘职位相关的。这样在回答问题时，你可以自然而然地引导谈话，突出这些长处。

(2) 正面回应弱点。当被问及弱点时，诚实但不需过分展开。选择一个真实的弱点，最好是那种可以通过努力改进的，或者与应聘职位关系不大的。然后重点讲述你是如何识别这个弱点，并采取措施来改善或克服它的。

(3) 转移焦点。在简要承认弱点后，可以巧妙地将话题转移到你的优点或是在其他方面的成就上。例如，你可以说："虽然我在……方面还有提升的空间，但我在……方面的表现一直很出色，这也是我能为贵公司带来价值的一个重要方面。"

(4) 使用具体案例。无论是谈及优点还是弱点，都尽量提供具体的例子或成就来支撑你的说法。这样可以增加你回答的可信度，并让面试官对你有更深入的了解。

(5) 提前练习。在面试前，练习回答可能涉及你的弱点和优点的问题。这样在实际面试中，你就可以更加自信和流畅地使用扬长避短法来回答。

(6) 保持积极态度。在谈及弱点时，展现出你的积极态度和愿意学习、改进的意愿。这会给面试官留下你能自我反思并且可以持续成长的印象。

例如：

问："你不认为自己缺少从事这个工作的经验吗？"

答："我虽然缺乏具体的职场工作履历，但值得一提的是，我有两年时间在领导学校学生组织方面积累了宝贵经验。在 20×× 年之初，我荣幸地被选为年度学生会主席，并且连续两届担任此职。想必您也理解，带领超过 3000 名学生的大型组织并不是一件简单的

事务，这需要一定的管理能力和领导技巧才能胜任。因此，我相信虽然年龄和经验在一定程度上能够代表某些方面，但一个人的素养与实际能力才是更加关键的。这些恰恰是担任××经理岗位所必不可少的素质。"

这个回答展现了一种经典的优势强调策略。答复者自信地展示自己的优点，并巧妙地将自身的强项与所申请职位紧密相连，目的是将弱点转化为优势。

假如真的遇到无法解决的难题，或是不得不面对的询问，该怎么办？每个人都有不足之处，求职者自然也不例外。即便是最有经验的求职者，也可能因为教育背景、知识结构、眼界或经历等多种因素对某些问题不甚了解，或者遇到完全陌生的情况。你需要大胆地坦白自己"不知道"，并附上必要的、合理的解释。哪怕你没能展现优势，但你的真诚和直率可能会将不足之处转化为值得称赞的优点。

5. 模糊处理

外语求职交流中，经常会遇到这种情况：面试官提出了一个出乎你意料的问题，再加上你的紧张心理，通常会使你措手不及，陷入尴尬的境地。实际上，在这种状况中，存在一种既能帮助你减轻焦虑又能争取时间调节思绪的方法，这便是利用"补白语"。"补白语"指利用一些词汇、短语或句式，虽然不携带实质内容，却在语境中扮演链接前后文不可或缺的角色，以便继续作答。比如使用"嗯""好的""如您所说""我觉得""按我的看法""我相信""有些时候""这问题确实有趣""这个议题本身具备极大的挑战性"之类的话语。

6. 虚实结合

虚实结合的策略可以追溯到 2000 多年前的《孙子兵法·虚实篇》，当代求职竞争可比作军事作战，深思熟虑后才能屡战屡胜。虽然面试的对答过程不同于敌我之间的智斗，但巧妙且恰当地运用虚实结合的技巧，往往可以增强个人优势并赢得招聘方的青睐。

在被问及"激发你工作热情的是什么？"这一问题时，你可以借鉴这种既包含主观感受也涉及客观事实的回答方式。例如，"驱动我工作的要素主要有三个方面：首先，工作本身是否能激发我的兴趣，让我发挥专长、胜任职责，并从中学习新的知识与技能，同时促进我个人的进步。其次，是自我价值的认同，包括能否赢得他人的信任与尊重，以及有无机会获得职位的晋升。最后，是实际的回报，如是否能获得较优渥的薪资和福利。"在求职面试中，雇主最希望看到的是求职者真实而全面的自我展示。因此，当"虚"与"实"相结合时，要确保它运用恰当：虚的部分应该合情合理，同时在虚构之中要融入真实性。决不能滥用虚构，以免适得其反。

7. 问题压迫

在面试中，有时也可以通过先发制人的方式，恰当地使用刺激性策略，向招聘方提出某种挑战，以实现期望的结果。在面试的尾声，面试官通常会询问求职者是否还有什么疑问。如果求职者表示没有问题，可能会下降面试官对其的好感度。这是因为一个真正重视该职位并对未来职业发展抱有期待的求职者，会有许多问题和关切，希望获取更多信息来评估这个工作是否适合自己。同时，这也是展现自身职业精神和态度的绝佳时机。所以这时候求职者不妨把自己关心的问题、感兴趣的方面说出来。

(二)着装和仪表要求

1. 女士仪表要求

首先在选择服装时，应注重色彩搭配，避免使用过于鲜艳的颜色，并且应避免穿着轻薄、暴露或者透明的衣物。其次，应保持头发整洁，避免过于夸张的发型；鞋跟高度以3～5厘米为宜；应适度化妆，但避免佩戴夸张的装饰物。同时，应避免涂抹指甲油，并确保指甲保持清洁。落座时，女性一般建议坐在椅子的前2/3处，以显端庄。

2. 男士仪表要求

发式应得体，面试前一晚不宜剪发，如果应聘党政机关、教育、卫生、金融等行业，不宜染色或烫发，更不应佩戴任何饰品；通常穿纯白色的衬衣，并搭配深蓝色或黑色系的西装，西装上衣通常只需扣紧最上方的两粒纽扣；如佩戴领带，其长度应达到腰带处，未婚者不宜使用领带夹；皮鞋以黑色为佳，同时应搭配黑色或深色袜子；要保持身体没有异味；落座时，男性可以坐满椅子，但不要倚靠椅背。

要注意，如果行业对着装有特定规范，应参考正式员工的着装要求，并根据自身情况适度调整。

(三)特殊情况处理

1. 妙语化解尴尬

在求职面试中，有时候我们可能会面对一些棘手的问题，或者不小心说出不恰当的话，造成尴尬的局面。这时运用灵活的思维和机智幽默的回答，可以有效化解尴尬，甚至给面试官留下深刻印象。例如：

面试官问你："为什么离开上一家公司？"而你其实是被上一家公司裁员。

如果直接回答是因为被裁员，可能会给面试官留下工作表现不佳的负面印象，这样的回答可能会让你感到尴尬。

那么你可以这样回答："我上一家公司因业绩不佳而不得不裁员以控制成本。虽然在裁员行列，但是我选择积极正面地看待这件事。这让我有机会跳出舒适区，学习新知识，寻找新的机遇。我相信每一次改变都会带来成长，所以被裁员并不是什么丢人或难堪的事。现在我准备好了迎接新挑战，为下一家公司贡献我的才能。"

这样的回答既说明了真实原因，又化解了可能的尴尬，还展示出你积极向上和全面深入思考问题的品质。这给面试官留下的印象会非常好。

又如：

你在面试时被问到"你有没有什么特别的爱好？"如果你不假思索地回答"爱好是收集各种奇特的袜子"。这可能会让人觉得有点奇怪或不太正式，因为这个爱好与工作看似无关，且可能让人觉得有些幼稚。

虽然你后悔这么说，但话已出口，你只能尽力弥补："我知道这听起来可能有点不寻常，但这其实教会了我关注细节和欣赏多样性。每一双袜子都有它独特的设计和故事，这让我学会了在生活中寻找乐趣和创新。我相信，无论是在工作还是生活中，能够发现和欣赏这些小小的不同，都是一种宝贵的能力。"

这样的回答不仅化解了可能的尴尬，还展示了你的个性、乐观态度和从简单爱好中学习和创新的能力。同时，这也向面试官展示了你的沟通技巧和能力，将个人爱好与工作联系起来。因此在面试中，我们应善于运用灵活的思维和语言表达，将可能尴尬的情况转变为展示自身优势的机会。这就是"妙语化尴尬"的真谛。

2. 技巧缓解紧张

首先，应接受紧张感，认识到适度紧张是正常的，甚至是有益的，因为它可以让你保持警觉和专注。不要因为感到紧张而焦虑。其次，保持端正的坐姿十分关键。应力求坐得稳妥舒适，保持背部挺拔，身体略微前倾。此外，深呼吸有助于舒缓紧张情绪。最后，回答问题时避免急躁，等待面试官提问结束后，稍作停顿，两到三秒后慢慢开口，以便理清思路。注意语速是否因紧张而加快。如果实在太紧张，可以礼貌地询问："抱歉，我现在有些紧张，能否稍作休息后再回答？"

准备面试时，以下方法也可以帮助我们克服过度紧张。

(1) 正面思考。将面试视为一次机会，而不是一次考验。把它看作是你展示自己、了解公司是否适合你的好机会。积极的思考可以帮助减轻紧张。

(2) 模拟面试。与家人或朋友一起，模拟面试情景。这种练习可以帮助你习惯面试的环境，减少未知感，从而减轻紧张。

(3) 提前到达面试地点。给自己一些时间适应环境，并进行深呼吸练习以放松。

(4) 专注于对话。将面试视为一次与面试官之间的对话，而不是审判。专注于交流，听清楚问题，并认真思考你的回答。

(5) 练习放松技巧。学习并练习一些放松技巧，如冥想、渐进性肌肉放松或正念练习，这些技巧有助于我们在面试前和面试中保持冷静。

3. 乘机弥补失误

意识到自己失言而选择沉默或吐舌头，可能会给人留下幼稚和不严肃的印象。保持稳定的情绪，在不影响整体局势且未触怒他人的情况下，应当泰然处之，保持专注继续应对。选择适当时机进行纠正并致歉，例如："抱歉，我刚才可能有些紧张，表达不够准确，其实我的本意是……而非……敬请谅解。"

4. 有备打破冷场

考官或许会刻意或不经意地沉默一段时间。倘若是有意为之，其目的多半在于测试面试者如何应对。最好准备一些适当的言论或提问，以便在沉默时刻提出。也可以顺势延续之前的讨论，例如，"您先前提到的那个问题……我在深入思考后，认为还可以从另一个角度来解读……"或者询问："对于我的以往职业经历或技能，您是否需要我进一步阐释某些方面？"

5. 礼貌要求重复

在求职面试中，如果听不清面试官提出的问题，你有权利请求对方复述。如果复述后仍对问题要点感到困惑，可以礼貌地表达自己对问题的理解可能不全面，并尝试提供一个可能的答案，然后委婉地询问："不确定您是否想询问这方面的内容？"

(四)注意禁忌

在求职面试中，有一些行为和话题通常被认为是不恰当的，应尽量避免。以下是面试的一些禁忌。

1. 不自信

最典型的例子是提问"贵公司拟招纳多少人？"对招聘方而言，录用 1 人抑或 10 人，并无本质区别。真正的关键在于，你是否拥有那千分之一、百分之一或者无可替代的能力与竞争力。

2. 不守时

迟到会给人留下不专业和不尊重的印象。务必提前规划，确保按时到达。

3. 不当着装

穿着应该符合公司的文化和面试的正式程度。过于随意或不得体的着装可能会给面试官留下不好的印象。

4. 不了解

如果未事先研究用人单位的背景和职位信息，可能会给人不够积极主动的印象。面试前，应充分了解用人单位和职位相关信息。

5. 用手机

面试时发短信、打或查看手机电话是非常不礼貌的行为，表明你对面试不够重视。因此，面试期间应该将手机关闭或设为静音。

6. 负面评价

即使前一份工作中有不愉快的经历，也应避免在面试中对前雇主或同事进行负面评价，以免让面试官担心你将来也会对他们公司持同样态度。

7. 不诚实

面试时，虽然需要展示自己的能力和成就，但过分夸大并不明智。诚实是最重要的。

8. 谈薪资

除非面试官首先提出，否则在初期面试阶段不宜过早讨论薪资、福利和休假等问题，这可能会给人留下你只关心报酬而不是工作本身的印象。

9. 不提问

面试结束时，如果你没有任何问题要问，可能会给人留下你对职位或公司不感兴趣的印象。因此，准备一些有意义的问题来展示你的热情和好奇心。

10. 不积极

表现出消极态度，如沮丧、自卑或傲慢等，都可能影响面试官对你的看法。应保持积极、自信和专业的态度。

11. 不耐烦

在面试过程中，应尊重面试官并认真倾听他们的问题和评论。打断面试官或表现出不耐烦是不礼貌的行为。

(五)面试后礼仪

结束面试后，若得知成功入职，应保持冷静的喜悦，诚挚地向面试官表示谢意，并表达对未来愉快合作的期待。如果尚未获悉结果，应重申你对职位的渴望，并对他们抽出时间进行面试表示感激。表明自己从此次对话获益良多，期待未来能得到更多指导，并在适当的时机探讨后续沟通的可能性。切忌使用过于谦卑的言辞，如"恳请您"或"请您多加照顾"，这可能会给人不自信的印象。更不要自降身份说"愿为您效劳"，这样会让人不自在，甚至误解你的意图。面对落选，要保持风度，即使明白机会渺茫，也应适时结束对话，避免辩解或者强行自我推销。最后，带着微笑表达对面试官的感激，优雅地结束对话，以保持尊严。

为增强面试官对你的印象，提高被录用的概率，建议你在面试结束后的 48 小时内，向负责招聘的职员致电或发送电子邮件表示感谢。通话时切忌长篇大论，以 5 分钟内为宜。书信应简洁明了，篇幅以一页纸为限。信的开头应注明自己的姓名和基本信息，接着提及你参与的面试时间，并对面试官表示感谢。信的中间部分应再次强调你对该职位的热情，并提供一些对于获得该职位有利的信息，同时努力纠正面试官可能存在的误解。在信件结尾可以展现你对自身能满足公司需求的自信，并主动提出提供额外材料的意愿，或表达你愿意为公司的成长与发展贡献力量。"礼多人不怪"，如果用人单位在做出选择时犹豫不决，这封信件很可能发挥关键影响。

案例赏析 7.1.1

不断总结，成功在望

梁同学在求职之初，屡试屡败。一天下午，他走进就业指导中心寻求帮助。我引导他回顾前几次面试中可能存在的失误。他想了一会后，说在农业银行的面试中因紧张而说话没有条理；在光大集团的面试中未能清晰阐述加入光大的理由；在信息产业部的面试中，他没有回答好业余爱好是什么(他回答的是喜欢和朋友们喝酒聊天)。在反思之前面试中的不当之处后，我建议他在准备下一次面试时，除了复习专业知识，还应：准备两分钟的口头自我介绍；熟悉简历中每一方面的内容，做到心中有数；对所应聘的公司要做到大致了解，并深思熟虑"我为什么要来，我来了能做什么"这样的问题；面试时注意语速和音调，以保证让面试官听清楚。一周后，他带着满脸的喜悦再次来到就业指导中心，对我说他参加了人民保险公司的面试，在 11 位主考官面前，神态自若，回答流畅且有理有据，赢得了面试官的一致好评。又过了一周，我接到了他的电话，得知他已被人保公司录取。

(资料来源：应届毕业生网，https://www.yjbys.com/Qiuzhizhinan/show-10448.html.)

【案例 7.1.1 简析】

通过这个案例，可以看到每一次经历都是提升自我的绝佳机会。将挫折化为教训，吸

取经验，凭借不断积累的能力，稳步增强自信，才能达到成功的彼岸。同时，作为应届毕业生，你拥有其他求职者所不具备的独特优势——那就是身边有一帮历经相似挑战、共同追求理想的同学，以及始终关注你成长的老师。他们可以成为你的后援团队，在你迷茫时提供指导，斗志低落时鼓舞你的士气，成功时为你欢呼。因此，面对即将步入社会、寻找工作的忧虑，倾诉是一种很好的策略，它可以帮助你及时缓解压力，丰富经验，并以最佳心态迎接未来的挑战。

案例赏析 7.1.2
另辟蹊径，扬长避短

案例赏析 7.1.3

几大典型无领导小组讨论题目解析

开放式无领导小组讨论题目的答案范围很宽泛，主要是凭借考官的主观判断结合考生之间的横向比较来给出评价，因此考生有极大的想象空间，可以自由发挥、自由想象。

一、开放式无领导小组讨论题

1. 你认为我国目前面临的主要环境污染问题有哪些？哪些污染的危害性最大？为什么？
2. 一个领导干部最重要的职责是什么？
3. 怎样才能提高下属的工作积极性？
4. 中国足球队聘请外国教练对中国足球的未来发展有何影响？
5. 中国如何才能成为世界强国？

考生回答问题时，应考虑答案是否全面、是否有针对性，思路是否清晰、是否有新的观点和见解等。虽然看似容易，能够一下子就说出多条答案，但是此类题目所考查的能力范围较为有限，因此在无领导小组讨论面试中较少采用。

【考查核心】主要考查考生思考问题时是否全面，是否有针对性，思路是否清晰，是否有新的观点和见解等。

此类问题没有标准答案，考生可以根据自己的知识积累进行回答，只要言之有理，条理清晰，就是不错的答案，如果能够提出新观点、新思路，那将是优秀的答案。

【经典例题】你认为什么样的领导是好领导？

【解析】

关于本题，考生可以从多个角度给出答案，如领导的人格魅力、领导艺术、专业技能、管理方法等，可谓仁者见仁，智者见智。考生可以根据自己的理解，列出多种优良品质来描绘自己心目中的完美领导形象。下面我们从五个方面给出参考答案。

【参考答案】

思路一：

我心目中的好领导应该是能够正确地认识自己、完善自己，并具有完善的人格。

一是持续学习，不断完善自我。

二是工作作风优良，职业道德感强。

三是廉洁自律意识强，自我约束严格。

四是刚正不阿，对下级公正公平、坦诚相待，和蔼可亲。

五是能够与上下级形成良好的互动关系，有能力打造优秀团队。

【点评】

此答案把做一名好领导的各种要素尽可能地进行了罗列，内容丰富。但缺点是缺乏逻辑主线，层次略显凌乱。

思路二：

一要有凝聚力，能够营造整个团队的向心力。

二要有敏锐的判断力，能够准确把握发展的趋势。

三要有独特的思考能力，在工作中展现出创新性。

四要知人善用、因材施用，营造良好的人才成长环境。

五要体恤下级，能对下级的贡献做出合理到位的评价，勇于承担责任，并始终考虑团队的整体利益。

【点评】此答案采用细致入微式的答题方式，从好领导应具备的细节入手，很好地从团队谈到了团队的个体。缺点是过多地从答题者的角度谈论对领导的要求。

思路三：

一个好领导应当至少具备以下三个条件。

一是要有足够的智力水平，见解要有高度和深度。

二是要有比较强的领导能力，能够让下级发挥出最大的潜能。

三是要有比较高的情商，和下级相处时既能保持威信又能展现亲和力。

【点评】此答案采用简洁明了的答题方式，只抓住好领导应具备的智商、情商以及领导能力三个方面来谈，观点鲜明。缺点是内容稍显单薄。

思路四：

好的领导干部要过好"四关"。

第一，要过好权力关。领导的权力是人民赋予的，使用权力时必须牢记为人民服务的宗旨，全心全意为人民谋利益，切不可将权力视为私有、为私所用。

第二，要过好名利关。名和利伴随着我们每一个人，但共产党人是不追求虚名、不争夺浮利。领导不能随着职位升迁，或工作取得成绩，而忽视思想道德的修养。名利思想是一种精神腐蚀剂，它会使人的事业心消退，为人民服务的思想被淡化。

第三，要过好法律关。法律是人类最伟大的发明之一，它不仅使人类学会了驾驭自然，更让人类学会了驾驭自己。各级领导是人民意志的执行者、代表者、捍卫者，为此，我们要从自身做起，用法律来保护人民的合法权益。这就要求领导必须学法、知法、守法、依法办事，用实际行动做依法治国的实践者。

第四，要过好群众关。人民群众是我们党力量的源泉，离开了人民群众，任何人都将一事无成。得民心、顺民意则兴盛，失民心、拂民意则衰亡，这是古今中外公认的真理。我们应该把党的事业和人民的需要放在首位，把群众的忧虑和呼声作为我们从政的第一信号，想群众之所想，急群众之所急，干群众之所盼，解群众之所忧。

【点评】此答案采用高屋建瓴式的答题方式，非常宏观地谈了做一名好领导关键的四个要点。论述充分，但内容空乏可能会给人一种作报告的感觉，缺乏生活气息，容易产生距离感。

思路五：

是否是好领导，看要站在哪个角度来说。

在上级领导的心中好领导要工作能力强，工作技能高，执行能力强，工作责任心强，工作效率高，心态要好，对组织要忠诚，对领导要尊敬，自我学习与上进心要强，以及拥有过硬的业务能力。

在上下级之间，应保持良好的人际关系，对上级领导要做到各项工作认真完成，对下级要全体员工主动认真执行。

但作为下级，我认为对领导的适应能力也非常重要，不能仅仅考虑领导要具备什么素质。

【点评】此答案采用辩证分析的答题方式，多角度地讨论了对于好领导的评价标准不能仅从一个角度来看，还要考虑对领导的适应能力等。虽然无法面面俱到，但因为采用了独特的表达方式，已经为考官提供了一个打高分的理由。

二、"二难式"无领导小组讨论题目

两难式题目要求求职者在两种各有利弊的答案中选择其中的一种。这类题目主要考查考生的分析能力、语言表达能力以及说服力等。此类问题对求职者而言，既通俗易懂，又能引发充分的辩论；对考官而言，不仅在设计题目时比较方便，而且在评价考生时也比较有效。

但是，设计这种类型的题目需要注意，两种备选答案应具有同等程度的利弊，不能让其中一个答案明显优于另一个答案。

下面是几个例题。

1. 你认为一个单位是给你良好的发展机会对你有吸引力，还是给你比较可观的薪水更能吸引你？

2. 如果让你吃葡萄，你会选择先吃已经有点坏了的葡萄，还是先吃好的葡萄？为什么？

这类问题的特点就是无论你选择哪个答案都不会错，关键是看考生的个性和分析问题的能力与别人有什么不一样。

无论选择哪个答案，考生都需要有自己的观点。并且这些观点还需要具有说服力。这对考生提出了较高的要求。这类问题也能在一定程度上考查考生的素质和能力。

【考查核心】主要考查考生的分析能力、语言表达能力以及说服力等。

【答题策略】回答此类试题需要在"两难"中选择"一难"，一旦选定答案，考生就要旁征博引来支持和论证自己的选择，因为选择即观点。

【经典例题】

假设您是市政府信息处的工作人员。

信息处的重要职责是将关于本市政治、经济、生活等方面的重要信息每日摘要向市领导呈报。下面有两条信息：

信息一：某居民小区原有一个菜市场，在前一阶段的全市拆除违章建筑大行动中被拆除了。市政府一直没有重新给菜市场安排场地。这样，该小区的居民就要到距离小区很远的其他菜市场买菜，给居民尤其是家中仅有老人的生活带来极大的不便。居民呼吁市政府尽快解决该问题。

信息二：本市有一家国有企业，常年来一直亏损，无法按时发放工资。本年初新厂长及领导班子上任后，通过完善内部管理，改变经营思路，仅用半年多时间就使企业扭亏为盈，成为本市的利税大户。现在这家企业在银行贷款方面遇到了困难，该企业向市政府请求帮助，这笔贷款关系到这家企业的新项目能否顺利投产。

由于各种原因，上述两条信息只能报一条给领导。

1. 您认为应该将哪一条信息报给市领导？理由是什么？

2. 各小组成员发表自己的意见，对不同的观点进行辩论后得出一个统一的意见。

3. 选举一位代表，汇报你们小组的意见，并阐述你们做出这种选择的原因。

【解析】

关于本题，无论选择哪个信息上报给领导，都是从工作出发。只不过选择不同的信息，所选用的理由应有所不同。

比如选择第一条信息上报给领导，需要说明这是为民办实事，体现以人为本的执法理念，是权为民所用、情为民所系的体现；如果选择第二条信息上报给领导，需要说明这是行使政府的管理协调职能，为地方经济发展提供支持，是分内之事，是宏观大局，所以应优先考虑、优先解决。

【参考答案】

思路一：

我认为应该将小区居民的请求汇报给领导。

因为首先百姓利益无小事，更何况菜市场关系到众多家庭的日常生活，且每天都必须面对。如果菜市场能早一天建成，则可以使百姓早一天受益。

其次，企业贷款的事情虽然也重要，但从时间上考虑，并非可以一蹴而就，需要进行大量的调研协调工作，因此可以从长计议。

最后，修建菜市场这是为民办实事，是践行科学发展观，贯彻以人为本、执政为民的理念，是权为民所用、情为民所系的具体体现。

【点评】此答案观点鲜明，层次清晰，既表达己方观点，又顾及对方的感受，环环相扣，容易为人接受。

思路二：

我认为应该将企业急需贷款的信息汇报给领导。

因为首先该企业好不容易才走出困境，为政府减轻了负担，解决了大量职工的就业问题，促进了地方社会稳定，政府理应关注并给予必要的帮助，这是政府行使管理协调职能，是分内之事。

其次，该企业作为当地的利税大户，为当地经济发展提供了大力支持，现在需要当地政府提供必要的帮助，政府应责无旁贷为地方经济发展保驾护航。

最后，既然要求只能汇报一条信息，只能有先有后，判断先后的标准应该从宏观大局出发来判断，而不能仅从微观细节来作政府决策。地方经济的振兴发展是宏观大局，所以企业贷款的问题应优先考虑、优先解决。

【点评】此答案立意较高，气势如虹，很容易统一大家的看法。另外，大量谈到了对政府职能的理解，显示出了考生对角色的准确把握。

三、多选式无领导小组讨论题目

多选式题目要求考生在多种备选答案中选择其中有效的几种或对备选答案的重要性进行排序。这种问题主要考查考生分析问题、抓住问题本质等方面的能力。多选式题目往往没有一个确定的正确答案，考官从考生的选择或排序以及考生做出的理由陈述中，判断该考生的性格特点、心理特点以及与拟任职位的匹配性等多方面信息。多选式题目命题较难，但对于考生的测试效果较好，易于考查考生各个方面的能力和人格特点。

下面我们来看题目。

设想你们是科学考察队队员，原计划在原始森林进行为期一个月的科学考察后返回。现在在考察中遇到地震与外界失去联系，只能靠大家自己想办法走出原始森林。在撤退过程中，你们必须挑选一些重要物品以便于你们撤出原始森林。

下面列举了 13 项物品，为了确保安全撤离，你们的任务就是按这些物品的重要性对它们进行重新排列，把第一重要的物品放在第一位，第二重要的物品放在第二位，依次类推，最不重要的物品放在最后。

这些物品为：

1. 汽油打火机
2. 压缩饼干
3. 救生绳
4. 锋利的砍刀
5. 便携式取暖器
6. 小口径手枪
7. 一罐脱水牛奶
8. 两个 100 毫升的汽油瓶
9. 地图
10. 磁质指南针
11. 五加仑白酒
12. 急救箱
13. 太阳能发报机

请大家讨论，每人用 5 分钟给出自己的排列顺序并说明理由。

通过讨论，不同的人可能给出不同的答案。

比如就第一重要物品来说，考生可能会选择压缩饼干，也可能选择发报机，这样就反映出了考生不同的性格和心理特点。

选择压缩饼干的考生是把生存放在了第一位，认为只有保障生命才有脱险的希望，可见这种类型的考生性格和心理特点是务实、客观，但可能缺乏勇气和魄力。

选择发报机的考生是把希望和信念放在了第一位，认为只要有发报机就有机会与外界取得联系，报告自己的位置以获得营救或帮助，可见这种考生的性格和心理特点是富有激情和信念，但可能缺乏务实性和自主性。

虽然没有正确答案，但是考官很容易根据职位的需求来选择最适合职位的考生，做到人职匹配，实现面试选拔的目的。

【考查核心】主要考查考生分析问题的实质、抓住问题本质方面的能力。

【答题策略】这类试题的备选项较多，需要考生把握关键环节、关键事务、紧急事件，选择时既要遵循急重轻缓原则，又要把握生命第一原则；既要合情合理，又要合乎法律政策。

四、操作式无领导小组讨论题目

操作式题目是提供材料、工具或道具，要求考生利用所给的材料制造出考官指定的一个或多个物体。这类题目主要考查考生的能动性、合作能力以及在一项工作中的实际操作能力。比如，给考生一些材料，要求他们共同构建一座铁塔或者楼房的模型。

这类问题考查考生的操作行为比其他类型的问题要多一些。

典型的例子：

要求考生使用 Photoshop 软件为政府网站设计一个新闻照片的背景，考察谁的设计更具创新性或者可以在设计过程中互相协作。

这种测试需要考生在现场进行实际操作。这类操作性问题可以考查小组或者个人的合作能力，但最能体现的是个人的实际操作能力。

此类操作性问题因为具有一定的技术性，同时需要考官准备所有能用到的材料，对考官的要求和题目的要求都比较高。

此类测试一般出现在技术性比较强的行业领域，如计算机操作、网络维护、行政办事窗口单位，以及需要实际动手操作的组织协调部门等职业。

【考查核心】主要考查考生的主动性、合作能力以及在实际操作任务中所扮演的角色。

【答题策略】思路合理，精诚团结，节约资源，讲求效率。

【经典例题】

给每个小组一个鸡蛋、一些吸管和胶带，请每组在 20 分钟内想出一个办法，利用这些材料，让鸡蛋从 2 米的高空掉下来而不碎。最后选出一个人进行演示和总结，并请每个人对自己刚才的表现做总结。

【操作要求】

成功完成任务；尽量节约资源。

操作式题目是一种面试技术岗位的好方法。但此种题目在公务员考试中很少采用，故此部分不再赘述。

五、资源争夺问题

此类问题适用于指定角色的无领导小组讨论，让处于同等地位的考生就有限的资源进行分配，从而考查考生的语言表达能力、概括或总结能力、发言的积极性和反应的灵敏性等。

例如，让考生担任各个分部门的经理，并就一定数量的资金进行分配。因为要想获得更多的资源，考生必须提出合理的理由，并能说服他人，所以此类问题能引起考生的充分辩论，也有利于考官对考生的评价，只是对试题的设计要求较高。

案例赏析 7.1.3
案例简析

(资料来源：大学生干货铺子微信公众号)

案例赏析 7.1.4　令人费解的面试难题合辑

实训任务二　竞聘演讲

【案例导入】

某银行大堂经理职位竞聘演讲

尊敬的领导、评委，在座的各位同事：

　　大家好！

　　首先感谢支行党总支、办公室给我参加这次竞聘的机会。我叫××，××年毕业于××大学金融学专业，目前在分理处工作。今天，我怀着满腔的热情和强烈的主人翁责任感来参加这次竞聘。随着我行的成功上市和改革的不断深入，对我们每一位员工提出了更高的要求，我觉得我也应该主动接受改革的洗礼。大堂经理是一个富于挑战性的职位，我喜欢挑战，喜欢去面对未知领域，我决心以坚定的意志，执着的追求，去挖掘人生的价值，勇敢地接受未来营销活动中的每一次挑战。

　　一、个人素质

　　前面三个月临时大堂经理岗位的工作，提高了我的综合素质。

1. 工作认真有担当，勇于进取奋争先

　　在第一季度电子银行的劳动竞赛中，由于我们分理处所处环境等客观因素的影响，导致中低端客户偏多，各项业务发展并不十分顺畅，压力很大。但我并不气馁，而是冷静思考，认真地分析我们与其他分理处的差距，希望能找出减少差距和赶超他们的办法。功夫不负有心人，我终于找到了针对性的措施——重视新开户用户。对于所有新开户的用户，我们都建议他们开通网上银行，哪怕他们不会操作，我们也要亲自教会他们；同时，我们还启动了其他渠道的营销，有力地促进了电子银行的发展。截至今日，我们的短信银行遥遥领先于其他分理处，而网上银行也完成支行下发任务的392%。

2. 具备一定的理论水平和实际营销能力

　　我本身是学习金融学专业的，工作后我也不断地加强在金融和营销方面的学习，具备一定的理论水平。在第一季度前4期的电子银行营销劳动竞赛中，我在全区的排名分别为第7名、第3名、第1名、第4名，综合排名为第1名。在我担任临时大堂经理期间，我们分理处实现了两年多以来保险销售为零的突破；基金、一户通的发展也排在支行前列。这些成绩充分证明，我具有岗位需要的理论基础和实际营销能力，并能够将专业知识与实际工作相结合。

3. 具有一定的沟通和协调能力

　　大堂经理的职责之一就是加强与客户的交流。每个分理处都难免会遇到一些蛮横和不讲理的客户，难免会出现一些不和谐的现象。我始终以换位思考的理念来要求自己，全力做到以客户为中心，通过为客户创造价值，为客户提供便利，为客户排忧解难的换位思考方式，与客户交流，将心比心，然后做出合理的解释和协调。原来很多难缠的客户，现在都变得很客气，能够按规定办理业务，分理处实现了零投诉的目标，我本人也实现了从"灭火器"向"润滑剂"的转变。

二、目标和任务

如果竞聘成功，我将继续紧紧围绕支行各项中心工作，当好分理处主任的得力助手，竭尽所能搞好优质服务，挖掘市场潜力，争取优质客户源，和同事们一道，按照区分行、支行的要求，将我分理处各项存款、中间业务的发展上一个新的台阶，努力把分理处打造成区域内市场的首选银行。

三、具体措施

首先是要继续依靠团队的力量，发挥集团作战的优势。

一是季度电子银行劳动竞赛的经验告诉我，大堂经理的工作必须立足于分理处的发展，没有分理处领导和同事的支持，是无法开展工作的。只有紧紧地依靠整个分理处团队的力量，发挥集团作战的优势，才能取得良好的效果。因此，在以后的工作中，我要进一步加深与同事们的感情，继续发扬团队协作精神。

二是继续加强学习，提升服务素质。

既要学习金融、营销专业知识，又要学习社会学科等方面的知识；既要精于传统业务，又要学习电子银行及代理产品等新兴业务，提高综合理财能力。只有不断地加强学习，才能紧跟业务发展步伐，才能为客户提供更多更好全方位、个性化的金融服务。

三是做好市场调查研究工作。

将我分理处与附近其他商业银行对比，特别是在服务和业务流程上进行对比，认清我们的优势和差距，然后争取利用支行提供的各种资源，依靠整个分理处的智慧和力量，开拓创新，率先在琅东片区建成社区银行，打造服务品牌，建成区域内市场的首选银行。

四是立足岗位，积极营销。

大堂经理的职责归根结底是服务客户、促进营销。因而，我将充分利用大堂经理这一银行联系客户的"桥头堡"，与广大客户交朋友，识别优质客户。在总结过去 3 个月电子银行营销的经验和教训的基础上，我将不断创新营销方法和手段，积极推广我行的各项金融产品，通过自己的成功营销带动整个分理处的营销意识和氛围，争取在年内将我分理处的中间业务发展排名提升至支行内的中上游水平。

五是加强客户关系的维护。

灵活的大脑、超前的思维、丰富的信息、周到的服务，是赢得客户良好口碑的关键。客户分类管理是大堂经理在从事客户管理中的主要内容。我将按投入与产出相匹配的原则，对不同的客户实施不同的管理策略，提供差异化的服务。以我分理处为中心方圆 1 公里内，就聚集了 10 多家银行金融机构，市场的竞争尤为激烈，存在各种不确定因素。这就要求我们不断加强与客户的联系，与客户建立深厚的感情，随时发现客户的动态需求，用我们的优质服务和产品稳住 VIP 客户，挖掘潜在的优质客户。只有这样，才能保证营销持续健康的发展。

我的汇报结束，请各位给予指导和指正！谢谢大家！

(资料来源：第一范文网，https://www.diyifanwen.com/yanjianggao/jingzhiyj/14679579.html，有改动.)

想一想

试分析这篇竞聘演讲稿的结构并归纳其主旨。

一、竞聘演讲的概念和特点

二、竞聘演讲稿的结构和写法

竞聘演讲的内容、结构需要精心设计，以确保演讲信息清晰、有力，能够吸引听众的注意力。竞聘演讲稿主要包括标题、称谓、正文三个部分。

(一)标题

竞聘演讲时，标题不需要被说出来，可以省略，但最好取一个标题，以防与其他材料混淆。比如，《竞聘演讲》《李××竞聘演讲稿》等。

(二)称谓

称谓是对听众(评委或决策者)的称呼，应左对齐顶格书写，并以冒号结束。比如，"尊敬的各位评委、领导和同事们："\"各位听众："等。

(三)正文

正文主要由开头、主体、结束语构成。在实际情境中，竞聘者可以根据具体情况对正文内容进行调整。

1. 开头

开头主要包括开场白和背景介绍。

开场白：简短介绍自己；提出一个引人入胜的问题或陈述，以吸引听众的注意力；简要说明你的演讲目的和主题。

背景介绍：简述你的教育背景、工作经验和任何相关成就；强调那些与你竞聘的职位直接相关的经历和技能。

2. 主体

主体是演讲的重点，主要包括能力与成就展示、对职位的理解和愿景等内容。

能力与成就展示：详细介绍你在过去的工作或项目中的具体贡献；使用具体案例或数据来支持你的成就；展示你解决问题的能力和创新思维。

对职位的理解和愿景：阐述你对竞聘职位的理解；分享你对未来工作的规划和愿景，包括你打算如何为组织带来价值等。

3. 结束语

总结你的主要观点；表达你对这个职位的强烈兴趣和热情；感谢听众付出的时间和给予的关注。

三、竞聘演讲的准备和注意事项

竞聘演讲，需要深思熟虑和精心准备。竞聘演讲不仅是展示候选人能力和经验的机会，也是展现候选人对未来愿景和计划的平台。以下是准备竞聘演讲需要注意的主要步骤和策略。

(一)研究和理解角色

深入了解：研究你竞聘的职位，包括职责、要求、目标和公司对这个角色的期望；了解你的听众是谁，他们关心什么。这将有助于你制定竞聘演讲稿的内容。

识别关键技能：确定这个职位所需的关键技能和资质，并思考你如何满足这些要求。

(二)分析经验和成就

挖掘亮点：回顾你的职业生涯，找出与竞聘职位最相关的经验和成就。突出你的专业素质，注意正确使用行业术语。

量化成果：尽可能用具体数字和结果来说明你的成就，比如提高效率的百分比、完成项目的数量或增加的收入等。

(三)明确计划和愿景

制订短期和长期计划：明确你在获得这个职位后，将如何在短期和长期内为团队或公司带来成绩和影响。

展现你的愿景：清楚地阐述你对这个角色的看法，以及你为推动团队或项目前进而计划实行的措施。

(四)组织演讲内容

创建结构：确保你的竞聘演讲有清晰的开头、中间和结尾。开头引起兴趣，中间部分详细介绍你的经验和计划，结尾强调你的愿景以及为什么你是最佳人选。

练习故事讲述：用叙述的形式讲述你的经验和成就，事例应像故事一样生动立体，因为讲故事比简单陈述事实更能引起听众的共鸣。可以参考"实训任务一 求职面试"第二部分"面试应答"中的"具体案例法"。

用语清晰简洁：保持语言清晰、简洁，避免使用复杂冗长的句式。每段话都应有概括总结的部分，最好确保每一段的第一句话是整段的中心句。

(五)准备视觉辅助材料

如果条件和规则允许，可准备幻灯片、视频、音效等多媒体手段来辅助你的演讲。确保辅助材料设计简洁、内容清晰，避免有过多的文字。

(六)练习演讲

反复练习：多次反复练习，可以先对着镜子练习，然后在朋友或家人面前进行模拟

演讲。

时间控制：确保你的演讲不会超时。最好每次练习时都使用计时器计时。

(七)准备应对问题

预测可能的问题：思考听众可能提出的问题，并准备相应的回答。

保持冷静和专业：即使遇到难题，也要保持冷静，用专业的态度应对、回答。

(八)注意非语言沟通

练习肢体语言：确保肢体语言能够显示出你的自信和专业。保持眼神交流，使用开放的姿势。

注意语速和音量：确保语速适中，语音清晰，音量适宜。

案例赏析 7.2.1

锤炼党性一心奉公，百年华诞再立新功

(某省政府建设厅选聘副处竞聘演讲)

尊敬的各位领导：

大家好！

刚刚过去的 2020 年春节，新冠疫情汹涌肆虐而来，火神山、雷神山医院亟待建成。面对千难万险，住建人用十天时间让全世界领略了"中国速度""中国力量"，展现了住建人的良好作风和强大战斗力。

踏平坎坷成大道，斗罢艰险又出发。2021 年，我们将迎来中国共产党百年华诞。回首来路，筚路蓝缕；眺望前方，充满挑战。我们该以怎样的精神状态，在攻坚克难中焕发住建事业的新气象？如何在化危为机中赢得住建事业的主动作为？我想我们要从修炼"内功"上下功夫，从坚定"党性修养"上找突破。

一、不忘初心，牢记使命，筑牢住建人的忠诚底色

"天下至德，莫大于忠。"忠诚，是对党、国家和人民赤诚无私的政治本色。绝对忠诚，就是站得稳、靠得住、信得过。做到一种信仰、一次宣誓，一生恪守。绝对忠诚，还要怀揣赤子心，甘为孺子牛。去年，我被抽调到主题教育省委第三巡回指导组 4 个月，这期间我爱人即将临产，她一边工作，一边还要管教大女儿，我深感愧疚。但面对党交给我的工作和任务，我责无旁贷，最终出色完成，其间，撰写的《坚持"四个突出" 注重求实求效》被选为省委主题教育典型发言材料，获得一致好评。

二、清正廉洁，真情大义，淬炼住建人的干净本色

干净做事，清白做人，是共产党人的光辉品格，也是住建人应当坚守的本色。在作风上保持清廉，在道德上保持清白，一要抓早抓小。良医治未病，万事防为先。从早期警示抓起，从细微小事抓起，对小错及时"踩刹车""拉警报"。二要抓常抓长，经常抓，长期抓，化风成俗，使监督在坚持中见常态、在制度中建长效。三要抓实抓细，在落实工作上下足"绣花"功夫，做实"精准"文章。

三、敢于亮剑，敬业精业，打造住建人的担当亮色

敢担当，就是带头啃"最硬的骨头"，担"最难的任务"，接"最烫手的山芋"。作

为住建人，我们必须思考城市、县域与乡村的统筹发展，打造住建人的行业亮色。

首先，"城市让生活更美好"。涵养城市人文底蕴，提升城市内在品质，延续城市历史文脉，修复和利用好历史文化街区和历史建筑，防止"千城一面"。努力打造宜居、绿色、韧性、智慧、人文的城市，是我们住建人的不懈追求。

其次，"百城提质促蝶变"。加强县城基础设施和公共服务设施建设，做好以绿荫城、以水润城、以文化城、以业兴城"四篇文章"；处理好宜居宜业、地上地下、"硬件、软件"、新区老区"四个关系"，使县城发展更有温度、更加美好。

最后，"看山望水忆乡愁"。在乡村振兴中，加强传统村落和历史文化名镇名村保护利用，开展乡容乡貌综合整治，挖掘传统乡村的时代价值。留住"乡亲""乡音""乡情""乡邻"，带给人悠远绵长的思念。

大学四年的工科学习经历和两年管理学研究生背景，塑造了我知行合一的性格特点；管委会招商引资、产业培植、科技创新、工程管理等丰富的基层工作经验，练就了我亲和务实的工作特质；厅计财处指导全省住房城乡建设领域开放招商和规划编制工作，拓展了我的宏观思维；在机关党委的党建工作与业务工作深度融合中涵养了我严谨细致的工作作风。我会继续利用这些积淀，对事业报以满腔热情，做到敢扛事、能干事、干成事，滴水穿石，久久为功，用"不破楼兰终不还"的拼劲儿，披荆斩棘，奋力奔跑，用"中国建造"推动建筑业转型升级。

锦绣河山，住建添彩。住建事业承载着我们的初心与梦想、诠释着我们的使命与担当。我愿为住建添光彩，努力为谱写更加出彩的美丽中国贡献一份力量。

（资料来源：化长河，陈露. 当众讲话能力修炼[M]. 郑州：河南人民出版社有限责任公司，2022：248.）

【案例 7.2.1 简析】

总体而言，这篇竞聘演讲稿情感真挚，政治立场鲜明，工作理念清晰，展示了演讲者的能力和热情，是一篇具有较强说服力的演讲稿。具体来说，这篇竞聘演讲稿具有以下几个优点。

1. 情感投入与个人经历的结合：演讲者通过分享个人在抗击新冠疫情中的经历和感受，展现了自己的责任感和牺牲精神。同时，通过提及个人家庭情况，拉近与听众的距离，使演讲更具感染力。

2. 高度的政治站位和忠诚表达：演讲中多次强调对党的忠诚、不忘初心、牢记使命，体现了演讲者坚定的政治立场和对党性修养的重视。

3. 明确的工作理念和方向：演讲者提出了修炼"内功"、清正廉洁、敢于亮剑、敬业精业等工作理念，明确了未来工作的方向和重点，展现了其对职责的深刻理解和对工作的热情。

4. 具体的成就和经验分享：通过分享过去在住建领域的具体成就和经验，如参与抗疫建设、招商引资、产业培植等，展示了竞聘者的能力和贡献，增加了演讲的说服力。

5. 对未来的展望和承诺：演讲者对住建事业的未来发展提出了自己的见解和规划，如城市建设、县城提质、乡村振兴等，并承诺将继续贡献自己的力量，表达了对未来的信心和对职位的渴望。

案例赏析 7.2.2
为生命播撒爱的
光芒——内分泌科
护士长竞聘演讲稿

实训任务三 就职述职

【案例导入】

学生会主席就职演讲稿

韩××

尊敬的各位领导、老师，亲爱的同学们：

大家下午好！

我是韩××，很荣幸能够当选此届学生会主席，并在此发言，非常感谢院领导、老师以及在座的各位同学对我工作能力和工作成绩的肯定！

学生会是学校联系学生的桥梁和纽带，通过开展有益于同学身心健康的学习、创作、文体、社会实践、志愿服务、社会公益等活动，以服务同学、促进全体学生全面发展为工作宗旨，是由团委领导的独立工作的学生组织。

我深知肩负的重任，在继承和发扬学生会的优良传统的同时，更要在原有的基础上搭建新的舞台、开创新的局面。所以，我作为新一任学生会主席，代表学生会全体成员向大家汇报这一届的工作设想和决心。

一、加强学生的思想政治教育

我们学生会要在党委的领导下，在校团委的指导下，认真开展各项思想政治教育工作。努力坚持每学期的学生干部培训，全面提高我校学生干部的综合素质，树立我院学生干部的良好典范。

二、抓好基础工作，垒筑坚实地基

过去，我们的学长在学习、卫生、文艺、体育、自律等各个方面均取得了辉煌的成绩，面对学长们为我们打下的坚实基础，以后在工作中，我们更要改进工作方式和方法，更贴近同学们的需要，向更好的目标奋进。

三、加强学生会自身组织作风建设，全心全意为同学服务

要想把我们的学生工作开展好，就必须赢得广大同学的全力支持！我们学生会全体成员要时刻谨记"服务同学、锻炼自我"的工作宗旨，在今后的工作中充分发挥学生干部"自我管理、自我教育、自我服务、自我约束"的作用，时刻维护学生会的优良形象，做好模范带好头，让学生干部和其他同学能够更好地交流。

四、丰富第二课堂的活动，打造学生精品乐园

作为引领时代潮流的大学生，应抛弃陈旧、单一的思维方式，而代之以不拘一格、追求真知的时代气息。因此，我们的学生会将继续锻炼自我，努力成就自我，展现出一种自我的舞台，开创一片新天地。

五、营造浓厚的校园文化氛围

作为学生组织，我们要在落实校团委各项工作的基础上，努力丰富同学们的精神生活，创建广大同学喜闻乐见的校园文化，让我们学生会真正成为锻炼自我、提升自我的舞台，唱出当代大学生的新知和个性，体现出当代大学生良好的精神风貌！

路是脚踏出来的，历史是人书写出来的，人的每一步都写在自己的历史里，让我们一起努力，创造我们灿烂的人生篇章。

最后，感谢各位领导老师对学生会的大力支持。祝我们学生会在有限的时间里，能够团结一致，齐心协力，服务同学，做出成绩，创造辉煌。

谢谢大家！

(资料来源：第一范文网，https://www.diyifanwen.com/yanjianggao/fayangao/7031061.html.)

想一想

试分析这篇就职演讲的结构并归纳其主旨。

一、就职演讲的概念和特点

二、就职演讲稿的结构和写法

就职演讲稿的结构主要包括标题、称谓、正文三个部分。

(一)标题

就职演讲的标题主要有以下三类。

(1) 文种式标题，只写文种，例如，《就职演讲稿》。

(2) 公文式标题，由就任职务和文种构成，例如，《关于就任××集团董事长的演讲》。

(3) 文章式标题，可以是单标题，例如，《当市长，就向人民负责》《在香港特别行政区成立暨特区政府宣誓就职仪式上的讲话》；也可以是正副标题，例如《不忘初心，探索前路——××学院校长赵××就职演讲》。

(二)称谓

称谓是对听众的称呼，左对齐顶格书写，以冒号结束。例如"女士们，先生们："
"尊敬的各位领导，各位同仁："各位领导、同志们："等。

(三)正文

正文主要由开头、主体、结束语构成。在实际情境中，演讲者可以根据具体情况对内容作适当调整。

1. 开头

开头部分主要是开场白、自我介绍、表达感谢等内容。

(1) 开场白。良好的开场白可以吸引听众的注意力，建立与听众的联系。通常可以用

一个引人注目的引言、一个相关的轶事或一个简短的故事开始，目的是立即抓住听众的注意力。也可以介绍当前的背景，简单叙述一下就职的感想，目的是拉近与听众之间的距离，并为下一步的表决心理下伏笔、打好铺垫。

(2) 自我介绍。简洁明了地介绍自己，包括背景、经验和与新职位相关的资质。要保持谦逊，同时展现自信。目的是让听众更好地了解你是谁。

(3) 表达感谢。感谢前任的贡献、团队的支持以及给予你这个机会的所有人。目的是展现你的谦逊和团队精神。

2. 主体

主体是重点部分，主要包括阐述愿景和目标、强调团结合作、个人承诺等内容。

(1) 阐述愿景和目标：清晰地陈述你对职位的看法、你希望实现的目标和你要达成这些目标的计划。确保这些目标既具有挑战性又是可以实现的。目的是展示你对新职位的理解和对你主管领域未来发展的计划。

(2) 强调团结合作：强调你将如何与团队成员一起工作，以及你相信团队合作的重要性。可以提出一些增进团队合作的具体计划或策略。旨在鼓励团队精神和协作意识，增强集体凝聚力。

(3) 个人承诺：展示你对职工或大众的承诺和责任，表达你对这个职位的热情和你愿意为实现目标付出努力的决心。这是展现个人领导力和责任感的绝佳机会。

3. 结束语

结尾总结主要观点，并以一个强有力的声明、一个鼓舞人心的引用或一个向前看的展望结束演讲。此外，也可以邀请听众提问或分享他们的想法和建议，以表明你对开放沟通和合作的重视。

三、述职演讲的概念和特点

(一)述职演讲的概念

述职演讲是担任一定领导职务的管理者或干部，根据制度规定或工作需要，定期或不定期向上级主管部门领导或干部职工大会陈述履行职责情况的演讲。其书面文字依据是述职报告。述职演讲是领导干部的自我汇报，在对领导干部的考核任免工作上具有一定的参考作用。

(二)述职演讲的特点

述职演讲是一种较为正式的发言形式，其即兴成分较少，主要遵循严格的程序进行，语气上比较严肃。述职演讲主要有以下几个方面的特征。

1. 演讲主体的特定性

述职演讲的发言人是那些拥有一定领导地位的领导干部。

2．述职的官方性兼个体性

述职演讲既表现出官方性质，展示了所属单位、部门或管理系统的整体工作或特定方面的状况，同时也重点展示了演讲者依据自己的职责所进行的工作及其个人成就。

3．内容的规定性

述职演讲的内容遵循组织人事部门对领导干部考核的相关规定与要求，通常围绕任职期间或某一时间段内个人在德、能、勤、绩、廉五个方面的表现进行陈述，因此内容具有明确的规定性。

四、述职报告的写法

述职报告是述职演讲的底稿，一般由标题、称谓、正文、落款组成。

(一)标题

述职报告的标题有单标题和双标题之分。

述职报告通常采用的标题格式为《述职报告》，也可以在"述职报告"之前附上履职的时间段和具体职位，例如《王强在 2019 年至 2022 年间担任中文系主任一职的述职报告》。

正副双标题构成方式包括主要标题与辅助标题，辅助标题前端应使用破折号连接。主标题概括了报告的核心要旨，而副标题的结构和单标题基本一致，例如《紧握时机，面向挑战——×××工厂领导履职陈述》。

(二)称谓

紧接标题并靠左填写称谓。递交至上级单位的述职报告需注明主送机关；若是面对领导或本组织内部员工进行汇报，则应填写听众的敬称，比如"各位领导，同事们："""尊敬的评审委员、职工代表："等。

(三)正文

工作汇报的内容分为三大部分：前言、主体与结尾。

1．前言

前言应简明扼要，通常涉及两类要素：一是概括介绍任职情况，包括阐明任职时间、职位职务、主要职责，并对述职的内容和范围进行概述；二是对任职期间取得的成绩进行整体评述，并简要概括工作情况。

2．主体

主体是述职报告的核心。述职报告的主旨在于陈述履职情况，需详尽展示以下重点。

(1) 个人的思想作风、职业道德，以及对下属或群众的关心情况。

(2) 对于上级政策、规定以及任务、指令的执行落实情况，对于上级和领导所交办事项的完成情况。

(3) 自己所负责领域内工作任务的完成情况。

(4) 工作中提出的意见、采取的措施、做出的规划、解决的问题、纠正的偏误、完成的实务工作、取得的成果等。

(5) 廉洁自律情况。

(6) 罗列工作中存在的主要问题，并探讨形成这些问题的原因，进而提出改进措施和方案。

核心内容须详尽、丰富、有充分根据，且结构分明。鉴于涉及范围广泛且信息繁多，宜采用分条列项的阐述方式。各条和各项之间的逻辑连贯性需要妥善规划。

3. 结尾

通常，在文末使用模式化的结尾用语以作收尾，可以选用谦逊感谢式结尾、总结归纳式结尾或表决心式结尾等多种方式。例如"特此报告，请审查""报告完毕，请各位领导和同仁批评指正""对于上述内容，恳请领导及同事们给予指导和建议"或"以上是我的述职，谢谢大家"等。

(四)落款

结尾后空一行靠右位置，填写汇报人姓名，姓名下方写上日期。也可以把姓名写在标题下方。

五、述职报告的写作要求

(一)陈述工作实绩要"一分为二"

请勿将工作报告简化为经历梳理，抑或是笼统概括并对问题轻描淡写，应实事求是地展现实际情况，严禁浮夸和虚假。既要正视已取得的进展，也不应忽视存在的不足。

(二)必须明确界定集体成果与个体功绩

不要把个人的述职报告写成组织的工作报告。不要把集体的功绩占为己有。

六、述职报告和工作总结的区别

在工作实践中，经常有人混淆述职报告与工作总结，将两者的写作内容混为一谈，认为二者可以相互替代。尽管这两种文档在某些方面存在共通之处，但它们毕竟各具用途和特性。要想撰写得恰如其分，首先必须明确并区分两者的不同。

(一)行文目的不同

述职报告用于阐述与评价管理人员一定时期内的工作表现，它是高层领导、组织及人事部核查、培育及任用管理人员，以及公众评判和监督的重要参考。通过此种汇报，能够帮助汇报人展现工作成果、发现短板，从而进一步厘清职责界限，提升个人能力，优化业务执行过程。

工作总结则是通过对前一阶段工作进行回顾，对已经完成的工作进行分析、研究和评

价而形成的一种文书，目的在于总结经验教训，找到带有规律性的认识，用于指导和改进工作。

(二)陈述角度不同

述职报告陈述的着眼点主要围绕"人"，主要反映个体的履职情况：负责何种任务，完成任务的能力水平如何，任务是如何被执行的，以及是否胜任。在撰写述职报告时，必须将个人放在论述的核心位置，组织材料时不能颠倒主次顺序，应用有限的文字精准表达本人的工作表现，要突出体现自我的主观能动性。

工作总结陈述的着眼点主要围绕"事"，主要着眼于部门或单位整体的工作：实施了何种任务，达成了怎样的效果，积累了哪些知识，哪些地方尚存缺陷，应吸取何种教训，对未来持有何种规划等。要全面总结工作的优劣得失。

(三)内容侧重点不同

述职报告主要围绕个人的德、能、勤、绩、廉五个方面展开，突出个人执行工作的理念、策略及其能力，并详述个人的廉洁自律情况。述职的重点及覆盖的范围均有明确界定，限于责任所及，以责任为中心精选素材进行陈述，不包含超越职责之外的事项，通常不会将个人的情况与所在部门或单位的整体成效、问题混为一谈。

工作总结通常聚焦于梳理工作情况和报告业绩亮点，着重总结成果，展现实际成就。此外，必须关注流程和整体情况，突出在办事程序中采取的具体措施，旨在全面反映实况，涵盖获得的成就、遭遇的困境、提炼的经验教训以及对未来计划的设想。内容可以围绕特定事项，亦可跨越多个领域，旨在明确指出哪些方面做得出色，哪些方面需要优化。

(四)表达方式有所不同

述职报告呈现信息的主要方式是叙述和说明，议论的成分比较少。报告的宗旨并不是对职位本质的探讨，故不适合对理论进行烦琐解释。同时，应注意不要过多阐释个人对工作职责的看法，对于职位的意义、义务及其重要性也应概述即可。当需要阐释观点时，宜采用夹叙夹议、叙议结合的手法，巧妙地将见解与实例融为一体，切中要点。

工作总结要追求对事物本质规律的深入剖析，不宜仅满足于认识表面现象或是堆砌陈列客观事件，因此除了采用叙述、说明手法，议论的成分也比较多。工作总结需要活用分析、归纳、综合等思维技巧，以促进从感性的浅显认识向符合规律的理性认识转化，并以此指导未来行动。

案例赏析 7.3.1

一位乡(镇)长的就职演讲

各位代表、各位同志:

大家好!

此时此刻，我的心情是激动的。因为，我很荣幸地当选为樟树乡人民政府乡长。在这里，我要感谢各位代表、全乡人民对我的拥戴和信任;感谢各级领导、乡村干部对我的帮助和支持。

一踏上这片神奇的土地，我便深深地爱上了这里的一山一水。俗话说："同船过渡三世修。"能同樟树人民并肩战斗、携手共进，真是"三生有幸，万世所修"。我愿将自己全部的心血无私地奉献给这片土地和这里的人民。

"为官一任，造福一方。"作为三年一任的乡长，我应该这样去做。今后三年，乡镇工作总的奋斗目标是"三子"，即"多抓票子(发展经济)，少生孩子(控制人口)，不出乱子(维护好社会治安)"。按照这个目标，我乡经济发展总的指导思想是"五抓四超"，即抓农业稳乡，抓企业富乡，抓商业活乡，抓科教兴乡，抓外贸强乡。以超常规的思维、超常规的措施、超常规的速度，达到超常规的效益。主要经济指标是"九五"翻两番，2000年奔小康，即工农业总产值 8000 万元，乡村企业产值 6000 万元，财政收入 300 万元，农民人均年纯收入 900 元。基本发展思路是"一二三四"协调发展，即"坚持一个基础(粮食生产)，实现两翼腾飞(高效农业、乡村企业)，狠抓三项建设(服务网络建设、基础设施建设、文教卫阵地建设)，办好四个基地(烤烟基地、药材基地、果木基地、畜禽基地)。要转变政府职能，实行"小机构、大服务"，促人下海，推人下海，拉人下海。让干部、职工在商品经济的汪洋大海中学会游泳。具体发展方略是：大力发展高效农业，迅猛发展乡村企业，加速发展第三产业，突破发展外经外贸。高筑黄金台，筑巢引凤凰，以财引才，以才生财，把地下的"黑金子"挖出来，把地上的"绿色银行"建起来，把五个轮子转起来(乡、村、组、联合体、个体齐头并进、协调发展)。要重点抓好"一线四圩"(一线：横贯樟树乡境内的永安公路。四圩：树头圩场、樟树圩场、仙水圩场、坦泉圩场)。在永安公路两旁，建设以优质米、优质烟、优质林果、优质畜禽为重点的粮、烟、果、猪综合发展的经济带。在四个圩场周边地带，建设以第三产业为突破口，以商贸、工业、运输、房地产业等行业为主的经济发展区，以"一线"连接"四圩"，以"四圩"带动全乡，走区域化发展经济道路，形成我乡经济发展的良性大循环。

俗话说："平静的湖面，练不出精悍的水手；安逸的环境，造不出时代的伟人。"我深深地懂得，要实现这个目标，光坐而论道、纸上谈兵是无济于事的，重要的是脚踏实地地去干。一乡之长，人称"八品父母官"。官虽小，当好则难；事虽难，做则易。个人的力量是微小的、有限的，大家的力量才是巨大的、永恒的。我诚恳地希望能得到各级部门的大力支持和各级干部、群众的积极配合。

我将做到"三个不当"，即廉洁奉公，不当贪官；秉公执法，不当昏官；真抓实干，不当懒官。我不祈求历史对我的褒扬，也不苛求人们对我的赞誉。我很自信，相信自己，相信代表们、同志们，相信 31 000 人民的力量和智慧，压力终将变为动力，目标定能成为现实。

谢谢大家！

(资料来源：陈权著. 麦肯锡教我的 12 堂口才课[M]. 广州：广东经济出版社，2020：229.)

【案例 7.3.1 简析】

这篇就职演讲稿很好地遵循了就职演讲的结构和写法，从开场白到结束语，都体现了乡长朴实无华、敢闯敢干的个人风格，以及服务人民、造福一方的价值观和理想信念。

开场白和自我介绍：乡长的演讲以对代表和同志们的称呼开始，体现了对听众的尊重。随后，他表达了自己的激动心情和对被选为乡长的荣耀，同时感谢了代表、人民、领

导和乡村干部的支持，这不仅展现了他的谦逊，也立即建立了与听众的情感联系。

表达感谢：乡长在演讲的开头部分就表达了对各方面的感谢，这是展现他谦逊和团队精神的一种方式，也是就职演讲中常见的要素。

阐述愿景和目标：乡长提出了"三子"(多抓票子、少生孩子、不出乱子)的奋斗目标和"五抓四超"的经济发展指导思想，清晰地表达了他对乡镇未来发展的看法和目标。他还提出了具体的经济指标和发展思路，展示了对新职位的深刻理解和对未来发展的详细规划。

强调团结合作：乡长在演讲中强调了与团队成员合作的重要性，并表达了希望得到各级部门和广大干部、群众的支持和配合的愿望。这体现了他对团队合作的重视和对集体力量的信任。

个人承诺：乡长承诺将做到"三个不当"(不当贪官、不当昏官、不当懒官)，展示了他对大众的责任感和对职位的热情。

结束语：演讲以对听众的感谢结束，同时，表达了对自己、代表们、同志们以及全体人民力量和智慧的信心，并展望了目标的实现，非常鼓舞人心。

案例赏析 7.3.2
销售经理述职报告

实训任务四　会议主持

【案例导入】

某县人民政府工作会议主持词

同志们：

现在开会。

春节假期刚过，我们就在这里召开这次县政府工作会议。会议很重要，请大家自觉遵守会议纪律，保持会场秩序，认真听会。

今天这次会议的主要任务是，贯彻落实全县经济工作会议精神，进一步分析形势，明确责任，细化目标，强化措施，抓好工作落实，确保全年目标任务的完成。通过这次大会，要进一步动员各乡镇、各部门迅速从喜庆的节日气氛中调整过来，积极投身到工作中去，为全年的各项工作开好头、起好步。

参加今天会议的有：县政府全体领导，县委常委部门副职，县直单位主要负责人，各乡镇乡镇长。

下面，首先请县长做重要讲话(大家欢迎)。

……

同志们，刚才，王县长从认清形势、明确任务、真抓实干三个方面作了一个很好的讲话，目标明确，重点突出，措施有力，对做好今年的各项工作尤其是经济工作具有很强的指导性和操作性，希望同志们认真学习领会，抓好贯彻落实。为贯彻落实好这次会议精神，我提三点要求。

一、要迅速传达，认真贯彻。会后，各乡镇、各部门要立即召开班子会议，认真学习、传达会议精神，研究制定具体的工作措施。特别是对王县长就推进工作、抓好落实提

出的明确要求，一定要学习好、领会好、贯彻好、落实好，并使之成为今后我们开展工作的指针，力争使各乡镇、各部门精神风貌有质的转变，各项工作有新的进展。

二、要明确任务，狠抓落实。会上印发的县委办公室、县政府办公室《关于对全县经济工作会议确定的任务进行分解立项实施督促检查的通知》(以下简称《通知》)，因为时间关系没有再宣读。但是，各乡镇、县直各单位一定要按照这次会议的安排部署，结合《通知》要求，进一步明确责任，制定具体的落实措施和推进计划。要对本单位、本部门承担的工作目标任务进行层层分解，细化量化，建立起一级抓一级，层层抓落实的工作机制。工作措施和推进计划要形成书面材料，并于2月20日前报县政府办公室。

三、要强化措施，搞好督导。由政府办公室负责，要根据目标任务分解立项，深入一线搞好督办查办工作，准确掌握各乡镇、县直各单位会议落实情况和工作推进情况，及时编发《政务督查》予以通报。要突出重点，对大事实事、重点工作进行重点督导，每月至少编发一期督查通报，确保工作扎实、有序推进。要统筹兼顾其他工作，抓住亮点，盯住难点，有计划、有目标地进行督导。对工作落实不力、进展缓慢的，要重点督导，跟踪问效，确保各项工作落到实处，圆满完成既定目标任务，促进我县经济实现跨越式发展。

散会。

(资料来源：https://www.diyifanwen.com/fanwen/zhuchici/12560641.html.)

想一想

试概括这篇会议主持词的主要内容，并分析主持者在这场会议中起到了哪些作用？

提到主持人，人们最先想到的可能是电视屏幕上那些光彩照人、风度翩翩的主持人，但这只是主持人中的一个专业类型，即节目主持人。节目主持人通常经过艺术类考试选拔，他们具有播音主持、舞台表演等专业背景或任职于相关行业的专业岗位，这与本课程所面向的普通大学生有很大不同。这里我们讲的是一般生活和工作中所需要的主持口才。主持是语言的艺术，主持口才主要涉及语言技巧，此外，组织能力、礼仪规范等因素在主持活动中也具有重要作用。

各种会议是现代社会生活和各行各业工作中的重要内容，比如各级人民代表大会，党政机关、企事业单位的日常工作会议，专题会议、座谈会、研讨会、听证会、报告会、谈话会等。无论何种形式或内容的会议，都需要主持人来控场。会议主持人在会议中起着重要作用，需要掌握会议的主要内容、基本程序，并在会议过程中发挥引导、协调、维持秩序、推进会议进程的作用。各种会议的主持人作为会议的引导者和组织者，通常由具有一定职务的人来担任，事务性的会议通常由一位领导人担任主持。会议的主持人应确保会前筹备充分，会中掌握进程、引导发言，并善于解释问题和总结概括。

一、会议主持的主要原则

主持人是在会议中的重要组织者和引导者，应从会前准备、议程把控、引导与会者发言与思考明确"附属"站位等方面确保会议取得实效。按照以下原则做好这四方面工作，主持人可以促进与会者的参与和思考，推动问题的解决和会议的顺利进行。

(一)会前充分准备

会议主持人在会前应进行充分的准备。如果会议主持人是会议组织方之一,应该对会议的背景、目的、意义、与会人员、议题议程等会议基本情况进行了解。如果会议主持人是会议组织者以外的人,应事先联系组织方获得会议相关资料,以对会议基本情况进行了解。会议主持人应在以下几个方面做好准备。

1. 思想方面的准备

要端正立场和态度。一是主持中要保持公正客观、不偏不倚、不卑不亢。二是要坚持正确的立场,遵守法律法规,不违反国家的政策方针。

2. 知识方面的准备

要对会议内容和与会人员进行准确的把握。一是明确与会议内容相关的几个要点:会议名称、召开背景、会议目的、会议议题、会议方案、会议流程等。二是了解与会人员或与会各方的基本情况,如姓名、职务、简介概况等。三是对相关人名、地名、专有名词中的生僻字的读音进行查证了解。

(二)合理把控议程

会议进程的把控需要主持人具有较强的组织能力。在工作事务性会议中,主持人应主动把握、控制会议进程,确保会议按照既定议程有序进行。为此,应做好以下几点。

(1) 适时提示。根据会议流程表,适时提示与会者按照会议流程和规则进行相关活动。

(2) 引导注意。提请与会者注意会议的目的、宗旨,并使会议始终不偏离主题。

(3) 明确时间。明确会议各项活动的开始时间,并提示结束时间。要准时开始,按时结束。

(4) 善于观察。主持人要善于观察与会者的个性、气质、品质和特点,并针对人员的特点,因人制宜、因势利导,掌握会议进程的主动权。

(5) 维持会场纪律。杜绝"开小会"、起哄、人身攻击和其他不文明行为,避免与会者的私下议论破坏会场气氛、影响发言者发言。

(三)引导与会者发言与思考

主持人在会议中扮演着重要的角色,需要掌握合理的方法,来激发与会者思考问题并提出解决办法。主持人还可以提供一些必要的信息,以帮助与会者解决问题,或对与会者提出的解决办法向大家进行解释。具体包括以下三点。

(1) 启发引导。

在会议中,主持人应该采用启发式的方法引导与会者思考问题。通过提出相关问题和场景,主持人可以引发与会者的反应,促使他们对问题进行深入思考。例如,在讨论如何提高团队合作能力时,主持人可以问:"你认为团队成员之间的沟通是促进合作的关键因素吗?为什么?请举例说明。"这样的问题将引导与会者思考和分析问题,并寻找解决办法。

(2) 提供信息。

主持人可以向与会者提供必要的信息，这些信息可能包括相关数据、案例、专家观点、研究报告或专业知识，以帮助与会者理解问题并将其应用到实际问题的解决中。

(3) 解释说明。

主持人还可以在与会者提出解决办法后向大家做出解释，比如明确解决办法的原理、适用范围、实施步骤等，以便其他与会者能够理解和评估其可行性。

在引导与会者发言与思考方面，一般会议主持人仅需做好第一点。后面两点是对主持人提出的更高层次要求，需要主持人具备会议相关领域的专业素养和知识储备。

(四)明确会议附属站位

会议的主要内容是各项议题以及与会者围绕议题进行的讨论，主持是辅助会议进行的工具，因此是会议的附属。主持人在会议中的作用主要是做好辅助工作，要当好"配角"，不可喧宾夺主。有时会议主持人也是领导者，也需要在会议中作为参会者发言。在这种情况下，要把主持词和会议发言区别开来。主持人在主持会议时所说的话大部分是即兴发言，应遵循少而精、简而实、多述少评的原则。

(1) 少而精：指会议主持的话语要简短精练，能少说绝不多说。

(2) 简而实：指会议主持的话语以简单、务实的内容为主，较少涉及深奥的理论。

(3) 多述少评：指会议主持的话语以客观中立的叙述为主，有时可以对与会者的发言进行简短的议论和评价。

二、会议主持的语言技巧

通常会议开场时主持人只需介绍此次会议的背景、意义、程序、希望和要求；如果有嘉宾或应邀来作报告者，应引导观众以掌声表示欢迎。会议进行中，主持人主要做好提示议程、控制时间、防止偏离议题、维持会场秩序、澄清误解等工作，有些会议中还需要促进互动、调节气氛。会议结束时，主持人应对会议内容做出科学合理的判断，进行总结概括、强调重点；对嘉宾或作报告者表示感谢，并引导观众给予热烈的掌声。

(一)开场白技巧

会议的开场白通常包括引入和介绍，即在会议开始前，主持人应直截了当、清晰明了地介绍会议的主题、背景、宗旨、内容、意义、出席人员以及需要解决的问题，以使与会者心中有数，目标明确。

1. 引入介绍要保证准确

引入和介绍不得含混模糊，要避免一些不正式、不专业的说法。特别是对于出席会议的重要人员的介绍，应准确规范地介绍对方的姓名、身份、职务等。既不能统称、简称为"××老师""××长"，也不能盲目地阿谀奉承，如称为"××首长""××家""最著名/最尊敬的××"等。主持人应该实事求是地介绍出席人员，尤其要突出重点发言人员的身份，以便让与会者可以有针对性地进入会议程序。

2. 引入介绍要明白无误

主持人要明确地通报此次会议的内容、重要性、要讨论和解决的问题等。让大家具备足够的思想认识和心理准备。同时，要避免把一些不相关或过于空泛的内容和问题带入介绍中。

3. 语言风格要有针对性

主持人的开场白对整个会议的气氛和节奏起着至关重要的作用，因此主持人一定要有针对性地选择开场白的语言风格。对于内容严肃的会议，可以选择庄重严肃的开场白，以唤起与会者的高度重视。而对于内容轻松的会议，可以把开场白设计得活泼、幽默一些，以使会议显得轻松明快。

4. 开场白要简洁干脆

开场白千万不可过于冗长、啰唆，这样会使会议久久无法进入主题，易使与会者在心理上产生疲惫乃至厌倦之感，进而影响会议的效果。

(二)互动沟通技巧

会议主持人需要重视会议中的互动沟通。会议主持人的职责不是简单地介绍与会人员、会议内容、提示会议程序，会议也不仅仅是发言者说话或与会者倾听的过程，而是涉及说与听、台上与台下的双向互动。当发言者和听众相互回应时，使得会场上下形成紧密联系，会议才能取得良好的效果。因此，在主持会议过程中，主持人必须主动促成这种双向互动，要通过自己简洁明了的介绍或插话引导与会者的注意力，并激发互动。比如，在介绍某位发言人之前，可以采取以下方式进行说明。

接下来，欢迎××同志的发言，他将对大家关心的××问题进行阐述，请大家注意。

除了引导性的话语以外，适时的肢体语言和声音调节，也可以增强自己的沟通效果，使与会者更加专注并参与到会议中来。这样就能明显地将与会者的注意力引导到发言的内容上，并将激发出一定的反馈和讨论。

(三)流程控制技巧

会议在进行过程中可能出现各种问题，主持人在会议期间应当善于观察会场情况，认真聆听各方意见，及时发现已经出现或可能出现的问题，并立即采取必要措施来有效地控制局面。这种控制主要体现在以下四个方面。

1. 防止偏离主题

在会议进行的过程中，由于与会者们的积极发言，讨论的东西纷繁复杂，最常见的情况就是话题悄然改变，而当事人却浑然不觉，依然沉浸在讨论之中。这个时候，主持人必须要敏锐地察觉到这一点，然后用一种委婉而又巧妙的方式，将话题拉回到正确的轨道上。可以采取以下措施来防止与会者的发言偏离主题。

(1) 明确会议议程。在会议开始前，确保向所有与会者提供详细的会议议程。议程应包括清晰的主题和目标，以便参与者了解讨论的范围和重点。

(2) 给予时间限制。在每个议题开始之前，明确规定每个与会者的发言时间限制。这样可以确保每个人有足够的时间表达自己的意见，同时避免因一个人占用过多时间而导致的偏离主题。

(3) 实施积极的主持。通过积极地引导和控制讨论流程，主持人可以及时干预会议中的发言偏离主题情况。当与会者偏离主题时，主持人应适时提醒并重新引导讨论回到正确的轨道上。比如可以说：

a. 这方面的问题我们讨论得相当充分了，下面我们还是就×××继续谈谈自己的想法吧。

b. 大家刚才的发言非常精彩，接下来，我们还是聚焦于×××问题，提出一些具体的建议。

(4) 引导话题。主持人可以在每个议题开始时简短地介绍一下相关背景信息，并明确目标。这样可以帮助与会者集中讨论，并确保他们明白讨论方向。

(5) 提问和总结。在讨论的过程中，主持人可以使用提问技巧来帮助与会者聚焦在主题上，并促进有针对性的讨论。提问时要使用建设性的提问。比如：

a. 什么导致了公司的销售额下降？这对公司的长期发展有什么影响？

b. 那我们再深入一步，你如何看待这个问题的成因呢？

c. 你认为我们应该如何改善×××？有哪些具体的措施可以采取？

另外，在每个议题结束时，主持人可以进行简要总结，归纳并强调关键点，这有助于保持与会者的注意力。

2. 调节会场气氛

会议主持人的一项重要职责是调节现场气氛。当会议出现冷场时，主持人要主动发言，尽量使气氛活跃起来。这时应选择思维活跃、外向型的同志率先发言；也可以提出有趣的话题或事例，活跃一下气氛，以引起与会者的兴趣，使之乐于发言。在争论过于激烈，甚至陷入僵局的时候，主持人应适时地挽救局面，缓解紧张的气氛，缓和矛盾，调解纠纷。

通常可以采取以下措施调节会场气氛。

(1) 营造积极的氛围。在会议开始之前，给予与会者一个热情洋溢的欢迎致辞，表达对他们的感激和期望。通过亲切的语言和友好的肢体语言，传达出积极的氛围和合作的态度。

(2) 注意会场动态。 注意与会者的情绪和表情，观察他们的非语言信号。如果会场气氛显得沉闷或紧张，可以采取一些措施来改变局面。例如，适时使用幽默化解紧张，或者提供暂时休会时间以缓解压力。

(3) 引导参与者。促使与会者积极参与讨论和互动。鼓励大家分享观点、提出问题或意见，并确保每个人都被听取和尊重。利用开放性、建设性的问题引导对话，激发思考和参与的热情。

(4) 掌控会议节奏。延误或混乱会使气氛受到负面影响，主持人应确保会议按照议程安排有条不紊地进行。同时，尽量保持会议的高效性，使与会者感到时间得到充分利用。

(5) 合理引导争论。不同观点之间的争论在会议中是正常的，但需要以积极和建设性

的方式进行。作为主持人，应适时介入并引导争论，确保辩论过程公正、平衡，并鼓励参与者尊重彼此的观点。如果因事实不清发生争执，可让与会者补充相关事实和例证；如事实仍不甚清楚，可暂停该问题的讨论。主持人应避免同与会者争论，更不能加入争吵中去。

（6）分享成功和奖励。在会议进展顺利的过程中，及时分享成功案例，表扬和认可与会者取得的成果和出色的表现。这样做有助于营造一种积极向上的氛围，激发与会者的动力和参与度。

3. 及时澄清误解

会议中，可能会因为发言者的不恰当表达，而导致他人对某些内容和信息产生误解。当主持人发现这些问题时，必须及时澄清，避免误传造成不好的后果。以下是一些建议措施。

（1）聆听和观察。注意会议参与者之间的互动和表达方式。尽量全神贯注地倾听他们的发言，并观察他们的肢体语言和情绪反应。

（2）确认理解。在发现可能存在误解的情况下，可以在发言前先确认自己对发言者的意思是否正确理解。可以用如下方式进行确认："如果我没理解错的话，您的意思是……"这种方式不仅能够确保与会者对发言者的意图没有错误理解，也给了发言者一个机会来更正或进一步阐述其观点。

（3）直接澄清。如果有明显的误解出现，最好立即澄清，以免误解进一步扩大。可以使用简单明了的语言澄清误解的具体内容，并提供正确的信息或解释。

（4）调解对话。有时候，误解可能是由于沟通失误或信息不完整导致的。在这种情况下，主持人可以要求发言者修正或补充发言，促使参与者更好地交流并分享他们的观点，以便达成共识。

（5）总结和复述。在会议进行过程中，定期总结和复述已经讨论过的内容是非常重要的。这样可以确保大家对之前的讨论有一个共同的理解，并及时纠正误解。

4. 杜绝"开小会"

会议进行过程中，与会者之间进行私下议论、闲谈，通常会被视作不文明、不礼貌的行为。这种"开小会"行为不仅无法增进与会者之间的互动和交流，还会影响发言人的兴致，破坏会议的良好氛围，甚至引起纷争和猜疑。主持人应想办法及时制止这种现象，让大家的注意力集中到公开讨论会议议题上来。首先可以采取委婉提示的方式，比如下列几种说法。

a. 请大家自觉遵守会场纪律，认真听取××发言/研究议题中的问题。

b. 我们的会议是民主、公开的，大家有什么建议可以公开提出来。

如果开小会者不以为然，可以采取更有效的方法，即让全体与会者的注意力集中在开小会者身上，比如说：

第×排有些同志讨论得很激烈，你们有什么好的想法吗？不妨说出来让大家听听。

这样他们就会感到很尴尬，便很难继续私下"开小会"了。

(四)简短评论技巧

会议主持人可以对与会者的发言进行简短的点评，一般应使用赞赏和鼓励性的话语，但不要无限制地拔高。评论应该尽量精练，且宜粗不宜细，尤其是下级对上级、外行对内行的报告作评价时，更应慎重。无论是点评还是小结，最好使用概括性强、提纲挈领式的语言，这样既节省时间，又便于巩固或升华会议内容。可以采用重复引用、赞扬感谢、委婉建议等方式进行短评。例如：

a. 重复引用式：正如××所提到的，我们的产品需要更注重用户体验，这是一个非常重要的考虑因素。

b. 赞扬感谢式：感谢××分享她的研究成果，这为我们的团队提供了宝贵的借鉴。

c. 委婉建议式：××提出的方案虽然不够完善，但很有建设性，希望大家能在这方面进行更深入的探讨。

(五)总结收尾技巧

会议结束时，主持人可即兴作总结式发言，其原则是巧概括、少评价，尤其是对自己不熟悉的领域尽量不做评价，以免出现讲外行话的尴尬。可从以下几个方面做好总结收尾。

1. 感谢与鼓励

首先，会议主持人应感谢所有出席会议的人员，并对他们的参与和贡献表达赞赏。这可以包括对演讲者、组织者、工作人员以及与会者的感谢。

2. 总结并通报成果

回顾会议的目标和议程，简要总结并向与会者通报已经讨论并取得的重要成果、决策、决议或方案。同时，强调会议的重点内容和重要发现，确保与会者了解会议的进展和结果。

3. 指出分歧

在会议结束时，可能与会者对某些问题无法达成共识，这是很正常的。主持人应该勇于面对这种情况，在总结时以准确的措辞指出这些分歧，使得参与讨论的双方感到自己的观点得到了重视，也为进一步求同存异、解决问题提供良好的认识基础。

4. 提出问题与建议

为了进一步推动思考和行动，会议主持人可以提出问题或建议，或鼓励与会者在会后继续思考和讨论相关议题。这可以促使参与者保持沟通和合作的动力。

5. 明确任务计划

提供下一步行动计划的指引。明确会议期间提出的任务、行动项或待办事项，并指出相关责任人和截止日期。这有助于确保会议的成果得到落实和执行。

6. 结语与再次感谢

最后，会议主持人可以给出一句总结性的结语，概括会议的重点和意义。再次感谢与会者的参与，并给予鼓励提出希望。

三、会议主持的礼仪要求

案例赏析 7.4.1

会议主持词(一)

各位代表：

今天，我们在这里召开省政府领导与部分人大代表座谈会，请××省长通报 20××年上半年省政府主要工作，听取各位代表对省政府工作的意见和建议。

参加今天座谈会的有：来自全省各条战线的全国人大代表和省人大代表；省人大常委会各位副主任、秘书长和副秘书长，省人大各专门委员会负责人，省人大常委会办事部门负责人；省政府在家的副省长、秘书长和副秘书长，以及省政府有关部门的主要负责人。我代表省人大常委会，对参加座谈会的各位代表表示热烈的欢迎。

20××年上半年，我省经济经受了金融危机的严峻考验，如何在应对挑战中前行、在克服困难中推进、在化危为机中发展，是摆在全省人民面前的共同任务。省政府在这方面做了哪些工作，取得了哪些成效，还存在哪些困难和问题，也是人大代表和全省人民共同关心的问题。今天，××省长来到人大代表中间，就是向大家通报 20××年上半年的工作情况，听取代表对省政府工作的意见和建议。我代表省人大常委会和各位代表，向××省长和省政府有关领导表示真诚的谢意。

下面，请××省长通报省政府 20××年上半年工作。

(××省长讲话略)

刚才，××省长通报了今年上半年省政府主要工作，对下半年工作安排作了简要介绍。我们感到，××省长对上半年省政府工作的通报，实事求是，符合实际，内容全面，振奋人心；省政府下半年工作安排，思路清晰，目标明确，重点突出，措施得力。面对金融危机的巨大冲击和影响，省政府认真贯彻中央宏观经济政策，以保持经济平稳较快发展为首要任务，突出保增长、保民生、保稳定，审时度势，迎难而上，开拓进取，扎实工作，成效明显：地区生产总值、规模以上工业增加值、固定资产投资、社会消费品零售总额等各项经济指标增速都高于预期，高于全国平均水平。其中，全省地区生产总值增幅居全国第八位，规模以上工业增加值居全国第九位，固定资产投资增幅居全国第十位。这些成就，对全省人民是一个极大的鼓舞，增强了我们进一步做好各项工作的决心和信心。

下面，请各位代表围绕应对金融危机，努力做好保增长、保民生、保稳定等方面工作，确保完成全年任务目标做专题发言。希望各位代表畅所欲言，充分发表自己的意见。也请发言的同志掌握好时间，每人发言不超过 15 分钟。现在请代表发言。

(按事先安排的顺序发言,代表发言略)

由于时间关系,代表发言就到这里。

各位代表,听了大家的发言,我感觉谈得很好,谈得很实在,有些问题讲得很有见地,也很有深度。大家以饱满的政治热情和对事业高度负责的态度,充分肯定了省政府的工作,同时从不同侧面提出了一些很好的意见和建议。这些意见和建议,非常中肯,切合实际,对于做好 20××年下半年的各项工作,推进全省经济和社会的全面发展很有帮助。希望各位人大代表继续关注政府工作,充分发挥在全面振兴中的重要作用。

下面请××省长讲话。

(××省长讲话略)

刚才,××省长做了一个很好的讲话,对各位代表的建议和意见给予了高度评价,并诚恳地表示要认真研究,积极采纳这些意见和建议,将它们运用到政府的实际工作中去。我认为,这是省政府领导认真听取人大代表建议,严格履行政府职责的最实际、最真实的体现。人大代表对政府工作提出意见和建议,是他们履行职责、反映人民群众意愿和要求的重要方式,是参与管理国家事务、经济和文化事业、社会事务的重要工作,政府及其有关部门认真听取并且研究落实代表意见和建议,对于改进、推动各方面工作具有非常重要的意义。

今年是新中国成立××周年,我们要继续以解放思想为先导,以科学发展观为统领,坚定信心,扎实工作,为保持经济平稳较快发展,实现全年工作目标而努力。

现在宣布散会。谢谢大家!

(资料来源: https://www.diyifanwen.com/fanwen/zhuchici/10307815.html.)

【案例 7.4.1 简析】

该会议主持词条理清晰,用语简洁,符合会议主持的各项原则和技巧。开场白简洁明了,表达了会议的目的和议程,并热情欢迎与会代表,以及清楚地列举了参会人员的身份和职务,展示了与会人员的重要性和代表性。此外,介绍了省政府上半年工作的背景和挑战,并强调了与会代表对省政府工作的关注和期待,这也是对会议召开的背景进行介绍。

在领导发言后,主持人进行了简要评价。主持人对省政府上半年工作进行了客观评价,肯定了取得的成绩。在代表发言环节,安排了发言顺序,并强调了控制发言时间的重要性。给予代表充分发言的机会,并鼓励他们提出意见和建议。主持人对代表发言进行了总结,称赞了代表们的发言内容,表示对他们的建议和意见非常重视,并强调了代表的重要作用。

闭幕总结中概括了省长发言的要点,即肯定了代表的建议和意见,并承诺进行研究和采纳。同时,强调了政府听取代表意见的重要性,并提出希望和号召:鼓励代表继续关注政府工作。

整体而言,这篇会议主持词例文较好地遵循了会议主持的原则和技巧,包括明确目的和议程、介绍与会人员、引导发言、总结发言等方面。

案例赏析 7.4.2
会议主持词(二)

实训任务五　上下沟通

【案例导入】

我认主管做"大哥"

小杨刚入职不久，工作上十分认真上进，上级领导对他也很关心。有一次，主管找他谈话说："在这里工作，不必考虑太多，你就把我当朋友，有什么话直接说。如果有解决不了的问题，可以来找我，只要我能帮上的，我会尽量帮。"小杨听了十分感动，说："工作这么长时间了，第一次有上级领导这么对我说，我以后一定好好工作。正好我也没有哥哥，以后我就叫你大哥吧。"主管听了，微微一笑。

没过多久，在一次部门会议上，小杨向主管汇报工作。汇报完之后，小杨随口就说："大哥，你看我做的对吗？"大家都十分惊讶，主管也十分尴尬。小杨见大家十分惊讶，便说："前些日子我已经认主管为大哥了。"大家没有多说什么，于是会议继续进行。

以后，小杨渐渐发现主管对他不像以前那么热情了。

（资料来源：https://max.book118.com/html/2019/0112/5323031113002001.shtm.）

> **想一想**
>
> 小杨做错了吗？主管为什么回避他？

触龙说赵太后

> **想一想**
>
> 你觉得触龙为什么能说服赵太后？这个故事对你有什么启示？

一、向上沟通

向上沟通是指在一个组织结构中，下属与上级之间的信息交流方式。这种沟通方式主要用于将工作进展、问题、建议或其他反馈从较低层级的员工传达给较高层级的管理者或领导。良好的向上沟通对于确保组织内部信息流动的顺畅、提高决策质量，以及增强员工的参与感和满意度、实现个人价值都至关重要。

与上司相处的过程中，有的可能将领导视为"亲人"，有的则视为"敌人"，这两种观念都有所偏颇。在工作中，应该与上司建立和谐、融洽的关系，但要把握合适的度和恰当的分寸，才有利于获得宝贵建议和支持，推动工作开展和提升工作能力，实现自己的职业理想和社会价值。

(一)向上沟通的目的和作用

(二)向上沟通的渠道

(三)树立积极主动的意识

(四)向上沟通的技巧

良好的沟通能使上下级双方受益。在维护上司尊严的同时，也应保持不卑不亢的态度。与上司沟通时，要先认真聆听，再体会和思考，然后在表达自己的观点时要巧妙运用上司习惯的表达方式，使沟通成为推进工作的有效润滑剂，而不是误解的起点，从而获得上司的赞同和良好印象，推进工作的顺利开展。

在工作中，如果由于沟通方式或时机选择不当，导致上司产生误解或不信任，应适时主动解释，以消除上司的疑虑。

1. 说服上司的技巧

1) 选择恰当的提议时机

在上司空闲、心情愉悦时提出改善提议。最理想的提案时机是上午 10 点左右及午间休息后的 30 分钟。

2) 利用资讯及数据增加说服力

在准备阶段，需搜集相关数据信息并整理成文字材料。通过视觉展示可以增强论证的说服力。辩证分析新策略的结果，并借助多样的数据、实例逐一论证，以避免上司做出冲动决策或产生主观臆测。

3) 设想上司质疑，事先准备答案

倘若事先未曾做好充分准备，讲话支吾、缺乏逻辑性且自我矛盾，显然无法令领导信服。因此，必须预先思考上司可能会问哪些问题以及自己应该怎样应对，不打无准备之仗。

4) 说话简明扼要，突出重点

上司通常忙于处理各类重要事务，因此留给你的时间是有限的。在与上司沟通时，要尽量简明扼要并突出重点。例如，在讨论成立新工厂的投资计划时，上司最关注的是资金回流的问题，他希望了解资本的投入额、回本时限、项目盈亏平衡点及盈利的可持续性等

关键信息。

5）　面带微笑，充满自信

一个人如果对自己的方案及意见充满自信，即使面对任何人，也能保持镇定自若的神态。微笑使人从容，自信提升魅力。反之，则效果不佳。

6）　尊敬上司，勿伤上司自尊

如果对上司的观点持有不同意见，应委婉地提出。在表达完自己的观点后，应礼貌地告退，留给上司空间进行思考与决断。即使最终上级未能采纳你的建议，也应对其倾听表示感激，让其感受到你在工作上的积极性与主动性。

2. 对上司说"不"的技巧

在我们的生活和工作中，错误不可避免。若发现领导所制订的计划或发出的指令出现差错，下属常常会陷入一种微妙的尴尬境地。遵循上司不当的计划或指示开展工作，可能会对组织和个人造成损害。然而，如果直截了当地指出上司的过失，可能会让其难堪，损害双方的和谐关系。有的领导为了维护自己的权威，甚而固执己见，一意孤行。因此，掌握妥善地向上司提出异议的技巧显得尤为重要，以下是一些可供参考的方法。

1）　提前预判并准备

如果你预见到可能需要拒绝上司的请求，应提前准备好理由和替代方案。这样你可以更有信心地表达自己的立场。

2）　理解要求的背景

在说"不"之前，确保你完全理解了上司的请求以及他们提出这些要求的原因。这有助于你提供更具针对性和可接受的解决方案。

3）　积极倾听和同理

在对话中展现出你在积极倾听上司的需求，并且表达你对他们目标的理解和支持。

4）　提供替代方案

不仅仅是说"不"，而是提供一个或多个可行的替代方案。这显示你不是在阻碍进程，而是在寻找解决问题的其他方法。

5）　使用"我"语言

使用"我"语言(如"我担心这个时间对我来说太紧张")，而不是"你"语言(如"您给的时间太紧了")，这样可以减少对方的防御性。

6）　保持专业和尊重

即使你需要拒绝上司的请求，也要保持专业和尊重的态度。表达观点时应冷静有礼，注意多从专业角度来分析。

7）　明确你的限制和优先级

清楚地说明为什么你不能满足领导的请求，比如时间限制、资源不足或其他优先任务。

8）　请求时间考虑

避免即时回应，如果你感到措手不及，可以说："我先了解一下目前的情况，然后再回复您。"如果你需要时间来考虑请求或寻找替代方案，可以礼貌地请求更多的时间。

9) 保持正面态度

即使你正在说"不"，也要尽量保持正面和合作的态度，表明你愿意帮助寻找解决方案。例如："不好意思，这个我实在不能……您能等一下吗？我看看还有没有别的办法……"

10) 当任务过重时，谦逊地说"不"

有时候上司之所以给你委派过重的任务，是出于对你能力的认可。倘若你毫无保留地承担下来，可能难以应对，更难以确保任务的质量。一旦出现小的失误，就可能导致领导对你的期望落空，并激起同事间的不满。首先，要寻找时机感谢领导的信任，然后以谦逊的态度说明自身的不足，希望能向其学习；接着恳请上司免去自己的部分职责，并阐明这样做是为了确保工作效果，因为你无法同时兼顾过多任务。

11) 选择适合的场合

避免在众人面前直接指出领导的失误或拒绝领导的提议。同样，不要立即逼迫领导明确立场，尤其是试图让他们当众否认先前的判断。最佳的做法是寻找机会与领导单独对话，在私下的、适宜个别讨论的环境中表达异议。也就是说，在向领导提供建议时，应倾向于选择非公开场合，避免正式场合提出。这样做不仅能为自己留有回旋余地，以防意见提得不当，同时也有利于保全领导的面子，避免让他们在众人面前陷入尴尬。

3. 与上司相处的技巧

1) 体现敬业精神

体现敬业精神最好的方法就是多与上级沟通，该请示、汇报的时候一定要请示汇报，不要先斩后奏，也不要只做不说。职场上需保持耐心、毅力与决心，既要勤奋工作也要擅长思考，以提升工作效率。能力出众且懂得沟通策略的人，会巧妙地让上司感到他默默承受的辛劳。

2) 谨记服从第一

尊重和服从上司，是工作中最基本原则之一。与上司融洽相处，在服从的基础上大胆探索创新，让上司充分了解你的德行和才华，从而得到他的重视。上司会更乐于为你提供锻炼的机会，帮助你不断进步。

对于存在明显不足的上司，也应热心协作，通过积极建言献策，利用你的才华弥补他专业领域的不足，帮助领导解决问题，有效地纠正上司的过失。但要注意保持谦和态度，用商讨和请教的语气进行交流。

3) 难事勇于承担

在上司指派的工作充满挑战、其他同事因此退缩时，应展现勇往直前的精神，彰显自身的果断、魄力和实力。

4) 关键地方多请示

请示的内容必须是关键的、有重要价值的。通常有以下几种情况。

- 关键任务。涉及上司管理范畴的工作，务必向其汇报。涉及其他部门及上司的相关事宜，需要上司做出决策或亲自介入时，务必及时汇报。
- 关键领域。向擅长该专业领域的上司咨询建议。

- 关键时刻。需精准把控进度，适时寻求指导，并在恰当的时机待命。
- 关键原因。在向上级汇报疑问时，不应草率行事，应当在汇报前对所要汇报的内容准备一个完善的解释。

5) 工作上独当一面

工作上发挥主观能动性和独立性，有自己的见解，并且有能力自行负责承接一些重要的工作，对那些经常被遗漏的事务也要主动担负起来。

6) 维护上司的尊严

当上司处于不利地位时，应给予他一个体面的撤退机会。在上司犯错时，避免当众指正。要尊重上司的偏好与禁忌，避免直接冲突。在关键时刻帮助上司保全尊严。隐藏自己的锋芒，不要让上司觉得他不如你。

7) 学会争取利益

在承担关键任务之前，要争取得到上司的支持与承诺。在进行工作的过程中，需适时而动，恰当掌控分寸，不去苛求微不足道的利益。根据任务的价值定"价"，即争取上级的资源倾斜。可适当放大遇到的难题，在此基础上给予上级一定的议价空间。

8) 亲密有度

职场中——不越俎代庖；生活里——不做酒肉朋友；两性间——不过于亲密。

4. 请示、汇报技巧

请示与汇报是下属与上司沟通的关键途径，也是上级了解下级能力的一种渠道。有位营销大师曾这样评价工作汇报："谁经常向我汇报工作，谁就在努力工作。相反，谁不经常向我汇报工作，谁就没有努力工作。"虽然此种说法失之偏颇，但在一定程度上说明了向上司请示、汇报工作的重要性。因此，在职场中与上司交流工作情况时需要注意以下几点。

1) 仔细聆听上司的命令

在规划出项目的基本路线和目标后，领导层通常会安排一位专职人员来执行这项任务。当领导明确吩咐你执行某个任务时，你必须以高效且直接的方式理解领导的期待和任务核心。这时，可以采用经典的"5W2H"方法迅速记录任务要点，即明确此项指令的实施时间(when)、地点(where)、涉及人员(who)、目的意图(why)、必须完成的事项(what)、实施途径(how)、所需成本和达到怎样的效果(how many)。

记录完后，需要使用简洁的语言向上司再复述一下，检查是否有疏漏或是理解不准确的地方，并征求其确认。例如，主管要求你制定一份针对 ABC 公司的职工保险方案，这时你需要根据自己的记录向主管复述并请其确认。你可以这样表述："经理，据我理解，您的意思是要我们部门(who)提升公司在职工保险市场上的竞争力(why)，尽全力(how)在本周五之前(when)与 ABC 公司总部(where)敲定一份(how many)员工福利保险合同(what)，您看还有遗漏吗？"如果主管对你的理解表示认同，那么你可以顺利进入工作的下一阶段。

2) 与上司探讨目标的可行性

在下达指示以后，上司通常会密切关注下属对所托事项的处理办法。他希望团队成员

能针对问题提出一个初步方案，从而能从整体上掌握任务的进展情况。因此，作为一名下属，在接到任务后，应立刻开始思考问题，对拟办事项有一个基本了解，并向上司汇报你的方案草案，尤其是要对可能遇到的难题有所预见，并对自己能力所不及的部分提前请求领导层的支持，以协调其他团队共同应对。例如，在努力获得 ABC 企业职工福利保险合同的案例中，你需要迅速草拟行动步骤并列举可能遇到的障碍，立刻汇报给上司。然后根据上司的建议进行讨论和修改。

3) 拟定详细的工作计划

确定了工作目标并与上司针对此项工作的可行性进行讨论之后，你需要迅速制定一套执行方案，并呈交给上司审阅。在该方案中，应详细列出你的行动措施及其具体环节，最好一并提供一个清晰的工时进度表，这样便于上司跟进与管理。

4) 在工作进行之中随时向领导汇报进度

根据既定方案启动项目相关工作之后，接下来需要密切关注任务的推进速度是否与方案中设定的时间表相匹配。无论阶段性工作是领先于计划还是有所滞后，都应该迅速向上级反映，确保上级掌握项目的工作动态和成果，并获得其宝贵的见解和指导。

5) 在工作完成后及时总结汇报

经过你和团队成员的勤奋协作，终于达成了项目目标，例如争取到了 ABC 企业的集体保险合同。虽然全体同仁皆沉浸在成功的喜悦之中，但作为主要负责人，你还需要立即对项目完成情况进行反思和上报，归纳出成功的经验及遗憾之处，为接下来新的项目任务提供借鉴。在总结报告中别忘了提到上级的得力指挥和团队成员的辛劳付出。而当这篇请示与汇报文档得到上司认可后，方可认为这项工作的流程告一段落。

5. 请示、汇报的基本原则

1) 尊重而不吹捧

请示、汇报是通过坦诚、尊重和专业的沟通方式，实现有效的向上沟通，促进工作的顺利进行，而不是奉承、吹捧上司以牟取私利。应做到：一是在沟通中保持坦诚和真实，不要夸大事实，要实事求是；二是在沟通中要尊重上司的决策权和意见，避免质疑其权威或指责其做法，可以就具体问题提出建议；三是尊重上司的立场和观点，并尝试理解其立场和观点，但不是一味迎合；四是保持专业和礼貌的态度，避免过于随意或情绪化，让上司感受到你对工作的认真和负责。

另外，面对困境时，当上司处在被误解时，应当挺身而出，担负起责任，敢于直面矛盾，机智地为上司解困。

2) 请示而不依赖

通常来说，担任管理岗位的负责人在其职责范围内敢于担当、富有创意地开展工作是值得提倡的行为，也通常得到上级的赞赏。下级员工不应每件事都寻求指示，无论大小都不敢作主张。这样往往会给领导留一个缺乏主见、处理问题无能、推卸责任、无担当等不良印象。如果面临新问题、重大事情或自己职责范围内解决不了的事情时，应主动进行汇报和请教(示)。

3) 主动而不越权

在执行工作职责过程中，职员应当积极主动，敢于直率地提出个人见解。与高层沟通时，要避免两种错误的思维模式：一是机械服从，对上级的命令缺乏思考，盲目遵从，不担负起自身责任；二是过分自负，轻视对上级战略的理解与落实，甚至擅自制订行动计划，暗中违反已有的规定。当然，职工积极地参与和承担责任是应该大力弘扬的，但应该在具备一定的条件下做，一是它需要考虑维护领导的权威和团队的和谐，二是要在自己本职工作规定的职责内，不得擅作主张，导致职责分工混乱。

二、向下沟通

向下沟通是指在组织或团队中，由上级向下属传递信息、指示工作、反馈和建议的沟通过程。它是组织内部沟通的一种重要形式。

(一)向下沟通的目的和作用

(二)向下沟通的渠道

向下沟通的渠道可以是正式的，比如通过批复文件、会议会谈、评估体系等；也可以是非正式的，比如通过聊天谈话、电子邮件、电话、短信、内部网站或社交媒体等。上级需要根据自身情况和具体目的选择合适的渠道。同时，需要确保沟通流程清晰和有效，以确保信息的准确性和及时性。本书着重培养的是口才与表达能力，因此这里主要介绍以口语表达方式进行的向下沟通。

(三)向下沟通的技巧

为了有效地与下属沟通，建立一个更加和谐、高效的工作环境，领导者需要掌握一定的沟通技巧，比如倾听、同理心、清晰表达、正面反馈等。在此，主要介绍向下沟通的一些基本技巧，如布置工作的沟通技巧、激励与批评的沟通技巧和谈心谈话技巧。

1. 布置工作的沟通技巧

在向下属布置工作时，领导者可以采用以下沟通技巧，以确保清晰的沟通和理解，促进下属的投入和成功完成任务。

1) 清晰明确地传达要求

领导者应该清晰地表达他们对工作的期望和具体要求。这包括明确说明任务的目标、所需的结果以及完成工作的时间限制。例如，领导者可以说："请你在本周五之前完成这份报告，并确保包含最新的销售数据和市场分析。" 也可以借助 SMART 原则①来表述任

---

① SMART 原则是一个有助于设定目标和制订计划的框架，它包含以下五个关键要素。

务框架。

2) 提供相关背景信息

为了使下属更好地理解工作的重要性和意义，领导者可以提供相关的背景信息。这有助于建立共同理解，促进下属更好地投入工作。例如，领导者可以说："完成这个项目对我们公司来说非常关键，因为它将帮助我们获得新客户并增加收入。项目相关的背景资料和注意事项我用邮件发给你。"

3) 鼓励双向交流和问题解答

领导者应该鼓励下属提出问题和意见，并积极回应他们的疑虑或困惑。这种开放的沟通方式可以提高工作质量和效率，同时增强下属的参与感和归属感。例如，领导者可以说："如果你有任何问题或需要进一步的解释，请随时向我提问。我乐意帮助你理解任务的要求。""如果你有任何问题或意见，欢迎提出来共同讨论解决。"

4) 强调结果导向和奖惩机制

领导者可以突出工作的结果导向，并明确奖惩机制，以激励下属投入更多的努力和创造性。例如，领导者可以提醒："如果你能按时完成这个项目并达到预期的质量标准，公司会推荐你参加下一阶段的重要项目，并给予适当的奖励。"

5) 定期进行反馈和指导

领导者应该与下属定期交流，提供及时的反馈和指导。这有助于纠正问题、调整方向，并支持下属的职业发展。例如，领导者可以说："让我们每周开会一次，检查项目的进展，在我能力范围内可以提供必要的援助。大家有什么需要可以随时告诉我。"

黄经理安排了一个项目交接会，但准备不足。会上，他匆匆介绍了新项目，没有给出明确的目标和详细的工作计划，也没有提供参考资料。

成员提出的问题，黄经理多半回答不清楚，没有解决实质疑问。会后，成员之间还需进一步交流才明白工作内容。

项目一开始，成员之间就产生了很多误解。黄经理也很少跟进，只关注最终结果。

半个月后，项目已经大幅度延期。经过调查，原因是任务指派不明确、沟通不足，以及成员之间协作不顺畅。这对公司和员工的工作效率都产生了很大影响。

(资料来源: https://max.book118.com/html/2021/0801/6050113024003223.shtm.)

- Specific(具体性)：确保目标明确、具体和清晰。避免模糊的描述，而要明确指出想要实现的结果是什么。
- Measurable(可衡量性)：确保目标可以被量化和评估。定义明确的指标或标准，以便能够测量进展和达成程度。
- Achievable(可实现性)：确保目标是合理和可行的。考虑资源、时间、技能和条件等因素，确保目标在可接受的范围内。
- Relevant(相关性)：确保目标与个人或组织的长期愿景和战略一致。确保所设定的目标对于个人或组织来说是有意义和重要的。
- Time-bound(时间限定性)：确保目标设定了明确的截止日期或时间范围。设定时间框架有助于推动行动和提供紧迫感。
- 使用 SMART 原则有助于确保目标设定合理、可行并具有挑战性。它提供了一个结构化的方法，使得目标更易于管理、追踪和实现。通过明确每个要素，可以增加目标实现的可能性，并激励个人或团队朝着更明确和可衡量的方向努力。

领导者在布置工作时，需要清晰明了地传达任务的要求和目标，确保下属能够准确理解任务的内容和重要性。同时，领导者还需要倾听下属的意见和反馈，理解下属的需求和困难，以便更好地协调和支持下属的工作。此外，强调结果导向和奖惩机制不等于片面关注结果，黄经理只关注结果却不设置奖励机制和反馈机制，这也是导致失败的重要原因。

2. 激励的沟通技巧

激励不仅仅是物质层面的，也要有精神层面的鼓励和支持。职场虽然是以利益和资源为基础来构筑起来的，但职场人也有更高层次的精神需求。良好的向下沟通是激励下属的重要手段，是维持职场高效运转的润滑剂和营养素，领导者可以使用以下沟通技巧来激励下属。

1)　表达赞赏和肯定

通过选择积极、激励性和鼓舞人心的语言，给予积极的反馈和表达对下属工作的赞赏，可以提高他们的自信心和动力。对员工提出的合理建议，可以明确表示支持，并在职权范围内落实或向上反映。例如，领导者可以说："你在这个项目上做得非常出色，你的努力和专业精神真让人钦佩。""这个建议很好，我会提请总经理会议研究。你有详细的阐述方案吗？"

2)　提供挑战和成长机会

激发员工的动力和积极性，可以通过给予他们更多的挑战和成长机会来实现。这可以包括资助员工参加培训课程、提供学习资源或安排专业指导。同时，领导者也可以在职权范围内向优秀员工许诺物质奖励，以及优先职位晋升、推荐评优评先等。通过帮助员工实现个人目标，促进员工职业发展，提升员工的获得感和幸福感并增强员工对组织的忠诚度。

3)　给予支持和资源

展现对下属的关心和支持，提供他们所需的资源和支持，以帮助他们取得成功。例如，领导者可以说："如果你需要任何帮助或资源来完成这个任务，请随时告诉我。"

4)　关心员工福祉

支持员工在工作之外追求个人兴趣和发展；肯定员工对家人朋友的关怀；在职权范围内关心并提高员工及其家属的福利；关心员工的婚恋、健康等个人问题，这些都是对员工进行间接激励的好方法，也是拉近情感距离、建立和谐工作关系的重要途径。

5)　建立信任和理解

与下属建立良好的信任关系，并保持有效的沟通，可以增强他们的参与感和工作动力。领导者应该与下属保持开放和透明的沟通，分享工作之余的生活情趣；定期举行团队会议、个人谈话或座谈会、聚餐、团建，并在这些活动中用心倾听、诚恳交流，加深彼此之间的了解。

3. 批评的沟通技巧

批评下属是一项敏感的任务，需要运用适当的话语技巧来确保有效沟通并维护良好的工作关系。领导者需明白批评是手段，而不是目的。批评的目的和作用在于指导被批评者认识错误和不足之处，并积极去改正弥补，以保障工作圆满完成、促进员工成长进步。以

下是一些有效的批评话语技巧。

1) 采用"三明治"法

即正面评价—批评指正—正面鼓励。这种方法可以减少下属的抵触情绪，使其更容易接受批评。

示例："我真的很欣赏你对工作的热情和创新精神，这是非常难得的。不过，在上次的项目报告中，我注意到数据分析部分有一些疏漏，可能会影响我们的决策。我相信如果你在这方面再加把劲，细心一些，你的表现会更加出色。"

2) 明确指出问题

避免模糊不清的批评，具体说明错误在哪里，这样下属才能明确知道问题所在，进行有针对性的改进。

示例："在这次的客户演示中，我注意到你没有提前准备好演示文稿中的第三部分，导致汇报时出现了中断。这部分对于我们来说非常重要，希望下次能够提前做好充分的准备。"

3) 分析产生问题的原因

指导或帮助下属分析产生问题的原因。领导者由于站位较高、经验丰富，通常对问题的原因有独到深刻的见解。领导者应该利用自身优势帮助下属看清问题的本质、分析问题的成因，以期下属能更好地解决问题并弥补失误。

示例："这种情况我以前也遇到过，你看是不是因为……这件事你的做法有三点疏漏……你觉得呢？"

4) 提供解决方案或改进建议

批评后给出具体的改进建议或解决方案，帮助下属明确改进的方向。

示例："我发现你在处理紧急任务时有些手忙脚乱，这可能是因为缺乏有效的时间管理。我建议你尝试使用时间管理工具，比如××App 或者××时钟，这样可以帮助你更好地安排和控制时间。"

5) 使用积极的语言

即使是批评，也要尽量使用积极、鼓励性的语言，避免使用负面或攻击性的词汇。

示例："我知道你这段时间承担了很多任务，可能感到有些压力。在报告的编写上出现了一些小错误，我相信这并不是你的常态。让我们一起来看看如何分配任务，确保质量和效率并重。"

6) 保持私密性

批评通常在私下进行，避免在公开场合或他人面前批评，以保护下属的自尊心和面子。如果确有做通报批评等正式惩处的必要，可提前与被批评者谈话，以打好"预防针"，减轻其抵触情绪。

示例：可以私下对下属说："我注意到你在最近的项目中遇到了一些问题，我们找个时间单独谈谈，看看如何一起解决这个问题。"

7) 控制情绪和语气

在批评下属时，避免过于激动或愤怒。首先，要确保在冷静的状态下进行批评，避免受到其他情绪的干扰。其次，语气要坚定但不咄咄逼人，要保持冷静和理性，避免使用侮辱性或攻击性的言辞。同时，要注重表达方式，尽量使用客观、中立的语言，避免过于主

观或情绪化的表达。最重要的是要注重沟通的方式和态度，尊重下属的感受，鼓励对话和交流。

4. 谈心谈话技巧

谈心谈话能促进人与人之间的沟通，也是统一思想、提升团队凝聚力的好方法。党政机关把谈心谈话作为日常管理和组织建设的重要环节。在其他行业领域，谈心谈话也是促进上下交流、强化团队合作、推进日常工作的重要手段。开展谈心谈话要注意做好以下几个方面。

1）　明确谈话的意义与目的

进行谈话的核心目的是打开心灵之窗，增进相互理解，通过解决工作中的问题来提升团队协作效率。这样的交流有助于建立更紧密的团队关系，让工作流程更加顺畅。

例如，项目经理定期与团队成员进行一对一会谈，了解他们在项目中遇到的挑战，共同探讨解决方案。这有助于及时调整项目方向，提高团队的执行效率。

2）　甄选参加谈话的人员

选择参与谈话的人员时，要确保其代表性和权威性。由于精力和时间所限，领导者通常无法与每一位员工定期谈话。因此，领导者会定期与手下的主管进行谈心谈话，以便于建立开放而真诚的对话环境，促进问题的全面讨论和解决。

例如，在处理跨部门沟通问题时，邀请各相关部门的负责人参加会议，可以确保从多个角度审视问题，促进有效的跨部门合作。

3）　突出谈话的主题与重点

明确谈话的主题，确保内容贴近工作实际，聚焦关键问题。同时，重视倾听，理解对方的观点和建议，以便更准确地指导和帮助。

例如，在年度绩效评估会议中，主管明确指出员工在过去一年中的亮点和待改进的地方，同时鼓励员工分享自己的看法和职业发展需求。

4）　提出见解与要求

谈话中，领导者要与被谈话者充分交流，表达自己的思考与见解。对于谈话中发现的问题应及时进行分析，找出其根源，并结合实际情况提出合理的要求。

例如，经理发现本季度销售额下滑，为此，经理与客服主管进行谈话。经过分析发现是因为缺乏有效的客户跟进。经理对此提出明确要求：请主管拟定整改方案并限时提交到例会讨论。

5）　提出整改措施与建议

针对发现的问题，提出具体、可行的改进建议和措施，并跟踪其执行情况，以确保问题得到有效解决。

例如，IT 部门在系统升级后收到用户反馈，指出存在操作复杂性问题，立即提出了一系列用户培训和界面优化措施，并设定了实施时间表和反馈机制，以确保用户体验得到持续改善。

6）　遵守保密与信息安全规定

在谈话中必须严格遵守保密和信息安全规定，确保敏感信息不被泄露，保护个人和组织的利益。

例如，在涉及讨论即将上市的新产品时，所有参与谈话的人员都签署了保密协议。领导要求秘书确保谈话内容不外泄。在涉及个人问题的谈话后，谈话记录也应被妥善保管，以免泄露。

案例赏析 7.5.1

聊天中的发现

有一天晚上，××董事长×××按照惯例走进职工餐厅与职工一起就餐、聊天。多年来他一直保持着这个习惯，以培养员工的合作意识及与他们的良好关系。这天，×××同往常一样在餐厅吃饭，但他忽然发现一位年轻职工郁郁寡欢，闷头吃饭。于是，×××就主动坐在这名员工对面，与他攀谈起来。

几杯酒下肚之后，这位员工终于敞开了心扉："我毕业于××大学，曾有一份待遇十分优厚的工作。进入公司之前，我对公司崇拜得发狂。当时，我认为进入公司，是我一生的最佳选择。但是，现在才发现，我不是在为公司工作，而是在为课长干活。坦率地说，我的这位课长是个无能之辈，更可悲的是，我所有的行动与建议都要由课长批准。我自己的一些小发明与改进，在课长眼里却成了'癞蛤蟆想吃天鹅肉'。对我来说，这名课长就是索尼。我十分泄气，心灰意冷。这就是索尼？这就是我崇拜的索尼？我居然放弃了那份优厚的工作来到这种地方！"

这番话令×××十分震惊，他想，类似的问题在公司内部员工中恐怕不少，管理者应该关心他们的苦恼，了解他们的处境，不能堵塞他们的上进之路。于是，他产生了改革人事管理制度的想法。

不久后，索尼公司开始每周出版一次内部小报，刊登公司各部门的"求人广告"，员工可以自由、秘密地前去应聘，他们的上司无权阻止。在索尼公司实行内部招聘制度以后，有能力的人才大多能找到自己中意的岗位，而且人力资源部门可以很容易地发现那些"流出"人才的上司所存在的问题。

(资料来源: https://zhuanlan.zhihu.com/p/587101242.)

【案例 7.5.1 简析】

×××展现了一位优秀领导者的谈话沟通技巧。他不仅关心员工的问题，还深入了解和理解他们的处境，以此为基础制定改革方案。这种积极主动的沟通和激励方式有助于提升员工的士气和工作动力，促进组织的发展和进步。

案例赏析 7.5.2
"随意的"报表

案例赏析 7.5.3
赵经理的沟通

案例赏析 7.5.4
谈心谈话简要情况记录

案例赏析 7.5.5

与上级沟通

【反面案例】

[人物]王总经理，58 岁；刘主任，大客户中心主任，35 岁。

[地点]总经理办公室。

王总：小刘，你升任主任后，副主任的人选我考虑了一下，想调公司综合室经理助理老马到你们中心担任副主任，你有什么意见吗？

刘主任：我觉得马助理不合适。他年纪太大，身体不好，而且又不熟悉业务。

王总：不过，我想来想去也找不到比老马更合适的人选了。

刘主任：王总，你别总是把眼睛盯在老伙伴堆里，年轻人中，人才多的是。

王总：(不高兴)小刘，你少年得志，可别瞧不起我们这些老人哟！老马和我一起创业，当了20多年的干部，当总经理也绰绰有余，更不要说你们那个小小的副主任了。正因为他年纪大，才让他当副手，你挑大梁。

刘主任：王总，我们这里是生产第一线，不是养老院。如果要给马助理晋升，可以在公司里找个适合他的职位。我们中心的副主任需要到处跑，把马助理累垮了，我可担当不起。所以，我建议找个年轻的，并不是不尊重您的老伙伴。

王总：看来你已经有更合适的人选了？

刘主任：我推荐我们部门的小张。首先，他年轻力壮，身体素质比老马好。其次，他一直在业务一线工作，业务上比老马熟悉；再次，他是中心的成员，比老马了解中心的情况，便于管理；最后，小张是个开拓型的人才，这正是我们需要的。而老马多年来一直从事人事方面的工作，比较保守。

王总：(小怒)好了好了，小张的情况可能我不如你了解，但老马的情况我比你更清楚。

刘主任：副主任是与我合作的，当然最好是我了解的人。

王总：(不耐烦)好吧！将老马和小张都提交总经理室讨论，最后由他们决定。

【正面案例】

人物、地点不变。

王总：小刘，你升任中心主任后，副主任的人选我考虑了一下，想调公司综合室经理助理老马到你们那担任副主任，你有什么意见吗？

刘主任：王总，这个问题最近我也在考虑，而且和许多同志交换了意见，并在群众中摸了底，我正想向您报告。

王总：(感兴趣)噢？这么说你已经有了合适的人选？谁呀？

刘主任：我们中心的张平，您认不认识？

王总：知道知道。小张，挺年轻的嘛，据反映挺能干。不过实际的情况我就不太清楚了。我……

刘主任：(打断)王总，我是不是可以向您报告一下小张的情况以及我们的想法？

王总：好啊，谈谈吧！

刘主任：按我们中心的分工，我全面负责，需要一个非常得力的副主任，他需要具备以下条件：第一，要具有开拓型的作风；第二，要熟悉业务，熟悉多个客户渠道，要有相当的交际能力，要对市场形势反应灵敏；第三，要有好的身体，能胜任高强度的工作；第四，要有一定的群众基础，在中心有威望。我们觉得小张恰好符合这四个条件。他在中心已经工作了3年，对业务渠道非常熟悉，有自己的联系网，很多合同都是由他出面谈成的。为了与对方平等互尊，我已擅自让他以副主任的身份出现了。这次想让您"追认"一下，名不正言不顺嘛。

王总：(笑)年轻人，鬼点子多。关于小张，你能不能写一份书面报告？

主任：我已经写好了(递上报告)。我们的意见可供总经理室参考。如果总经理室有更合适的人选，还可以商量。不过我希望这人选能符合上面的几个条件。

王总：这个张平可以考虑，多大年纪？

刘主任：31 岁。王总，我知道您一向支持年轻干部，我就是您一手培养的，干脆成全一下，好事成双嘛！

王总：(笑)我说了还不能算数，会上通过了才算。下星期一我提交总经理室讨论，怎么样？

刘主任：(试探性地)王总，小张常去谈业务，需要印名片，是不是可以暂时先给他印上副主任？

王总：(正色)你别耍滑头。总经理室通不通过还不知道呢？(轻松地)不过，你可以先把名片版面设计好，等会议通过再开印。

刘主任：我已经设计好了。

(资料来源：https://doc.xuehai.net/bbb5c0cd17c19211017467199.html.)

【案例 7.5.5 简析】
通过对比这两个案例，我们可以看出为什么刘主任在正面案例中的沟通更成功。
一、反面案例分析
直接反对：刘主任一开始就直接反对王总的提议，没有先听取王总的意见或表达对王总考虑的理解和尊重。

情绪化的言辞：刘主任的话语中带有情绪色彩，例如"你别总是把眼睛盯在老伙伴堆里"，这可能让王总感到不被尊重。

缺乏充分的准备和替代方案：虽然刘主任提出了替代人选，但是在最初的交流中没有准备充分的理由或数据支持他的提议，而是在王总追问下才提出。

缺乏对王总关切的理解：刘主任没有展示出对王总关于老马资历和对公司的贡献的理解和尊重。

二、正面案例分析
事先准备：刘主任提前准备了对话，包括与同事交换意见和摸底群众意见，这表明他的建议是经过深思熟虑的。

尊重和理解：刘主任在提出自己的看法之前，先表达了对王总考虑的尊重，这为后续的建议奠定了良好的基础。

详细的解释和书面报告：刘主任不仅口头详细介绍了推荐人选的优势，还准备了书面报告，这增加了他建议的专业性和说服力。

考虑到王总的立场和感受：刘主任在提议中考虑到了王总的立场，例如提到王总一向支持年轻干部，这种个性化的触及让王总感到被理解和尊重。

灵活性和开放性：刘主任表现出对总经理室最终决定的开放性，表示如果有更合适的人选，他们愿意商量，这表明他的目的是中心的最佳利益，而不是固执己见。

总的来说，正面案例中刘主任的成功在于他的准备、尊重、理解和灵活性，这些因素共同促成了与上级的有效沟通。反面案例中，直接的反对、情绪化的言辞和缺乏对上级关切的理解导致了沟通的失败。

案例赏析 7.5.6
杨瑞的困惑

实训任务六　导游解说

【案例导入】

董先生新疆篇解说词(节选)

有人说，走到世界尽头，便是天堂的入口。可世界没有尽头，我们也不曾见过入口。

所幸宇宙垂青这个星球，留给了人类一个地方，叫新疆。

须臾一生，因览乾坤而容不同。新疆之大，大在包容。

脚踏世界屋脊，看三山矗立，两盆静卧，百川争流。

盘亘千年的雪山堆琼积玉，随风扬起片片雪花飞舞，海洋的水汽在山间留下秘密，恒星的光芒给生命能量接力。

原来山海藏深意，置身其中才能洞见一方天地。

沧海一粟，因阅万物而生善意。

新疆之美，美在赤诚。

热闹的大巴扎里聚拢的是烟火，摊开的是人间。

166万平方公里上，一半是山川湖泊，一半是自由热爱，巴郎子们的洒脱豪迈犹如昭苏的天马浴河，浩荡的气势仿佛要将万丈红尘踏破。

古丽们的温润纯良宛若大西洋的最后一滴眼泪，用一眼万蓝的深邃纯净捍卫着对真善美的执着。

原来万物皆有灵，忘却自己方能窥见众生。万顷一苇，因观本心而愈豁达。

新疆之奇，奇在照鉴，一景一山，仿佛都在阐释人生的奥义。

盘龙古道是年轻时绕不开的弯路，山重水复后，人生终是坦途。

魔鬼雅丹，是成长中必经的劫难，山山而川，征途漫漫，低头赶路，蓦然回首，才恍然发现：轻舟已过万重山。

不必纠结过去，只因未来总是更灿烂。

群山围绕，流水祈祷。我终于明白，原来凡事发生必于我有利，与内心博弈终能遇见另一个自己。

愿你醒来明月，醉后清风。

阅尽山河，终觉人间值得；行至新疆，可抵岁月漫长。

这个星球上几乎一切能量都来自阳光，而新疆，就是得到恩赐最多的地方。

当阳光穿越云层洒向这片土壤，新疆便不再偏远荒凉。

田间的瓜果，挂满枝头，散发清香；

熟透的番茄，换上红妆，裹满沙瓤；

洁白的棉花，肆意绽放，棉絮纤长；

向阳的山坡，遍地牛羊，慵懒生长。

当阳光拨开雾霭为大地披上霞装，新疆从此多了一个名字叫天堂。

博斯腾湖的水面闪耀醉人的蓝色光芒，恰西森林像绿色油画般令人无限神往，一望无际的薰衣草田变幻为紫色海洋，库车峡谷的山峰被残阳染出烈焰般的红光。

当阳光万里奔袭照在新疆儿女身上，新疆更有人间温情的模样。

香辛料与火焰的气味在街巷里飘荡，曼妙的歌舞伴着冬不拉的琴声婉转悠扬。

热情好客的天性在他们血液中流淌，纯粹无瑕的眼眸倒映出孩童的梦想。

光以万千形态流转于这热土之上，它曾见证张骞拓土开疆，也曾跟随玄奘将佛法传扬，它曾记录罗布泊上的那声巨响，而今依旧以那万千形态陪伴在我们身旁。

它用自己的方式告诉每一个新疆孩子，新疆代表无限希望。

而你们，便是组成希望的光。

拿什么来形容你，我热爱的新疆？

看，雪山草原，森林峡谷，自然无声的馈赠对号入座。

听，骏马嘶鸣，手鼓咚咚，民族延绵的智慧日久天长。

这里是未经雕琢的璞玉，这里是被阳光偏爱的地方，这里是再怎么赞美都不为过的辽阔新疆。

万物初醒，哈密迎来第一抹晨曦，阳光融进藤蔓，换来了瓜果飘香；

烈日当空，阿克苏撞见天边火焰，阳光扎进土壤，棉花昂首绽放；

碧空如洗，乌尔禾邂逅午后清新，阳光钻进叶脉，无边的胡杨翻涌成海浪；

暮色苍茫，日月同框，喀什见证午夜夕阳，晚霞却迟迟不肯退场。

阳光本没有颜色，却亲自为这片土地织出霓裳。

她在赛里木湖边梳妆，不掺一丝杂质的蓝色漂浮着璀璨碎光；

她在天山脚下徜徉，皑皑白雪是她拼尽全力也融化不了的倔强；

她在阿勒泰起舞，五彩滩灿烂炳焕的石峰是她的秀场；

她在火焰山彷徨，是否因为自己太过热情，让这片赤色山脉生灵匿迹，飞鸟躲藏。

我常常在想，是什么让阳光穿越八分钟的星际黑暗，把地球照亮？直到我看见鸟语花香，万物生长。

我常常好奇，是什么让华夏先辈一路砥砺，用双脚拓开历史一方？直到我凭热情，将山川湖海收藏。

张骞十三年栉风沐雨，玄奘相伴经笈跋涉万里，左宗棠出征年近古稀。他们步步坚定，只为心之所向。

日月流转，各族儿女欢聚一堂。我们飞跃群山，跃入人海，闯进生活的河流，踏上人生的旅途。

此行一路，洒满阳光，而明亮灿烂之处，只要有你，便不是远方。

下一站，让我们一起走进这片被阳光偏爱的地方。

(资料来源：https://www.163.com/dy/article/IEMUPPIR05148U22.html.)

想一想

你认为董先生的解说词好吗？好在哪里？

导游的工作是带领游客游览。在导游工作中，导游员要积极地为游客介绍、讲解景区的相关信息，而这种介绍、讲解的话语就是导游解说词，也叫导游词。

导游解说词的最大功能就是帮助游客对游览对象进行全面、准确的认识。俗话说："祖国山河美不美，全凭导游一张嘴。"如杭州西湖风景名胜区的"西湖十景"，里面有苏堤春晓、曲院风荷、平湖秋月、断桥残雪、花港观鱼、三潭印月等十处名胜，不经导游讲解，恐怕很多人都找不到这些景致的所在，更难以准确体会到其中的文化意蕴。其次，是对景区的推广。导游的介绍也能让游客更好地进行参观，特别是在新到一个景点之后，导游的综合介绍和提醒，能让游客少走弯路，少走冤枉路，省时省力，愉快地观赏美丽的风景。此外，导游的讲解可以体现对游客"客人"地位的尊重，提高游客游览的兴趣，增进游客之间的互动。

一、导游解说词的种类

按照不同的标准，可以将导游解说词分为不同的种类。

(一)按表现形式分

按表现形式，导游解说词可以分为两种类型：文字解说词和口语解说词。其中，文字解说词专指通过文字载体传递的解说内容，例如刻印在旅游图册、门票、纪念碑上，乃至出版的专门作品，比如《峨眉山导游解说词》就是峨眉山旅游管理局所编制的一本解说词集。而口语解说词则是指向导人士在带领游客参观时，现场口头进行讲解的内容。为保证口头表达导游解说词的质量，一般都是事先写好，再临场发挥。

(二)按内容分

按内容，导游解说词可分为自然景观导游解说词和人文景观导游解说词。

(三)按范围分

按范围，导游解说词可分为游览区导游解说词和游览景点导游解说词。通常，游览区的范围较大，其中包含若干个游览景点。

二、导游解说词的结构

导游解说词的写作方式比较灵活，只要把游览对象介绍清楚，达到导游解说的目的即可。导游解说词一般包括标题、正文和结束语。

(一)标题

标题一般是对解说对象的概述，如《故宫》《张家界国家森林公园》《中山陵解说词》等。

(二)正文

正文的内容可以灵活掌握，一般包括开场白、背景介绍、景点介绍、故事趣闻、时间和交通安排等。

1. 开场白

开场白用来引起听众的兴趣,并吸引他们关注。可以使用一个引人入胜的事实、故事或者问题来激发听众的好奇心。

2. 背景介绍

在这一部分,你可以提供一些有关目的地或景点的背景信息,例如历史、文化、地理等方面的基本知识,以便听众对所要参观的地方有更全面的了解。

3. 景点介绍

这是导游解说中最核心的部分,需要详细介绍每个景点的特点、历史、文化意义、建筑风格等。你可以用形象生动的语言描述景点的外观、内部结构、特色等,给听众留下深刻的印象。

4. 故事趣闻

为了增加趣味性和吸引力,可以在解说中加入一些有趣的故事、传说、佳话或者当地的趣闻轶事。这些故事可以与景点相关,让听众更加感兴趣和投入。

5. 时间和交通安排

作为导游,你需要告诉听众参观每个景点的时间安排,如何前往下一个目的地以及在途中应注意的事项。这样可以帮助听众更好地规划行程和顺利游览。

(三)结束语

在结束解说时,可以用一句简短而有力的总结来概括整个行程或者强调某一亮点,或者对游客表示感谢和祝福。也可以鼓励听众提问、反馈和留下联系方式。

总体来说,导游解说词的写法需要结合具体的导游内容和目的地特点,确保信息准确、流畅,并且能够吸引听众的注意力,让他们对所介绍的景点产生浓厚的兴趣。

三、导游解说词的撰写和讲解要求

(一)强调知识性

一篇出色的解说词应当资料充实,涉猎广泛,引发听众浓厚的兴趣。这要求作者有广博的知识储备,确保解说内容精确无误。除了基本的描述之外,讲解还需深入挖掘,细腻地融合诗歌佳句、评述名流观点以及类似景观的品鉴等多元素材。因此,作者不仅需要对景点的情况如数家珍,同样需要对本土及世界文化历史有着充分认识。只有在掌握丰富资料的基础上,经过精心加工,才能把导游解说词写得引人入胜、独具特色。

(二)讲究口语化

导游解说词注重口语化的表达,它追求语言质朴易理解、趋向日常谈话风格,并且多采用简洁句式,使得讲解流畅自然,听众能轻松接受。游客群体的构成十分复杂,涵盖了不同年龄段、职业类型、文化水平和个人兴趣,所以解说词的用语应简单普遍,避免使用

过于学术性或生僻的词汇，同时慎用地方性的方言词汇。导游在讲解时应融合常用词语与易懂的书面表达，如此一来既通俗易懂又能体现导游言辞的丰富多彩和形象生动。

(三)具有针对性

导游解说词的内容应该基于实际情况，并根据游客的特定需求、情感状态以及当下的环境进行调整，避免一成不变的方式。在撰写导游词时，应当考虑到可能的情况，而在实际讲解中则需要根据具体情况灵活变通。每个景点都拥有其标志性的风景，而每个风景都能从不同的视角展现其独特性。导游词在保证全面性的同时，应当突出这些特点，详尽时则详细阐述，该简化时则简洁明了，缺乏重点的导游词无法称之为优秀。在写作或讲解过程中，不应仅仅为了展示丰富的知识而过度堆积信息，因为内容的多寡并不直接等同于导游词的质量。在介绍时，应有明确的目的、合理的规划，力求通过生动的语言简洁明了地传达信息。

(四)突出趣味性

在构思和呈现解说词的过程中，要想更加生动有趣，不妨尝试以下策略：巧妙融入各种修辞技巧，让表达更加形象鲜明；编织精彩的故事情节，激起旅行者的兴趣；使用幽默诙谐的措辞，随机应对，临场发挥。这些建议可以显著提升解说词的吸引力。随着时代的变迁，解说词也应不断更新内容，避免内容过时或乏味。

案例赏析 7.6.1

杭州西湖苏堤导游解说词

各位女士、先生们：

大家好！

我是徐导游，希望今天的旅游能让大家愉快难忘。

现在，我们即将来到的是你们盼望已久的苏堤春晓景区。

苏堤又叫"苏公堤"，是西湖新老十景之首。请大家向左看，这就是杭州有名的"苏东坡纪念馆"。纪念馆前面的雕像，就是苏东坡大学士。他，就是这苏堤的设计人和建设组织者。

图7-3 西湖

现在，我们脚下走过的是"映波桥"，苏堤上共有这样的拱桥 6 座。每逢春天来临时，整个苏堤桃红柳绿，春意盎然，花团锦簇，美不胜收。

请大家向右面看，湖中间的小岛和石潭，就是三潭印月景区，那是我们明天要游览的景点。

大家要紧跟我的导游旗走，别拉得太开。我们脚下的苏堤，横贯西湖南北，全长约 3 公里。整个苏堤上，最多的植物除了桃树和柳树外，还有杭州的市花——桂花，杭州的市树——香樟，使得西湖的苏堤常年景色宜人。

大家或许会问，为什么要修建此堤呢？关于这个问题，还流传着这样的故事。苏东坡

在杭州做官时，西湖淤塞，因此决定学习白居易，疏浚西湖。可是疏浚出来的湖泥和杂草该怎么处理呢？为难之际，听得打渔郎唱到"南山女，北山郎，隔岸相望诉情难，天上鹊桥何时落，沿湖要走三十三。"苏东坡受到启发，决定修南北走向的堤坝，后人将此堤命名为苏堤。

故事讲完了，现在队伍解散，要到湖边玩耍和拍照的人，请注意安全，防止溺水。

各位游客，集合啦！在我们前方左面的是花港观鱼景区，也是明天游览的地点。现在，大家可以返程了，明天我们将在三潭印月见面，记住时间是早上8点哦！

明天再见。

(资料来源: https://www.ruiwen.com/daoyouci/3816093.html.)

【案例7.6.1简析】

这是一篇结构清晰、内容丰富的导游词。导游词从开场白开始，便营造出了欢迎和期待的氛围，为游客提供了温馨的接待。接着，通过背景介绍，让游客对苏堤的历史和文化有了一个基本的认识，为后续游览打下了良好基础。

在景点介绍方面，文中通过生动的语言描述了苏堤的自然风光和人文景观，如"映波桥"以及苏堤四季的植被变化，使读者仿佛身临其境。此外，通过讲述苏东坡修建苏堤的历史故事，增添了导游词的趣味性和教育意义，让游客在欣赏美景的同时，也能感受到深厚的文化底蕴。

结束语部分简洁明了，不仅对当天的游览进行了小结，也为第二天的行程做了铺垫，让游客对接下来的旅程充满期待。

总体而言，这是一篇优秀的导游词，既有深度又不失趣味。在未来的改进中，可以考虑加入更多的互动环节，如提问、游戏或让游客分享感受等，以提高游客的参与度和满意度。

案例赏析7.6.2
三峡大坝导游解说词

实训任务七　协商谈判

【案例导入】

墨子救宋

公输盘为楚造云梯之械，成，将以攻宋。

子墨子闻之，起于鲁，行十日十夜而至于郢，见公输盘。

公输盘曰："夫子何命焉为？"

子墨子曰："北方有侮臣者，愿借子杀之。"

公输盘不说。

子墨子曰："请献十金。"

公输盘曰："吾义固不杀人。"

子墨子起，再拜，曰："请说之。吾从北方闻子为梯，将以攻宋。宋何罪之有？荆国有余于地，而不足于民。杀所不足而争所有余，不可谓智；宋无罪而攻之，不可谓仁；知而不争，不可谓忠；争而不得，不可谓强。义不杀少而杀众，不可谓知类。"

公输盘服。

子墨子曰："然胡不已乎？"

公输盘曰："不可，吾既已言之王矣。"

子墨子曰："胡不见我于王？"

公输盘曰："诺。"

子墨子见王，曰："今有人于此，舍其文轩，邻有敝舆而欲窃之；舍其锦绣，邻有短褐而欲窃之；舍其梁肉，邻有糠糟而欲窃之——此为何若人？"

王曰："必为有窃疾矣。"

子墨子曰："荆之地方五千里，宋之地方五百里，此犹文轩之与敝舆也。荆有云梦，犀兕麋鹿满之，江汉之鱼鳖鼋鼍为天下富，宋所为无雉兔鲋鱼者也，此犹梁肉之与糠糟也。荆有长松文梓楩楠豫章，宋无长木，此犹锦绣之与短褐也。臣以王吏之攻宋也，为与此同类。"

王曰："善哉！虽然，公输盘为我为云梯，必取宋。"

于是见公输盘。子墨子解带为城，以牒为械，公输盘九设攻城之机变，子墨子九距之；公输盘之攻械尽，子墨子之守圉有余。

公输盘诎。而曰："吾知所以距子矣，吾不言。"

子墨子亦曰："吾知子之所以距我，吾不言。"

楚王问其故。

子墨子曰："公输子之意，不过欲杀臣；杀臣，宋莫能守，乃可攻也。然臣之弟子禽滑厘等三百人，已持臣守圉之器，在宋城上而待楚寇矣。虽杀臣，不能绝也。"楚王曰："善哉！吾请无攻宋矣。"

墨子救宋译文

（《墨子·公输》）

（资料来源：https://so.gushiwen.cn/shiwenv_9e6e98fe61ec.aspx.）

想一想

墨子运用了哪些谈判技巧？如果你是公输盘，会怎么应对墨子的话语？

　　谈判是指谈判双方基于一定的需求，通过彼此之间进行交流、沟通、协商、妥协而赢得或维护各自利益的行为过程。广义上的谈判涉及双方或多方就各自关心的问题和冲突进行持续的讨论，以寻找解决方法和达成共识的过程。这个定义不仅包括了正式的谈判场合，还包括所有形式的协商、交流和讨论。而狭义上的谈判，一般仅指正式的场合下专门安排和进行的谈判，如政治领域的外交谈判、军事谈判，教育领域中合作办学的谈判，金融领域中的信贷谈判，科技领域中的技术转让谈判，生产领域中的产品开发谈判，商业领域中的贸易谈判、并购谈判等。

　　谈判是双方进行意见和思想交流的过程，参与者需要能够清楚地阐述自己的立场，认真听取对方的观点，并能在对方的言论中找到突破点来说服对方，以达成共识。谈判语言是一种特殊的语言形式，它具有普通交流语言所不具有的特质和要求。为了精通并有效地运用谈判语言，必须理解其特性以及在使用中的各种技巧和策略。

　　谈判既是一种竞争策略，也是一种博弈艺术。谈判之所以能够展开并最终达成协议，

主要依赖于几个关键因素：一是双方都存在未被满足的需求；二是双方虽然存在分歧，但有共同的利益；三是双方均希望解决问题；四是双方都愿意通过谈判来达成协议；五是最终结果对双方而言可以各取所需。只有满足这些条件，谈判才可能顺利进行。作为一种满足双方需求的互动活动，谈判的内容繁多、过程复杂，稍有不慎就可能导致失败。

一、谈判的特点

二、谈判的类型

三、谈判的原则

四、谈判的语言技巧

语言是谈判中最重要的工具，双方必须利用语言来传播和交流信息，表达自己的需要和了解对方的意图。如果离开语言，谈判就无法进行。谈判语言有别于一般生活中的语言，它需要谈判者拥有良好的心态，在紧张、激烈的谈判对抗中坚持目标，同时运用语言技巧突破对方的防线。

(一)谈判语言的特点

谈判语言除有针对性、逻辑性、论辩性等基本特征以外，其值得注意的特点还包括以下几个。

1. 明显的功利性

在谈判中，不论是陈述还是提问，背后都带有明确的利益诉求。没有实际目的，谈判语言就失去了存在的意义。

2. 高度的灵活性

谈判是一个不断变化的过程，语言必须根据环境和情况进行及时调整，否则难以发挥应有的作用。

3. 强烈的策略性

谈判是一场实力、智慧、语言、心态的多重较量，但终究要以语言为载体来进行，语

言就是一方争取利益的重要工具。只有采取恰到好处的语言策略，才可能引导谈判按自己期望的方向发展。

4. 迅速的反馈性

谈判中，双方斗智斗勇，往往会出现许多稍纵即逝的机会。谈判者不仅要敏捷地表达和捕捉信息，而且要及时做出判断和回应。迟疑和缓慢也可能被视为傲慢或软弱。

(二)谈判语言的基本技巧

在谈判中，语言的运用能力至关重要。要在谈判中取得胜利，谈判者除了应该掌握正确的立场观点，较高的政策理论水平和一定的专业知识、行业经验外，还必须精通谈判语言的基本技巧，以便在谈判过程中根据对方的处境、诉求和心理倾向，有针对性地运用各种语言手段说服对方接受谈判条件。

在谈判中通常会发生争论，因此谈判者可以适当地使用辩论技巧，以达成说服、反驳等目的。但谈判毕竟不是辩论，谈判者还应该掌握以下几种常用的谈判语言基本技巧。

1. 入题技巧

1)　迂回入题，缓和气氛

为避免直接切入主题导致气氛紧张，可采用间接方式，如通过闲聊或介绍团队成员等方式缓和气氛。

2)　细节先行，导入原则

围绕谈判的主题，先从具体细节入手，逐一探讨，待细节问题达成一致后，自然过渡到原则性协议。

3)　原则优先，引领细节

在大型的经贸谈判中，应先就原则问题达成共识，为后续细节讨论提供基础。

4)　议题入手，逐步展开

大型谈判通常由多次谈判组成，在每次具体谈判中，先明确讨论的具体议题，再围绕议题展开讨论。

一个专门推销建筑材料的推销员，一次听说一位建筑商需要一大批建筑材料，便前去谈生意，可很快被告知有人已捷足先登了。他还不死心，便三番五次请求与建筑商见面。那位建筑商经不住纠缠，最终答应与他见一次面，但时间仅有 5 分钟。这位推销员在会见前就决定使用"趣味相投"的谋略，尽管此时尚不知建筑商有哪些兴趣和爱好。当他一走进办公室，立即被挂在墙上的一幅巨大的油画所吸引。他想建筑商必须喜欢绘画艺术，便试探着与建筑商谈起了当地的一次画展。果然一拍即合，建筑商兴致勃勃地与他谈论起来，竟谈了 1 个小时之久。临分手时，允诺他承办的下一个工程的所有建筑材料都由对方供应，并将那位推销员亲自送出门外。

(资料来源: https://www.nanss.com/gongzuo/7666.html.)

推销员的成功在于对顾客个性心理的把握，主要指对潜在客户个人兴趣和爱好的洞察。推销员利用油画话题，迂回入题，投其所好，为洽谈赢得了一个良好的开端。

2. 阐述技巧

1) 重视开场阐述

开场阐述是谈判的一个重要环节。

(1) 开场阐述的要点包括：明确会谈主题，集中注意力；阐明通过谈判期望得到的利益；表明本方的基本立场；应是概括性、原则性的阐述，须尽量简明扼要；开场阐述的目的是明确意图，营造和谐的谈判氛围。

(2) 对方阐述时己方的反应：要耐心倾听，归纳理解其内容，理清对方的关键问题；如意见差异大，应等对方讲完，再适时引导话题。

2) 让对方先说

不熟悉市场或暂时无法做决定时，让对方先说明产品详情和报价，再表达我方意见。即便已有决定意向，也可先了解对方条件，再提出要求。在对对方的情况不太了解时，这种"敌不动，我不动"、后发制人的方式，常常能收到奇效。

3) 坦诚相见

在谈判中应坦诚交流，适当透露一些想法和动机，以赢得对方信任。但需注意保留，避免全盘托出，以免处于不利地位。

3. 提问技巧

谈判中，提问是一种强有力的工具，可以帮助谈判者获取信息、澄清立场、表达意见、引导谈判方向，甚至解决冲突。为更好地发挥提问的作用，应掌握以下提问方式、提问时机及其注意事项。

1) 提问方式

一般有开放式、封闭式、反馈式、假设式、探索式、引导式、压力式、澄清式、换位式等。

(1) 开放式提问。这种提问方式鼓励对方详细回答，而不是简单地回答"是"或"否"。例如："您能详细说明您对这个方案的担忧吗？"

(2) 封闭式提问。这种提问方式要求对方给出明确的回答，适用于需要确认具体事实或决定的情况。例如："你们是否同意下周一前完成这个项目？"

(3) 反馈式提问。通过引用对方的观点或言论以提问的形式反馈给对方，可以帮助确认己方对对方立场的理解是否正确。例如："所以您的意思是，您更关心长期合作而不是一次性交易吗？"

(4) 假设式提问。通过提出假设性的情况，探索对方的反应或立场。这种提问可以帮助打破僵局或发现新的解决方案。例如："如果我们能在价格上给您一个优惠，您是否愿意考虑增加订单量？"

(5) 探索式提问。这种提问旨在深入了解对方的需求、期望或背后的动机。例如："您能分享一下，让您觉得我们的服务需要改进的具体方面吗？"

(6) 引导式提问。通过巧妙地设计问题，引导对方思考或同意您的观点。例如："您不觉得，长期合作比单次交易更能确保我们共同的利益吗？"

(7) 压力式提问。在某些情况下，可能需要对对方施加一定的压力，迫使其做出决定或透露更多信息。然而，使用这种提问方式时需要谨慎，以免伤害双方的关系。例如：

"我们已经提出了几个方案，您能告诉我们，到底什么才能让您满意吗？"

(8) 澄清式提问。当对方的言论含糊或您需要更多细节时，使用澄清式提问。例如："您提到您对我们的提案有些保留，能具体说明是哪些方面吗？"

(9) 换位式提问。请对方尝试换位思考，假如站在己方的角度会怎么想。例如："如果我方提出像您这样的要求，您会接受吗？"

另外，还有借助式提问和强迫选择式提问等方式。借助对方关心的问题引出己方的问题，目的是提醒对方在这方面要么让步，要么付出一定价码。例如："就像您之前提到的，质量也是一个重要因素。那么在保证质量的同时，价格是否有可商量的空间？"提供若干个选项，请对方选择。例如："价格可以是 X 元或 Y 元，您更倾向于哪一个？"

2) 提问时机

在对方发言完毕后提问；在对方停顿时、间歇时提问；在己方发言前后提问；在议程规定的辩论时间提问。

3) 其他注意事项

注意提问的速度和频率；关注对方的情绪和心理状态；给予对方足够的答复时间；保持问题之间的关联性。

4. 答复技巧

答复并非易事，每句回答都可能被对方视为一种承诺，都需承担责任。答复时应注意：不要完全回答对方的问题，即不要把话说得太绝对；针对提问者的真实心理进行回复；减少提问者追问的兴趣；争取充分的思考时间；礼貌地拒绝回答不值得回答的问题；一时难以回答的问题可以找借口推迟答复。

谈判中的答复技巧非常重要，它们可以帮助你更好地控制谈判的节奏和方向。以下是一些关键的答复技巧。

1) 积极倾听，反馈总结

在答复之前，先积极倾听对方的观点，然后用自己的话简短总结，以确保理解无误。例如，对方提出价格问题时，可以说："您的主要担忧是价格，对吗？"

2) 避免立即回答复杂问题

遇到复杂或敏感的问题时，可以先表示需要时间考虑，或询问更多细节，以避免草率回答。例如，对方问及未来计划时，可以说："这个问题很重要，我想我们需要更详细地讨论一下。"

3) 委婉转折式表达

即"是……，但是……"这种答复方法。表面或部分承认对方的观点，同时引入自己的观点或要求。例如："我理解您对价格的担忧，但是我们也需要考虑产品的质量和服务。"

4) 提出替代方案

当无法直接满足对方的要求时，提出其他可行的解决方案。例如，如果对方坚持降价，您可以提议增加服务或改善支付条件。

5) 转移话题

当谈判陷入僵局或对方提出无法回答的问题时，可以婉转地将话题转移到双方都感兴

趣的领域。例如："在我们解决价格问题之前,不妨先讨论一下合作的其他方面。"

6) 礼貌地拒绝

对于不合理或无法接受的要求,需要学会礼貌而坚定地拒绝,同时解释原因。例如:"很抱歉,我们无法接受这个价格,因为它低于我们的成本。"

7) 寻求最大共识

在回答问题时,寻找双方都能接受的共同点,以此作为进一步谈判的基础。例如:"我们都同意质量是最重要的,让我们从这个共识出发,继续讨论。"

5. 说服技巧

谈判中的说服对方是谈判者的首要目的,是实现有效沟通和达成共识的关键。但不能为了说服对方而不择手段,也不能放弃自己的底线,应坚持基本的立场和原则。

1) 说服的原则

在介绍说服技巧之前,有必要对谈判中说服的基本原则进行了解。

(1) 不要只说自己的理由。在谈判中,仅强调自己的立场和利益是不够的。应该考虑对方的需求和期望,从而找到共同点。例如,在销售谈判中,不能只强调产品的特点,而更应该展示该产品如何解决买方的具体问题。

(2) 研究分析对方的心理、需求及特点。了解对方的背景、需求和偏好,可以帮助制定更加符合双方利益的提案。例如,如果对方企业正寻求减少成本,你可以强调你的解决方案如何帮助他们实现这一目标。

(3) 消除对方戒心和成见。通过建立信任和展示诚意,可以减少对方的防备心理。例如,提供案例研究或客户推荐信,证明你的方案或产品的有效性。

(4) 不要急于求成。谈判是一个循序渐进的过程,需要时间建立理解和信任。例如,不要在第一次会议上就期望对方签署合同,而是应该先建立关系,逐步引导对方。

(5) 不要一开始就批评对方。批评或过于强硬的态度可能会导致对方进行防御或反击。例如,如果对方的提案不符合你的期望,可以提出询问而不是直接批评,以探讨背后的原因和可能的改进方案。

(6) 说话用语要朴实亲切,不要过多讲大道理。使用简单、直接的语言更容易被理解和接受。用具体的例子而不是抽象的概念来说明你的观点。

(7) 态度诚恳、平等待人。以平等和开放的态度进入谈判,寻找并强调双方的共同利益。例如,强调合作如何能够带来双赢的结果,而不是单方面的胜利。

(8) 承认对方"情有可原",尊重对方的自尊心。承认对方观点的合理性可以增加他们的自尊,从而促进更积极的交流。例如,即使你不同意对方的全部观点,也可以承认他们的某些观点是有根据的。

(9) 坦率地承认谈判对己方的好处。透明和诚实地讨论双方将如何从合作中受益,可以增加信任和合作意愿。例如,明确说明合作对双方的具体好处,而不是只强调对方的益处。

遵守这些原则,谈判双方可以建立更深层次的理解和信任,从而提高达成共识的可能性。

2) 说服的技巧

说服技巧在谈判中起着至关重要的作用。注意适当运用以下技巧。

（1）讨论时先易后难。从容易达成共识的话题开始，逐步过渡到更有挑战性的议题。这样可以先建立起合作的氛围。例如，先讨论双方都认同的市场趋势，然后再讨论具体的合作条款。

（2）多向对方提出要求、传递信息。通过多渠道传递信息和提出要求，可以影响对方的观念，进而增加说服的机会。例如，在正式会议之外，也可以通过报告、邮件等方式传达信息。

（3）强调一致、淡化差异。突出双方的共同点，减少对分歧的关注。例如，强调双方都希望实现的长期合作目标，而不是短期的分歧。

（4）先谈好，后谈坏。先介绍合作的好处，再谈及可能的挑战或问题，这样可以先建立正面的情绪基础。例如，先展示合作带来的市场机会，然后讨论需要共同克服的障碍。

（5）强调有利于对方的条件。明确指出已提供给对方的、或合同条款中对方可以获得的好处，展示己方的提案如何符合对方的利益，以增加其接受度。例如，若合同提供了对方需要的技术支持，就要明确强调这一点。

（6）对方提出赞成和反对意见后，再提出你的意见。在听取对方的观点后，提出自己的意见可以更有针对性地解决问题。例如，在对方表达了对价格的担忧后，提出具体的解决方案或让步。

（7）精心设计开头和结尾。开头要引起兴趣，结尾要留下深刻印象，以增强说服效果。例如，用一个相关故事开场，以强有力的总结结束。

（8）结论要明确提出，避免对方揣摩或自行下结论。清晰地表达你的结论和期望，避免误解。例如，明确说明你希望达成的具体合作形式和条件。

（9）多次重复关键信息和观点。通过重复强调关键信息，可以加深对方的印象。例如，多次提到合作将如何帮助对方扩大市场份额。

（10）以对方习惯、偏好的方式和逻辑去说服。根据对方的文化、习惯和逻辑进行沟通，可以提高说服的有效性。例如，如果对方重视数据，就提供充分的数据支持你的观点。

谈判时，注意先做铺垫，做好"持久战"的打算，逐步引导对方接受你的观点，步步为营，而不是期望立即达成共识。例如，通过多次会议逐步介绍和讨论你的提案。强调互利合作的可能性、现实性，展示合作对双方都有好处，可以激发对方的兴趣和合作意愿。例如，展示通过合作可以实现的共赢结果，如成本节约、市场扩展等。

案例赏析 7.7.1

江苏仪征某工程是世界上最大的化纤工程，该项目引进了国际上最先进的技术设备，与多家公司合作。可是，在与前西德吉玛公司的合作中，发现从对方引进的圆盘反应器有问题，并给我方造成了重大的经济损失，由此引发了我方对德方的索赔谈判。中方提出了索赔 1100 万德国马克的要求，而德方只认可 300 万德国马克。由于双方的要求差距太大，几个回合之后，谈判陷入僵局。中方谈判首席代表、仪征化纤公司总经理任传俊反复研究，决定以情为重，真诚相待。他提议陪德方公司总经理理扬·奈德到扬州游览。

在大明寺的鉴真和尚面前，任传俊真诚地说："那里纪念的是一位为了信仰，六度扶桑，双目失明，最终到达梦想境界的高僧。""你不是时常奇怪日本人对华投资比较容易

吗?那是因为日本人理解中国人重感情、重友谊的心理。你我是打交道多年的老朋友了,除了彼此经济上的利益外,就没有一点个人之间的感情吗?"理扬·奈德深受震动。

双方从扬州直接回到仪征,谈判继续。任总开门见山地说:"问题既然出在贵公司身上,为索赔花太多的时间是不必要的,反正要赔偿。"理扬·奈德耸耸肩膀:"我在贵公司中标,才 1 亿多美元,我无法赔偿过多,总不能赔本干。"任总紧跟一句:"据我得到的消息,正是因为贵公司在世界上最大的化纤基地中标,才得以连续在全世界 15 次中标,这笔账又该怎样算呢?"对方语塞。

随后,任传俊直率地说:"我们是老朋友了,打开天窗说亮话,你究竟能赔多少?我们是重友谊的,总不能让你被董事长敲掉饭碗。但你也要为我想想,中国是个穷国,我总得对那里的 1 万多名建设者有个交代。"中方这种实事求是的态度,最终感化了德方,该次谈判以德方赔偿800 万德国马克达成谈判协议。

(资料来源: https://www.nanss.com/gongzuo/7666.html.)

【案例 7.7.1 简析】

这是一起涉及重大经济损失的国际合作索赔案例。中方原要求 1100 万德国马克,德方只认可 300 万德国马克,双方差距大,谈判陷入僵局。任传俊通过研究,决定以情为重,真诚相待。他邀请德方总经理到扬州游览,在大明寺以感人的故事唤起对方的情感。回到谈判桌上后,任传俊以实事求是的态度,考虑到德方在该项目中的利益,也为中方 1 万多名工人考虑。他灵活运用感情牌和理性牌,既顾及双方利益,也展示了友好合作的态度。这种真诚而务实的谈判风格,最终感化了德方,使其提高赔偿数额到 800 万德国马克,谈判成功结束。这次案例说明,以情理兼备的谈判方式,可以很好地化解僵局,达成互利共赢的结果。

案例赏析 7.7.2	案例赏析 7.7.3	案例赏析 7.7.4

案例赏析 7.7.5

四名大学生为开一家精品时尚外贸店与前店主进行了一场谈判,看似并不复杂的谈判过程,其实充满了技巧和智慧。可以说,这是一则很实用的商务谈判案例。以下是对这则商务谈判案例的分析。

在阳光城商业中心闪耀着一家名叫 DEMON 的精品时尚外贸店。它成立于 2017 年 6 月 1 日,合伙人包括市场专业的 Sofia、李梅以及统计系的李棵和张同。他们亲切地称 DEMON 为"自家的儿子",其诞生前的孕育过程虽然短暂,但是相当具有戏剧性。

所谓"盘店",是指从前店主处接手店铺进行租用的行话。店铺转让的下家必须向原店主交纳盘店费,租金另算。值得注意的是,如果前任店家的租用期到了,无人向其租用,那前任店家只能退出。新店主向房东直接租门面只准备房租即可。

DEMON 店的前任店主秦鹏等人正面临房租到期的状况,急于将铺面出手。买家于 2007 年 5 月中旬向卖家提出盘店意向,双方谈判在即。

2007 年 5 月 18 日,双方在 DEMON 店铺中开始谈判。

一开始，卖家具体介绍了店内的基本状况和装修情况，包括面积、水电、墙面、地板、货架、付款台以及其他重金属装饰品，装修成本将近 2 万元。卖家以行业熟手的姿态，为开价说明了事实根据，算是恰到好处地拉开了谈判序幕。买家并未被卖家咄咄逼人的气势影响，而是质疑："店面装修的确是有特色和个性，但是我们无从考证装修的成本，更何况目前的装修风格不一定会利用到将来我们店的营业中。所以请介绍一下该店铺的其他方面。"

卖家看出了买家虽然初来乍到，但并不是冲动情感型的租铺者，于是开口询问买家对于开店的想法。买家谈判者李棵实事求是地说："我们都是跳街舞的，开店也主要是卖街舞用品和轮滑用品之类的时尚产品。"卖家对这一关键信息立即做出反应："你们跳街舞的最重要的就是服饰，这家店以前就是做服饰的，你们接手以后可以直接做。并且不是每个人都喜欢那种夸张风格，你们还是应该卖一些比较大众的外贸服装，现在店里的货你们就可以直接拿去卖。"买家明白，这是卖家打算把店铺卖给自己的同时，再让自己把货盘下来，又是一项成本支出。卖家继续说："我在广东和成都等地都有货源，开店以后，可以帮你们拿货，渠道端保证最低价。"

此时，买家就其他方面发表意见："不过这里位置太偏了，在整条街的尾巴上，而且是个拐角，怎么会有客流？"秦鹏解释说："后面的金巴黎，即头号要都(即成都)3 期工程 10 月份就完工。到时玛利影院、德克士等都会入驻，这里将会成为商业中心，不用担心客流。"

"不，在做生意时我们要把一切考虑清楚，如果有那么长一段时间的萎靡期，我们为什么不选择一个一开店就能盈利的地理位置呢？"买家摆明态度，双方在认定铺面价值上陷入僵局。卖家坚持说买家疑虑过多，该铺面是个黄金口岸，买家有待做更多的考察。

"那这个店子，你打算卖多少钱？"买家成员试探性地询问。

卖家拿出早就拟好的价单："渠道+现货+铺子 5500 元；现货+铺子 4500 元；铺子 3500 元。"了解了价格之后，买家表示需要再商量一下。

买家要求卖家重报价，并对价格所含内容进行解释。卖家回应："如果付渠道费，那我将按最低成本给你们供货；如果付了货款，店里的一切物品都是你们的；如果只是铺款，就只给你们空铺。"买家立即做出反应："首先，我们不能保证你供的货是否符合我们的要求；其次，我们无法确定你拿货的价格水平；第三，我们不认为铺子的价值值 3500 元那么多，并且马上就是 6 月份，有些学校已经放假了。到 7、8 月份暑假根本就没有利润，我们认为你的价格太高了。"

卖家反问道："你们认为多少钱合适？"买家不紧不慢地说："目前最多拿出 2000 元，并且我们十分想要你的渠道……"

卖家淡然一笑说："到哪里 2000 元也找不到一个像样的铺子。"买家不依不饶："如果那么贵的价钱，我们可以找其他地理位置更好的铺子。"

这一招很奏效，顿时把卖家将住了。卖家自知铺租即将到期，转而以恳切的态度征询："你们最多能给多少钱？2000 元真的太低了。"买家看出卖家的软肋，毫不退让。卖家无奈，只得同意以 2000 元的价格给买家空铺。

买家见形势不对，立即阻挠，表示要求留下货品，最好再把渠道给他们。卖家濒临崩

溃的边缘，说："如果加货品和渠道，最低 3500 元。"买家答应并表示，目前只能支付 2000 元，余下的 1500 元将在 1 个月后支付。

双方签订协议，谈判告终。

（资料来源：https://jz.docin.com/p-2650573750.html.）

【案例 7.7.5 简析】

该案例是一场典型的商业谈判，其中双方通过一系列策略和技巧最终达成协议。卖家通过提供信息和解释，试图建立信任和吸引买家兴趣。买家通过明确自己的目标和底线，礼貌地拒绝不合理的报价，并提出自己的条件，体现了在谈判中寻求共同点的策略。双方在谈判过程中展现了耐心，避免了直接批评对方的立场，而是通过提出问题和关切来表达自己的观点。最终，卖家在买家的坚持下做出了妥协，双方达成了协议，这体现了灵活妥协的重要性。这个过程不仅体现了谈判的复杂性和动态性，也展示了有效沟通和理解在达成共识中的关键作用。买家通过坚持自己的立场和采取合理的策略，成功地降低了价格并获得了额外的价值，这展示了有效谈判技巧的重要性。

诗词之旅　哲韵中国

第七期　追思寄情
——怀古悼亡诗

欢迎同学们乘坐"文化直通车"，开启诗词之旅，感受诗意人生。

"遥想公瑾当年，小乔初嫁了，雄姿英发。羽扇纶巾，谈笑间，樯橹灰飞烟灭。""夜来幽梦忽还乡，小轩窗，正梳妆。相顾无言，惟有泪千行。"同样是怀念往事，前者因游览之地而想起此间发生的历史事件，意在对照"现在"的"自己"，"故国神游，多情应笑我，早生华发。人生如梦，一尊还酹江月"，此为怀古诗；后者则因死别十年，亡妻入梦而心怀感伤，"十年生死两茫茫""夜来幽梦忽还乡"，意在表达思念，"不思量，自难忘"，此为悼亡诗。本期"文化直通车"之"诗词里的中国"，就让我们跟随诗人的脚步，怀古抚今，追思念远，深入了解怀古悼亡诗的韵味。

本期详细内容请扫描二维码阅读。

怀古悼亡诗词导读

厚重典籍 智慧中国

第七期 神工意匠
——《天工开物》《本草纲目》《农政全书》《梦溪笔谈》

欢迎同学们乘坐"文化直通车"，品读经典，汲取智慧，润泽心灵。

国家强盛，百姓富足，离不开工农商学的发展，离不开科学技术的进步。在我国历史上，涌现出一批批潜心钻研、精益求精的神工意匠，他们将自己的劳动总结、科研心得，写进一本本科学著作中流传下来，为国家统一强盛、经济繁荣发展做出了巨大贡献，为文化传承留下了浓墨重彩的篇章。本期"文化直通车"之"典籍里的中国"，让我们打开《天工开物》《本草纲目》《农政全书》《梦溪笔谈》，去了解科学巨匠留给我们的农业、手工业、医学、自然科学等各科知识，学习他们潜心钻研、精益求精的工匠精神，传承、发展、创新各种科学文化知识，为祖国强盛、社会发展贡献自己的力量。

1. 《天工开物》

《天工开物》是世界上第一部关于农业和手工业生产的综合性著作，是中国古代一部重要的科学技术著作，被誉为百科全书式的著作。作者为明朝科学家宋应星。作者在书中强调人类要和自然相协调、人力要与自然力相配合，同时更多地关注手工业，反映了中国明代末年出现资本主义萌芽时期的生产状况。

全书分为上中下三卷共 18 篇，并附有 123 幅插图，描绘了 130 多项生产技术和工具的名称、形状、工序。书名取自《尚书·皋陶谟》"天工人其代之"及《易·系辞》"开物成务"。全书按"贵五谷而贱金玉之义"(《序》)分为《乃粒》(谷物)、《乃服》(纺织)、《彰施》(染色)、《粹精》(谷物加工)、《作咸》(制盐)、《甘嗜》(食糖)、《膏液》(食油)、《陶埏》(陶瓷)、《冶铸》、《舟车》、《锤煅》、《燔石》(煤石烧制)、《杀青》(造纸)、《五金》、《佳兵》(兵器)、《丹青》(矿物颜料)、《曲蘖》(酒曲)和《珠玉》。《天工开物》全书详细叙述了各种农作物和手工业原料的种类、产地、生产技术和工艺装备，以及一些生产组织经验。上卷记载了谷物豆麻的栽培和加工方法，蚕丝棉苎的纺织和染色技术，以及制盐、制糖工艺。中卷内容包括砖瓦、陶瓷的制作，车船的建造，金属的铸锻，煤炭、石灰、硫黄、白矾的开采和烧制，以及榨油、造纸方法等。下卷记载了金属矿物的开采和冶炼，兵器的制造，颜料、酒曲的生产，以及珠玉的采集和加工等。

《天工开物》中体现了中国古代的物理知识，如在提水工具(如筒车、水车、风车)、船舵、灌钢、泥型铸釜、失蜡铸造、排除煤矿瓦斯方法、盐井中的吸卤器(唧筒)、熔融、提取法等中都有许多力学、热学等物理知识。在《五金》篇中，明确指出，锌是一种新金属，并且首次记载了它的冶炼方法。《天工开物》中记录了农民培育水稻、大麦新品种的事例，研究了土壤、气候、栽培方法对作物品种变化的影响，又注意到不同品种的蚕蛾杂交引起变异的情况，说明通过人为的努力，可以改变动植物的品种特性，得出了"土脉历時代而異，種性隨水土而分"的科學見解。

《天工開物》主要根植于中國的固有文化傳統，體現了朴素唯物主義自然觀，是中國封建社會中最為燦爛的科學活躍期的代表作之一，既是對古代科學傳統的有效繼承，也與當時興起的各種具有啟蒙意義的反權威意識、實學意識和民生意識息息相關。

日本科學史家三枝博音認為，《天工開物》不只是中國，而且是整個東亞的一部代表性技術書，其包羅技術門類之廣是歐洲技術書無法比擬的，稱此書是"中國有代表性的技術書"。日譯本稱《中國技術的百科全書》，歐洲學者稱之為"17世紀的工藝百科全書"。

2．《本草綱目》

《本草綱目》，本草著作，52卷。明代李時珍(東璧)撰于嘉靖三十一年(1552年)至萬曆六年(1578年)，其間稿凡三易。李時珍的長子李建中在任蓬溪知縣期間，幫助李時珍編輯修訂了《本草綱目》，并助該書出版。全書首列總目、凡例、附圖。卷一卷二為序例，主要介紹歷代諸家本草及中藥基本理論等內容。本書雖為中藥學專書，但涉及範圍廣泛，對植物學、動物學、礦物學、物理學、化學、農學等內容亦有很多記載。如在礦物學方面，對石油的產地、性狀做了詳細記述；在化學方面，闡述了檢驗石膽真偽的方法；在物理學方面，從空氣中的濕度變化來推測雨量的大小；在農學方面，闡述了採用嫁接技術改良果樹品種的方法等。本書通過對藥名的探索與考證，闡明了某些漢字的字形、讀音；也載述一些少數民族和其他國家藥名的讀音和含義；還記載了契丹族用羊皮、羊骨占卜和寫字，吐番人用燕脂化妝等習俗和方法。本書保存了16世紀以前的大量文獻資料，其中有的原書已佚失，有關資料可從本書得以窺見。

《本草綱目》刊行後，促進了本草學的進一步發展，倪朱謨的《本草匯言》、趙學敏的《本草綱目拾遺》、黃宮繡的《本草求真》等，均是在其學說啟示下而著成的本草典籍。達爾文在其著作中亦多次引用本書的資料，并稱之為"古代中國百科全書"。英國李約瑟稱贊李時珍為"藥物學界中之王子"。本書為本草學集大成之作。刊行後，很快流傳到朝鮮、日本等國，後又先後被譯成日、朝、拉丁、英、法、德、俄等文字。

《農政全書》是明代徐光啟創作的農書，成書于明朝萬曆年間，基本上囊括了中國明代農業生產和人民生活的各個方面，貫穿著徐光啟治國治民的"農政"思想。《農政全書》是"中國古代五大農書"之一，集前人農業科學之大成，總結了清代之前的農業科學技術。《農政全書》按內容大致上可分為農政措施和農業技術兩部分。前者是全書的綱，後者是實現綱領的技術措施。在書中，人們可以看到開墾、水利、荒政等一些不同尋常的內容，并且占了將近一半的篇幅，這是其他的大型農書所鮮見的。《農政全書》共分12目，60卷，50余萬字。12目中包括：農本3卷；田制2卷；農事6卷；水利9卷；農器4卷；樹藝6卷；蠶桑4卷；蠶桑廣類2卷；種植4卷；牧養1卷；製造1卷；荒政18卷。其中，"荒政"作為一目，有18卷之多，為全書12目之冠。目中對歷代備荒的議論、政策做了綜述，對水旱蟲災做了統計，對救災措施及其利弊做了分析，最後附草木野菜可資充飢的植物414種，可以說是非常實用而全面。

3. 《农政全书》

《农政全书》系在对前人的农书和有关农业的文献进行系统摘编译述的基础上，加上自己的研究成果和心得体会撰写而成。徐光启十分重视农业文献的研究，大而经纶康济之书，小而农桑琐屑之务，目不停览，手不停笔。据统计，全书征引的文献就有 225 种之多，可谓是"杂采众家"。《农政全书》较为全面地反映了徐光启以"农""政"辩证关系为基础，展现了经济、技术与农业生产部门相统一的"大农业"系统观和生态观。《农政全书》的精要之处也在于，徐光启并没有仅仅将农业问题拘泥于对以往的农业科学知识的总结，而是将目光放到了更为长远的政治生态上，将农政措施和农业技术相结合，使《农政全书》超越了以往的纯技术性的农业书籍，集中表达了徐光启以农治国的农业生态观。例如，他对中国历史上从春秋到元朝所记载的 111 次蝗灾发生的时间和地点进行了分析，发现蝗灾"最盛于夏秋之间"，得出"涸泽者蝗之原本也"的结论。他还对蝗虫的生活史进行了细致的观察，并提出了防治办法。徐光启认为，水利为农之本，无水则无田。但是徐光启并没有因为着重农政而忽视技术，相反他还根据多年从事农事试验的经验，极大地丰富了古农书中的农业技术内容。例如，当徐光启听到闽越一带有甘薯的消息后，便从莆田引来薯种试种，并取得成功。随后便根据自己的经验，写下了详细的生产指导书《甘薯疏》，用以推广甘薯种植，用来备荒。后来又经过整理，收入《农政全书》。甘薯如此，对于其他一切新引入、新驯化栽培的作物，无论是粮、油、纤维，也都详尽地搜集了栽种、加工技术知识，有的精彩程度不亚于棉花和甘薯。这就使得《农政全书》成了一部名副其实的农业百科全书。

4. 《梦溪笔谈》

《梦溪笔谈》，是北宋科学家、政治家沈括(1031—1095)所撰，是一部涉及古代中国自然科学、工艺技术及社会历史现象的综合性笔记体著作。据现可见的最古本元大德刻本，《梦溪笔谈》一共分30卷，其中《笔谈》26卷，《补笔谈》3卷，《续笔谈》1卷。全书有 17 目，凡 609 条。内容涉及天文、数学、物理、化学、生物等各个门类学科，其价值非凡。书中的自然科学部分，总结了中国古代，特别是北宋时期的科学成就。社会历史方面，对北宋统治集团的腐朽有所暴露，对西北和北方的军事利害、典制礼仪的演变、旧赋役制度的弊害，都有较为翔实的记载。《梦溪笔谈》是百科全书式的著作，尤以其科学技术价值闻名于世，被世人称为"中国科学史上里程碑"。

《梦溪笔谈》中有关天文、历法方面的记述有 20 多条。沈括大胆改进了浑仪的结构，取消了浑仪上不能正确显示月球公转轨迹的月道环，放大了窥管口径，使其更便于观测极星，既方便了使用，又提高了观测精度。他还用晷、漏观测发现了真太阳日有长有短。经现代科学测算，一年中真太阳日的极大值与极小值之差仅为 51 秒。他提出了"十二气历"说，较好地解决了古代历法中一直存在着的阴阳历之间难以调和的矛盾。在担任司天监职务期间，他还大胆起用布衣卫朴进行历法改革，也针对当时司天监、天文院存在的一些弊端进行过整肃。其他方面，《梦溪笔谈》涉及自然地理、政治经济地理、测量、地图制作等条目 30 多个。沈括考察了温州雁荡山独特的地形地貌并分析其成因之后指出："原其理，当是为谷中大水冲激，沙土尽去，唯巨石岿然挺立耳。"这种"流水侵蚀

作用"的看法是十分正确的，这一观点，直到 18 世纪末英国的赫顿在《地球理论》一书中才出现，比沈括晚了约 700 年。书中涉及光学、磁学、声学等领域 10 多条。如对"阳燧凹面镜成像及光线聚焦原理"的正确描述；对"琴弦共振"现象的观察与分析；对"古人铸鉴"时正确处理镜面凹凸与成像大小关系的研究与分析，对古代神奇的透光铜镜原理的正确推论；对利用磁石使铁针磁化用以制作指南针，以及磁石极性、磁针不完全指南(即磁偏角)现象的发现、描述与研究，都极具研究价值。尤其是磁偏角的发现，西方直到 1492 年才由哥伦布发现，比沈括足足晚了 400 多年。书中涉及数学领域 7 条，其中首创的隙积术和会圆术，被数学界尊为中国古代数学研究的重要成就。《梦溪笔谈》中还有与生物学相关的条目 30 多条，与音乐相关的记述 40 多条，记述书画的条目近 30 条。沈括在书画收藏与鉴赏方面也是行家，他撰写过《图画歌》，用歌诗的方式，对两晋、唐五代至宋代的 50 多位名画家的作品及风格进行品评，语言精练、视角独到，得到了著名书画家米芾等人的高度评价。另外，《梦溪笔谈》本身极具文学性，其中有 20 多个条目记述的内容属文学类，因此，它在文学方面的价值也受到不少研究者的重视。书中还有 30 多条记述与语言学有关，内容涉及音韵学、文字学、训诂学诸方面；有 20 多条记述与史学有关，另有关于古代礼仪、职官、舆服、科举等方面的记述达上百条之多，因此，《梦溪笔谈》对于史学研究的价值也是不容置疑的；书中涉及医药学的记述有 40 多条；30 多个条目记述了古代水利、建筑工程等方面的技术创新与发明；有近 20 个条目与军事有关；在化学、农学、考古学等领域也有重要的研究与应用价值。

　　《梦溪笔谈》详细记载了劳动人民在科学技术方面的卓越贡献和他自己的研究成果，反映了中国古代特别是北宋时期自然科学达到的辉煌成就。《宋史·沈括传》的作者称沈括"博学善文，于天文、方志、律历、音乐、医药、卜算无所不通，皆有所论著"。《梦溪笔谈》在国外也很有影响，早在 19 世纪，它就因为其活字印刷术的记载而闻名于世。20 世纪，法、德、英、美、意等国都有人对《梦溪笔谈》进行系统而深入的研究，并有全部或部分章节的各国译本向社会公众加以介绍。日本早在 19 世纪中期，就用活字版排印了沈括的这部名著，是世界上最早用活字版排印《梦溪笔谈》的国家。从 1978 年起，日本又分三册陆续出版了《梦溪笔谈》的日文译本。英国科学史家李约瑟评价《梦溪笔谈》为"中国科学史上的坐标"。

　　(资料来源：https://mbd.baidu.com/ma/s/Bb4X4qVO，https://mbd.baidu.com/ma/s/K9Anib0t，https://mbd.baidu.com/ma/s/2zGwPMPw，https://mbd.baidu.com/ma/s/qNO0e5nk，有改动.)

　　科学技术是人类文明史上一个重要的组成部分，科学典籍既包含了劳动人民的辛勤汗水，又凝结着科学巨匠的心血智慧，是我国乃至人类科学发展史上一颗颗璀璨的明珠，它们照亮了人类文明发展的道路，带来了光辉灿烂的幸福生活。学习科技，传承匠心，我们要赓续前行！

家国情怀 薪火相传

第七期 自力更生 艰苦奋斗
——社会主义建设时期的工匠精神

欢迎同学们乘坐"文化直通车",走进大爱中国,开启故事之旅。本期的主题是"自力更生,艰苦奋斗——社会主义建设时期的工匠精神",让我们走进那个热情高涨、激情澎湃的时代,共同唱响社会主义建设的宏伟战歌。

劳动者的素质对一个国家、一个民族的发展至关重要。不论是传统制造业还是新兴产业,工业经济还是数字经济,工匠始终是产业发展的重要力量,工匠精神始终是创新创业的重要精神源泉。时代发展,需要大国工匠;迈向新征程,需要大力弘扬工匠精神。

"执着专注、精益求精、一丝不苟、追求卓越。"2020年11月24日,在全国劳动模范和先进工作者表彰大会上,习近平总书记高度概括了工匠精神的深刻内涵,强调劳模精神、劳动精神、工匠精神是以爱国主义为核心的民族精神和以改革创新为核心的时代精神的生动体现,是鼓舞全党全国各族人民风雨无阻、勇敢前进的强大精神动力。

我国自古就有尊崇和弘扬工匠精神的优良传统。新中国成立以来,中国共产党在带领人民进行社会主义现代化建设的进程中,始终坚持弘扬工匠精神,神州大地涌现出一大批追求极致、精益求精的工匠。小到一枚螺丝钉、一根电缆的打磨,大到飞机、高铁等大国重器的锻造,都展现出工匠们笃实专注、严谨执着的匠心。正是一代代对工匠精神的继承与发扬,我国从一个基础薄弱、工业水平落后的国家,成长为世界制造大国。

赵州桥,原名安济桥,历史悠久,远近闻名。它坐落在河北省赵县城南约5里的洨河之上,是一座石砌拱桥,当地俗称大石桥,由隋朝工匠李春设计建造,大约隋朝大业元年(公元605年)建成,至今已有1400多年历史,是迄今世界上现存最古老的石拱桥。赵州桥为单拱大跨度石拱桥,桥面几乎与地平线持平,宽达9米,采用当地青灰色砂岩石料建造。桥面长达50余米,桥拱跨度达37米多。赵州桥很美,也很有气势,它像一条长虹,飞贯洨水两岸。总之,作为中国古代建筑的重要代表,赵州桥承载了丰富的历史信息和文化价值。它不仅展示了古代工程技术的精华,也成为后人学习和借鉴的对象。通过保护和传承,赵州桥将继续在中国乃至世界建筑史上熠熠生辉。

新中国成立后,各行各业涌现出一批批能工巧匠,推动了社会主义建设事业的蓬勃发展。北京永定机械厂钳工倪志福,经过反复钻研改进,发明出适应钢、铸铁、黄铜、薄板等多种材质的"倪志福钻头",在国内外切削界引起了重大反响;青岛国棉六厂细纱挡车工郝建秀,凭着一股不服输的倔脾气,独创出一套多纺纱、多织布的高产、优质、低耗的"细纱工作法",也被称为"郝建秀工作法",成为全国纺织系统的一大创举⋯⋯1968年12月底,南京长江大桥全面建成通车,更充分诠释了我国劳动者对工匠精神的追求和传承。

南京长江大桥是中国自行设计建造的最大的铁路、公路两用桥，也是一座在艰苦环境下靠"独立自主，自力更生"建起的"争气桥"。"争气桥"全长 4589 米，是连通南京江北新区与江南主城的交通枢纽，对我国实现全国统一管理具有非常重要的意义。1968 年铁路桥成功竣工通车，由于一些配套工程尚且处于建设状态中，国家担心过大的通车量会导致桥体受损，于是在专家的建议下，国家决定让南京长江大桥承担 30%的铁路货运量。1969 年的 9 月 26 日，南京军区要进行部队战备检测，于是在许世友将军的安排下，118 辆坦克压过南京长江大桥。至今，"争气桥"每天的通行辆都高达 8 万辆，可见其质量之出色，中国基建能力之强。在"争气桥"问世以后，中国又陆陆续续诞生了不少重要桥梁。它们的存在，保证了我国交通网络的连贯畅通。

图 7-5　南京长江大桥

(资料来源：https://mp.weixin.qq.com/s?__biz=MzA3MTc2NTMzNw==&mid=2653605642&idx=3&sn=1f22bf8f3d5e47652534a014a491437f&chksm=84f6f33cb3817a2a84ce27e8a38281609799e0d64b1eb7fccc2113599f1cb714653b60ca8e5&scene=27，https://mr.mbd.baidu.com/r/1eYS3hQVov6?f=cp&rs=3115875501&ruk=vgSXAZL5q55O7XksyHqKgQ&u=b27576af2574b82c&urlext=%7B%22cuid%22%3A%22la-8g8Lv8gsuHaeg8vet_uaHijniSaSY82valuovuKu0qqSB%22%7D，https://ml.mbd.baidu.com/r/1dsOQiDuwy4?f=cp&rs=35577967&ruk=vgSXAZL5q55O7XksyHqKgQ&u=6e62864c74e40862&urlext=%7B%22cuid%22%3%22la-W8g8Lv8gsuHaeg8vet_uaHijniSaSY82valuovuKu0qqSB%22%7D，有改动.)

回顾历史，工匠精神培育了人才、积累了经验、创造了财富。新征程上，我们比以往任何时候都更加需要工匠精神。"择一事终一生"的执着专注，"干一行专一行"的精益求精，"偏毫厘不敢安"的一丝不苟，"千万锤成一器"的追求卓越……我们相信，以工匠精神激励更多劳动者争做高技能人才，用实干成就梦想，必将汇聚起推进高质量发展的坚实力量，在新征程上创造新的辉煌！让我们在全社会大力弘扬工匠精神，走技能成才、技能报国之路，加快壮大知识型、技能型、创新型劳动者队伍，为全面建设社会主义现代化国家提供有力的人才支撑！

练习与实训

一、选择题

1. 求职面试的目的是(　　)。
   A. 评估求职者的能力、经验、个人特质和适应性
   B. 评估求职者的服从性和听从能力
   C. 评估求职者的社交技能和外貌
   D. 评估求职者的财务状况和家庭背景

2. 求职面试中的禁忌行为包括(　　)。

    A. 自我怀疑

    B. 提前到达面试地点

    C. 着装符合公司文化和面试正式程度

    D. 事先研究用人单位的背景和职位信息

3. 在面试中，以下哪些技巧是处理尴尬情况的有效方法？(　　)

    A. 妙语化尴尬   B. 弥补错误

    C. 打破沉默   D. 练习放松技巧

4. 在求职面试中，以下哪些因素是影响面试成功的关键因素？(　　)

    A. 口才和沟通能力   B. 自我认识和了解

    C. 着装和仪表   D. 个人财务状况

    E. 对用人单位的了解和研究

5. 竞聘演讲的正文部分主要包括的内容有(　　)。

    A. 标题和称谓   B. 背景介绍和结语

    C. 开场白、主体、结束语   D. 问题与建议

6. 竞聘演讲的特点之一是(　　)。

    A. 演讲内容随意发挥   B. 评估性强

    C. 不需要准备充分   D. 不包括问答环节

7. 就职演讲的特点中，哪一项是指演讲者会分享他们对于新职位或新阶段的愿景和目标？(　　)

    A. 启发性   B. 展望性   C. 承诺性   D. 仪式性

8. 述职演讲的特点中，述职演讲的发言人主要是(　　)。

    A. 拥有一定领导地位的领导干部   B. 普通员工

    C. 外部顾问   D. 学生代表

9. 述职演讲的特点中，述职演讲的内容主要围绕哪几个方面展开？(　　)

    A. 个人的思想作风、职业道德

    B. 对上级政策、规定的执行落实情况

    C. 自己所负责领域内工作任务的完成情况

    D. 对组织整体工作的评价

    E. 廉洁自律情况

10. 就职演讲和述职演讲的区别主要体现在(　　)。

    A. 行文的目的   B. 陈述的角度

    C. 内容的侧重点   D. 表达方式

    E. 发言人身份

11. 向上沟通的概念是(　　)。

    A. 在一个组织结构中，下属与上级之间的信息交流方式

    B. 在一个组织结构中，同级之间的信息交流方式

    C. 在一个组织结构中，上级与下属之间的信息交流方式

    D. 在一个组织结构中，不同部门之间的信息交流方式

12. 下列哪些是激励下属的沟通技巧？(   )
    A. 表达赞赏和肯定　　　　　　　　B. 提供挑战和成长机会
    C. 提供支持和资源　　　　　　　　D. 关心员工福祉
    E. 批评下属的错误

13. 会议主持人的主要作用是(   )。
    A. 开场开幕、过程操控和总结闭幕　　B. 提供必要的信息以帮助与会者解决问题
    C. 私下议论、闲谈　　　　　　　　D. 提出问题与建议

14. 会议主持人在会议中如何防止与会者的发言偏离主题？(   )
    A. 提供必要的信息以帮助与会者解决问题
    B. 给予时间限制
    C. 私下议论、闲谈
    D. 明确会议议程

15. 导游解说词的正文部分通常包括的内容有(   )。
    A. 交通安排和酒店推荐
    B. 风景介绍和美食推荐
    C. 开场白、背景介绍、景点介绍、故事趣闻、时间和交通安排等
    D. 购物推荐和旅游陷阱提醒

16. 导游解说词的撰写和讲解要求中强调的口语化表达是指(   )。
    A. 使用过于学术性或生僻的词汇　　B. 使用简洁句式，使得讲解流畅自然
    C. 使用地方性的方言词汇　　　　　D. 使用复杂的书面表达

17. 谈判的特点中提到的"给"与"取"的互动性是指(   )。
    A. 谈判是一种单向的信息传递过程
    B. 谈判是一种双向的互动过程，双方都有从对方那里获取一种或几种需要的愿望
    C. 谈判是一种单向的索取过程
    D. 谈判是一种单向的给予过程

18. 根据谈判双方的接触方式，谈判可以分为(   )。
    A. 直接谈判和单向谈判　　　　　　B. 直接谈判和间接谈判
    C. 单向谈判和多向谈判　　　　　　D. 单向谈判和反向谈判

19. 在谈判中，提问技巧的方式中，哪些方式适用于与对方进行深入了解和探索？(   )
    A. 开放式提问　　　B. 封闭式提问　　　C. 反馈式提问　　　D. 探索式提问

20. 在谈判中，答复技巧中的哪些方法可以帮助控制谈判的节奏和方向？(   )
    A. 积极倾听，反馈总结　　　　　　B. 避免立即回答复杂问题
    C. 委婉转折式表达　　　　　　　　D. 转移话题

二、判断题

1. 在面试中，使用手机是可以接受的，只要保持手机静音即可。 (   )
2. 在自我介绍中，突出个性是不必要的，只需要简单介绍个人基本信息即可。 (   )
3. 在准备竞聘演讲时，不需要研究和理解角色。 (   )
4. 竞聘演讲中的问答环节的目的是让演讲者提问评委。 (   )

5. 就职演讲的特点中包括风格鲜明，每位领导人的就职演讲都会体现出其个人风格、价值观和信念。（　　）

6. 在向上沟通中，应该避免在公开场合直接指出上司的错误，以免伤害上司的自尊。（　　）

7. 向下沟通的目的和作用包括促进合作与信任、加强激励和指导，以及强调结果导向和奖惩机制。（　　）

8. 会议主持人在会议中应该随意打断他人发言以保持会议进程的顺利进行。（　　）

9. 结束语在导游解说词中的作用是总结整个行程或强调某一亮点。（　　）

10. 在谈判中，答复技巧的重要性在于帮助谈判者回避对方的问题，以保护自身利益。（　　）

三、简答题

1. 举例说明在面试中使用具体案例法的优势和作用。
2. 为什么在面试中避免自我怀疑和负面评价前雇主是重要的？简要解释。
3. 竞聘演讲的特点有哪些？
4. 在准备竞聘演讲时，为什么需要研究和理解角色？
5. 就职演讲和述职演讲有哪些区别？简要描述它们的不同之处。
6. 工作总结和述职报告有何区别？简要描述它们的不同之处。
7. 请简要解释如何在向上沟通中树立积极主动的意识。
8. 请简要描述如何在向下沟通中进行批评。
9. 会议主持人在会议开始前应该做哪些准备工作？
10. 导游解说词的种类有哪些？
11. 谈判中的说服原则有哪些？
12. 谈判中的说服技巧有何作用？

四、案例分析题

1. 请分别指出小王和小李在与上司沟通过程中所存在的问题。

小王和小李都是某公司刚提拔起来的部门经理，试用期半年。小王为了赢得上司的赞许和信赖，不失时机地让管理者更加熟悉他的职业成果，不论忙闲，频频造访上司的工作间。而小李则认为，说得好，不如干得好，有了成绩领导自然看得见，也自然会被重用，因此平时很少主动去领导办公室，更别说主动向有关领导汇报工作的进展情况了。半年后试用期结束，两人都没有如愿转正。

2. 在意识到领导不当地拟定了某个计划的情况下，作为下属，往往会感到置身于一种难堪的困境中。小刘应该如何对上司说"不"呢？

小刘是某部门的经理，一天老板给了他一份近期销售工作方案，要求他马上执行。小刘看完方案，感到左右为难。如果照章办事，老板的方案不切实际，一定会导致营销失败；如果不执行，直接指出方案的错误，又觉得会使上司丢面子，甚至还会影响与上司的关系。怎么办？

五、实训题

1. 以下是求职面试中常见的几类问题，请选择这些问题，以小组为单位进行模拟面试。然后分析这些问题背后隐含了怎样的目的。

(1) 学习经历、实践经历、工作经历、成长经历类问题。

(2) 与你简历中的履历和作品相关的问题。

(3) 能分享一下你如何在项目执行中展现领导力、如何与团队成员有效沟通，以及你的专业技能是如何发挥作用的吗？

(4) 谈谈你认为自己最大的长处和缺点是什么。

(5) 在你的空闲时间里，你通常喜欢从事哪些活动或爱好？

(6) 你为什么对这个职位感兴趣？

(7) 你认为自己怎样的特质和能力使你成为这个职位的理想人选？

(8) 能否分享一下你在学校期间的学习成绩和表现？

(9) 你有哪些相关课程的学习经历，认为这些课程如何为你应聘的职位做好准备？

(10) 请介绍一下你参与社团或组织的经验，以及你在其中扮演的角色。

(11) 如何形容你的性格特点及其如何影响你的工作和团队合作？

2. 假如你将参加班干部/学生会主席竞选，请为自己写一篇竞聘/竞选演讲。

3. 假如你被选为了班干部/学生会主席，即将就职，请为自己写一篇就职演讲稿。

4. 如果你是某公司的贸易代表，正与乙方进行谈判，请设计谈判词。

5. 请以故宫某一景点为导游目的地，撰写一份5分钟左右的解说词。

6. 某班将召开学期班工作汇报暨先进表彰主题班会，此次班会由班长主持。请根据以下议程，结合现实，为班长拟写一篇会议主持词。此次班会议程主要包括：①班委汇报分管工作情况；②班长汇报班工作总体情况；③班主任或辅导员发言；④表彰先进并颁奖等。

7. 你是一名公司职员，因工作努力，成绩突出，想让老板加薪，你将如何开场？

8. 老板派人叫你去办公室，询问你某项目进展如何，而你正在为下一步该如何推进这个项目发愁，你该如何回答？

附录 1　中华人民共和国汉语拼音方案

附录 2　标点符号用法

参 考 文 献

[1] 李月娟，韩海英. 国际商务谈判[M]. 西安：陕西人民出版社，2022.

[2] 陈伟. 高效职场口才与技巧[M]. 北京：中国纺织出版社有限公司，2021.

[3] 蒋红梅，张晶，罗纯. 演讲与口才实用教程[M]. 4 版. 北京：人民邮电出版社，2020.

[4] 刘康声，范秀玲. 演讲与口才实训[M]. 3 版. 大连：大连理工大学出版社，2019.

[5] 共青团中国政法大学委员会编. 国际大学生华语辩论公开赛[M]. 北京：中国政法大学出版社，2018.

[6] 阿拉斯泰尔·博尼特. 学会辩论：让你的观点站得住脚[M]. 魏学明，译. 北京：中国人民大学出版社，2018.

[7] 罗杰·费希尔，丹尼尔·夏皮罗. 高情商谈判[M]. 北京：中信出版社，2018.

[8] 徐左平. 演讲与口才[M]. 3 版. 杭州：浙江大学出版社，2018.

[9] 魏成春. 演讲与口才——理论与实践[M]. 北京：教育科学出版社，2015.

[10] 沙聪颖，李占文，由靖涵. 演讲与口才[M]. 镇江：江苏大学出版社，2014.

[11] 卢海燕. 演讲与口才实训[M]. 大连：大连理工大学出版社，2013.

[12] 朱月明. 教师讲演与口才艺术[M]. 广州：中山大学出版社，2013.

[13] 赵国运. 实用演讲与口才教程[M]. 成都：电子科技大学出版社，2011.

[14] 梁艳. 演讲与口才[M]. 长沙：湖南师范大学出版社，2010.

[15] 文欣. 每天学点说话技巧[M]. 北京：中国纺织出版社，2011.

[16] 刘六英，蔡丽. 演讲与口才[M]. 北京：北京交通大学出版社，2010.

[17] 李智慧，何静. 演讲与口才[M]. 北京：经济科学出版社，2010.

[18] 梁辉. 有效沟通实务[M]. 北京：中国人民大学出版社，2020.

[19] 许利平. 职业口才训练教程[M]. 北京：北京理工大学出版社，2010.

[20] 惠亚爱. 沟通技巧(微课版)[M]. 3 版. 北京：人民邮电出版社，2021.

[21] 易书波. 中层沟通技巧[M]. 北京：北京大学出版社，2008.

[22] 陈翰武. 中外大学生辩论词名篇赏析[M]. 武汉：武汉大学出版社，2006.

[23] 徐子远，戚炜颖，范朱红. 挖掘我的沟通潜力[M]. 上海：上海交通大学出版社，2005.

[24] 王沪宁，俞吾金. 狮城舌战 首届国际大专辩论会纪实与评析[M]. 上海：复旦大学出版社，1993.

[25] 黄瑛，曾致. 主持语言技巧与实践[M]. 长沙：湖南师范大学出版社，2003.

[26] 葛瑞汉. 论道者：中国古代哲学论辩[M]. 张海晏，译. 北京：中国社会科学出版社，2003.

[27] 耿云巧，康莉霞. 现代应用文写作(微课版)[M]. 5 版. 北京：清华大学出版社，2023.